Der lange Weg zum Unterrichtsdesign

Fachdidaktische Forschungen

Herausgegeben vom
Vorstand der Gesellschaft für Fachdidaktik (GFD)

Band 5

Fachdidaktik ist die Wissenschaft vom fachspezifischen Lehren und Lernen innerhalb und außerhalb der Schule. In ihren Forschungsarbeiten befasst sie sich mit der Auswahl, Legitimation und didaktischen Rekonstruktion von Lerngegenständen, der Festlegung und Begründung von Zielen des Unterrichts, der methodischen Strukturierung von Lernprozessen sowie der angemessenen Berücksichtigung der psychischen und sozialen Ausgangsbedingungen von Lehrenden und Lernenden. Außerdem widmet sie sich der Entwicklung und Evaluation von Lehr- und Lernmaterialien (Konferenz der Vorsitzenden der Fachdidaktischen Fachgesellschaften, KVFF 1998).

Mit der Gründung der Gesellschaft für Fachdidaktik (GFD) im Jahre 2001 haben die Fachdidaktiken in Deutschland eine organisierte Vertretung und ein effektives Sprachrohr bekommen. Gleichzeitig wurde eine eigene Publikationsreihe (Forschungen zur Fachdidaktik) eingerichtet, die nun als Fachdidaktische Forschungen weitergeführt wird. In dieser Reihe erscheinen Monographien und Sammelbände, die aufgrund ihrer methodischen Anlage oder inhaltlichen Schwerpunkte von allgemeinem fachdidaktischem Forschungsinteresse sind. Dadurch soll die interdisziplinäre Kooperation der Fachdidaktiken auf dem Gebiet der Forschung angeregt und gefördert werden.

Michael Komorek, Susanne Prediger (Hrsg.)

Der lange Weg zum Unterrichtsdesign

Zur Begründung und Umsetzung fachdidaktischer Forschungs- und Entwicklungsprogramme

Waxmann 2013
Münster / New York / München / Berlin

Bibliografische Informationen der Deutschen Nationalbibliothek

Die Deutsche Nationalbibliothek verzeichnet diese Publikation in
der Deutschen Nationalbibliografie; detaillierte bibliografische
Daten sind im Internet über http://dnb.d-nb.de abrufbar.

Fachdidaktische Forschungen, Band 5

ISSN 2191-6160
ISBN 978-3-8309-2943-7

© Waxmann Verlag GmbH, 2013
Postfach 8603, 48046 Münster

www.waxmann.com
info@waxmann.com

Umschlaggestaltung: Pleßmann Design, Ascheberg
Umschlagabbildung: © tom – Fotolia.com
Druck: Hubert & Co., Göttingen

Gedruckt auf alterungsbeständigem Papier,
säurefrei gemäß ISO 9706

Dank

Das Buch ist aus der Zusammenarbeit zwischen zwei fachdidaktischen Nachwuchs-kollegs entstanden, dem Forschungs- und Nachwuchskolleg FUNKEN in Dortmund und den Promotionsprogrammen ProDid und ProfaS in Oldenburg. Wir danken dem Ministerium für Schule und Weiterbildung in Nordrhein-Westfalen und dem Minis-terium für Wissenschaft und Kultur des Landes Niedersachsen für die Finanzierung der jeweiligen Kollegs.

An der Fertigstellung des Sammelbandes haben Nina Wolf, Tim Kreckel und Simo-ne van Zadelhoff maßgeblich mitgewirkt, wir danken ihnen herzlich für ihre sorg-fältige und zuverlässige Arbeit.

Michael Komorek und Susanne Prediger

Inhalt

TEIL 3: Beiträge aus den Oldenburger Programmen ProDid und ProfaS

Susanne Prediger, Michael Komorek, Astrid Fischer, Renate Hinz,
Stephan Hußmann, Barbara Moschner, Bernd Ralle, Jörg Thiele

Der lange Weg zum Unterrichtsdesign

Zur Begründung und Umsetzung fachdidaktischer Forschungs- und Entwicklungsprogramme

Die Entwicklung theoretisch und empirisch begründeter Unterrichtsdesigns ist das Fernziel diverser pädagogischer, psychologischer und fachdidaktischer Forschungsrichtungen. Auch wenn viele Studien substantielle Beiträge zum *Fernziel* Unterrichtsentwicklung leisten, ist die Diskussion über die Relevanz von Forschungsergebnissen für die Unterrichtspraxis oft geprägt von Verkürzungen, die in den letzten Jahren zunehmend kritisiert worden sind. Fünf Verkürzungen werden im Folgenden diskutiert:

– Verkürzung Reduktion
– Verkürzung Ertragsorientierung
– Verkürzung Allgemeingültigkeits-Postulat
– Verkürzung Praxistransfer
– Verkürzung Dissemination

In fünf Abschnitten wird jeweils die Kritik an einer dieser Verkürzungen aufgegriffen und es wird argumentiert, welche Anforderungen Forschungs- und Entwicklungsprogramme erfüllen müssen, damit sie diese Verkürzungen verhindern. Damit wird aufgezeigt, wie der Weg von den Forschungsergebnissen zu tragfähigen Unterrichtsdesigns nicht simplifizierend verkürzt, sondern mit entsprechenden Forschungs- und Entwicklungsprogrammen gezielt gestaltet werden kann und muss.

1.   Rekonstruktion statt Reduktion der fachlichen Inhalte

Von den fachwissenschaftlich formulierten Inhalten zu den Lerngegenständen des Schulfaches zu kommen, ist mehr als ein Vorgang der Reduktion von „zu schwierigen" wissenschaftlichen Erkenntnissen und Prinzipien mit dem Zweck der leichteren Zugänglichkeit und damit der „Didaktischen Vereinfachung" (Hering 1959, Grüner 1967). Stattdessen erfordert dieser Arbeitsschritt die Spezifizierung und Strukturierung der Lerngegenstände in einem komplexen Zusammenspiel aus bildungsbezogenen normativen Setzungen (durch Ausrichtung an allgemein anerkannten Zielen des Unterrichts), fachlichen Analysen und insbesondere den Gegenüberstellungen zu den empirisch rekonstruierten Perspektiven der Lernenden. Dies wurde nicht nur in der allgemeinen Didaktik (Klafki 1969,

Heimann, Otto & Schulz 1969), sondern auch in den Fachdidaktiken (wie Kirsch 1977, Freudenthal 1991, Kattmann et al. 1997, Scherler 1989) vielfach betont. Dennoch wird dieser Schritt oft unterschätzt, denn er geht mit einem aufwendigen, kreativen Prozess der „Rekonstruktion" der fachlichen Inhalte zum Zweck des Erlernens einher. Diese Re-Konstruktion kann teilweise eine Vereinfachung enthalten (dann aber aus Sicht der fachlichen Struktur), aber vor allem auch eine Verdichtung auf das Elementare und das Exemplarische darstellen und sie kann eine Neukonstruktion sein, sofern neue Aspekte hinzukommen. Die in Rede stehende Sachstruktur wird dann unter Umständen komplexer, wenn die hinzukommenden Aspekte z.B. in wissenschaftlichen Zusammenhängen keine Bedeutung haben, wohl aber im alltäglichen oder zukünftigen beruflichen Leben der Lernenden.

Zudem muss berücksichtigt werden, dass sich das disziplinäre universitäre Wissen von den in der Schule vermittelbaren Inhalten zunehmend entfernt. Diese Differenz zwischen Unterrichtsfach und forschender Disziplin ist nicht allein für den Grundschulunterricht augenfällig, sondern betrifft in zunehmendem Maße auch Fächer der Sekundarstufe. Wenn man zusätzlich davon ausgeht, dass in allen wissenschaftlichen Disziplinen die Perspektiven ihrer Vertreterinnen und Vertreter auf die eigenen Systematiken und Erkenntnisse keineswegs immer ungeteilten Konsens darstellen aufgrund unterschiedlicher Positionen für leichte Zugänglichkeit (z.B. für Physik Herrmann & Job 2002) oder fachlichen Fehlern (für Chemie dokumentiert z.B. bei Flint et al. 1987), dann ergeben sich weitere Spielräume für wohl begründete Re-Konstruktion.

Aus *normativer Sicht* gilt es, übergreifende Bildungsziele und den spezifischen Beitrag des Faches zu diesen Bildungszielen einzubeziehen (Klafki 1969, Heimann, Otto & Schulz 1969, Dressler 2007). Schon allein dies lässt die fachwissenschaftlichen Inhalte nicht unangetastet, weil die Bildungswirksamkeit an individuelle Sinnkonstruktionen und die Anschlussfähigkeit an allgemeine Denk- und Handlungsmuster gekoppelt sind (Meyer 2009, Wille 1995).

Diese anschlussfähigen Denk- und Handlungsmuster aufzuspüren, ist eine empirische Aufgabe, zu deren Begründung in diesem Sammelband auf eine *moderat konstruktivistische lehr-lerntheoretische Perspektive* (Gerstenmaier & Mandl 1995) zurückgegriffen wird. Sie grenzt sich vom erkenntnistheoretischen Ansatz des „radikalen Konstruktivismus" ab, dessen Vertreter davon ausgehen, dass es eine Realität „an sich" gar nicht gibt, sondern wir sie aus unseren Sinneseindrücken und durch unser Tun erst selbst erschaffen (z.B. Maturana & Varela 1987). Zwar wird auch im „moderaten" Konstruktivismus, der insbesondere die Instruktionspsychologie, die Allgemeine Didaktik und die Fachdidaktiken beflügelt hat, davon ausgegangen, dass es *die eine,* durch naiv-realistische Erkenntnisprozesse erschließbare Realität nicht gibt, weil Wissen in den Köpfen der Lernenden individuell konstruiert wird. Doch geht der moderate Konstruktivismus davon aus, dass die individuellen und die sozial geteilten Konstruktionsprozesse sehr engen Regeln der Nützlichkeit und Brauchbarkeit der Konstruktionen gehorchen, so dass man in kommunikativen Abstimmungsprozessen und in der Auseinandersetzung mit dem zu erarbeitenden Inhalt zu einer gemeinsam geteilten Realität gelangen kann (Duit & Treagust 2003, Duit, Treagust & Widodo 2008).

Entscheidend für die konstruktivistische Sicht von Lernen ist, dass die Lernenden die Akteure ihrer eigenen Lernprozesse sind und dass Vorstellungen und Vorwissen die wichtigsten Faktoren für den Aufbau und die Integration neuen Wissens darstellen. Auch die Rolle der Lehrperson ändert sich unter dieser Perspektive. Da Wissen nicht einfach übergeben werden kann, hat die Lehrperson vor allem die Aufgabe, das Lernen geeignet anzustoßen, es zu fördern und zu lenken und dabei die vorhandenen Wissens- und Vorstellungsstrukturen der Lernenden zunächst zu diagnostizieren und dann aktiv einzubinden (Knuth & Cunningham 1993, Gerstenmaier & Mandl 1995). Da sich diese individuellen Konstruktionen stets situiert vollziehen, sind auch die fachlichen und materialen Kontexte, in denen Wissen situiert wird, für den Aufbau von Vorstellungen und damit für die Rekonstruktion der fachlichen Gegenstände mit entscheidend (situated cognition, vgl. z.B. Greeno 1998, Lave 1988). Sozial-konstruktivistische Annahmen erweitern diese Sicht auf die soziale Situiertheit des Lernens (Vygotsky 1978, Benson 2001). Demgemäß wird Wissen und Bedeutung immer in sozialen Situationen ausgehandelt, und nur das Wissen ist brauchbar, was sozial geteilt wird.

Um diesen lehr-lerntheoretischen Grundlagen für Unterrichtsdesigns Rechnung zu tragen, müssen Unterrichtsdesigns nicht nur konkrete Lehr-Lernarrangements umfassen, sondern als theoretische Voraussetzung auch fachdidaktisch durchdrungene Spezifizierungen und Strukturierungen von Lerngegenständen. Dies ist durch allgemeine Design-Prinzipien zu ergänzen, die konkrete Design-Entscheidungen an die theoretischen Voraussetzungen zurückbinden. Aus der moderat-konstruktivistischen theoretischen Fundierung ergeben sich folgende Anforderungen an fachdidaktische Forschungs- und Entwicklungsprogramme:

Die Spezifikation und Strukturierung der Lerngegenstände erfolgt

- auf der Basis wissenschaftlich wohl begründeter normativer Setzungen,
- mit methodisch abgesicherten empirischen Erhebungen der Vorerfahrungen und Perspektiven der Lernenden
- und mit Hilfe einer Gegenüberstellung der fachlichen und individuellen Perspektiven, um lernförderliche Anknüpfungspunkte und lernhinderliche Diskontinuitäten herauszustellen.

Die zu entwickelnden Lehr-Lernarrangements orientieren sich dabei im Kern an den folgenden Design-Prinzipien:

- Fachliche Substantialität im Hinblick auf eine bildungswirksame Rekonstruktion des Gegenstandsbereichs (Wille 1995 u.v.a.)
- Explizite unterrichtliche Anknüpfungen an Vorerfahrungen und Perspektiven der Lernenden (Gerstenmaier & Mandl 1995 u.v.a)
- Berücksichtigung von Eigen- und Fremdperspektiven in der individuellen Sinnkonstruktion für die Strukturierung des Lerngegenstandes (Dressler 2007 u.v.a.)
- Situierung in tragfähigen Kontexten, die zum einen Zugänglichkeit und zum anderen Transferierbarkeit ermöglichen (Gerstenmaier & Mandl 1995).

Gemäß der konstruktivistischen Grundlage ist es also notwendig, vorliegendes fachliches Wissen durch systematische Gegenüberstellung von individuellen und fachlichen Perspektiven so umzustrukturieren, dass Sachstrukturen *für* Unterrichtsprozesse gewonnen werden, die ein besseres Inhaltsverständnis erlauben. Notwendig ist dies, da die Wissensstrukturen der Wissenschaft auf andere Zielgruppen hin optimiert sind, als sie in der Schule oder in der Lehrerbildung im Regelfall angetroffen werden (Kattmann et al. 1997). Eine Rekonstruktion ist zwar aufwendiger zu realisieren als eine Reduktion von Schwierigkeit und Komplexität. Für die Lernbarkeit sind aber Einfachheit und eine geringere Komplexität nur bedingt gute Voraussetzungen. Vielmehr kann eine gut an die Vorstellungen der Lernenden angepasste Struktur zugänglicher und lernbarer sein, auch wenn sie komplex und in gewisser Weise auch schwierig ist. Hier darf man Lernende nicht unterschätzen.

Die Einführung in die algebraische Sprache im Mathematikunterricht ist ein Beispiel für die Notwendigkeit einer komplexen Rekonstruktion anstelle einer bloßen Reduktion. Fachwissenschaftlich betrachtet, kommt man mit der Bekanntgabe einiger weniger Regeln zur Verwendung des algebraischen Zeichensystems aus. Eine Reduktion würde z. B. in einer Beschränkung auf zunächst wenige Typen von algebraischen Ausdrücken, z. B. lineare Terme und Gleichungen, bestehen, die allmählich erweitert werden. Aus der Untersuchung von Vorstellungen und Strategien von Schülerinnen und Schülern zum Gebrauch des algebraischen Zeichensystems (vgl. Meyer in diesem Band) wird jedoch deutlich, dass der verständige Gebrauch dieses Zeichensystems (auch bei Einschränkung der Termtypen) komplexe und hochgradig abstrakte Gedankengänge beinhaltet und damit auch eine nicht zu geringe Komplexität des Anbietens von Wissen verlangt. Wie die Daten zeigen, stellen sich die Gedankengänge erst ein, wenn sie durch gezielte und nicht zu stark reduzierte Hilfestellungen angeregt werden.

2. Prozessorientierung statt alleiniger Ertragsorientierung

In den letzten Jahren ist oft die Verkürzung auf eine alleinige Orientierung am Ertrag von Lernprozessen, den Lernständen, beklagt worden. Kritisiert wurde, dass aus der immer wichtiger werdenden Messung defizitärer Lernstände in methodisch sehr fundierten Projekten zur Kompetenzmessung unmittelbare Konsequenzen für Unterrichtsdesigns postuliert wurden (Rehm 2006, Brinkmann 2009, Eickhorst 2011, Leuders 2011), ohne den abgelaufenen Lernprozessen Rechnung zu tragen. Eine gut fundierte Kompetenzmessung basiert zwar auf soliden Spezifizierungen der getesteten Lerngegenstände als intendierte Erträge der Lehr-Lernprozesse, doch liefert sie vorrangig Relevanzsetzungen, welchem Lerngegenstand mehr Aufmerksamkeit geschenkt werden muss. Auf der Basis von empirischen Schwierigkeitsstufen gewonnene Kompetenzstufenmodelle liefern jedoch zu wenige Anhaltspunkte dazu, wie Lerngegenstände zeitlich und logisch zu strukturieren sind, um für die Lernenden bestmöglich und sinnstiftend zugänglich zu sein. Kompetenzstufenmodelle sind keine Kompetenzentwicklungsmodelle, dazu ist empirisch abgesichertes Wissen über Lernwege mit typischen Verläufen und Hürden erforderlich, die sich nicht allein in Schwierigkeitsgraden erschöpfen, sondern geprägt sind von der inhärenten

Erkenntnislogik jedes Lerngegenstands (Rost et al. 2003) und vielfältigen Lernenden-perspektiven.

Soll dagegen die didaktische Forschung und Entwicklung tatsächlich theoretisch und empirisch abgesichertes Wissen über Lehr-Lernprozesse statt nur Lernstände generieren, so muss sie diese Prozesse ins Blickfeld ihrer Analysen nehmen und folgenden Anforderungen genügen:

– Prozesse sind nicht nur als Black-Box in klassischen Prä-Post-Interventionsdesigns zu betrachten, sondern selbst Objekt der Beforschung und Aufklärung, d. h. auf geeigneten Abstraktionsniveaus zu beschreiben und zu modellieren.
– Es sind nicht nur Lern(zwischen)stände, sondern auch die dazwischen befindlichen Prozesse zum Forschungsobjekt zu machen und dazu die Methodologie der Lernprozessforschung zu nutzen (Komorek & Duit 2004, Gravemeijer & Cobb 2006, Prediger & Link 2012).
– Dafür ist das forschungsmethodische Spektrum so zu erweitern, dass die Prozess-Strukturen angemessen rekonstruiert werden können, z. B. auch durch den systematischen und theoretisch reflektierten Einsatz re-konstruktiver Verfahren.

Eng verknüpft mit der Beforschung und Aufklärung von Lernprozessen ist der Begriff der Prozessdiagnose. Diagnose oder Lerndiagnostik ist ein in den Fachdidaktiken in jüngster Zeit viel genutztes Konzept, mit dem der Regelkreis des Lernens und Lehrens geschlossen werden soll (Helmke 2010). Insbesondere in der Lehrerbildung wird vermehrt auf die Fähigkeit geachtet, Lernprozesse von Schülerinnen und Schülern wahrzunehmen, sie theoriegeleitet zu beschreiben und sie mit dem Ziel des Förderns anzuregen und zu steuern (vgl. Kiper, Komorek & Sjuts 2010). Prozessdiagnose ist damit der „Sensor" in einem Regelkreis aus Lehrintervention und Lernreaktion. Ohne eine geeignete Diagnostik können Lehrpersonen keine begründbaren kognitiven Angebote machen, können nicht erklären, warum ein erwarteter Lernstand nicht erreicht wird, warum Motivation und Interesse ggf. verlorengehen und aufgrund welcher Schwierigkeiten im Detail Lernprozesse suboptimal ablaufen. Wenn allerdings Prozessdiagnose gelingt, dann lassen sich Lernprozesse reflektieren, Probleme im Prozess erkennen und durch Interventionen ausräumen. Hier liegt der klare Vorteil einer Prozessdiagnose gegenüber einer alleinigen Ertragsmessung. Reine Ertragsmessung ist schon aus logischen Gründen beschränkt, denn ein Lernstand kann prinzipiell auf unterschiedlichen Wegen erreicht werden. Das Erkennen des Erreichens oder Nicht-Erreichens eines Lernstandes erlaubt in den seltensten Fällen, eindeutig auf Ursachen rückzuschließen, wenn nicht solides empirisches Wissen über typische Verläufe und Hürden vorliegt.

3.   Gegenstandsspezifität statt Allgemeingültigkeits-Postulat

Beim Übertragen der Ergebnisse von allgemeinen Untersuchungen zur Unterrichtsqualität und Spezifizierung allgemeiner (fach-)didaktischer Prinzipien auf konkrete Unterrichtsdesigns gibt es mehr zu tun als die Realisierung allgemeingültiger und somit fach- und domänenübergreifender Theorieelemente. DiSessa und Cobb (2004) betonen die Lücke, die zwischen allgemeiner Theorie und konkretem Lerngegenstand mit all seinen ganz spezifischen Besonderheiten bleibt. Die Entwicklung gegenstandsspezifischer lokaler Lehr-Lerntheorien erfordert mehr als die „einfache Konkretisierung" allgemeiner Ansätze, denn bei dieser Konkretisierung sind viele gegenstandsspezifische Entscheidungen zu treffen und entsprechende Einsichten in Wirkungen und Bedingungen notwendig (Beispiel geben Prediger & Zwetzschler, Richter & Hußmann und Pahl & Komorek, alle in diesem Band).

Neben den Prinzipien des Anknüpfens und der Sinnkonstruktion (s. Abschnitt 2) bieten die allgemeine Didaktik und die Fachdidaktiken zahlreiche weitere allgemeine Design-Prinzipien für lernförderliche Lehr-Lernarrangements, deren Wirksamkeit allgemein lehr-lerntheoretisch begründet und empirisch nachgewiesen sind, zum Beispiel Lebenswelt-bezug (z.B. Heursen 1996, Parchmann et al. 2006, Schierz 1995), kognitive Aktivierung (z.B. Levin & Arnold 2009), Verstehensorientierung (z.B. Möller et al. 2002) u.v.a. Während jedoch die allgemeine Lehr-Lernforschung mit dem allgemeinen Nachweis der Lernwirksamkeit eines Design-Prinzips meist am Ende ihrer Forschung angelangt ist, bildet dies für die Fachdidaktische Forschung und Entwicklung oft erst den Ausgangspunkt von gegenstandsspezifischer Arbeit, wie folgende Beispiele erläutern:

– Allgemein ist nachgewiesen, dass ein Fokus auf den Aufbau konzeptuellen Verständnisses entscheidend für die Nachhaltigkeit fachlichen Wissensaufbaus (Möller et al. 2002) ist und dass dafür der konsequente Wechsel zwischen (graphischen, verbalen, symbolischen, ...) Repräsentationen sehr lernförderlich sein kann (Bruner 1967). Dies klärt jedoch für einen spezifischen Lerngegenstand, z.B. lineare Funktionen (Richter & Hußmann in diesem Band) oder das Konzept des elektrischen Stroms, nicht die Frage, *welche* fachlichen Vorstellungen und *welche* Repräsentationen zum Aufbau konzeptuellen Verständnisses tatsächlich benötigt werden (van den Heuvel-Panhuizen 2005 u.v.a.) oder besonders geeignet sind. Dazu sind für jeden einzelnen Lerngegenstand Untersuchungen notwendig, die ausgehend von normativen Setzungen (welche Deutungen werden unbedingt gebraucht?) die lernförderlichen Zugangsweisen in einem engen Zusammenspiel von Forschung und Entwicklung ausloten.

– Lebensweltorientierung gilt als ein wichtiges pädagogisches Prinzip, um den Transfer des unterrichtlich erworbenen Wissens und Könnens auch in den Bereich außerhalb der Schule zu ermöglichen (vgl. z.B. Grunder 2001). Das Feld des Sports kann da als ein Beispiel dienen. Vor der übergeordneten curricularen Leitidee einer Anleitung zum „lebenslangen Sporttreiben" leuchtet der Bezug zum allgegenwärtigen außerschulischen Sport unmittelbar ein. Doch an welche, in der Regel sehr heterogenen lebensweltlichen Erfahrungen soll der Sportunterricht ansetzen, welche sind anschlussfähig für den Schulsport? Wie sind zudem solche lebensweltlichen Bezüge konkret unter-

richtlich zu inszenieren, um die Anschlussfähigkeit an außerschulische Kontexte zu ermöglichen (vgl. Zander in diesem Band)?
– Lernangebote müssen an Vorwissen und Vorstellungen der Lernenden anknüpfen (s.o.). Aber welche kognitiven Dispositionen sind für das Lernen eines bestimmten Inhalts relevant? Wie weit muss man ausholen, um einflussreiche individuelle Konzepte und nicht lediglich fachlich konforme Vorstellungen zu erfassen und zu berücksichtigen? Muss man z.B. für die Einführung der algebraischen Sprache Schülervorstellungen über die Bedeutung der Grundoperationen in den natürlichen Zahlen berücksichtigen? Welche typischen Vorstellungen von Lernenden sollen in einem Unterrichtsdesign berücksichtigt werden, welche individuellen Vorstellungen in einer spezifischen Klasse müssen darüber hinaus von der Lehrkraft eruiert werden? Gegebenenfalls muss das Unterrichtsdesign Hilfestellungen für solche diagnostischen Maßnahmen geben.

Die Gegenstandsspezifizität fachdidaktischen Wissens gilt nicht nur für Design-Prinzipien und ihre gegenstandsspezifischen Realisierungen, sondern auch für empirisch gewonnenes theoretisches Wissen über typische Verläufe und Hürden von Lehr-Lernprozessen: Neben der Rekonstruktion allgemeiner Muster (wie sie etwa in der moderat konstruktivistischen Lehr-Lerntheorie kondensiert sind), die gegenstandsübergreifend zu gelten scheinen, ist die Beforschung von Lehr-Lernprozessen für jeden einzelnen Lerngegenstand von hohem Interesse, weil sie jeweils entscheidende Rückwirkungen auf die Theorien zur fachlichen Strukturierung von Lerngegenständen im Konkreten und im Allgemeinen hat (vgl. z.B. Prediger & Zwetzschler in diesem Band). Darin steckt der enorme Aufwand fachdidaktischer Forschung und Entwicklung, dass er für jeden Lerngegenstand einzeln zu vollziehen ist. Ergebnisse aus Arbeiten zu anderen Lerngegenständen erweisen sich dabei nur als partiell übertragbar.

Die Gegenstandsspezifizität von Lernprozessen ist nicht als ein anzustrebender Idealzustand zu sehen, sondern als eine nicht zu verleugnende Gegebenheit, auf die es flexibel zu reagieren gilt. Dabei können allgemeine Orientierungen immer wieder hilfreich sein, doch erfordert die Rekonstruktion der Gegenstände im Hinblick auf ihre Bildungswirksamkeit und Lernbarkeit (vgl. Abschnitt 1) jeweils wieder kreative Entscheidungen, die auch methodische Aspekte des Unterrichtsdesigns betreffen.

4.   Ökologisch valide Adaption statt alleiniger Praxistransfer

In seiner Grundsatzkritik zum Theorie-Praxis-Verhältnis hat Habermas in den späten 1960er Jahren auf den Einfluss des erkenntnisleitenden Interesses auf die didaktische Theoriebildung und konkrete praktische Gestaltung verwiesen: Dieses Interesse wirke sich in der Widerspiegelung gesellschaftlicher und politischer Haltungen auf die inhaltliche und methodische Gestaltung von Unterricht aus, nehme Einfluss auf Verstehensleistungen und berge die Akzeptanz normativer Setzungen in sich (Habermas 1968). Diese laufen insbesondere dann Gefahr, „zur Anpassung an die herrschenden schulischen Verhältnisse" (Meyer 2001, S. 83) zu führen, wenn routinemäßige Unterrichtsgestaltungen ohne theoretische Reflexion erfolgen oder die zur Theorieanwendung erforderliche „Übersetzungsleistung" nicht gelingt.

Auch unabhängig von dieser sehr grundsätzlichen Fragestellung wird kritisiert, dass Theoriewissen in der Praxis häufig „bis zur Unkenntlichkeit verwandelt" (Meyer 2001, S. 73) wird und die auch durch Forschung belegten Effekte zuweilen nicht für die Praxisgestaltung genutzt werden. Klieme (2006) weist in diesem Zusammenhang insbesondere auf die Gefahr hin, dass eine Übertragung fachspezifisch-didaktischer Erkenntnisse in andere Fachdidaktiken zu einer ungünstigen Verkürzung empirischer Ergebnisse der Unterrichtsforschung führen kann.

Der Transfer von forschungs- und theoriebasiertem Wissen in die Praxis ist keineswegs trivial: Von der instruktionspsychologischen experimentellen Laborforschung in Trainingsstudien hin zur Klassenrealität ist es mehr als ein simpler Transferschritt, wie etwa Hilgard und Bower (1966), Weinert (1996) sowie Barab und Squire (2004) betonen. Denn während experimentelle Interventionsstudien gerade versuchen, Variablen zu isolieren bzw. konstant zu halten, um genaue Aussagen über isolierbare Wirkungszusammenhänge machen zu können (vgl. Leutner 2010), müssen Design-Entscheidungen im Klassenzimmer stets in Anbetracht der Komplexität vieler Einflussfaktoren getroffen werden (Einsiedler 2011, S. 48ff.). Eine rein isolierende Forschung kann daher zwar zu reliablen, aber nicht zu „ökologisch validen" Ergebnissen führen. Die Metapher der Ökologie, des Lebensraumes, soll deutlich machen, dass eine allzu große Reduktion von Komplexität bei Forschungsgegenständen wie Unterricht und Klassenverhalten die „Eigenartigkeit" dieser Forschungsgegenstände vernichtet und Forschungsergebnisse begrenzten Wert mehr haben, wenn sie nicht in die komplexe Realität rückübersetzt werden können.

Anzustreben sind nach Klärung von Grundlagenfragen in experimentellen Designs daher Forschungssettings, die der Komplexität des Klassenzimmers besser gerecht werden als reine Trainingsstudien (Cobb et al. 2003, Burkhardt 2006, McKenney & Reeves 2012, Schoenfeld 2006). Dies bedeutet nicht zwangsläufig, dass jedes Laborsetting zu vermeiden ist, denn Design-Experimente mit ein oder zwei Lernenden können sehr wohl dazu dienen, komplexe Prozesse zu erfassen (z.B. Komorek & Duit 2004). Solche Studien, die zunächst vor allem der Generierung theoretischen Wissens zu typischen individuellen Lernverläufen und Hürden dienen, sollten im zweiten Schritt jedoch ergänzt werden durch Design-Experimente in Klassenzimmern mit der ganzen sozialen Komplexität des Lernens mit 30 Schülerinnen und Schülern.

In der Regel zeigt sich dabei, dass die in „Boutique-Experimenten" entwickelten Lehr-Lernarrangements dann an die komplexeren Bedingungen des Klassenunterrichts angepasst werden müssen (Swan 2005, van den Akker et al. 2006, Burkhardt 2006). Dabei bringen im Rahmen von symbiotischen bzw. partizipativen Implementationsprozessen erfahrene Lehrkräfte Expertisen über ihre spezifischen Arbeitsbedingungen vor Ort ein, die für das Gelingen der Umsetzung unverzichtbar sind (Parchmann et al. 2006, Demuth et al. 2008, Eilks & Markic 2011). Auch hier ist die „Symbiose" erneut eine biologische Metapher für abgestimmtes professionelles Wirken im gemeinsamen Lebensraum mit Vorteilen für beide Seiten. Sie deutet an, dass fachdidaktische Theoriekompetenz, vertreten durch die Forscherinnen und Forscher, zusammenkommen muss mit der Praxiskompetenz von Lehrpersonen, um Unterrichtsdesigns für reale Klassenraumsituationen zu planen, zu erproben und zu optimieren (vgl. Nawrath & Komorek in diesem Band).

Das Gebot der ökologischen Validität verbietet also die verkürzende Vorstellung, dass in Trainingsstudien erprobte Einheiten oder Unterrichtserfahrungen direkt in die Praxis „transferiert" werden können. Stattdessen ist der Prozess der ökologisch validen Adaption selbst in die Planung von Forschungs- und Entwicklungsprozessen einzubinden, um der Komplexität der variierenden Unterrichtsrealitäten mit ihren unterschiedlichen Lerngruppen, institutionellen Voraussetzungen und Anknüpfungspunkten gerecht zu werden.

Wie Gräsel und Parchmann (2004) ausführen, sind es im Wesentlichen Top-down-Strategien und symbiotische Strategien, denen die Implementationsforschung unterstellt, dass sie über einen einfachen Transfer von als wirkungsvoll erkannten einzelnen und singulären Unterrichtselementen hinausgehen zu können, um langfristige und grundlegende Änderungen in der Unterrichtsrealität zu erreichen. Da aber bei den Top-down-Strategien zeitliche und räumliche Trennungen von Entwicklung und Erprobung eines Unterrichtskonzepts und seiner Umsetzung in der Unterrichtsrealität gegeben ist und zudem eine gewisse Verordnung durch die Bildungsadministration oder bestimmte Experten erfolgt, ist die ökologische Validität oftmals eingeschränkt. Insbesondere, wenn zu wenig berücksichtigt wird, „wie schwer Erfahrungswissen, Überzeugungssysteme und Handlungsroutinen [von Lehrpersonen] zu verändern sind und wie stark der soziale Kontext der Schule auf die Umsetzung der Innovation Einfluss nimmt" (Gräsel & Parchmann 2004, S. 200). Erst wenn die Innovation als brauchbar und nützlich angesehen wird und nicht zu große Veränderungen erfordert, wird sie angenommen – so ein zentrales Ergebnis der Implementationsforschung zu Top-down-Strategien (ebd.).

Symbiotische Strategien gehen meistens von einem Praxis-Problem aus, das eine gewisse Unzufriedenheit bei Lehrpersonen erzeugt und die Bereitschaft herstellt, mit Expertinnen und Experten zusammenzuarbeiten. Der Erfolg solcher Strategien ist nur dann gewährleistet, wenn sie nicht von fertigen Konzepten ausgehen, die zu übernehmen sind, sondern deren Mitgestaltung durch Lehrpersonen erlauben und wenn sie zu konkret umsetzbaren Maßnahmen führen. Diese müssen dann eine von allen Partnern der Symbiose gut feststellbare Veränderung von Unterrichtsrealität nach sich ziehen. Zum Erfolg trägt dabei insbesondere das Rollenverständnis sowohl der Expertinnen und Experten bei, die sich eher zurücknehmen und als Beratende fungieren sollten, als auch der beteiligten Lehrpersonen, die eine gewisse Offenheit und Flexibilität mitbringen und kooperationsbereit gegenüber ihren Kolleginnen und Kollegen sein müssen. Eine gewisse „inquiry orientation" (Gräsel & Parchmann, 2004, S. 210) gegenüber der Wirkung der ausgehandelten Veränderungen ist hierbei ausschlaggebend dafür, ob eine ökologische Validität tatsächlich erreicht wird.

5. Professionalisierung der Akteure statt alleinige Dissemination

Einsiedler (2010) u.v.a. betonen die Länge des Weges einer Idee zu einem guten Unterrichtsdesign bis hin zur Klassentauglichkeit: Selbst wenn gute Unterrichtsdesigns und praxistaugliche gegenstandsspezifische Lehr-Lernarrangements zur Verfügung stehen, muss für eine breite Umsetzung mehr passieren als Unterrichtsmaterialien zu disseminieren (wörtlich „zu streuen"). Die Implementation erfordert, wie im Abschnitt zuvor bereits ausgeführt, den Einbezug der Akteure, vorrangig der Lehrkräfte. Auch ihre Professionalisierung ist daher ein weiterer wichtiger Aspekt, um Verkürzungen zu vermeiden (Gräsel et al. 2006, Lipowsky 2010).

Vorhandene Studien zur Lehrerprofessionsforschung zeigen u.a., dass die Orientierung von Lehrkräften an curricularen Vorgaben eher als lose zu bezeichnen ist (vgl. Vollstädt et al. 1999). Es reicht demnach nicht aus, die aus der (mehr oder weniger partizipativen) Forschung und Entwicklung gewonnenen Konzepte nur zu publizieren, in der Hoffnung, dass damit auch für alle anderen Lehrkräfte zugleich eine Transformation oder Integration in die Wissens- und Handlungsrepertoires einhergehen würde. Stattdessen sind insbesondere für diesen Prozess systematische und fundierte Strategien der Aneignung entsprechender Erkenntnisse durch Lehrkräfte zu entwickeln. Denn nur so kann gewährleistet werden, dass die Voraussetzungen für die Durchführung optimierter und komplexer Unterrichtsdesigns überhaupt gegeben sind. Auch die besten Unterrichtsdesigns drohen weitgehend folgenlos zu bleiben, wenn der Prozessschritt der Lehrerprofessionalisierung nicht ebenfalls in ein Gesamtkonzept der Fachdidaktischen Entwicklungsforschung einbezogen wird (vgl. Basisartikel von Komorek, Fischer & Moschner in diesem Band). Dies muss und kann zwar nicht in jedem Einzelprojekt realisiert werden, aber in größeren Forschungsprogrammen ganzer Arbeitsgruppen.

Für eine effektive Lehrerprofessionalisierung bewähren sich zwei Voraussetzungen: Erstens ermöglicht erst die Kenntnis der individuellen Anknüpfungspunkte ein für die beteiligten Lehrkräfte hinreichend adaptives Ausbildungs- und Fortbildungskonzept. Diese Kenntnis zielt idealerweise sowohl auf das Erfahrungswissen von Lehrkräften, ihre Subjektiven Theorien von der Rolle der fachlichen Vorstellungen ihrer Schülerinnen und Schüler, von fachdidaktischen Vorstellungen zur Unterrichtsgestaltung als auch auf ihre eigenen fachlichen Vorstellungen vom in Rede stehenden Lerngegenstand. Und zweitens wird idealerweise ein empirisch überprüfbares Ausbildungskonzept (für erste und zweite Phase der Lehrerbildung) oder Fortbildungskonzept (für dritte Phase des lebenslangen Lernens) entwickelt, in das die Nutzung fachdidaktischer Forschungsergebnisse integriert ist. Mit diesen Voraussetzungen wird ermöglicht, dass die Dissemination, also die „Aussaat" von schul- und unterrichtsrelevanten Forschungsergebnissen auch auf fruchtbaren Boden fällt.

Gleichwohl weisen Kahlert und Zierer (2011, S. 74) darauf hin, dass die wirksame Einbindung von Lehrkräften in wissenschaftsorientierte Kommunikationszusammenhänge sehr personalintensiv ist und kaum für alle Lehrkräfte zu erreichen sein wird. Daher ist unter Umständen auch gewünscht, dass ein Unterrichtsdesign von einem breiten Kreis von Lehrerinnen und Lehrern verwendet wird, ohne dass diese zunächst eine Professionalisierungsmaßnahme durchlaufen, welche sie in die spezifischen Bedingungen und Perspektiven eines konkreten Unterrichtsdesigns einführt. Um das zumindest in einem gewissen Grad zu ermöglichen, sind verschiedene Lehrerperspektiven schon in die Entwicklung des Unterrichtsdesigns einzubeziehen (vgl. Komorek, Fischer & Moschner sowie Nawrath & Komorek in diesem Band). Empirische Untersuchungen sollten daher Erkenntnisse anstreben über folgende Fragen:

– Mit welchem Spektrum an fachlichen Kenntnissen, die für das Unterrichtsthema relevant sind, ist bei den potentiell zu adressierenden Lehrpersonen zu rechnen? Daraus ergeben sich Schlussfolgerungen über Passung von Aufgaben oder Zugängen zum Unterrichtsthema oder über sinnvolles Lehrerbegleitmaterial, das auch ohne genaue Kenntnis der spezifischen Zielgruppe möglich ist.

– Welche Kenntnisse und Überzeugungen besitzen die potentiell zu adressierenden Lehrenden bezüglich Vorstellungen und Lernprozessen von Lernenden, die Adressaten für das Unterrichtsthema sind? Hieraus ergeben sich Schlussfolgerungen über Typen, Inhalte und Anspruchsniveaus von Lernaufgaben, die Lehrende ihren Schülerinnen und Schülern stellen würden.

– Welche Perspektiven haben Lehrende auf Unterrichtprinzipien im Allgemeinen und im betreffenden Fach und, welche individuellen Präferenzen verfolgen sie?

Programme wie SINUS und SINUS-Transfer Grundschule sowie der so genannten Kontextprojekte CHIK, BIK, piko (vgl. Nawrath & Komorek in diesem Band), die die Bedeutung von Kontexten für das Lernen in den Naturwissenschaften herausgestellt haben, haben insbesondere die Professionalisierung von Lehrpersonen als wesentlichen Aspekt der Qualitätssteigerung von Unterricht angesehen. Die Programme machen deutlich, dass die Entwicklung von Unterrichtskonzepten und ihre Implementation und Dissemination nur dann überzeugend gelingen kann, wenn sie mit Prozessen der Professionalisierung Hand in Hand gehen.

6.   Ausblick: zwei Forschungs- und Entwicklungsprogramme für den langen Weg zum Unterrichtsdesign

Die in den obigen Abschnitten diskutierten Verkürzungen können im Gegenzug als Anforderungen an solche Forschungs- und Entwicklungsprogramme verstanden werden, die sich ernsthaft auf den längeren, dafür aber hoffentlich wirkungsvolleren Weg zu Unterrichtsdesigns machen. Zugleich ist zu betonen, dass natürlich auch die hier vorgestellten Programme nicht ohne Verkürzungen auskommen. So werden z.B. die pädagogischen Dimensionen des Unterrichtens aufgrund der fachdidaktischen Fokussierung weitgehend ausgeblendet (vgl. z.B. Gruschka 2013), ohne dass damit deren prinzipielle Bedeutsamkeit für eine rekonstruktive Unterrichtforschung bestritten werden soll. Das Spektrum der Anforderungen kann nicht von einzelnen und zeitlich befristeten Projekten umfassend erfüllt werden, stattdessen stellt es sich als durchgängige Aufgabe für längerfristig arbeitende größere Arbeitsgruppen oder Forschungsnetze dar. Auch wenn sich die Kernarbeit in solchen Gruppen oder Netzen jeweils domänenspezifisch stellt, hat sich im wissenschaftlichen Alltag der Autorinnen und Autoren der interdisziplinäre Zusammenschluss in fachübergreifenden fachdidaktischen Promotionskollegs bewährt, in denen jeweils Arbeiten mit ähnlichen Programmen gefördert werden. Aus dieser Erfahrung heraus werden im vorliegenden Sammelband die Programme der Promotionskollegs ProDid/ProfaS (Universität Oldenburg) und FUNKEN (Technische Universität Dortmund) vorgestellt, die sich jeweils unterschiedlicher Bereiche der Anforderungen forciert annehmen, insgesamt jedoch eine verwandte und einander ergänzende Philosophie verfolgen.

In den folgenden beiden Basiskapiteln werden die Grundanlagen der beiden Programme in ihren Gemeinsamkeiten und im Kontrast vorgestellt. Anschließend werden 13 konkrete Promotionsvorhaben beschrieben, die die Programme von ProDid/ProfaS und FUNKEN mit Leben füllen und die jeweils kleine Beiträge auf dem langen Weg zur wissenschaftlich fundierten Entwicklung von Unterrichtsdesigns und zur Beforschung ihrer Wirkungen.

Literatur

Barab, S. & Squire, K. (Hrsg.) (2004). Special Issue: Design-Based Research: Clarifying the Terms. *Journal of the Learning Sciences, 13* (1).

Benson, G. D. (2001). Science Education from a Social Constructivist Position: A Worldview. *Studies in Philosophy and Education, 20* (5), 443-452.

Brinkmann, M. (2009). Fit für PISA? Bildungsstandards und performative Effekte im Testregime. Vorschläge zur theoretischen und pädagogischen Differenzierung von Bildungsforschung und Aufgabenkultur. In J. Bilstein & J. Ecarius (Hrsg.), *Standardisierung – Kanonisierung – Erziehungswissenschaftliche Reflexionen.* Wiesbaden: VS-Verlag, 97-116.

Bruner, J. (1967). *Toward a theory of instruction.* Cambridge, MA: Harvard University Press.

Burkhardt, H. (2006). From design research to large-scale impact: Engineering research in education. In J. Van den Akker, K. Gravemeijer, S. McKenney & N. Nieveen (Hrsg.), *Educational design research.* London: Routledge. 185-228.

Cobb, P., Confrey, J., diSessa, A., Lehrer, R. & Schauble, L. (2003). Design Experiments in Educational Research. *Educational Researcher, 32* (1), 9-13.

Demuth, R., Gräsel, C., Parchmann, I. & Ralle, B. (2008) (Hrsg.). Chemie im Kontext. Von der Innovation zur nachhaltigen Verbreitung des Unterrichtskonzepts. Münster: Waxmann.

DiSessa, A. A. & Cobb, P. (2004). Ontological innovation and the role of theory in design experiments. *Journal ofthe Learning Sciences, 13* (1), 77-103.

Dressler, B. (2007). Modi der Weltbegegnung als Gegenstand fachdidaktischer Analysen. *Journal für Mathematik-Didaktik, 28* (3/4), 249-262.

Duit, R. & Treagust, D. F. (2003). Conceptual change: A powerful framework for improving science teaching and learning. *International Journal of Science Education, 25* (6), 671-688.

Duit, R., Treagust, D. & Widodo, A. (2008). Teaching for conceptual change – Theory and practice. In S. Vosniadou (Hrsg*.), International Handbook of Research on conceptual change.* Mahwah: Lawrence Erlbaum, 629-646.

Eickhorst, A. (2011). Das Unterrichtsverständnis der empirischen Lehr-Lern-Forschung. In W. Meseth, M. Proske & F.-O. Radtke (Hrsg.), *Unterrichtstheorie in Forschung und Lehre.* Bad Heilbrunn: Klinkhardt, 50-66.

Eilks, I. & Markic, S. (2011). Effects of a Long-Term Participatory Action Research Project on Science Teachers' Professional Development. *Eurasia Journal of Mathematics, Science & Technology Education, 7* (3), 149-160.

Einsiedler, W. (2010). Didaktische Entwicklungsforschung als Transferförderung. *Zeitschrift für Erziehungswissenschaft 13*, 59-81.

Einsiedler, W. (2011). Was ist Didaktische Entwicklungsforschung? In W. Einsiedler (Hrsg), *Unterrichtsentwicklung und Didaktische Entwicklungsforschung.* Heilbrunn: Klinkhardt, 41-70.

Flint, A., Fickenfrerichs, H., Peper, R. & Jansen, W. (1987). Zur Strukturaufklärung des Ethanols – eine an der geschichtlichen Entwicklung orientierte Unterrichtseinheit. *Naturwissenschaften im Unterricht, 30* (35), 28-41.

Freudenthal, H. (1991). Revisiting Mathematics Education. *China Lectures.* Dordrecht: Kluwer.

Gerstenmaier, J. & Mandl, H. (1995). Wissenserwerb unter konstruktivistischer Perspektive. *Zeitschrift für Pädagogik, 41* (6), 867-888.

Gräsel, C., Jäger, M. & Wilke, H. (2006). Konzeption einer übergreifenden Transferforschung und Einbeziehung des internationalen Forschungsstandes. In R. Nickolaus & C. Gräsel (Hrsg.), *Innovation und Transfer*. Baltmannsweiler: Schneider, 445-566.

Gräsel, C. & Parchmann, I. (2004). Implementationsforschung – oder: der steinige Weg, Unterricht zu verändern. *Unterrichtswissenschaft 3*, 196-214.

Gravemeijer, K. & Cobb, P. (2006). Design research from a learning design perspective. In J. van den Akker, K. Gravemeijer, S. McKenney, N. Nieveen (Hrsg.), *Educational Design research: The design, development and evaluation of programs, processes and products*. London: Routledge, 17-51.

Greeno, J. G. (1998). The situativity of knowing, learning, and research. *American Psychologist, 53* (1), 5-26.

Grunder, H.-U. (2001). *Schule und Lebenswelt. Ein Studienbuch*. Münster: Waxmann.

Grüner, G. (1967). Die didaktische Reduktion als Kernstück der Didaktik. *Die deutsche Schule, 59* (7/8), 414-430.

Gruschka, A. (2013). *Unterrichten – eine pädagogische Theorie auf empirischer Basis*. Opladen, Berlin & Toronto: Verlag B. Budrich.

Habermas, J. (1968). *Erkenntnis und Interesse*. Frankfurt/M.: Fischer.

Heimann, P, Otto, G. & Schulz, W. (1969). *Unterricht, Analyse und Planung*. Hannover: Schroedel.

Helmke, A. (2010). Unterrichtsqualität und Lehrerprofessionalität. Diagnose, Evaluation und Verbesserung des Unterrichts. Seelze: Klett / Kallmeyer.

Hering, D. (1959). Zur Fasslichkeit naturwissenschaftlicher und technischer Aussagen – eine Einführung in das Problem der Wissenschaftlichkeit und Fasslichkeit der Aussagen im naturwissenschaftlichen und technischen Unterricht. Berlin: Volk und Wissen.

Herrmann, F. & Job, G. (2002). *Altlasten der Physik*. Köln: Aulis Verlag Deubner.

Heursen, G. (1996). Das Leben erfahren. Lebensweltorientierte didaktische Ansätze. *Pädagogik, 6*, 42-46.

Hilgard, E. R. & Bower, G. H. (1966). *Theories of learning*. New York: Appleton-Century-Crofts.

Kahlert, J. & Zierer, K. (2011). Didaktische Entwicklungsforschung aus Sicht der pragmatischen Entwicklungsarbeit. In W. Einsiedler (Hrsg.), *Unterrichtsentwicklung und Didaktische Entwicklungsforschung*. Bad Heilbrunn: Klinkhardt, 71-87.

Kattmann, U., Duit, R., Gropengießer, H., Komorek, M. (1997). Das Modell der Didaktischen Rekonstruktion – Ein Rahmen für naturwissenschaftsdidaktische Forschung und Entwicklung. *Zeitschrift für Didaktik der Naturwissenschaften, 3* (3), 3-18.

Kiper, H., Komorek, M. & Sjuts, J. (2010). Modellvorhaben Nordwest: Entwicklung von Diagnose und Förderkompetenz im Unterricht und in Lehr-Lern-Laboren. Verbundprojekt zur Verzahnung der Phasen in der Lehrerausbildung – prämiert vom Stifterverband für die Deutsche Wissenschaft. *SEMINAR – Lehrerbildung und Schule, 2*, 115-122.

Kirsch, A. (1977). Aspekte des Vereinfachens im Mathematikunterricht. *Didaktik der Mathematik, 5* (2), 87-101.

Klafki, W. (1969). Didaktische Analyse als Kern der Unterrichtsvorbereitung. In H. Roth & A. Blumenthal (Hrsg.), *Auswahl, Didaktische Analyse*. Hannover: Schroedel, 5-34.

Klieme, E (2006). Empirische Unterrichtsforschung: Aktuelle Entwicklungen, theoretische Grundlagen und fachspezifische Befunde. *Zeitschrift für Pädagogik, 52* (6), 765-773.

Knuth, R. A. & D. J. Cunningham (1993). Tools for constructivism. In T. M. Duffy, J. Lowyck & D. H. Jonassen (Hrsg.), *Designing environments for constructive learning*. Berlin: Springer, 163-188.

Komorek, M. & Duit, R. (2004). The teaching experiment as a powerful method to develop and evaluate teaching and learning sequences in the domain of non-linear systems. *International Journal of Science Education, 26* (5), 619-633.

Komorek, M., Fischer, A. & Moschner, B. (2013, in diesem Band). Fachdidaktische Strukturierung als Grundlage für Unterrichtsdesigns. In M. Komorek & S. Prediger (Hrsg.), *Der lange
Weg zum Unterrichtsdesign. Zur Begründung und Umsetzung fachdidaktischer Forschungs-
und Entwicklungsprogramme.* Münster u.a.: Waxmann, 43-62.

Lave, J. (1988). *Cognition in practice.* Boston, MA: Cambridge.

Leuders, T. (2011). Kompetenzorientierung – eine Chance für die Weiterentwicklung des Mathematikunterrichts? In K. Eilerts, A. H. Hilligus, G. Kaiser & P. Bender (Hrsg.), *Kompetenzorientierung in Schule und Lehrerbildung.* Münster: LIT, 287-306.

Leutner, D. (2010). Perspektiven pädagogischer Interventionsforschung. In T. Hascher & B.
Schmitz (Hrsg.), *Pädagogische Interventionsforschung. Theoretische Grundlagen und empirisches Handlungswissen.* Weinheim: Juventa, 63-72.

Levin A. & Arnold, K.-H. (2009). Selbstgesteuertes und selbstreguliertes Lernen. In K.-H. Arnold,
U. Sandfuchs & J. Wiechmann (Hrsg.), *Handbuch Unterricht.* Bad Heilbrunn: Klinkhardt,
154-159.

Lipowsky, F. (2010). Lernen im Beruf. Empirische Befunde zur Wirksamkeit von Lehrerfortbildung. In F. Müller, A. Eichenberger, M. Lüders & J. Mayr (Hrsg.), *Lehrerinnen und Lehrer
lernen – Konzepte und Befunde zur Lehrerfortbildung.* Münster: Waxmann, 51-72.

Maturana, H. & Varela, F. (1987). *Der Baum der Erkenntnis.* München: Scherz.

McKenney, S. & Reeves, T. (2012). *Conducting Educational Design Research.* London:
Routledge.

Meyer, A. (2013, in diesem Band). Diagnose und Förderung algebraischen Denkens. Didaktische
Rekonstruktion unterrichtspraktischer Indikatoren für unterrichtliche Diagnose und Förderung. In M. Komorek & S: Prediger (Hrsg.), *Der lange Weg zum Unterrichtsdesign. Zur Begründung und Umsetzung fachdidaktischer Forschungs- und Entwicklungsprogramme.* Müster u.a.: Waxmann, 203-218.

Meyer, H. (2001). Türklinkendidaktik. Aufsätze zur Didaktik, Methodik und Schulentwicklung.
Berlin: Cornelsen Scriptor.

Meyer, M. (2009). Bildungsgangdidaktik zwischen Lehrgang und Lernerbiografie. In K.-H.
Arnold, S. Blömeke, R. Messner & J. Schlömerkemper (Hrsg.), *Didaktik und Lehr-Lern-
Forschung. Kontroversen und Entwicklungsperspektive einer Wissenschaft vom Unterricht.*
Bad Heilbrunn: Klinkhardt, 121-144.

Möller, K., Jonen, A., Hardy, I. & Stern, E. (2002). Die Förderung von naturwissenschaftlichem
Verständnis bei Grundschulkindern durch Strukturierung der Lernumgebung. In M. Prenzel &
J. Doll (Hrsg.), *Bildungsqualität von Schule: Schulische und außerschulische Bedingungen
mathematischer, naturwissenschaftlicher und überfachlicher Kompetenzen.* Weinheim: Beltz
(Zeitschrift für Pädagogik, 45. Beiheft), 176-191.

Nawrath, D. & Komorek, M. (2013, in diesem Band). Strukturierung von Physikunterricht – die
Rolle der Kontextorientierung: Prozesse der Designentwicklung in der Sekundarstufe I. In M.
Komorek & S. Prediger (Hrsg.), *Der lange Weg zum Unterrichtsdesign. Zur Begründung und
Umsetzung fachdidaktischer Forschungs- und Entwicklungsprogramme.* Münster u.a.:
Waxmann, 219-236.

Pahl, E. & Komorek, M. (2013, in diesem Band). „Energie" im Sach- und Physikunterricht: Vorstellungen von Lehrpersonen vom Konzept der Energie und seiner Vermittlung im Unterricht.
In M. Komorek & S. Prediger (Hrsg.), *Der lange Weg zum Unterrichtsdesign. Zur Begründung und Umsetzung fachdidaktischer Forschungs- und Entwicklungsprogramme.* Münster
u.a.: Waxmann, 237-255.

Parchmann, I., Gräsel, C., Baer, A., Nentwig, P., Demuth, R. & Ralle, B. (2006). „Chemie im
Kontext": A symbiotic implementation of a context-based teaching and learning approach. *International Journal of Science Education, 28* (9), 1041-1062.

Prediger, S. & Link, M. (2012). Fachdidaktische Entwicklungsforschung – Ein lernprozessfokus-
sierendes Forschungsprogramm mit Verschränkung fachdidaktischer Arbeitsbereiche. In H.
Bayrhuber, U. Harms, B. Muszynski, B. Ralle, M. Rothgangel, L.-H. Schön, H. J. Vollmer &

H.-G. Weigand (Hrsg.), *Formate Fachdidaktischer Forschung. Empirische Projekte – historische Analysen – theoretische Grundlegungen.* Münster: Waxmann, 29-46.

Prediger, S. & Zwetzschler, L. (2013, im Druck). Topic-specific design research with a focus on learning processes: The case of understanding algebraic equivalence in Grade 8. In T. Plomp & N. Nieveen (Hrsg.), *Educational Design Research: Illustrative Cases.* Enschede: SLO, Netherlands Institute for Curriculum Development.

Rehm, M. (2006). Allgemeine naturwissenschaftliche Bildung – Entwicklung eines vom Begriff Verstehen ausgehenden Kompetenzmodells. *Zeitschrift für Didaktik der Naturwissenschaften, 12,* 23-43.

Richter, V. & Hußmann, S. (2013, in diesem Band). Design-Experimente mit sinnstiftenden Kontexten und differenzierter Verwendung von Darstellungen: Am Beispiel des Lerngegenstandes lineare Funktionen. In M. Komorek & S. Prediger (Hrsg.), *Der lange Weg zum Unterrichtsdesign. Zur Begründung und Umsetzung fachdidaktischer Forschungs- und Entwicklungsprogramme.* Münster u.a.: Waxmann, 79-93.

Rost, J., Carstensen, C. H., Bieber, G., Neubrand, M. & Prenzel, M. (2003). Naturwissenschaftliche Teilkompetenzen im Ländervergleich. In Deutsches Pisa-Konsortium (Hrsg.), *PISA 2000. Ein differenzierter Blick auf die Länder der Bundesrepublik Deutschland.* Opladen: Leske und Budrich, 109-129.

Scherler, K. (1989). Elementare Didaktik. Vorgestellt an Beispielen aus dem Sportunterricht. Studien zur Schulpädagogik und Didaktik, Band 2. Weinheim: Beltz.

Schierz, M. (1995). Das schulpädagogische Prinzip der Lebensnähe und seine Bedeutung für den Schulsport. In F. Borkenhagen & K. Scherler (Hrsg.), *Inhalte und Themen des Schulsports.* St. Augustin: Richartz, 13-33.

Swan, M. (2005). Standards Unit. Improving learning in mathematics: challenges and strategies. University of Nottingham.

Schoenfeld, A. H. (2006). Design experiments. In P. B. Elmore, G. Camilli, & J. Green (Hrsg.), *Handbook of Complementary Methods in Education Research.* Washington, DC & Mahwah, NJ: American Educational Research Association and Lawrence Erlbaum Associates, 193-206.

Van den Akker, J., Gravemeijer, K., McKenney, S. & Nieveen, N. (2006) (Hrsg.). Educational Design Research: The design, development and evaluation of programs, processes and products. Routledge, London.

Van den Heuvel-Panhuizen, M. (2005). Can scientific research answer the 'what' question of mathematics education? *Cambridge Journal of Education, 35* (1), 35-53.

Vollstädt, W., Tillmann, K.-J., Rauin, U. & Höhmann. K. (1999). Lehrpläne im Schulalltag. Eine empirische Studie zur Akzeptanz und Wirkung von Lehrplänen in der Sekundarstufe I. Opladen: Leske+Budrich.

Vygotsky, L. (1978). *Mind in Society.* London: Harvard University Press.

Weinert, F. E. (1996). Lerntheorien und Instruktionsmodelle. In F. E. Weinert (Hrsg.), *Enzyklopädie der Psychologie, Themenbereich D, Serie I, Band 2.* Göttingen: Hogrefe, 1-48.

Wille, R. (1995). Allgemeine Mathematik als Bildungskonzept für die Schule. In R. Biehler, H.-W. Heymann, B. Winkelmann (Hrsg.), *Mathematik allgemeinbildend unterrichten.* Köln: Aulis, 41-55.

Zander, B. (2013, in diesem Band). Lebensweltorientierung im Sportunterricht der Hauptschule. Entwicklung und Erforschung einer Projektaufgabe. In M. Komorek & S. Prediger (Hrsg.), *Der lange Weg zum Unterrichtsdesign. Zur Begründung und Umsetzung fachdidaktischer Forschungs- und Entwicklungsprogramme.* Münster u.a.: Waxmann, 125-140.

Zwetzschler, L. & Prediger, S. (2013, in diesem Band). Der lange Weg zum Herstellen von Beziehungen: Fachdidaktische Entwicklungsforschung zur Gleichwertigkeit algebraischer Terme. In M. Komorek & S: Prediger (Hrsg.), *Der lange Weg zum Unterrichtsdesign. Zur Begründung und Umsetzung fachdidaktischer Forschungs- und Entwicklungsprogramme.* Müster u.a.: Waxmann, 141-156.

Stephan Hußmann, Jörg Thiele, Renate Hinz, Susanne Prediger,
Bernd Ralle

Gegenstandsorientierte Unterrichtsdesigns entwickeln und erforschen

Fachdidaktische Entwicklungsforschung
im Dortmunder Modell

Mit Forschung und Entwicklung werden zwei Formate beschrieben, mit denen sich viele Fachdidaktiken einen wissenschaftlichen Zugang zu ihren Forschungsgegenständen verschaffen. Beide Ziele können unabhängig voneinander verfolgt werden. Sie können aber auch als Pole eines sich auffächernden Spektrums an wissenschaftlichen Zugängen gedacht werden, von der rein beschreibenden Grundlagenforschung von Lernständen und Lernprozessen bis hin zu einer auf Praxis ausgerichteten Entwicklungsarbeit (Ralle & Eilks 2002). In vielen Ansätzen zur Entwicklungsforschung werden beide Ziele konstruktiv miteinander verknüpft und es werden Rahmenbedingungen formuliert, um forschungsbasierte und praxistaugliche Unterrichtsdesigns zu entwickeln (Überblick z.B. Plomb & Nieveen 2013). Diesem Anliegen hat sich auch das Forschungsprogramm der Fachdidaktischen Entwicklungsforschung im Dortmunder Modell ‚FUNKEN' verschrieben, dessen Rahmenbedingungen und Charakteristika in diesem Beitrag vorgestellt werden.

1. Eins plus eins ist mehr als zwei

Leitend für die Verknüpfung von Forschung und Entwicklung ist die Zielperspektive eines tragfähigen forschungsbasierten und praxistauglichen Unterrichtsdesigns. Es stellt sich jedoch die Frage, warum nicht einer der beiden Zugänge über Entwicklungsarbeit oder Grundlagenforschung ausreicht, um tragfähige Unterrichtsdesigns zu entwickeln.

Fachdidaktische Entwicklungsarbeit hat in der Regel das primäre Ziel, Unterrichtspraxis zu verbessern. Die dabei entstehenden Lehr-Lernarrangements werden nicht selten intuitiv bzw. ohne explizite Angabe der für sie leitenden theoretischen Annahmen entwickelt. Es wird allein dem Feld überlassen zu entscheiden, ob die gemachten Vorschläge tragfähig für die Weiterentwicklung von Unterricht sind oder nicht (Eilks & Ralle 2003). Resultat sind zwar oftmals gehaltvolle, aber zumeist singuläre Produkte, die auf der einen Seite nicht an Forschungsergebnissen gebunden sind und auf der anderen Seite keine ableitbaren allgemeinen Erkenntnisse oder Prinzipien generieren (Richey & Nelson 2004, van den Akker, Gravemeijer, McKenny & Nieveen 2006).

Unterrichtsdesign im Sinne des hier vorliegenden Bandes bezieht sich dagegen auch auf theoretisch bzw. empirisch abgesicherte Theorien, und umfasst fachdidaktisch und allgemeindidaktisch fundierte Spezifizierungen des Lerngegenstands sowie fachliche Strukturierungen des Lerngegenstands, orientiert an spezifischen Lernzielen. Des Wei-teren enthält ein Unterrichtsdesign an die Theorien gebundene und auf den Lerngegenstand bezogene Design-Prinzipien, die in Lehr-/Lernarrangements konkretisiert werden. Insofern umfasst ein Unterrichtsdesign Theorien und Design-Prinzipien, enthält aber auch als Produkte exemplarische Lehr-/Lernarrangements. Eine fundierte Entwicklungsarbeit, die auf Unterrichtsdesigns in diesem Sinne zielt, kommt nicht ohne Forschung aus, denn sie basiert auf einer stetig weiter auszudifferenzierenden Theorie und auf stets auszuweitenden empirischen Erkenntnissen über die initiierten Lehr-Lernprozesse (Reusser 2011, Einsiedler 2011b).

Deskriptive Grundlagenforschung orientiert sich dagegen häufig an Theorie- und nicht an Praxisentwicklung (Ralle & Eilks 2008, Kahlert & Zierer 2011). Die damit verbundenen Konsequenzen für die Qualitätsentwicklung von Unterricht waren und sind national und international Gegenstand intensiver fachdidaktischer Diskussionen (z.B. Lijnse 2000, de Jong 2000, Eilks & Ralle 2003, Einsiedler 2011b). Dabei werden vorrangig Lernstände fokussiert oder Lernprozesse zum Beispiel in quasiexperimentellen Designs mit hoher methodischer Kontrolle analysiert. Durch die starke Einschränkung der Vielfalt des alltäglichen Unterrichts auf die Fokussierung weniger Einflussfaktoren lassen sich aus den produzierten Ergebnissen nur bedingt praxisrelevante Gelingensbedingungen oder konstruktive Prinzipien ableiten (Lijnse 2000, Eilks & Ralle 2003). Eine entwicklungsorientierte Grundlagenforschung kommt daher nicht ohne Praxis aus, da die entstehenden Theorien nur dann relevant sind, wenn sie auf (realistischen) empirischen Erkenntnissen über die initiierten Lehr-Lernprozesse fußen.

Die wechselseitige Verknüpfung der Zugänge ist in beide Richtungen gewinnbringend und der Ertrag größer, als wenn man Forschung und Entwicklung nur additiv zusammenführt. Beispielsweise lassen sich Ergebnisse zum Lerngegenstand oder zu Design-Prinzipien aus der Grundlagenforschung nutzen, um bestimmte Aspekte von Unterrichtsdesigns zu gestalten oder ein Lehr-Lernarrangement entlang der fachlichen Strukturierung des jeweiligen Lerngegenstandes zu konzipieren. Umgekehrt kann eine systematische Beforschung von Lernaktivitäten im Rahmen von Design-Experimenten Rückschlüsse auf die Strukturierung des Lerngegenstands erlauben und neue Zugriffsmöglichkeiten für interessante Grundlagenforschung eröffnen.

2. Fachdidaktische Entwicklungsforschung als Rahmung

Typische Tätigkeiten im Rahmen von Entwicklungen sind die des Gestaltens, Veränderns und Optimierens, während die Hauptaufgaben im Bereich der Grundlagenforschung die des Analysierens, Erklärens und Verstehens sind. Die zentralen Tätigkeiten von Forschung und Entwicklung zu verknüpfen, ist ein spezifisches Charakteristikum des in FUNKEN genutzten Forschungsprogramms. Damit ordnet sich FUNKEN in die Tradition fachdidaktischer Forschungsprogramme ein, die sich in den letzten Jahren unter verschie-

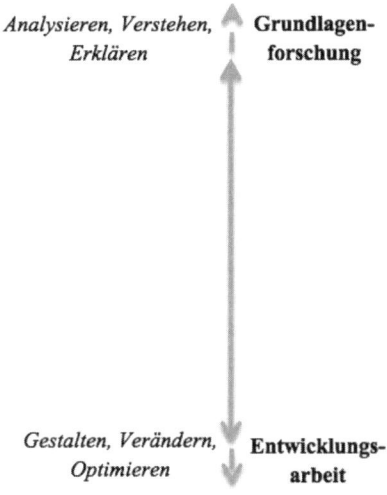

*Analysieren, Verstehen,
Erklären*   **Grundlagen-
forschung**

*Gestalten, Verändern,
Optimieren*   **Entwicklungsarbeit**

Abb. 1: Spektrum wissenschaftlicher
Zugänge in den Fachdidaktiken

denen Bezeichnungen und mit unterschiedlichen Schwerpunktsetzungen etabliert haben (vgl. Plomb & Nieveen 2013, Link 2012, Einsiedler 2011a), u.a. als „Design Science" (Wittmann 1995), als „Design Research" (z.B. Plomb & Nieveen 2013, van den Akker et al. 2006, Gravemejier & Cobb 2006), „Design-Based Research" (z.B. Barab & Squire 2004) oder „Design Experiments" (z. B. Brown 1992, Schoenfeld 2006).

Werden Entwicklung und Forschung im genannten Sinne verknüpft und aufeinander bezogen, besteht die Aussicht, dass gleichermaßen für die Praxis relevante und gehaltvolle Lehr-Lernarrangements und Design-Prinzipien und tragfähige, sich immer weiter ausdifferenzierende Theorien entstehen. Beide Zielperspektiven sind verknüpft durch die beobachteten bzw. initiierten Lehr- und Lernprozesse. Sie sind getrennt durch ihre Zugriffe des Gestaltens, Veränderns und Optimierens in der Entwicklungsperspektive und des Analysierens, Verstehens und Erklärens in der Forschungsperspektive.

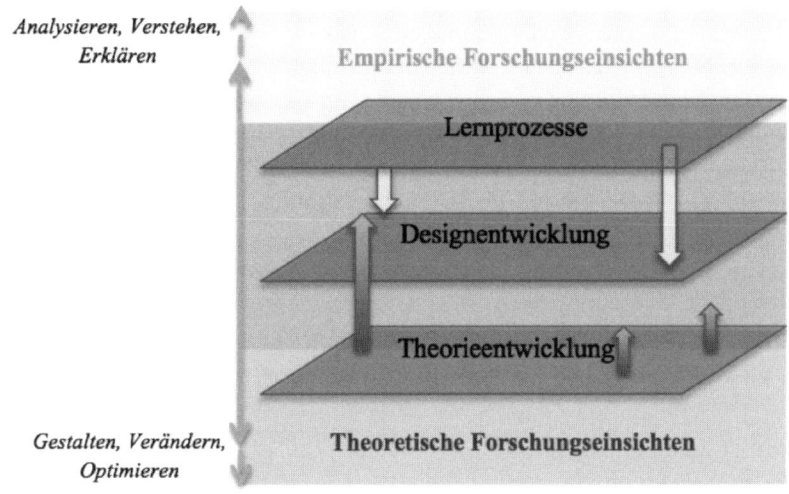

Abb. 2: Fokussierungsebenen und Bedingungsgefüge Fachdidaktischer Entwicklungsforschung

Durch ihre Zugriffe tragen beide Zielperspektiven zur (Weiter-)Entwicklung von Theorien und Unterrichtsdesigns bei, welche neben den Lernprozessen die zentralen Beobachtungs- und Entwicklungsebenen darstellen, auf die mit den jeweils unterschiedlichen Zielen fokussiert wird.

In dem vorliegenden Beitrag wird das Forschungsprogramm der Fachdidaktischen Entwicklungsforschung im Dortmunder Modell vorgestellt, das dem interdiszplinären-fachdidaktischen Forschungs- und Nachwuchskolleg FUNKEN ('Forschung und Nachwuchskolleg Fachdidaktische Entwicklungsforschung zu diagnosegeleiteten Lehr-Lernprozessen') zugrunde liegt (Prediger et al. 2012). Exemplarisch wird gezeigt, wie die beiden Pole Forschung und Entwicklung in eine produktive Verbindung gebracht werden können, um forschungsbasierte und praxistaugliche Unterrichtsdesigns zu entwickeln. Dabei werden die drei Fokussierungsebenen der Lehr-Lernprozesse, der Design- und der Theorie-Entwicklung zueinander in Beziehung gesetzt. Mit seinen Charakteristika und Grundideen schließt FUNKEN an unterschiedliche oben genannte Programme an.

Der Weg zu einem tragfähigen Unterrichtsdesign, auf dem Forschungs- und Entwicklungsperspektiven zueinander in Beziehung gesetzt werden, ist jedoch ein langer, da die einzelnen Prozessschritte und Fokussierungsebenen in einem wechselseitigen Bedingungsgefüge stehen. Beispielsweise determiniert die Wahl eines Forschungsfokus die nutzbaren Theorien, welche wiederum die Wahl der Design-Prinzipien bestimmen. Die jeweiligen Ergebnisse können dann weitere spezifische Forschungsdesigns, Theorie- oder Design-Entwicklung notwendig machen. Wie ein solcher Weg gestaltet werden kann und wie das Bedingungsgefüge aus Prozessschritten und Fokussierungsebenen hierauf Einfluss nimmt, wird in dem vorliegenden Beitrag sowohl allgemein als auch an Beispielen aus zwei Fächern diskutiert.

Ausgangspunkt für das Forschungsprogramm ist eine moderat-konstruktivistische Theorie des Lehrens und Lernens und die kritische Reflektion, welche Schritte von Forschung und Entwicklung zu einer theorie-basierten und empirisch gestützten Umsetzung in Unterrichtsdesigns notwendig sind (vgl. Prediger et al. in diesem Band). Daran anknüpfend werden im Folgenden die Charakteristika des Forschungsprogramms der Fachdidaktischen Entwicklungsforschung im Dortmunder Modell vorgestellt und deren Ausgestaltung entlang zentraler Arbeitsbereiche von Forschung und Entwicklung diskutiert, insbesondere im Hinblick auf Schwierigkeiten und Potentiale.

3.   Ziele und Charakteristika Fachdidaktischer Entwicklungsforschung im Dortmunder Modell

3.1 Charakteristika des Programms

Wenn man über Entwicklungsforschung spricht, so spricht man über ein Feld unterschiedlicher Programme, Ansätze und Zugänge, die sich unter verschiedenen Namen etabliert haben (Plomb & Nieveen 2013, Link 2012, van den Acker et al. 2006, Einsiedler 2011a).

Insofern lässt sich nicht über *die* Entwicklungsforschung sprechen, aber es lassen sich zentrale Ziele und übergreifende Charakteristika nennen, die das Feld gut beschreiben. Charakteristisch für alle Ansätze der Entwicklungsforschung ist es, die in Abb. 1 als Pole eines Spektrums beschriebenen Ziele miteinander zu verbinden:

1. Qualitätssteigerung von Unterricht und das Bestreben nach Praxisveränderung durch Entwicklung von Lernumgebungen und Design-Prinzipien.
2. Empirisch gestützte Weiterentwicklung der lokalen Theorien zum Lehren und Lernen, die längerfristig auch Beiträge zu globalen Theorieentwicklungen leisten.

Um diese Ziele zu erreichen, gibt es bestimmte Charakteristika, die für alle Programme mit unterschiedlicher Gewichtung von Bedeutung sind (van den Akker et al. 2006, Cobb, Confrey, diSessa, Lehrer & Schauble 2003, Reeves, Herrington & Oliver 2005). Im Zentrum stehen dabei in der Regel die folgenden Aspekte:

– Die Entwicklung von Lern- und Lehrgelegenheiten ist *theoriegeleitet*. Die zugrunde liegenden Theorien werden expliziert und die Bausteine der Lehr-Lernarrangements sind kohärent auf die theoretischen Grundannahmen abgestimmt. Die Ergebnisse der Forschungsprozesse werden vor dem Hintergrund der verwendeten Theorien diskutiert.
– Die Entwicklung und Forschung ist *praxisrelevant*. Die Notwendigkeit der Veränderung von Praxis und die Mitverantwortung für Praxisveränderung in der realen Unterrichtswirklichkeit ist Motor für die theoretische und praktische Entwicklungsarbeit. Die Ergebnisse der Forschungsprozesse werden vor dem Hintergrund der Anwendbarkeit für die Praxis diskutiert.

Kennzeichnend für das Forschungsprogramm der Fachdidaktischen Entwicklungsforschung im Dortmunder Modell sind außerdem folgende Charakteristika:

Forschung und Entwicklung

– ist *prozessorientiert*. Lehr-Lernprozesse zu beforschen bedeutet, die Gesetzmäßigkeiten der Prozesse zu beschreiben und zu verstehen. Damit sind forschungsmethodische Zugänge, die Interventionen als Black-Box betrachten und ausschließlich Effekte beschreiben wollen, kein adäquater Zugang für Fachdidaktische Entwicklungsforschung. Stattdessen wird der Fokus auf Binnenstrukturen der Lehr-Lernprozesse mit ihren Voraussetzungen, Verläufen, Hürden, Wirkungsweisen und Bedingungen gelegt.
– ist *gegenstandsorientiert*. Lernende in ihrem Denken und Handeln zu verstehen, ermöglicht die Initiierung von tragfähigen Lernprozessen durch die Auswahl geeigneter Lerngegenstände und einer angemessenen Strukturierung derselben. Die Auseinandersetzung mit dem Lerngegenstand, sowohl aus theoretischer Perspektive als auch vor dem Hintergrund der empirischen Befunde, führt zu einer Rekonstruktion der fachlichen Inhalte und ihrer fachlichen Strukturierung. Diese in den erziehungswissenschaftlichen Varianten der Entwicklungsforschung nicht zwangsläufig übliche starke Gegenstandsorientierung kennzeichnet das Programm als *Fach*didaktische Entwicklungsforschung.

– sind *iterativ* und *vernetzt*. Ein iteratives Durchlaufen mehrerer Zyklen von Forschung und Entwicklung ist kennzeichnend für den Arbeitsprozess jedes Projekts, denn nur die Iterativität ermöglicht, die vier im nächsten Abschnitt erläuterten Arbeitsbereiche systematisch miteinander zu vernetzen. So hat zum Beispiel die empirische Erfassung typischer Verläufe und Hürden im Lehr-Lernprozess Auswirkungen auf die Spezifizierung des Lerngegenstands, das Design der Lehr-Lernarrangements erfolgt auf der Basis der theoretischen Grundannahmen, und die empirischen Einsichten in die Wirkungsweisen und Bedingungen der Design-Elemente führen wiederum zur Weiterentwicklung der gegenstandsspezifischen lokalen Theorie des Lehrens und Lernens.

3.2 Vier Arbeitsbereiche im Dortmunder Modell

Die zentralen Charakteristika, Ziele und Ergebnisse Fachdidaktischer Entwicklungsforschung müssen für einen systematischen Zugriff in Prozess- bzw. Arbeitsschritte übersetzt werden. Aufgrund der Iterativität und Vernetztheit ist keine lineare Strukturierung umsetzbar. Für die Prozesse bietet sich daher eine zyklische Beschreibung und für die Ausgestaltung der Arbeitsschritte eine Artikulation in Arbeitsbereichen an. Für das Forschungsprogramm der Fachdidaktischen Entwicklungsforschung im Dortmunder Modell wurden folgende Arbeitsbereiche konturiert (vgl. Abb. 3):

1. Lerngegenstände spezifizieren
2. Design-Experimente durchführen und auswerten
3. Lokale Theorien (zu Verläufen, Hürden, Wirkungsweisen und Bedingungen der gegenstandsspezifischen Lehr-Lernprozesse) (weiter-)entwickeln[1]

Aufgrund des Charakteristikums der Iterativität sind die Arbeitsbereiche keine chronologisch abzulaufenden und für sich abgeschlossenen Arbeitspakete; sie gehen in der Regel ineinander über und werden jeweils mehrfach bearbeitet.

---

1   Nicht mitaufgenommen in den Kreislauf ist die Implementation, da dies für die Verbesserung der Praxis in der Breite zwar relevant, aber für die Entwicklungs- und Forschungsprojekte keine notwendige Bedingung ist.

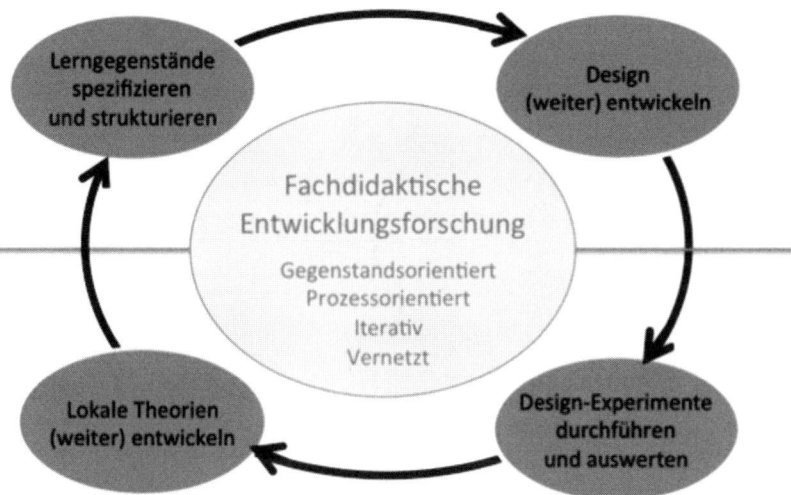

Abb. 3: Arbeitsbereiche im Zyklus Fachdidaktischer Entwicklungsforschung
   im Dortmunder Modell

Dabei kann die Forschung an unterschiedlichen Stellen ihren Anfang nehmen, weil der Anfang je nach Stand der Forschung und Entwicklung in den Projekten unterschiedlich gesetzt werden kann.

Charakteristisch für *Fachdidaktische* Entwicklungsforschung ist es, die Spezifizierung der Lerngegenstände nicht als gegeben hinzunehmen, sondern explizit als eigenständigen Arbeitsbereich auszuweisen. Das Grundverständnis, dass Lerngegenstände sich durch Empirie verändern können, teilt das Programm mit dem der Didaktischen Rekonstruktion (Kattmann, Duit, Gropengießer & Komorek 1997, Komorek, Fischer & Moschner 2013).

4. Fokusse in der Fachdidaktischen Entwicklungsforschung nach dem Dortmunder Modell

Auch wenn die Arbeitsbereiche des Programms miteinander verschränkt sind, ist der Forschungs- und Entwicklungsprozess entlang oben genannter Fokussierungsebenen und spezifischer Arbeitsschritte strukturiert, die auf dem Weg zum Unterrichtsdesign ein komplexes Bedingungsgefüge darstellen.

Die rahmengebenden Schritte des jeweiligen Forschungsprojektes bilden üblicherweise *Ausgangslage*, *Zielsetzungen* und *Produkte*, die sehr eng aufeinander bezogen sind. Sie bilden sozusagen die Klammer um das Forschungs- und Entwicklungsprojekt. Beispielsweise kann der Forschungsfokus aus einer realen Problemlage erwachsen, dann kann die Forschung und Entwicklung ihren Ausgang z.B. in der Exploration der Problemlage nehmen. Sie kann aber auch aus einer theoretischen Analyse entstanden sein, wonach sich das zu untersuchende Problem in der Regel schon zu Beginn hinreichend gut präzisieren lässt.

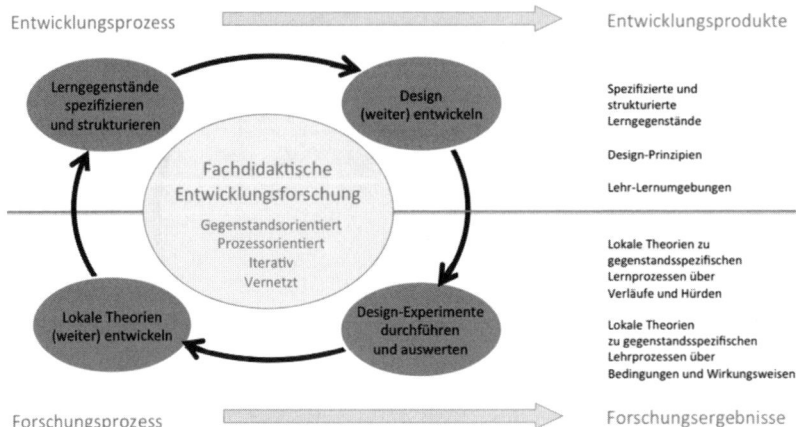

Abb. 4: Ziele im Zyklus Fachdidaktischer Entwicklungsforschung im Dortmunder Modell

Zentrales Ziel ist in beiden Fällen ein theoriegeleitetes und praxistaugliches Unterrichtsdesign, was jedoch mit weiteren Zielen in Beziehung steht, die nach Fokussierungsebenen (Design- oder Theorie-Entwicklung) differenziert in Abb. 4 dargestellt sind. In dem hier vorgestellten Programm werden Ziele immer auf beiden Ebenen verfolgt.

Während die Ausgangslage zwar maßgeblich für die eingeschlagene Richtung des Forschungs- und Entwicklungsprojektes ist, Orientierung für die Auseinandersetzung gibt und hilft, die Problemlage zu artikulieren, bleibt diese in der Regel durch anschließende Arbeitsschritte unberührt. Bei den Zielsetzungen ist dies anders. Diese werden im Laufe einer Studie nicht nur weiter ausgeschärft, die Schwerpunkte können sich sogar ändern, wodurch der Weg zum Unterrichtsdesign im Vorfeld nicht immer vollständig planbar ist. Die Schwerpunktveränderungen können den Weg sogar verlängern, sie können den Forschungsprozess insgesamt aber auch – in einem positiven Sinne – dynamischer werden lassen. Besteht beispielsweise zu Beginn das zentrale Ziel ein Lehr-Lernarrangement mit bestimmten Design-Prinzipien zu entwickeln, zu der schon ausgearbeitete Theorien zur fachlichen Strukturierung des Lerngegenstands und zu ausgewählten Design-Prinzipien existieren, können die ersten Design-Experimente zeigen, dass bestimmte Design-Prinzipien und Aspekte der fachlichen Strukturierung miteinander konfligieren und zur Entwicklung eines tragfähigen Unterrichtsdesigns erst die jeweiligen (lokalen) Theorien weiterentwickelt werden müssen, bevor das Lehr-Lernarrangement restrukturiert wird. Damit wird das zuerst einzige zentrale Ziel der Design-Entwicklung durch ein weiteres bedeutsames Ziel ergänzt, nämlich das der Theorieentwicklung. Dies verdeutlicht noch einmal, wie die Ziele sich nicht nur im Spannungsfeld von Theorie- und Design-Entwicklung bewegen, sondern auch die Verortung flexibel bleiben muss.

Dieses Beispiel zeigt auch die Verknüpfung von Zielsetzungen zu zwei weiteren Aspekten: zu der Art der verwendeten *Theorien* und *empirischen bzw. theoretischen Befunde*. Hinsichtlich der Wahl der Theorien stellt sich die Frage, welche Arten von Theorien genutzt und weiterentwickelt werden. In der Entwicklungsforschung sind empirisch gewonnene lokale Theorien, die sich auf einen spezifischen fachlichen Gegenstandsbereich beziehen, wie etwa das verständnisorientierte Lernen in der Bruchrechnung (Streefland 1991) oder das Erfassen der Dynamik des Chemischen Gleichgewichts (van Driel, De Vos & Verloop 1998) von besonderer Bedeutung, da Fachdidaktische Entwicklungsforschung in erster Linie vom Fach aus argumentiert und damit gegenstandsorientiert ist. Gleichermaßen sind empirische Befunde zu Lernvoraussetzungen und Lernendenperspektiven von Bedeutung, aus denen wiederum entsprechende Theorien gestützt oder entwickelt werden können. Aber auch allgemeindidaktische (nicht notwendig empirisch gewonnene) Theorien (z.B. Blankertz 1986, Prange 1986, Gruschka 2013) oder Theorien zur Strukturierung von Lehr-Lernprozessen (z.B. problemorientiertes Lernen, Wagenschein 1977, Gräsel 1997, mehrperspektivischer Unterricht, Giel & Hiller 1974, Duncker 1999) besitzen Leitfunktion bei der Entwicklung von Unterrichtsdesigns. In manchen Themenbereichen kann es aber auch sein, dass noch keine ausgearbeitete Theorie vorliegt. Hier ist es wichtig, auf Grundlage von bestehenden empirischen und theoretischen Befunden und verwandten Theorien eine lokale Theorie zu formulieren und diese in Design-Experimenten auszudifferenzieren und weiterzuentwickeln. Auf diese Weise werden sowohl Lehr-Lernarrangements als auch die zugrunde liegenden Theorien im Wechselspiel von Gestaltung, Erprobung und Analyse weiterentwickelt. Insofern ist die *Entwicklung des Lehr-Lernarrangements* eng verknüpft mit den verwendeten Theorien; die Nahtstellen dieser Verknüpfung sind spezifische Design-Prinzipien und die Strukturierung des Lerngegenstands.

Je nach Forschungsfokus, Zielsetzungen und verwendeten Theorien bestehen Interdependenzen zur *Ausgestaltung und Auswertung der Design-Experimente.* Liegen zum Beispiel vielfältige Befunde zu Lernständen, aber wenige zu Lernprozessen vor, so kann es sich anbieten, das Design-Experiment mehrschrittig mit zwei oder drei Zyklen anzulegen, um zur ‚ersten Version' des Unterrichtsdesigns – beispielsweise mit der Erhebungsmethode des klinischen Partner-Interviews – typische Hürden und Gelingensbedingungen zu explorieren. Im nächsten Schritt kann man dann mit einem optimierten Design und einer weiterentwickelten Theorie den nächsten Zyklus gestalten. Je nach Stabilität der Theorien und des Unterrichtsdesigns kann man in einem darauf folgenden Schritt das Design auch im Feldversuch erproben, was natürlich die Einflussgrößen deutlich erweitert, aber durch die Natürlichkeit der Umgebung weitere Erkenntnisse mit sich bringen kann. Je nach Forschungsfokus und Zielsetzung kann es sich des Weiteren anbieten, das Design-Experiment direkt im Feldversuch durchzuführen, was beispielsweise bei Fragen zu unterrichtsmethodischen Aspekten sinnvoll sein kann.

Der nächste Schritt der Wahl geeigneter *Forschungsmethoden und -methodologie* ist ebenfalls eng vernetzt mit Entscheidungen, die in den anderen Arbeitsbereichen getroffen wurden. Abb. 5 zeigt eine Übersicht über den FUNKEN-Zyklus, in dem Arbeitsbereiche hinsichtlich der gerade genannten Aspekte weiter ausdifferenziert sind. Dabei sind die Produkte als Ergebnisse des einzelnen Zyklus im letzten Schritt dargestellt, in Abb. 4 sind sie übergreifend als Produkte und Ergebnisse des gesamten Forschungs- und Entwicklungsprojektes gemeint.

Abb. 5: Von der Fragestellung zu den Produkten im Zyklus
        Fachdidaktischer Entwicklungsforschung im Dortmunder Modell

Am Beispiel von zwei Entwicklungsforschungsprojekten aus den Fächern Mathematik und Sport werden nachfolgend der Weg und das komplexe Bedingungsgefüge dargestellt. Dabei soll exemplarisch gezeigt werden, welche Interdependenzen, welche Schwierigkeiten und Potentiale in einer Konzeptionierung Fachdidaktischer Entwicklungsforschung liegen.

5. Fachdidaktische Entwicklungsforschung nach dem Dortmunder Modell an Beispielen

Die Beispiele werden bewusst aus zwei Fächern gewählt, die innerhalb des Programms der Fachdidaktischen Entwicklungsforschung ihrerseits sehr unterschiedliche „Entwicklungsstände" aufweisen. Mit der Mathematik wird ein Fach ausgewählt, das mittlerweile auf eine langjährige Forschungstradition verweisen kann. Die Mathematikdidaktik zählt gemeinsam mit den Naturwissenschaftsdidaktiken zu den Wegbereitern der Entwicklungsforschung (z.B. Streefland 1991, Gravemeijer & Cobb 2006). Für das Fach Sport gibt es eine solche Tradition nicht. Zwar existieren auch hier empirische Zugänge zum Forschungsfeld Schulsport (vgl. Balz, Bräutigam, Miethling & Wolters 2011), jedoch finden sich bezogen auf elaborierte Konzepte einer konkreten Unterrichtsforschung deutlich anders akzentuierte Ansätze (vgl. Scherler & Schierz 2000). Von einer systematisch betriebenen Entwicklungsforschung kann zumindest im deutschen Sprachraum in der Sportdidaktik bislang keine Rede sein. Nur folgerichtig ergeben sich mit Blick auf Projekte der Entwicklungsforschung für die beiden Fächer daher teilweise ganz unterschiedliche Aufgaben und Herausforderungen, die nun exemplarisch entlang der in Abb. 5 dargestellten Prozessschritte skizziert werden, um zu verdeutlichen, wie auch die fachspezifischen Wege und Herangehensweisen innerhalb eines gemeinsam geteilten Forschungsprogramms durchaus voneinander abweichen können (und im Grunde sogar müssen).

Die Ausgangslagen für Forschungs- und Entwicklungsprojekte im Dortmunder Modell können sowohl theorie-, problem- als auch praxisorientiert sein. Jedoch lassen sich die Zielsetzungen, egal welcher Zugang gewählt wird, immer auf den beiden Ebenen der Design- und Theorie-Entwicklung verorten, wenn auch mit je spezifischen Schwerpunktsetzungen für den einen oder anderen Fokus.

> „Although, for some, the term 'experiment' may evoke associations with experimental, or quasi-experimental, research, the objective of the design experiment is not to try and demonstrate that the initial design or the initial local instruction theory works. The overall goal is not even to assess whether it works, although of course the researchers will necessarily do so. Instead the purpose of the design experiment is both to test and improve the conjectured local instruction theory that was developed in the preliminary phase, and to develop an understanding of how it works." (Gravemejer & Cobb 2006, S. 24)

Ausgangslagen, Fokusse und Produkte

Die Ausgangslagen für das mathematikdidaktische Forschungsprojekt ‚Design-Experimente mit sinnstiftenden Kontexten und differenzierter Verwendung von Darstellungen – am Beispiel des Lerngegenstands der linearen Funktionen' (ausführlicher in Richter & Hußmann in diesem Band) sind sowohl theoriegeleitet als auch praxisorientiert. Auf der einen Seite zeigen empirische Befunde, dass Schülerinnen und Schüler nicht in ausreichendem Maß und im Sinne eines inhaltlichen Verständnisses in der Lage sind, im Themenfeld der linearen Funktionen Darstellungen zu nutzen, was auf eine konkrete Problemlage in der Praxis verweisen könnte (Bell & Janvier 1981). Andererseits ist es eine theoretische Fragestellung, wie der Lerngegenstand hinsichtlich der zu erreichenden Lernziele und der Einbindung von verschiedenen Darstellungsformen strukturiert sein sollte (z.B. Duval 2002, Hußmann & Laakmann 2011). Das Fundament hinsichtlich theoretischer und empirischer Befunde im Bereich der Darstellungen, zu Lernständen und der fachlichen Strukturierung im Themenbereich der linearen Funktionen als auch deren Einbindung in eine übergeordnete fachliche Strukturierung ist sehr breit ausgebaut. Daher ist es möglich, in diesem Feld einer detailscharfen Fragestellung nachzugehen. Ziel und Ergebnisse dieses Projektes sind auf der einen Seite ein praxistaugliches Unterrichtsdesign zum Einstieg in die linearen Funktionen unter Verwendung eines breiten Spektrums an Darstellungen. Auf der anderen Seite ist eine Theorieentwicklung angestrebt, die die Rolle der Darstellungen (und des Kontextes) in die fachliche Strukturierung des Lerngegenstandes überführt.

Anders stellt sich die Situation im Fach Sport dar. Das Fach Sport verfügt insgesamt nicht über ein System kumulativ aufeinander aufbauender Lerngegenstände, die im Kern auch ein systematisch aufeinander aufbauendes Curriculum erfordern, wie dies z.B. in der Mathematik oder in der Chemie der Fall ist. Die Umsetzung sportpraktischer Inhalte im

Unterricht steht in einem deutlich lockereren, wenngleich auch nicht beliebigen Verweisungszusammenhang; ein Spiralcurriculum wie in anderen Fächern angedacht oder realisiert, lässt sich für das Fach Sport allenfalls in Ansätzen konstruieren, wie auch die neueren, kompetenzorientierten Curricula dokumentieren. Um es an einem Beispiel zu veranschaulichen: Die Einführung in ein großes Sportspiel zu Beginn der Sekundarstufe (z.B. Basketball) setzt nicht zwingend zuvor erworbene grundlegende Fähigkeiten in einem anderen Sportspiel (z.B. Handball) voraus, wohl aber eine Art grundlegender „Spielfähigkeit" (z.B. Freilaufen), die allerdings in sehr unterschiedlichen Kontexten erarbeitet worden sein kann (z.B. zahllosen Variationen kleiner Spiele). Auf der anderen Seite wird man komplexere technisch-taktische Fähigkeiten in einem Sportspiel nicht unterrichtlich vermitteln, bevor basale technisch-taktische Kompetenzen unterrichtlich vermittelt wurden.

Hinzu kommt, dass ein beträchtlicher Anteil solcher Fähig- und Fertigkeiten außerhalb der Schule im Kontext wiederum sehr heterogener lebensweltlicher Entwicklungsprozesse erworben wird, z.B. in Sportvereinen oder auch in informellen Peer-Kontexten. Die außerschulische Bewegungswelt erhält so auch für schulisch initiierte Lehr-Lernprozesse einen besonders ausgeprägten Stellenwert. Für das Schulfach Sport bietet sich daher eine Bezugnahme auf diese Kontexte an. Da auch diese Kontexte sehr unterschiedlich sein können und z.B. bezüglich der sozio-strukturellen Rahmungen der Heranwachsenden stark variieren können, ergeben sich notwendigerweise auch schulformspezifische Zugänge. Bezogen auf das darauf ausgerichtete und später ausführlich dargestellte, konkrete Projekt einer ‚Lebensweltorientierung im Sportunterricht' ist die Ausgangslage primär praxis- und problemorientiert und fokussiert auf das Feld der Hauptschule (vgl. Zander in diesem Band). Die Frage der Integration von lebensweltlich relevanten Sport- und Bewegungsaktivitäten der Heranwachsenden in die Organisationslogik schulischen Unterrichts stellt sich vor allem angesichts der rasanten Dynamiken der gesellschaftlichen Entwicklung von Bewegungs- und Sportpraktiken sehr massiv. Für die Umsetzung eines so verstanden „zeitgemäßen" Formats des Sportunterrichts stellt sich also an zentraler Stelle das „Problem" einer Relationierung beider Aspekte. Eine entsprechende theoretische Fundierung liegt demgegenüber allenfalls ansatzweise vor. Das hat dann auch zur Konsequenz, dass der Fokus hinsichtlich Design- oder Theorie-Entwicklung innerhalb des Projekts primär auf die Theorieentwicklung gelegt wird.

Bezogen auf den Aspekt der Theorieorientierung bedeutet dies weiter gedacht, dass die Frage einer Bestimmung des Lerngegenstands im Rahmen eines konkreten Projekts sportspezifische Besonderheiten zu berücksichtigen hat. Da in der Regel mit den „Lerngegenständen" im Sportunterricht zugleich sehr heterogene Zieldimensionen (motorisch, kognitiv, sozial, affektiv) angesprochen werden können, muss unter Forschungsgesichtspunkten eine weitere Fokussierung vorgenommen werden. Die auf den ersten Blick vielleicht naheliegende Fokussierung auf die Spezifik motorischen Lernens widerspricht aber den gängigen sportdidaktischen und curricularen Konzepten eines „erziehenden Sportunterrichts", der die Entwicklung motorischer Kompetenzen nur als eine Kompetenz unter anderen, wichtigeren Kompetenzen einordnet. Damit verbietet sich ebenfalls eine naheliegende Fokussierung auf einen gut abgrenzbaren Inhalt wie z.B. das Erlernen einer turnerischen Übung oder einer Wurftechnik, obwohl genau dies der Realität von Sportunterricht immer noch häufig entspricht. Lerngegenstand wäre in diesem gängigen Verständnis dann schlicht gleichzusetzen mit einer spezifischen Bewegungspraxis. In der Konsequenz ergeben sich aus diesen Rahmenbedingungen Erweiterungen des Lerngegenstands, wie z.B. im konkreten Projekt die Inszenierung eines lebensweltlich orientierten Sportunterrichts.

Ausgangspunkt bildet also in dem vorliegenden sportdidaktischen Projekt eine Problemorientierung, nämlich die Frage nach der Relationierung von lebensweltlichen Bewegungskontexten der Heranwachsenden und sportunterrichtlichen Rahmenbedingungen bzw. Voraussetzungen. Daraus resultiert in einem weiteren Schritt zunächst zwingend eine Theorieorientierung, da aufgrund bislang kaum existierender Vorarbeiten eine Präzisierung des „Lerngegenstands" zum Zwecke einer Einbindung in eine systematisch angelegte Entwicklungsforschung unabdingbar ist. Diese Theorieorientierung ist in sich nochmals heterogen, da spezifisch ausgeschärfte und auf einen eingegrenzten Lerngegenstand fokussierte „lokale" Theorien – wie etwa in bestimmten Feldern anderer Didaktiken – nicht existieren. Sie reicht von sozial- und bildungswissenschaftlichen Grundlagen (z.B. Lebenswelt/Alltagswelt/Milieu/Handlungsbefähigung), über schulpädagogische Konzepte (z.B. Relation Lebenswelt-Schule) bis zu allgemeinen sportdidaktischen Überlegungen (z.B. sportive Handlungsfähigkeit). Eher allgemein gehaltene theoretische Zugänge bilden also den Ausgangspunkt für die Konstruktion eines spezifischen Designs für ein hier exemplarisch benanntes Unterrichtsvorhaben mit dem Titel „Sport erfinden". Da „lokale" Theorien (noch) nicht existieren, können sie allenfalls als eine Zielperspektive des Projekts anvisiert werden.

Ansätze einer lokalen Theorie eines lebensweltorientierten Sportunterrichts könnten als ein erstes und vorläufiges Produkt am Ende des Projekts stehen, wobei die Frage der Reichweite einer solchen lokalen Theorie zunächst sicher offen bleiben wird. Gibt es z.B. trotz vorhandener sozio-struktureller Rahmungen der lebensweltlichen Kontexte schulformübergreifende Prinzipien oder strukturiert sich lebensweltorientierter Sportunterricht in der Hauptschule völlig anders als im Gymnasium oder in der Sekundarstufe I anders als in der Sekundarstufe II? Die Beantwortung solcher Fragen und damit die Schärfung lokaler Theorien müssen dann Gegenstand weiterer Forschungszyklen sein.

Als weiteres Produkt steht am Ende des Projekts zunächst ein konkret durchgeführtes und evaluiertes Unterrichtsvorhaben, das dabei durchaus den Anspruch eines Prototyps besitzt. Ob sich dieser Anspruch jedoch erfüllen lässt, ist aufgrund der beschriebenen Ausgangslage alles andere als klar. Daher sollte zunächst auch im Sinne der Entwicklungsforschung auf die Begrenztheit aufmerksam gemacht werden. An der grundsätzlichen Praxisrelevanz eines lebensweltorientierten Sportunterrichts dürften innerhalb der fachdidaktischen Diskussion kaum Zweifel bestehen; Zweifel bestehen allerdings hinsichtlich seiner Realisierbarkeit in der unterrichtlichen Praxis. Das Projekt zeigt einerseits die Realisierbarkeit, gibt aber darüber hinaus noch systematische Hinweise zu Rahmenbedingungen, Gelingensbedingungen, aber auch Hürden, die mit der konkreten Umsetzung verbunden sind. Im Idealfall wissen wir damit am Ende des Projekts mehr über die Konstruktionsbedingungen eines lebensweltlich orientierten Sportunterrichts und hätten damit erste Ansatzpunkte für eine „lokale" Theorie. Angesichts des notwendig explorativen Charakters des Vorhabens dürfte ein zweites und vielleicht angesichts des aktuellen Entwicklungsstands wichtigeres Resultat aber in der Entdeckung und Benennung von neuen Frage- und Problemstellungen liegen, die eine systematische Fortführung der gerade begonnenen Forschungsbemühungen erfordern.

Theorien, empirische Befunden, Lehr-Lernumgebung, Forschungsmethoden

Für das mathematikdidaktische Projekt existiert für den Bereich der hier dargestellten Forschungsfokusse Darstellungen und lineare Funktionen ein breites Spektrum an lokalen Theorien und empirischen Befunden, und zwar auf Ebenen mit unterschiedlichem Allgemeinheitsgrad. Auf der allgemeinen Ebene, auf der etwas über die Art von Darstellungen und ihrer Bedeutung für das Lernen (z.B. Tabachnek & Simon 1998) ausgesagt wird, dann auf der Ebene des Lernens von Mathematik (z.B. Presmeg 2006) und auch auf der Ebene des konkreten Lerngegenstands (z.B. Chinnappan & Thomas 2000, Hußmann & Laakmann 2011). Die empirischen Befunde stellen in der Mehrheit die Situation für Lernstände dar (vgl. u.a. Moschkovich 1990, Acuna 2004), sie lassen aber Fragen hinsichtlich der Lernprozesse offen. Insofern bietet der theoretische und empirische Status das Fundament, um lokale Theorien für die Verwendung von Darstellungen in Lernprozessen weiterzuentwickeln und diese dann im nächsten Schritt zu nutzen, um Design-Prinzipien zu formulieren (in diesem Fall die Nutzung eines breiten Spektrums an Darstellungen, welche nicht in einer Stufenfolge aneinandergereiht werden, sondern aufeinander bezogen und vernetzt den Lerngegenstand strukturieren). Das Design-Prinzip stellt dann sowohl den Rahmen für die Konstruktion des Lehr-Lernarrangements als auch für die Analyse der beobachteten Lehr-Lernprozesse bereit.

Die zugrunde gelegten Theorien haben dann im weiteren Verlauf des Forschungsprozesses in der Regel Einfluss auf die Wahl der Forschungsmethodologie. Die Analyse der Nützlichkeit einer differenzierten und differenzierenden Darstellungsverwendung in Lernprozessen entlang einer bestimmten Strukturierung des Lerngegenstandes legt es nahe, die Lernprozesse in klinischen Interviewsituationen oder im Rahmen eines Feldversuches in Gruppenarbeitsprozessen zu beobachten. Denn beide Zugriffe ermöglichen es, die Prozesse in bestimmten Zeitabschnitten zu beobachten, die Denkwege und Argumente der Schülerinnen und Schüler zu rekonstruieren, um so Gelingensbedingungen und Hürden zu explorieren.

Hinsichtlich der Darstellungsverwendung kann rekonstruiert werden, wie die Lernenden die Darstellungen nutzen, ob sie Präferenzen für die eine oder andere Darstellung haben, ob und vor allen Dingen wie die Vernetzung der unterschiedlichen Darstellungsarten gelingt, ob die Darstellungen das inhaltliche Verständnis hinsichtlich des Lerngegenstandes der linearen Funktionen stützen, u.a. Je nach den in diesem Arbeitsbereich erzielten Befunden werden die Lernumgebungen bzw. die lokalen Theorien weiterentwickelt, was wiederum den Start zu einem neuen Zyklus kennzeichnet. Da im Feld der Lehr-Lernprozesse zu Darstellungen und Linearen Funktionen wenig bekannt ist, bietet sich ein mehrfaches Durchlaufen des Zyklus an, mit dem Ziel verschiedene Aspekte und Konstellationen der Strukturierung des Lerngegenstandes und der Darstellungsverwendung zu erproben, sowohl auf Aufgabenebene in kleineren Einheiten als auch auf Ebene der gesamten Lernumgebung über 10-16 Unterrichtsstunden.

Betrachtet man das Projekt „Sport erfinden", so kann man den Zyklus als gröber und großformatiger bezeichnen. Ein Zyklus bezieht sich im vorliegenden Projekt auf ein Unterrichtsvorhaben von 6-8 Unterrichtsstunden, das über mehrere Wochen durchgeführt wird. Während in anderen Fächern für die Betrachtung von Unterricht und spezifischen Lernprozessen gewissermaßen ein Zoomobjektiv mit unterschiedlicher Brennweite aufgesetzt wird, indem z.B. die Verlaufsstruktur der kognitiven Bewältigung von mathematischen Aufgaben zum Gegenstand wird, arbeitet das Sportprojekt mit einem Weitwinkelobjektiv. Zwar finden sich innerhalb dieses Betrachtungsformats auch noch kleinformatigere Zugänge, z.B. ein iteratives Vorgehen zur konkreten Formulierung der im Unterrichtsvorhaben gestellten Projektaufgabe, doch bleibt dies die Ausnahme. Forschungsmethodologisch und -methodisch finden sich demgegenüber kaum Unterschiede zu anderen Projekten der Entwicklungsforschung, denn die Orientierung an gängigen und erprobten Verfahren des rekonstruktiven Forschungsparadigmas bietet sich auch im Hinblick auf Fragestellungen und Gegenstand des skizzierten Projektansatzes an. Pragmatisch sind mit dem Format aber andere Begrenzungen vorgegeben. Die systematische Erfassung eines solchen Unterrichtsvorhabens produziert zugleich auch Datenmengen, die systematisiert und ausgewertet werden müssen. Da Projekte sich durch zeitliche Begrenztheit auszeichnen, ergibt sich eine Reduktion des Zyklus – im vorliegenden Fall auf zwei Durchgänge. Der Abbruch nach zwei Durchgängen hat also primär pragmatische, nicht theoretische Gründe. So kann man – etwa im Sinne der Grounded Theory – durchaus nicht von einer theoretischen Sättigung sprechen, die weitere Zyklen aufgrund mangelnden Erkenntnisgewinns prinzipiell fraglich erscheinen lassen würden. Die Entscheidung für dieses eher großformatige Vorgehen ergibt sich aber zwingend aus dem aktuellen Stand der fachdidaktischen Entwicklung, der ein genauer eingegrenztes, eher „mikrodidaktisches" Forschungsdesign (noch) nicht zulässt.

Die beiden skizzierten Projekte der Fächer Mathematik und Sport sollen veranschaulichen, dass in der konkreten Umsetzung einer Fachdidaktischen Entwicklungsforschung auf der einen Seite durchaus erhebliche Unterschiede existieren können, auf der anderen Seite aber doch auch gemeinsame Rahmungen bestehen, die eine Zuordnung unter einem gemeinsamen Forschungs- und Entwicklungsprogramm gleichwohl fruchtbar erscheinen lassen. Die Spannbreite reicht dabei von an sehr präzise formulierten Lerngegenständen orientierten und aufgrund der bereits akkumulierten Erkenntnisse sehr detailliert operierenden Forschungsprojekten bis hin zu noch recht grob strukturierten, eher an Unterrichtsprinzipien orientierten Studien. Andere Fächer werden unter den je spezifischen Rahmungen und Voraussetzungen entsprechende Anpassungen und Variationen vornehmen müssen. So gesehen ist der Weg zum Unterrichtsdesign – mit Blick auf den Beginn der Überlegungen – nicht nur lang, sondern kann zudem auch noch sehr unterschiedlich ausgestaltet sein. Manche Wege gleichen bereits befestigten Routen, während andere eher noch die Form von weiter auszubauenden Trampelpfaden besitzen.

Beide Aspekte – die Länge der Wege und ihre Variation – sollen exemplarisch durch sechs in diesem Band abgedruckte Beiträge aus dem FUNKEN-Kolleg exemplarisch veranschaulicht werden.

Literatur

Acuna, C. (2004). Use of slope and y-intercept in prediction and description, as seen from students' perspective. In Mariotti, M.A. (Hrsg.), *Proceedings of the 3rd Congress of the European Society for Research in Mathematics Education.* CERME 3, Belaria.

Barab, S. & Squire, K. (Hrsg.) (2004). Special Issue: Design-Based Research: Clarifying the Terms. *Journal of the Learning Sciences, 13* (1).

Balz, E., Bräutigam, M., Miethling, W.-D. & Wolters, P. (2011). *Empirie des Schulsports.* Aachen: Meyer & Meyer.

Bell, A & Janvier, C. (1981). The Interpretation of Graphs Representing Situations. *For the Learning of Mathematics, 2* (1), 34-42.

Blankertz, H. (1986). *Theorien und Modelle der Didaktik.* Weinheim u. München: Juventa.

Brown, A. L. (1992). Design Experiments: Theoretical and methodological challenges in creating complex interventions in classroom settings. *Journal of the Learning Sciences, 2* (2), 141-178.

Chinnappan, M., & Thomas, M. O. J. (2000). Function representations and technology-based learning. In J. Bana and A. Chapman (Hrsg.), *Proceedings of the 23rd Conference of the Mathematics Education Research Group of Australasia.* Fremantle: Mathematics Education Research Group of Australasia, 172-180.

Cobb, P., Confrey, J., diSessa, A., Lehrer, R. & Schauble, L. (2003). Design Experiments in Educational Research. *Educational Researcher, 32* (1), 9-13.

De Jong, O. (2000). Crossing the borders: Chemical education research and teaching practice. *University Chemistry Education, 4* (1), 31-34.

Duncker, L. (1999). Perspektivität und Erfahrung. Kontrapunkte moderner Didaktik. In H. G. Holtappels & M. Horstkemper (Hrsg.), *Neue Wege in der Didaktik? Analysen und Konzepte zur Entwicklung des Lehrens und Lernens.* Weinheim: Juventa, 44-57.

Duval, R. (2002). Representation, vision and visualization: Cognitive functions in mathematical thinking – Basic issues for learning. In F. Hitt (Hrsg.), *Representations and mathematics visualization.* Mexico-City: Cinvestav-IPN, 31-46.

Eilks, I. & Ralle, B. (2003). Perspektiven für die Chemiedidaktik am Beginn des 21. Jahrhunderts – Ein Beitrag zur Diskussion um die Chemiedidaktik als wissenschaftliche Disziplin. *Chemie konkret, 10* (4), 171-175.

Einsiedler, W. (2011a). Unterrichtsentwicklung und Didaktische Entwicklungsforschung. Bad Heilbrunn: Klinkhardt.

Einsiedler, W. (2011b). Was ist Didaktische Entwicklungsforschung? In W. Einsiedler (Hrsg.), *Unterrichtsentwicklung und Didaktische Entwicklungsforschung.* Bad Heilbrunn; Klinkhardt, 41-70.

Giel, K. & Hiller, G. G. (1974). *Stücke zu einem mehrperspektivischen Unterricht.* Stuttgart: Klett.

Gravemeijer, K. & Cobb, P. (2006). Design research from a learning design perspective. In J. Van den Akker, K. Gravemeijer, S. McKenney & N. Nieveen (Hrsg.), *Educational Design Research.* London: Routledge, 17-51.

Gräsel, Cornelia (1997). *Problemorientiertes Lernen.* Göttingen: Hogrefe.

Gruschka, A. (2013). *Unterrichten – eine pädagogische Theorie auf empirischer Basis.* Opladen, Berlin & Toronto: Verlag B. Budrich.

Hußmann, S. & Laakmann, H. (2011). Eine Funktion – viele Gesichter. Darstellen und Darstellungen wechseln. *Praxis der Mathematik in der Schule, 53* (38), 2-11.

Kahlert, J. & Zierer, K. (2011). Didaktische Entwicklungsforschung aus Sicht der pragmatischen Entwicklungsarbeit. In W. Einsiedler (Hrsg.), *Unterrichtsentwicklung und Didaktische Entwicklungsforschung.* Bad Heilbrunn: Klinkhardt, 71-87.

Kattmann, U., Duit, R., Gropengießer, H. & Komorek, M. (1997). Das Modell der Didaktischen Rekonstruktion. Ein Rahmen für naturwissenschaftsdidaktische Forschung und Entwicklung. *Zeitschrift für Didaktik der Naturwissenschaften, 3* (3), 3-18.

Komorek, M., Fischer, A. & Moschner, B. (2013, in diesem Band). Fachdidaktische Strukturierung als Grundlage für Unterrichtsdesigns. In M. Komorek & S. Prediger (Hrsg.), *Der lange
Weg zu Unterrichtsdesign. Zur Begründung und Umsetzung genuin fachdidaktischer For-
schungs- und Entwicklungsprogramme.* Münster u.a.: Waxmann, 43-62.

Lijnse, P (2000). Didactics of Science: The forgotten dimension in science education research? In
R. Millar, J. Leach, J. Osborne, *Improving science education − The contribution of research.*
London: Buckingham, 308-326.

Link, M. (2012). Grundschulkinder beschreiben operative Zahlenmuster. Entwurf, Erprobung und
Überarbeitung   von   Unterrichtsaktivtäten   als   ein   Beispiel   für   Entwicklung-
forschung. Heidelberg: Springer Spektrum.

Moschkovich, J. (1990). Students interpretations of linear equations and their graphs. In G. Booker, P. Cobb & T. de Mendicuti (Hrsg.), *Proceedings of 14th PME, Vol. II,* 109-116.

Plomp, T. & Nieveen, N. (2013, im Druck) (Hrsg.), *Educational Design Research: Illustrative
Cases.* Enschede: SLO, Netherlands Institute for Curriculum Development.

Prange, K. (1986). Bauformen des Unterrichts. Eine Didaktik für Lehrer. Bad Heilbrunn: Klinkhardt.

Prediger, S., Link, M., Hinz, R., Hußmann, S., Thiele, J. & Ralle, B. (2012). Lehr-Lernprozesse
initiieren und erforschen − Fachdidaktische Entwicklungsforschung im Dortmunder Modell.
Der mathematische und naturwissenschaftliche Unterricht, 65 (8), 452-457.

Prediger, S., Komorek, M., Fischer, A., Hinz, R., Hußmann, S., Moschner, B., Ralle, B. & Thiele,
J. (2013, in diesem Band). Der lange Weg zum Unterrichtsdesign. Zur Begründung und Umsetzung fachdidaktischer Forschungs- und Entwicklungsprogramme. In M. Komorek & S.
Prediger (Hrsg.), *Der lange Weg zum Unterrichtsdesign. Zur Begründung und Umsetzung
fachdidaktischer Forschungs- und Entwicklungsprogramme.* Münster u.a.: Waxmann, 9-23.

Presmeg, N. (2006). Research on visualization in learning and teaching mathematics: Emergence
from psychology. In A. Gutierrez & P. Boero (Hrsg.), *Handbook of Research on the Psychology of Mathematics Education.* Dordrecht: Sense Publishers, 205-235.

Ralle, B. & Eilks I. (2002) (Hrsg.). *Research in Chemical Education − What does this mean?* Proceedings of the 16th Symposium on Chemical Education, Dortmund. Aachen: Shaker.

Ralle, B. & Eilks, I. (2008) (Hrsg.). *Promoting successful science education – The worth of science education research.* Proceedings of the 19th Symposium on Chemical and Science Education, Dortmund.

Reeves, T.C., Herrington, J. & Oliver, R. (2005). Design research: A socially responsible approach
to instructional technology research in higher education. *Journal of Computing in Higher
Education, 16* (2), 97-116.

Reusser, K. (2011). Von der Unterrichtsforschung zur Unterrichtsentwicklung, In W. Einsiedler
(Hrsg), *Unterrichtsentwicklung und Didaktische Entwicklungsforschung.* Bad Heilbrunn:
Klinkhardt, 11-40.

Richey, R.C. & Nelson, W. (2004). Developmental research: Studies of instructional design and
development. In D. Jonassen (Hrsg.), *Handbook of Research for Educational Communica-
tions and Technology.* Mahwah, NJ: Lawrence Erlbaum Associates Inc., 1099-1130.

Richter, V. & Hußmann, S. (2013, in diesem Band). Design-Experimente mit sinnstiftenden Kontexten und differenzierter Verwendung von Darstellungen: Am Beispiel des Lerngegenstandes
lineare Funktionen. In M. Komorek & S. Prediger (Hrsg.), *Der lange Weg zum Unterrichtsdesign. Zur Begründung und Umsetzung fachdidaktischer Forschungs- und Entwicklungsprogramme.* Münster u.a.: Waxmann, 79-93.

Scherler, K. & Schierz, M. (2000). *Sport unterrichten.* Schorndorf: Hofmann.

Schoenfeld, A. H. (2006). Design experiments. In P. B. Elmore, G. Camilli, & J. Green
(Hrsg.), *Handbook of Complementary Methods in Education Research. Washington,* DC &
Mahwah, NJ: American Educational Research Association and Lawrence Erlbaum Associates,
193-206.

Streefland, L. (1991). *Fractions in Realistic Mathematics Education: A Paradigm of Developmental Research.* Dordrecht: Kluwer.

Tabachnek, H. J. M. & Simon, H. A. (1998). One person, multiple representations: An analysis of a simple, realistic multiple representation learning task. In M. van Someren, P. Reimann, H. A. P. Boshuizen & T. de Jong (Hrsg.), *Learning with multiple representations.* Oxford: Pergamon, 197-236.

Van den Akker, J., Gravemeijer, K., McKenney, S. & Nieveen, S. (Hrsg.) (2006). *Educational Design Research.* London: Routledge.

Van Driel, J.H., De Vos, W. & Verloop, N. (1998). Developing secondary students' conceptions of chemical reactions: The introduction of chemical equilibrium. *International Journal of Science Education, 20* (4), 379-392.

Wagenschein, M. (1977).*Verstehen lehren.* Beltz, Weinheim.

Wittmann, E. Ch. (1995). Mathematics education as a 'design science'. *Educational Studies in Mathematics,29* (4), 355-374.

Zander, B. (2013, in diesem Band). Lebensweltorientierung im Sportunterricht der Hauptschule. Entwicklung und Erforschung einer Projektaufgabe. In M. Komorek & S. Prediger (Hrsg.), *Der lange Weg zum Unterrichtsdesign. Zur Begründung und Umsetzung fachdidaktischer Forschungs- und Entwicklungsprogramme.* Münster u.a.: Waxmann, 125-140.

Michael Komorek, Astrid Fischer, Barbara Moschner

Fachdidaktische Strukturierung als Grundlage für Unterrichtsdesigns

Die Entwicklung von Unterrichtsdesigns ist ein weiter, steiniger Weg. Denn bevor die sichtbaren Bestandteile eines Unterrichtsdesigns, also mögliche Lehr-Lern-Sequenzen mit geeignet konstruierten Materialien, Diagnose- und Lernaufgaben sowie Handreichungen für Lehrkräfte ausgearbeitet werden können, sind zahlreiche Forschungs- und Entwicklungsschritte notwendig. Ein zentraler Schritt ist die fachdidaktische Aufarbeitung der Lerninhalte. Dabei wird die rein fachliche Perspektive auf die Lerninhalte verlassen. Sie wird durch eine fachdidaktische Strukturierung ersetzt, bei der eine besondere epistemologische Sichtweise eingenommen wird: Ausgehend von den Denkweisen und Vorstellungen der Lernenden muss ein fachlicher Inhalt mit dem Ziel einer nachhaltigen Erlernbarkeit neu konstruiert, neu strukturiert werden, so dass eine Sachstruktur *für* den Unterricht entsteht.

Solche Strukturierungen sind die zentralen Ziele der Oldenburger Promotionsprogramme ProDid und ProfaS. Das Programm ProDid hat dabei die didaktische Strukturierung als Grundlage für die Ausgestaltung von Unterrichtsdesigns, die an die Schülerinnen und Schüler angepasst sind, im Fokus. ProfaS hingegen zielt auf didaktische Strukturierungen hin zu Ausbildungsdesigns für angehende Lehrpersonen ab, die mit Unterrichtsdesigns konkreten Unterricht entwickeln sollen. Zu den Qualitätskriterien der Programme gehört es insbesondere, dass die fachdidaktischen Strukturierungen von schulischen Lerninhalten in spezifischer Weise sowohl an die Lernbelange von Schülerinnen und Schülern angepasst sein müssen als auch der zu vermittelnden Sache gerecht werden. Didaktische Strukturierungen für die Lehrerbildung müssen zu den Überzeugungen und Erfahrungen von Lehrpersonen kompatibel sein und dabei Überlegungen aus Fachdidaktik und Erziehungswissenschaft zur Planung und Umsetzung von Unterricht beherzigen.

Die Qualität möglicher Unterrichtsdesigns, die aus fachdidaktischen Strukturierungen heraus entwickelt werden, hängt also nicht nur von der Passung mit den Lernvoraussetzungen der Schülerinnen und Schülern und mit den fachdidaktisch rekonstruierten Sachstrukturen ab. Sie hängt auch ab von der Passung mit den spezifischen Sichtweisen und Überzeugungen der unterrichtenden Lehrperson bezogen auf den Unterricht, das Fach und die Lernmöglichkeiten ihrer Schülerinnen und Schüler. Nur ein Unterrichtsdesign, das ein breites Spektrum von Lehrpersonen berücksichtigt und anspricht, ist innovativ einsetzbar. Zu relevanten subjektiven Perspektiven von Lehrpersonen liefern Arbeiten, die bei ProfaS entstehen, wertvolle Ergebnisse. Die Qualität von Ausbildungsdesigns ist darauf angewiesen, dass gute fachdidaktische Strukturierungen zu den fachlichen Inhalten des Themas vorliegen, wie sie u. a. bei ProDid entwickelt worden sind. Denn ein Ausbildungsdesign muss sich dadurch bewähren, dass die Teilnehmenden das Gelernte in „guten" Unterricht umsetzen können. Die Denkrichtungen beider Promotionsprogramme sind also aufeinander bezogen und angewiesen.

Beiden Promotionsprogrammen liegt das Modell der Didaktischen Rekonstruktion (Kattmann, Duit, Gropengießer & Komorek 1997, Komorek & Kattmann 2008) zugrunde. Es bietet einen Rahmen für fachdidaktische Forschung und Entwicklung von Unterrichts- und Ausbildungsdesigns, ohne bestimmte Methoden und Setzungen vorzuschreiben. Um zu einer fachdidaktischen Strukturierung zu gelangen, auf deren Grundlage ein Unterrichtsdesign und in der Folge individualisierter Unterricht entwickelt werden kann, müssen analytische und empirische Aufgaben bearbeitet werden. Bei ProDid bezieht sich die Analyse auf die fachlichen Inhalte, die in eine Sachstruktur für den Unterricht transformiert werden. In Wechselbeziehung damit werden die Vorstellungen der Schülerinnen und Schüler vom fachlichen Inhalt und ihr Vermögen, grundlegende Einsichten in diesen Inhalt zu gewinnen, empirisch untersucht. Bei ProfaS sind es die Vorstellungen und Erfahrungen von Lehrpersonen von der Planung und Strukturierung von Unterricht, die empirisch untersucht werden. Mit der Sache, die es zu analysieren gilt, sind bei ProfaS die Vorschläge der Fachdidaktik, wie Unterricht zu strukturieren sei, gemeint (hier taucht oft die generelle Schwierigkeit auf, dass zu vielen fachlichen Inhalten noch keine ausgereiften fachdidaktischen Strukturierungen vorliegen). In beiden Programmen besteht schließlich die zentrale Aufgabe darin, empirisch erhobene Vorstellungen und Analyseergebnisse wechselseitig aufeinander zu beziehen, d h. Berührungspunkte herauszuarbeiten, um dann begründet fachdidaktische Strukturierungen als Grundlage für Unterrichtsdesigns zu entwickeln, sei es für den Schulunterricht oder für die Lehrerausbildung.

1.   Wissenschaftstheoretische und lerntheoretische Grundlagen

1.1   Die moderat-konstruktivistische Perspektive vom Lernen

In der Lehr- und Lernforschung hat sich in den vergangenen zwei Jahrzehnten die so genannte „moderat konstruktivistische" Perspektive (Gerstenmaier & Mandl 1995) etabliert und insbesondere die Instruktionspsychologie und die Fachdidaktiken beflügelt. Was bedeutet diese für die eigene Positionierung und für die daraus zu ziehenden Schlüsse auf Lehr-Lern-Prozesse und ihre Planung? Wie im ersten Kapitel dieses Bandes ausgeführt, nehmen die Vertreter des „moderaten" Konstruktivismus nicht an, dass es nur die *eine* Realität gibt, die durch naiv-realistische Erkenntnisprozesse erschlossen werden könnte. Wissen sei keine Kopie der Realität, sondern werde in den Köpfen der Lernenden individuell konstruiert. Der moderate Konstruktivismus geht allerdings davon aus, dass die individuellen und auch die sozial geteilten Konstruktionsprozesse sehr engen Gesetzen gehorchen, was die Nützlichkeit und Brauchbarkeit der Konstruktionen angeht. Das Credo der konstruktivistischen Sicht vom Lernen ist es also, dass die Lernenden die Akteure ihrer eigenen Lernprozesse sind und dass Vorstellungen und Vorwissen die wichtigsten Faktoren für den Aufbau und die Integration neuen Wissens darstellen.

Auch im Modell der Didaktischen Rekonstruktion bildet die konstruktivistische Sicht auf das Lernen die wichtigste Grundlage. Denn die meisten Lerninhalte sind schon vor ihrer Thematisierung im Unterricht oder in der Universität in den Köpfen der Lernenden (in oft rudimentärer Form) repräsentiert. Daher ist es wichtig, mehr über diese Vorstellungen zu erfahren, um sie bei der Strukturierung des Unterrichts zu berücksichtigen. Zudem ist es unter einer konstruktivistischen Perspektive durchaus erlaubt und sogar notwendig, vorliegendes fachliches Wissen umzustrukturieren, um Sachstrukturen *für* Unterrichtsprozesse zu gewinnen, die ein besseres Inhaltsverständnis erlauben. Notwendig ist dies, da die Wissensstrukturen der Wissenschaft auf andere Zielgruppen hin optimiert sind als sie in der Schule oder in der Lehrerbildung anzutreffen sind. Auf Ebene der Schule sind die Vorstellungen von Schülerinnen und Schülern bzgl. fachlicher Zusammenhänge wichtig. Auf Ebene der Lehrerbildung ist dies komplexer, denn die Lernenden sind (angehende) Lehrpersonen in der Erstausbildung an der Universität, im Studienseminar oder in Fortbildungen „on the job". Wichtige Rollen für die Entwicklung von Ausbildungsdesigns spielen daher erstens die fachlichen Vorstellungen der Lehrpersonen, zweitens auch ihre Vorstellungen von der generellen und domänenabhängigen Planung von Unterricht und drittens ihre Einschätzung des domänenspezifischen Vorwissens ihrer Lernenden und wie man dieses im Unterricht nutzen kann.

1.2 Vom „conceptual change" zur „conceptual reconstruction"

Lernende sind keine „tabula rasa", sondern sie haben Ideen, Vorstellungen, die dem Alltag entstammen, Vorwissen und meistens auch fundierte Vorerfahrungen bezüglich des zu lernenden Inhalts. Oftmals sind diese Vorstellungen oder Wissensbestände angemessen und weitgehend zutreffend, in vielen Fällen sind die Vorkenntnisse aber auch vorwissenschaftlich oder schlichtweg falsch. Mit so genannten „Fehlvorstellungen" bzw. „misconceptions" (was eher die negative Seite der vorunterrichtlichen Vorstellungen betont) hat sich die „conceptual change"-Forschung in den 1980er und den 1990er Jahren eingehend beschäftigt (Carey 1985). Es sollten Wege aufgezeigt werden, wie diese („falschen") Vorstellungen dauerhaft und effektiv verändert, überwunden oder ausgetauscht werden können. Als besonders prominent in diesem Kontext können die Arbeiten von Vosniadou und ihrer Arbeitsgruppe benannt werden, die sich mit den Vorstellungen von Kindern über die Gestalt der Erde beschäftigen (Vosniadou & Brewer 1992). In einem viel beachteten Artikel mahnen Pintrich, Marx und Boyle (1993), beim intendierten Konzeptwechsel nicht nur kognitive, sondern auch motivationale und emotionale Faktoren zu berücksichtigen.

Allerdings sind tiefgreifende Konzeptwechsel in alltäglichen Lernsituationen relativ selten zu beobachten, zumal Lernende an ihren bisherigen Vorstellungen festzuhalten versuchen (Duit & Treagust 2003). Da das Vorwissen der Lernenden meist nicht komplett falsch ist, bieten sich Strategien des Anknüpfens und Umdeutens an, sodass Differenzierungen, Ausschärfungen, Anpassungen oder Weiterentwicklungen bereits vorhandener Vorstellungen zielführender sind als Austauschversuche. Damit geht einher, dass Lernen heute häufiger als ein kontinuierlicher Prozess ohne dramatische „Sprünge" konzeptualisiert wird, was mittels einer verfeinerten Untersuchungsmethodik (z. B. Videografie, teaching experiment etc.) belegt werden kann. Seltener wird nun ein radikaler conceptual-change gefordert, sondern es werden eher Prozesse von conceptual growth, enlargement, development oder enrichment (Möller 2007) unterstützt. Im Modell der Didaktischen Rekonstruktion trägt man diesen Entwicklungen Rechnung, indem mit „conceptual reconstruction" solche Prozesse beschrieben werden, die sowohl Ausdifferenzierung, Anwachsen, aber auch Austausch und sogar ggf. die „friedliche" Koexistenz von vorunterrichtlichen und wissenschaftlichen Vorstellungen meinen (Kattmann 2008).

2.   Zum Modell der Didaktischen Rekonstruktion

Fachdidaktische Entwicklung und Lehr-Lern-Forschung nach dem Modell der Didaktischen Rekonstruktion (Kattmann et al. 1997, Komorek & Kattmann 2008) (vgl. Abb. 1) zielt auf eine Verbesserung von Unterrichtspraxis und Lehrerausbildung. Seine Wurzeln hat das Modell in Konzepten der Unterrichtsentwicklung (u. a. Heimann, Otto & Schulz 1969). Die Planung und die Gestaltung von Unterricht basieren dabei auf einer intensiven Auseinandersetzung mit fachlichen Inhalten, mit Vorstellungen und Sichtweisen von Lernenden und vor allem auf einen besseren Bezug zwischen beiden Bereichen (Duit, Gropengießer, Kattmann, Komorek & Parchmann 2012). Denn die Perspektiven des Fachs und die der Lernenden sollen nicht isoliert nebeneinander stehen. Die fachwissenschaftliche Struktur soll nicht uneingeschränkt die Zielstruktur des Lernens sein. Und die Vorstellungen der Lernenden sollen nicht komplett als Lernhindernisse verstanden werden.

Zu stellen sind vielmehr Fragen nach den Perspektiven der Lernenden vor dem Hintergrund der fachlichen Sachstruktur und des fachlichen Verständnisses der Lehrpersonen, die das Fach gegenüber den Lernenden vertreten. Die Strukturierung des fachlichen Inhalts ist also in Abhängigkeit von den Vorstellungen und Lernmöglichkeiten der Lernenden durchzuführen. Hierbei bleibt die Sachstruktur *für* den Unterricht zwar eine *fachliche* Sachstruktur, sie muss aber gegenüber der *fachwissenschaftlichen* Sachstruktur verändert, erweitert und damit in gewissem Sinne auch komplexer werden. Um dies zu erreichen, sind eine Klärung und eine Elementarisierung der fachwissenschaftlichen Sachstruktur vorzunehmen, wobei obligatorische Fragen leiten (vgl. Kattmann et al. 1997):

–   Welche fachwissenschaftlichen Aussagen, Konzepte und Theorien liegen vor und wo zeigen sich deren Grenzen?
–   Welche Genese, Funktion und Bedeutung haben diese fachwissenschaftlichen Konzepte in welchen Kontexten?
–   Welche wissenschaftlichen Termini werden verwendet? Welche von ihnen behindern das Lernen aufgrund ihrer alltagssprachlichen Bedeutung?
–   Welche wissenschaftstheoretischen und erkenntnistheoretischen Positionen liegen bestimmten Darstellungen der Sachstruktur zugrunde?
–   Welche ethischen und gesellschaftlichen Implikationen sind mit den fachwissenschaftlichen Konzepten verbunden?
–   Wo werden bereichsspezifische Erkenntnisse grenzüberschreitend angewendet?

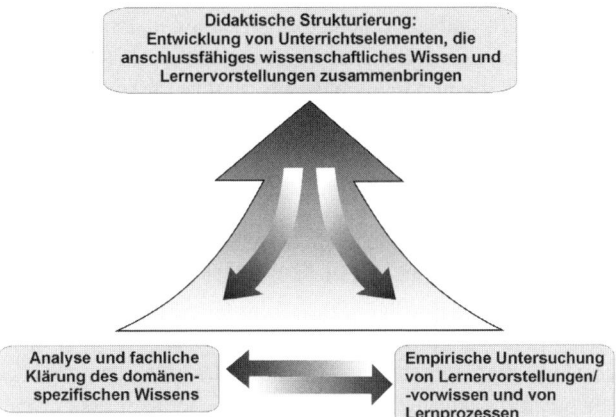

Abb. 1: Das Modell der Didaktischen Rekonstruktion

Um die Sichtweisen und Vorstellungen der Lernenden zu klären, sind empirische Untersuchungen notwendig, die die Tiefenstruktur dieser Vorstellungen aufklären und ebenfalls durch Leitfragen erschlossen werden:

– Welche grundsätzlichen Möglichkeiten des Lernens bestimmter wissenschaftlicher Konzepte zeigen sich bei Lernenden aus kognitions- und entwicklungspsychologischer Sicht?
– Welche Vorstellungen (Begriffe, Konzepte, Denkfiguren, Schemata) entwickeln und nutzen Lernende in fachbezogenen Kontexten?
– Welche Beziehungen bestehen zwischen ihren Vorstellungen?
– Welche Vorstellungen haben die Lernenden von der Struktur der Wissenschaft, von ihrer Theorienbildung und ihren Methoden?

Sind diese analytischen und empirischen Fragen beantwortet, folgt die Entwicklung der Sachstruktur für den Unterricht, bei der allgemein anerkannte Ziele von Unterricht und Kontexte des Lernens wichtige Rollen spielen. Gemeinsamkeiten, Unterschiede und Besonderheiten der Lernervorstellungen im Vergleich zu den fachwissenschaftlichen Vorstellungen werden hier genutzt; im Ergebnis entsteht eine gut begründete fachdidaktische Strukturierung. Der systematische wechselseitige Bezug zwischen dem Fachlichen und der Sicht der Lernenden wird durch folgende Fragen geleitet:

– Welche sind die zentralen Vorstellungen der Lernenden, die im Unterricht berücksichtigt werden müssen? Welche unterrichtlichen Möglichkeiten eröffnen sich, wenn sie im Unterricht beachtet werden?
– Welche Vorstellungen korrespondieren mit den wissenschaftlichen Konzepten derart, dass sie ein fruchtbares Lernen unterstützen können?
– In welcher Weise fördern oder behindern wissenschaftliche Vorstellungen, Begriffe oder Termini das Lernen?
– Wie kann die Wahrnehmung und Reflexion der eigenen Vorstellungen das Lernen der wissenschaftlichen Konzepte unterstützen?

–   Welche Arbeitsweisen und Unterrichtsformen sind den Inhalten aus Perspektive der
    Lernenden und aus wissenschaftlicher Sicht angemessen? Welche Auswahl ist geeig-
    net, um bedeutungsvolles und kumulatives Lernen zu fördern?
–   Wie müssen die Lernbedingungen (z. B. Motivation, Lernklima, Hierarchie im Klas-
    senraum, materiale Ausstattung) gestaltet werden, um fachliches Lernen und die Ent-
    wicklung von Vorstellungen zu fördern?

In der Didaktischen Rekonstruktion sind somit analytische Aufgaben eng mit empirischen
Untersuchungen der Lernvoraussetzungen und der tatsächlichen Lernprozesse verzahnt.
Eine empirische Begleitung von Unterricht, der auf der Grundlage der didaktischen Strukturierung entwickelt und durchgeführt wird, kann Rückschlüsse über die Angemessenheit
der didaktischen Strukturierung geben und eine Überarbeitung anregen.

Eine gut gelungene didaktische Strukturierung eignet sich als Ausgangsbasis für die
Planung und Gestaltung von Unterricht durch eine Lehrperson: Sie gibt Orientierungshilfe
für die Auswahl von inhaltlichen Schwerpunkten, für die Entwicklung von Lernaufgaben
und anderen Materialien und für die Sequenzierung der Inhalte und Aufgaben. Lehrpersonen müssen hier jedoch ein beträchtliches Aufgabenfeld bewältigen, das ein recht hohes
Maß an Kreativität erfordert. Zur Entlastung der Lehrpersonen besteht die Möglichkeit,
von Seiten der Fachdidaktik an die didaktische Strukturierung die Entwicklung eines Un-
terrichts- bzw. Ausbildungsdesigns anzuschließen. Diese Designs machen spezifischere
Vorschläge für die Gestaltung einer Lernumgebung als eine didaktische Strukturierung.
Für ein solches Design ist ein Set von Lernmaterialien und -aufgaben zusammen mit möglichen Lehr-Lern-Sequenzen zu entwickeln, die von Lehrenden individuell ausgestaltet
werden. Damit Spielraum für Lehrpersonen bleibt, ihren Unterricht auf die individuellen
Voraussetzungen ihrer Schülerinnen und Schüler auszurichten, muss das entwickelte Material umfangreicher und vielseitiger sein, als bei einer individuellen Planung von Unterricht. Für die Entwicklung konkreten Unterrichts müssen vielfältige konkrete Schülerperspektiven antizipiert und mögliche Lehr-Lern-Wege konzipiert werden. Die didaktische
Strukturierung liefert somit einen belastbaren Orientierungsrahmen für die Entwicklung
von Unterrichtsdesigns. Diese wiederum sind die Voraussetzung für konkreten Unterricht.

3.   Die Promotionsprogramme ProDid und ProfaS

3.1   Das Promotionsprogramm ProDid: „Fachdidaktische Lehr- und
       Lernforschung – Didaktische Rekonstruktion"

Beim Promotionsprogramm ProDid stehen die Ebene des Schulunterrichts und damit die
Schülerinnen und Schüler mit ihren Vorstellungen von fachlichen Inhalten, Phänomenen,
Prinzipien und Erkenntnismethoden im Fokus. Grundlegend für die im Programm durchgeführten Arbeiten ist das Modell der Didaktischen Rekonstruktion (Kattmann et al.
1997), wie es in Abb. 1 dargestellt ist. Die didaktische Strukturierung, die zu einem Unterrichtsdesign führt, folgt nicht deterministisch aus den anderen Komponenten, sondern lässt
Freiheiten, um unterschiedliche Ziele zu erreichen.

Die entwickelte didaktische Strukturierung ist nicht zu verwechseln mit einem Unterrichtsdesign, einer konkreten Unterrichtseinheit oder einer bestimmten Lehr-Lern-Sequenz, bei der die Entscheidungen über Methoden, Medien und Materialien sowie über zeitliche Strukturierung noch getroffen werden müssen. Überprüft man eine solche konkrete Lehr-Lern-Sequenz auf ihre Tauglichkeit im Unterricht, so überprüft man auch das Unterrichtsdesign, allerdings nicht in all seinen möglichen Umsetzungen. Im Sinne von Entwicklungsforschung, mit der die Entwicklung und Evaluierung von Unterrichtsdesigns gemeint ist, setzt das Promotionsprogramm ProDid an drei zentralen Stellen an:

a) *Analyse, Klärung und Rekonstruktion.* Die Rekonstruktion des domänenspezifischen Wissens bedeutet, dass die fachlichen Inhalte und Zusammenhänge unter einer Perspektive analysiert und geordnet werden, die nicht nach fachsystematischen, sondern nach fachdidaktischen Kriterien gewichtet. Das bedeutet, dass eine Darstellung gewählt wird, die die Entwicklung von Wissen im Sinne von möglichen Lern- und Verstehensprozessen fokussiert, anstelle von einer Darstellung von Fachwissen als fertiges Ergebnis einer solchen Entwicklung. Hierbei wird der Inhalt nicht neu erfunden, sondern es wird unter einer konstruktivistischen Sicht die Freiheit genutzt, unter unterschiedlichen Repräsentationen desselben Wissens für unterschiedliche Adressaten unter Gesichtspunkten der Lernbarkeit zu wählen. Auch eine Erweiterung des fachlichen Wissens ist auf diese Weise möglich, so dass Ergebnisse der Rekonstruktion ggf. an die Fachwissenschaft rückgespiegelt werden können.

b) *Empirische Untersuchungen von Lernervorstellungen bzw. -wissen und von Lernprozessen.* Subjektive Sichtweisen auf das fachliche Thema oder einzelne Inhalte zu diesem Thema werden untersucht. Diese Sichtweisen betreffen das Vorwissen, aber auch Vorstellungen, Strategien und Denkhaltungen, Denk- und Lernprozesse ebenso wie affektive Komponenten. Diese Sichtweisen können unterschiedliche Ursprünge haben, etwa aus Erfahrungen in der Lebenswelt der Schülerinnen und Schüler oder aus Erfahrungen im vergangenen Fachunterricht erwachsen sein. Auch Lernprozessstudien zu einzelnen Aspekten oder Konzepten sind hier zu verorten.

c) *Didaktische Strukturierung.* Wie oben beschrieben, werden die empirischen und die analytischen Ergebnisse systematisch aufeinander bezogen, um Lernervorstellungen im Lichte der fachlich geklärten Sachstruktur besser interpretieren zu können. Denkfiguren können schärfer herausgearbeitet werden. Im Gegenzug kann die fachliche Sachstruktur im Lichte der Lernerperspektiven besser interpretiert und bewertet werden. Der wechselseitige Bezug, bei dem keine der beiden Seiten als allein bestimmend angesehen wird, ist eine wichtige Voraussetzung für eine didaktische Strukturierung, die Einseitigkeit vermeidet. Sie setzt bei der zu vermutenden Denk- und Vorstellungswelt der Schülerinnen und Schüler an und gibt Vorschläge für mögliche gedankliche Entwicklungen, die zu einem vertieften Verständnis des zu lernenden Inhalts führen. Zu diesen Vorschlägen können wichtige Zwischenbegriffe oder Vorstellungen oder auch Problemkontexte gehören, in denen zunächst Vorstellungen der Lernenden dominieren, die sich dann aber besonders gut als Ausgangsbasis eignen, um kognitive Konflikte zu provozieren, so dass die angestrebten Vorstellungen besonders gut aufgebaut werden können. In manchen

Fällen wird die didaktische Strukturierung auch schon Leitfragen enthalten, die durch einen solchen Problem-kontext führen können. In anderen Fällen kann sich die didaktische Strukturierung auch in einem beispielhaften Unterrichtskonzept widerspiegeln, das für eine bestimmte Klasse konzipiert wird. Es kann dann erprobt und seine Wirkungen können mit Hilfe einer empirischen Begleituntersuchung reflektiert werden.

Zur Entwicklung eines Unterrichtsdesigns muss die fachdidaktische Strukturierung noch in detaillierte und umfangreichere Materialien und Hilfsmittel für Lehrpersonen umgesetzt werden, die für verschiedene Klassensituationen brauchbar sind. Unter dem konstruktivistischen Paradigma, dem die Didaktische Rekonstruktion folgt, besteht eine besondere Herausforderung darin, ein Unterrichtsdesign so zu gestalten, dass Lehrpersonen auf die spezifischen Perspektiven und Ideen ihrer Schülerinnen und Schüler eingehen können. Ein Unterrichtsdesign soll jedoch nicht nur für verschiedene Klassen, sondern auch für ein breites Spektrum von Lehrpersonen verwendbar sein. Es muss also auch unterschiedlichen Perspektiven von Lehrpersonen Rechnung tragen. Solche sind in diesem Forschungsdesign von ProDid noch nicht systematisch berücksichtigt. Wie wir unten aufzeigen, liefern Forschungsarbeiten im ProfaS-Programm wertvolle Bausteine, um dieses Desiderat zu verwirklichen. Denn ein Schwerpunkt der Arbeiten bei ProfaS ist die Erforschung von Lehrervorstellungen über Unterricht, über das Denken ihrer Schülerinnen und Schüler und über fachliche Inhalte. Schließlich muss die Eignung eines Unterrichtsdesigns auch noch empirisch überprüft werden. Hier ist damit zu rechnen, dass weitere Schleifen der Überarbeitung und nochmaligen Erprobung erforderlich sind.

3.2   Realisationen und Methoden bei der Entwicklung von Unterrichtsdesigns im Promotionsprogramm Didaktische Rekonstruktion – ProDid

Beim Start des Programms ProDid (Promotionsprogramm „Fachdidaktische Lehr- und Lernforschung – Didaktische Rekonstruktion") 2001 wurde schnell deutlich, dass trotz des Booms in der internationalen Vorstellungsforschung viele Vorstellungsuntersuchungen recht oberflächlich angelegt waren. D. h. sie begnügten sich mit der Nennung von z. T. Ad-hoc-Vorstellungen und mit einer Häufigkeitsanalyse von Vorstellungen. Außerdem waren zahlreiche Untersuchungen defizitorientiert, indem sie vorunterrichtliche Vorstellungen als Hemmnisse beim Lernen klassifizierten, sie als „misconceptions" titulierten und prüften, inwieweit sie gegen die „richtigen", also die wissenschaftlichen Vorstellungen ausgetauscht werden konnten. Es fehlten Analysen von Vorstellungen, die nach den Denkfiguren suchten, die hinter den Äußerungen lagen, und die Vorstellungen von Schülerinnen und Schülern als Kapital und als wichtige und notwendige Anknüpfungspunkte ansahen.

Zudem gab es nur wenige fachdidaktische Vorschläge, wie fachliche Sachstrukturen in einem Prozess der Elementarisierung und Neustrukturierung zu Sachstrukturen für den Unterricht transformiert werden können (vgl. Parchmann, Ralle & Demuth 2000). In den meisten fachdidaktischen Ansätzen wurde die fachliche Sachstruktur unhinterfragt übernommen und für den Unterricht lediglich vereinfacht, zwar im besten Sinne für eine bessere Lernbarkeit, aber ohne konkrete Kriterien der Lernbarkeit anzuwenden.

Der weite Weg zum Unterrichtsdesign zeigte sich bei ProDid darin, dass sich nahezu alle frühen Arbeiten im Schwerpunkt mit der fachlichen Klärung der Lerninhalte und der Erforschung von Denkfiguren der Schülerinnen und Schüler befassen mussten. Hier wurden wichtige Erkenntnisse gewonnen und es wurde mit diesen Arbeiten paradigmatisch gezeigt, wie Denkfiguren zu verstehen sind und wie man eine Sachstruktur in didaktischer Absicht neu organisieren kann, ohne dass sie fachlich inkorrekt wird.

Der systematische Vergleich zwischen der geklärten und umstrukturierten Sachstruktur und den Lernervorstellungen hat in den meisten Fällen zur Formulierung gut begründeter Leitlinien und zu damit übereinstimmenden Unterrichtselementen für die didaktische Strukturierung geführt (Frerichs 1999, Gropengießer 1998, 2001, Hilge 2001, Komorek, Vogt & Duit 2003, Osewold 2003, Baalmann, Frerichs, Weitzel, Gropengießer & Kattmann 2004, Liu 2005, Jelemenská 2006, Groß 2007, Hörsch 2008). Die Ausformulierung von Unterrichtsdesigns wäre hier der nächste Schritt gewesen, ebenso die empirische Überprüfung, ob das Design, umgesetzt in einen konkreten Unterricht, das Lernen bei Schülerinnen und Schülern unterstützt. Aufgrund der begrenzten Zeit und der vielfach als Pionierarbeit zu betrachtenden analytischen und empirischen Untersuchungen ist es dann nicht in allen Fällen zur Entwicklung von Unterrichtsdesigns gekommen.

Eine parallele Gruppe in Kiel, die ebenfalls auf Basis des Modells der Didaktischen Rekonstruktion arbeitete, setzte hier verstärkt u. a. in Arbeiten zur modernen Physik (Duit, Komorek & Wilbers 1997, Komorek 1998) auf eine frühe Entwicklung von Pilotunterrichtseinheiten, die in der realen Unterrichtssituation evaluiert wurden, um dem Prozess der didaktischen Strukturierung durch Prozessprodukte weitere Impulse zu geben. Um diesen prozessorientierten Ansatz noch weiterzuführen, wurden mittels teaching experiment (Steffe & D'Ambrosio 1996) mit einzelnen Schülerinnen oder Schülern oder mit kleinen Gruppen Lernprozessstudien durchgeführt (vgl. auch Kraynova 2011). Diese erlaubten, die Entwicklungsfähigkeit der gefundenen Vorstellungen und des Unterrichtsdesigns zu untersuchen.

Im ProDid-Programm kamen in erster Linie leitfadengestützte, halbstrukturierte qualitative Interviews zum Einsatz, die die Tiefenstruktur der Vorstellungen ausleuchten sollten. Die so gewonnenen Interviewdaten wurden mit Codierprogrammen wie atlas.ti oder MaxQda mit dem Ziel auswertet, im Sinne einer qualitativen Inhaltsanalyse (Mayring 2010) Äußerungen zu kategorisieren oder Denkfiguren (Gropengießer 2008) und komplexe Vorstellungsmuster herauszuarbeiten.

Im Bereich der Sachanalyse und der fachlichen Klärung wurden hermeneutische und textanalytische Methoden eingesetzt. Die fachdidaktische Analyse fachlicher Vorstellungen ist deswegen wichtig, weil die Klärung einer wissenschaftlichen Theorie keinesfalls allein innerfachlich ablaufen kann. Es bedarf einer Metaperspektive, hier die der Fachdidaktik, um zwischenfachliche und überfachliche Bezüge in den Blick zu bekommen (Kattmann et al. 1997, S. 11).

3.3 Das Promotionsprogramm ProfaS: „Prozesse fachdidaktischer Strukturierung in Schulpraxis und Lehrerbildung"

Beim Promotionsprogramm ProfaS sind die bisherigen Überlegungen zur Didaktischen Rekonstruktion konsequent auf den Bereich der Lehrerbildung übertragen worden. Wir gehen auch hier davon aus, dass die Sichtweisen von (angehenden) Lehrpersonen, wie Unterricht zu strukturieren ist, und die damit korrespondierenden Vorschläge aus den Fachdidaktiken und den Erziehungswissenschaften systematisch aufeinander zu beziehen sind (vgl. Abb. 2). Das Ziel ist auch bei ProfaS, didaktische Strukturierungen zu schaffen, die auf Ausbildungsdesigns für die Lehrerbildung an der Hochschule, im Studienseminar oder in der Fortbildung führen. Ausbildungsdesigns für die Lehrerbildung sind komplex, denn sie müssen sich auf die Sichtweisen und Überzeugungen der Lehrpersonen genauso beziehen wie auf (fach-)didaktische Vorschläge dazu, wie eine geeignete Sachstruktur *für* den Unterricht zu gewinnen sei (vgl. Meyer 2004, Helmke 2012). Sie müssen sich auf die fachliche Struktur des Inhalts ebenso beziehen wie auf die fachlichen Vorstellungen, die Schülerinnen und Schüler von diesem Inhalt haben. Und schließlich müssen sich Ausbildungsdesigns auf die Prozesse beziehen, die Lehrpersonen bei der Entwicklung eines konkreten Unterrichts durchlaufen sollen, der all diese Bestimmungsfaktoren berücksichtigt.

Im ProfaS-Programm geht es also langfristig darum, Ausbildungsdesigns zu entwerfen und empirisch zu überprüfen. Dieser Weg ist weit, denn vor der Entwicklung von Ausbildungsdesigns müssen analytische und empirische Aufgaben bearbeitet werden. Analysiert werden müssen die Konzepte der Fachdidaktiken und Erziehungswissenschaften, wie denn („guter") Fachunterricht zu strukturieren sei, und auch Ergebnisse empirischer Studien, die sich an diese Konzepte gehalten haben. Und empirisch untersucht werden müssen die Überzeugungen der Lehrpersonen von der Strukturierung „guten" Unterrichts und die bei der Strukturierung tatsächlich ablaufenden Prozesse (vgl. Van Driel, Bulte & Verloop 2005, Markic, Eilks, van Driel & Ralle 2009). Aus unserer Sicht stellen sich die Prozesse der (fach-)didaktischen Strukturierung als ein dynamisches Geflecht von Entscheidungs- und Bewertungsprozessen bezüglich der Ziele und Inhalte des Unterrichts, der Lernarrangements, Methoden und Medien in Unterrichts- und Lernprozessen dar.

Diese werden zudem moderiert durch die subjektiven Überzeugungen, die Lehrpersonen vom Lernen und vom Fachunterricht haben. Zudem können sich diese im Verlauf der eigenen Schulzeit und der individuellen Ausbildung durch Berufserfahrung verändern.

Eine (fach-)didaktische Strukturierung bedeutet für Lehrpersonen mehr als eine zeitlich-methodische Segmentierung und Sequenzierung von Unterricht (vgl. Mayer & Chandler 2001). Denn zu bedenken ist, wie die spezifischen Beziehungen zwischen den Lernvoraussetzungen der Schülerinnen und Schüler und den zu lernenden Wissensbeständen für die Gestaltung erfolgreicher Lernprozesse zu nutzen sind. Operationalisiert werden diese Beziehungen durch eine spezifische Auswahl von Inhalten und einbettenden Kontexten, durch die Gestaltung von Lernanreizen, Aufgaben und Unterstützungen, die Lernenden helfen, Anknüpfungen zwischen ihren Vorstellungen und dem neu zu entwickelnden Wissen zu finden.

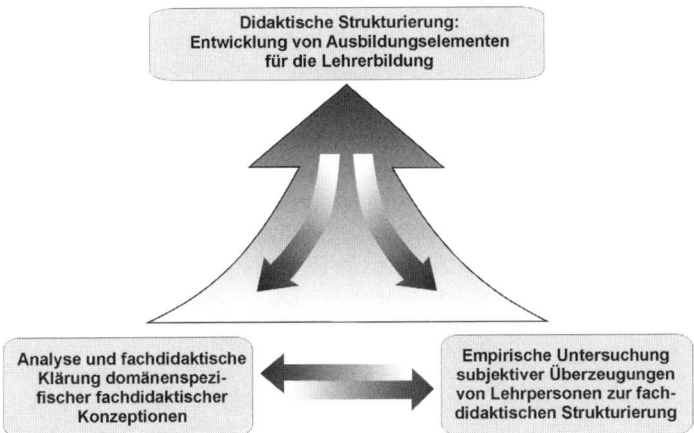

Abb. 2: Das Modell der didaktischen Rekonstruktion für Lehrerbildung und Schulpraxis

Diese Überlegungen sind auch zentral im so genannten ERTE-Modell (Educational Reconstruction for Teacher Education) (van Dijk & Kattmann 2007), aus dem das ProfaS-Programm u. a. hervorgegangen ist. Wichtig für den Prozess der (fach-)didaktischen Strukturierung ist neben grundlegenden Überzeugungen der Lehrpersonen vor allem ihr domänenspezifisches fachliches (content knowledge) und ihr fachdidaktisches Wissen (pedagogical content knowledge) im Sinne von Shulman (1987, vgl. van Dijk & Kattmann 2007, vgl. auch Neubrand & Seago 2008), nämlich (vgl. Abb. 3):

– *Wissen über die Perspektiven von Lernenden.* In welchen Bereichen, Kontexten und Themengebieten verfügen Lernende nach Einschätzung der Lehrpersonen über Vorstellungen/Vorwissen, Überzeugungen, Erklärungs- und Deutungsmuster, Einstellungen und Interessen? Welche Ausprägungen erwarten die Lehrpersonen dabei? Diese Aspekte Subjektiver Überzeugungen von Lehrpersonen sind (fach-)didaktisch strukturbildend, weil sie die Ausgangspunkte für das Lehren und Lernen neuer Inhalte bilden und die Lernprozesse auf Lernerseite lenken.

– *Wissen über die Bedeutung fachlicher Unterrichtsinhalte und der Kontexte, in die sie eingebettet sind.* Welche Kenntnisse haben Lehrpersonen von der Bedeutung ausgewählter Fachinhalte in persönlichen, gesellschaftlichen und aktuellen wissenschaftlichen Zusammenhängen, welche Zusammenhänge erscheinen ihnen für die fachdidaktische Strukturierung von Unterricht besonders wesentlich? Dieses Wissen ist als ein subjektiver Deutungsrahmen strukturbildend. Lehrpersonen interpretieren Lernervorstellungen, Unterrichtsziele und Lerninstrumente (z. B. Lehrbücher, Aufgabenstellungen u. ä.) im Rahmen ihrer eigenen kognitiven Konstruktion von Fachinhalten.

– *Wissen über Ziele und Normen von Unterricht.* Welche Vorstellungen haben Lehrpersonen von fachspezifischen Bildungszielen und von den damit verbundenen normativen Grundlagen der Curricula? Diese Aspekte Subjektiver Überzeugungen sind strukturbildend, da sie die Entscheidungen über Inhalte, Aufgaben und Verlaufsprozesse von Unterricht steuern.

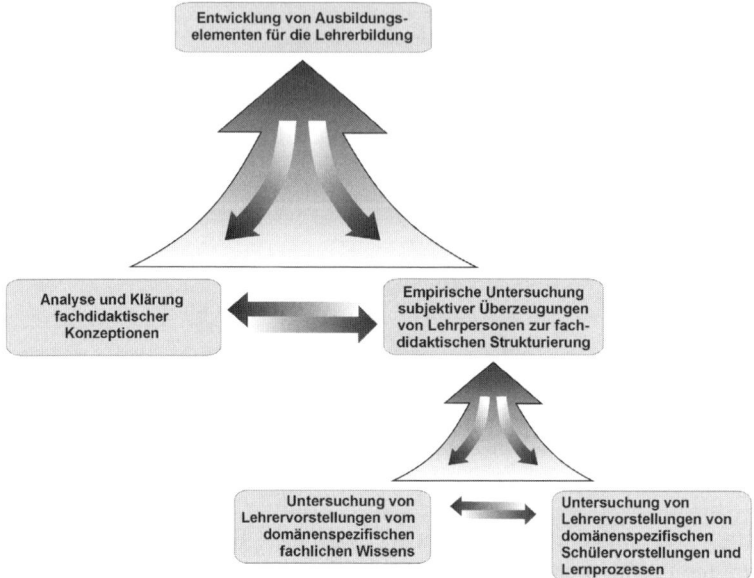

Abb. 3: Modell der Didaktischen Rekonstruktion für Lehrerbildung und Schulpraxis mit Differenzierung der Lehrervorstellungen

— *Wissen über die Operationalisierung von Unterrichtszielen.* Welche Kriterien und Instrumente setzen Lehrpersonen zur Auswahl, Konstruktion, Anordnung und Diagnose fachspezifischer Lerninhalte ein? Wie werden Lernanreize, insbesondere Aufgaben, gestaltet und strukturbildend eingesetzt?

Zusammengefasst ergeben sich im ProfaS-Programm die folgenden drei Aufgabenbereiche auf dem Weg hin zu einer didaktischen Strukturierung:

a) *Analyse, Klärung und Rekonstruktion.* Bei der Analyse, der fachdidaktischen Klärung und der Weiterentwicklung domänenspezifischer fachdidaktischer Konzeptionen gilt es zunächst, diese auf ihre Vorschläge für eine fachliche und fachdidaktische Strukturierung von Unterricht hin zu analysieren. Diese Vorschläge können unterschiedlich viel Gewicht auf die Sichtweisen von Schülerinnen und Schülern legen. Sie können der fachlichen Sachstruktur eine große Bedeutung zuweisen. Außerdem muss ihnen keine konstruktivistische Epistemologie zugrunde liegen, so dass sie sich auch nicht die Freiheit nehmen, die Darstellung der Fachstruktur zu ändern, um eine bessere Passung zu den Schülerperspektiven zu erreichen. In manchen Fachdidaktiken, die noch relativ jung sind, sind zu vielen Thematiken noch keine ausgereiften fachdidaktischen Forschungsergebnisse und Konzeptionen für Unterricht vorhanden. Dann besteht die Aufgabe weniger darin, Vorhandenes zu analysieren als vielmehr darin, vorhandene Ansätze auszuschärfen und weiter-zudenken oder ganz neue, eigene Konzepte zu entwickeln. Das Modell der

Didaktischen Rekonstruktion kann für diese fachdidaktische Klärung und die Weiterentwicklung herangezogen werden und als Referenzrahmen dienen.

b) *Empirische Untersuchungen.* Bei der empirischen Untersuchung von Perspektiven von (angehenden) Lehrpersonen wird davon ausgegangen, dass eine wichtige Größe bei der Lehrerbildung diejenigen Konzepte von Unterricht und seiner Strukturierung sind, die angehende Lehrpersonen aus ihrer eigenen Schulzeit mitbringen oder sie durch ihre Berufstätigkeit entwickelt haben. Es ist dann wichtig, diese Vorstellungen von Unterricht, von Lernprozessen, von den Vorstellungen, die sie bzgl. des Fachwissens und der fachlichen Vorstellungen ihrer Schülerinnen und Schüler nutzen, als einen Fundus anzusehen. Er kann ausgesprochen nützlich sein beim Verstehen der Planung und Strukturierung von Unterricht durch Lehrpersonen. Ihre Vorstellungen dürfen nicht unter dem Generalverdacht der „fachdidaktischen Fehlvorstellungen" stehen, sondern sind als Anknüpfungspunkte für ein Weiterlernen zu sehen.

c) *Fachdidaktische Strukturierung.* Auch bei der Entwicklung von Elementen für die Lehrerbildung und bei der Formulierung von Leitlinien gilt es, die empirischen Ergebnisse und die Ergebnisse der fachdidaktischen Klärung bzw. der fachdidaktischen Weiterentwicklung aufeinander zu beziehen. Dabei sind die Sichtweisen der Lehrpersonen in einem neuen Licht zu sehen, aber im Gegenzug sind auch die Vorschläge der Fachdidaktiken im Lichte des Praxis- und Erfahrungswissens zu hinterfragen. Gerade dort, wo fachdidaktische Vorschläge noch wenig elaboriert sind, können Erkenntnisse über Sichtweisen und Überzeugungen von Lehrpersonen auch zur Weiterentwicklung fachdidaktischer Ausbildungskonzepte dienen. Problemkontexte und auch beispielhafte Ausbildungsmodule können wiederum zur kognitiven Anregung genutzt werden.

Die Entwicklung von Ausbildungsdesigns und deren Elementen baut auf diesen Ergebnissen der fachdidaktischen Strukturierung auf, ist aber kein deterministischer Prozess, sondern ein kreativer, der durch konkrete Ziele, Adressatengruppen und Schwerpunktsetzungen relativ frei gestaltet werden kann. Für ein Ausbildungsdesign in der Lehrerbildung müssen Entscheidungen getroffen werden, wie fachdidaktische Vorschläge zur Strukturierung und die Ideen der Lehrpersonen berücksichtigt werden und in Balance gebracht werden. Für ein konkretes Lehrmodul schließlich müssen als Umsetzung eines Ausbildungsdesigns weitere Entscheidungen auf wesentlich konkreterer Ebene getroffen werden bzgl. Segmentierung, zeitlicher Sequenzierung Methoden- und Medienwahl.

3.4   Realisationen und Methoden im Promotionsprogramm ProfaS

Die Aufgabe, der sich ProfaS stellt, ist komplex und schwierig, aber sie ist der Komplexität der Prozesse, die in der Lehrerbildung stattfinden, angemessen. Denn wenn man der Überzeugung folgt, dass die Qualität im Schulsystem vor allem auch von der Qualität der Lehrerbildung abhängt, dann müssen die komplexen Prozesse der Lehrerbildung analytisch und Prozesse der Unterrichtsgestaltung durch Lehrpersonen empirisch untersucht werden. Im Folgenden werden einige zentrale Herausforderungen auf dem Weg, den ProfaS einschlägt, vorgestellt und auf die Arbeiten in diesem Band hingewiesen, die jeweils in spezifischer Weise diese Herausforderungen angenommen haben.

Relative Ferne zum Forschungsfeld. Als eine Herausforderung hat sich im ProfaS-Programm gezeigt, dass die mitwirkenden Promovierenden die volle Komplexität von Lehrerbildung und Unterrichtsgestaltung bisher selbst nicht aus Eigenerfahrung erlebt hatten. Dies ist zwar nicht unbedingt notwendig, denn um es metaphorisch auszudrücken, muss man nicht selbst Atom in einem Kristallgitter gewesen sein, um als Atomwissenschaftler den Mikrokosmos zu erforschen. Allerdings kann man sich dem Forschungsfeld des Denkens und Handelns von Lehrpersonen dann eher nähern, wenn man die „gleiche Sprache" wie die beteiligten Lehrpersonen spricht und als gleichwertiger Gesprächspartner wahrgenommen wird. Hier besteht also eine größere Hürde, mit den Probanden der Untersuchungen in Kontakt zu kommen, als bei ProDid, wo es ja um Schülerinnen und Schüler gegangen ist, denen man als Doktorand in allen Belangen weit voraus gewesen ist.

Diese Herausforderung wird in allen Arbeiten auf die eine oder andere Weise angenommen, abhängig davon, welche Kontakte die entsprechende Arbeitsgruppe zu Lehrpersonen hat und welches Auftreten die Doktorandinnen und Doktoranden zeigen. Dennis Nawrath (2010) hat dies dadurch gelöst, dass er mit einer Arbeitsgruppe von Lehrpersonen über zwei Jahre zusammengearbeitet hat. Seine Arbeit ist formal noch im ProDid-Programm verankert gewesen und hat sich inhaltlich um die Entwicklung von kontextorientierten Physikunterricht gedreht, somit um die didaktische Strukturierung von Physikunterricht. Auf der Forschungsebene war es aber sein Ziel zu untersuchen, welche Prozesse eine Lehrergruppe durchläuft, wenn die Teilnehmer gemeinsam per didaktischer Strukturierung ein Unterrichtsdesign entwickeln, wie sie Inputs von außen dabei aufnehmen und welche Entscheidungen sie bzgl. Ziele, Inhalte, Methoden und eben auch Kontexte treffen. In der zweijährigen Zusammenarbeit in der piko-Gruppe (piko: Projekt „Physik im Kontext") ist ein so großes Vertrauen aufgebaut worden, dass ergiebige Interviews über Subjektive Überzeugungen und die Planungen von Unterricht geführt und aufgezeichnet worden sind.

In dieser Arbeit und auch in der Arbeit von Eva-Maria Pahl zur Vermittlung des Energiebegriffs in der Schule sind neben halbstrukturierten, qualitativen Leitfadeninterviews, die mit Methoden der Qualitativen Inhaltsanalyse ausgewertet worden sind, auch andere Techniken zur Datenerhebung eingesetzt worden. Dazu zählt ein Online-Fragebogen, dessen Ergebnisse zu zentralen Fragen aus der piko-Gruppe Hintergrundinformationen von einer großen Anzahl vor Lehrpersonen zur Interpretation der Interviews geliefert haben. Und es kamen verschiedene Strukturlege-Techniken zum Einsatz sowie die in der Gruppenarbeit entstandenen Materialien, die ausgewertet worden sind.

Relative Vagheit fachdidaktischer Konzeptionen. Eine weitere Aufgabe im ProfaS-Programm besteht in der Analyse und Klärung fachdidaktischer Konzeptionen, die sich auf die didaktische Strukturierung beziehen. Diese Konzeptionen verfügen, verglichen mit der „Dignität" fachlicher Wissensbereiche, über ein viel geringeres Maß an Objektivität bzw. Intersubjektivität, sind viel stärker durch Normen und Werthaltungen der Autoren geprägt und unterliegen Moden. Oft sind sie begrifflich auch weniger ausgeschärft, so dass obligatorische Fragen (s. o.) schwieriger zu stellen sind. Zumindest spielen wissenschafts- und erkenntnistheoretische sowie pädagogische Haltungen bei der Analyse dieser Vorschläge zur Unterrichtsstrukturierung eine viel größere Rolle als bei der Klärung fachwissenschaftlicher Inhalte.

Im Fach Sachunterricht fehlt es dagegen nicht an fachdidaktischen Konzeptionen zur Unterrichtsstrukturierung, allerdings kommen hier immer weitere Themen, die sich anderen Fächern nicht zuordnen lassen und die fächerübergreifend gelagert sind, hinzu. Stine Albers konzentriert sich in ihrer Arbeit auf das gesellschaftlich relevante Thema der Erwerbslosigkeit. Hierzu gibt es schlicht keine Erkenntnisse darüber, welche Vorstellungen und Haltungen Lehrpersonen vom Thema haben, welche subjektiven Überzeugungen mitschwingen und welche Ideen vorhanden sind, Unterricht zum Thema zu strukturieren. Mit der Arbeit von Stine Albers wird ein Beitrag zur Bedingungsanalyse für Ausbildungsdesigns geleistet und es werden fachdidaktische Konzeptionen weiterentwickelt.

Nahezu allen fachbezogenen und fachübergreifenden Vorschlägen zur Entwicklung von Unterrichtsdesigns und auch von Ausbildungsdesigns ist gemein, dass es ihnen an einer Konzeptualisierung von Diagnoseprozessen fehlt. Weder spielen konkrete Diagnosetools in Unterrichtsdesigns eine zentrale Rolle noch ist bislang der Aufbau von Diagnosekompetenz von Lehrpersonen in Ausbildungsdesigns zentral. An diesem Desiderat setzten die Arbeiten von Frederike Schmidt und Alexander Meyer an. Sie entwickeln Diagnoseinstrumente, die Lehrpersonen für ihren Unterricht einsetzen können, um ein differenziertes Bild fachlicher Kompetenzen und Handlungsweisen ihrer Schülerinnen und Schüler zu erhalten und gezielte Fördermaßnahmen anschließen zu können.

Das mathematische Diagnoseinstrument von Alexander Meyer beleuchtet algebraische Denkmuster, das Diagnoseinstrument von Frederike Schmidt untersucht Lesekompetenzen. Damit beziehen sich beide Instrumente auf Kompetenzen, die allmählich im Laufe der Schulzeit bei den Schülerinnen und Schülern entwickelt und vervollkommnet werden sollen, und die grundlegend für viele Themen des Mathematik- bzw. Deutschunterrichts sind. Die Diagnoseinstrumente können von Lehrpersonen in unterschiedlichen thematischen Kontexten genutzt werden, um Voraussetzungen seitens ihrer Schülerinnen und Schüler für den Einsatz von bestimmtem Material zu eruieren.

Relative Differenziertheit des Modells der Didaktischen Rekonstruktion. Wie in Abb. 3 verdeutlicht, ist das ProfaS-Programm nicht einfach eine Übertragung der Didaktischen Rekonstruktion auf die Lehrerbildung. Es ist komplexer, indem auf Seiten der Lehrpersonen nicht nur deren Sicht auf die Strukturierung von Unterricht empirisch untersucht werden muss. Es muss zudem untersucht werden, welche Rolle und Gewichtung dabei die fachlichen Sichtweisen ihrer Schülerinnen und Schüler einnehmen, und wie die Lehrpersonen fachwissenschaftliches Wissen bewerten, umstrukturieren und zum Erreichen von Zielen und zum Aufbau von Kompetenzen nutzen. Und auch auf Seiten der fachdidaktischen Konzeption muss analysiert werden, welche Rolle Lernervorstellungen und fachliche Vorstellungen spielen und ob oder inwieweit die Konzeption überhaupt eine Balance zwischen beiden Seiten herzustellen versucht. Somit müsste man sich eigentlich an jeder „Ecke" des Dreiecks in Abb. 3 jeweils ein weiteres Dreieck vorstellen, das die Fragestellungen der „ProDid-Ebene" aufwirft.

Dies erklärt, warum z. B. Eva-Maria Pahl bei der Untersuchung der Vorstellungen ihrer Lehrpersonen nicht nur nach deren eigenen Vorstellungen vom fachlichen Konzept Energie befragt, sondern auch danach, welche Vorstellungen sie bei ihren Schülerinnen und Schülern erwarten, wie sie damit umgehen und wie sie auf dieser Basis das Thema Energie in verschiedenen Klassenstufen einführen oder wieder aufgreifen.

Die Modelldifferenzierungen erfordern selbst pro Dissertationsprojekt eine Vielfalt an Methoden. Neben hermeneutischen Methoden zur Dokumentenanalyse und zur Konzeptanalyse müssen die Interviewtechniken komplex werden, indem sie Interventionselemente integrieren. Somit werden die Interviews in vielen Arbeiten eher zum teaching experiment (s. o.), d. h. zu einer Folge von explizit als Lernsituationen angelegten Interviews.

Erkenntnismethoden als Strukturierungselemente zu thematisieren, stellt eine weitere Differenzierung des Modells dar. Insbesondere im naturwissenschaftlichen Unterricht hat das Experimentieren einen besonderen Stellenwert, dient es doch gleich mehreren Zwecken: Schülerinnen und Schüler sollen ihr aufgebautes fachliches Wissen beim Experimentieren anzuwenden lernen, sie sollen Vorstellungen über den Prozess der Wissenschaft („Nature of Science") aufzubauen und sie sollen Möglichkeiten und Grenzen von Experimenten als zentrale Erkenntnismethode nachvollziehen. Anja Kizil beschäftigt sich mit der Sicht von Lehrpersonen aufs Experimentieren im Biologieunterricht, mit ihren Ideen, wie Experimente Unterricht zeitlich-methodisch strukturieren können und wie sie dabei kognitiv anregen können. Um sich diesen Vorstellungen von Lehrpersonen zu nähern, nutzt Anja Kizil videografierten Unterricht, den sie als „stimulated recall" in Interviewsitzungen mit den Lehrpersonen einsetzt. Als Ergebnis erhält man ein verändertes Design des Experimentierens im Unterricht.

Relative Offenheit des Strukturbegriffs. Eine Herausforderung, die den Weg zum Ausbildungsdesign zu einem weiten Weg macht, ist auch die Interpretierbarkeit des Begriffs „Strukturierung". Er kann prozessorientiert als Handlungen und Entscheidungen bei der Unterrichtsplanung und auch bei der Gestaltung von Unterrichtsdesigns und Ausbildungsdesigns verstanden werden. Eine Strukturierung kann aber auch als das Produkt dieser Prozesse verstanden werden, im Sinne von einer (Sach-)Struktur für den Unterricht oder einer Struktur von Ausbildungsdesigns. Dies hat bestimmte Arbeiten im Programm dahin geführt, vertieft über die Begriffe Struktur und Strukturierung nachzudenken, was sehr hilfreich gewesen ist. Stefan Schmit versucht daher in seiner Arbeit (nicht in diesem Band), Lehrpersonen für unterschiedliche Strukturierungsprodukte zu sensibilisieren. Er entwickelt unterschiedliche Unterrichtsmaterialien, die sich in der fachdidaktischen Strukturierung voneinander unterscheiden, und prüft die Lernbarkeit durch Schülerinnen und Schülern. Damit wird deutlich, dass didaktische Strukturierungen von Lernmaterialien auch Gegenstände von Ausbildungsdesigns sein können. Wichtige Instrumente für diese Arbeiten stellen hermeneutische Analysen und Methoden der Dokumentenanalyse sowie empirische Untersuchungen von Lernerdenk- und -lernprozessen dar.

Auch Aufgaben als Strukturierungselemente im Unterricht sind in den letzten Jahren u.a. unter dem Begriff der Lernaufgaben verstärkt in den Blick fachdidaktischer Überlegungen gekommen. Manuela Hillje analysiert an Fallbeispielen, wie Lehrpersonen vorgeschlagene Aufgaben, die zur kognitiven Aktivierung von Schülerinnen und Schülern konzipiert sind, zur Strukturierung ihres Unterrichts einsetzen. In der Studie wird deutlich, dass das Potential von Aufgaben, kognitiv zu aktivieren, nicht per se wirksam wird, sondern seine Entfaltung auf vielfältige Weise dem spezifischen Unterrichtshandeln der Lehrperson unterliegt.

Der relativ weite Weg. Diese Herausforderungen und ihre Umsetzungsversuche haben zu einer Reihe von Kontroversen im Programm geführt, aber es insgesamt auch weitergebracht. Sie kennzeichnen den weiten Weg zum Ausbildungsdesign, auf dem immer wieder deutlich geworden ist, wie viele Zwischenschritte zu gehen sind. Deutlich geworden ist, dass das Programm ProfaS ohne die Überlegungen auf Ebene der Entwicklung von didaktischen Strukturierungen und – langfristig – von Unterrichtsdesigns (ProDid) nicht denkbar ist. Wir sehen durch ProDid und ProfaS zusammengenommen einen wesentlichen Fortschritt in der fachdidaktischen Entwicklungsforschung dadurch, dass man sich der Komplexität der vernetzten Ebenen von Unterricht und Lehrerbildung empirisch und analytisch nähert.

3.5 Beiträge von ProDid und ProfaS zur Formulierung von Qualitätsmerkmalen von Unterrichts- und Ausbildungsdesigns

Das Modell der Didaktischen Rekonstruktion hat sich sowohl für Forschungsprozesse als auch für die Entwicklung von Unterrichts- oder Ausbildungsdesigns als ein tauglicher Rahmen erwiesen. Es lässt auf konstruktivistischer Basis eine große methodische Freiheit und ist kompatibel mit vielfältigen Kompetenzzielen. Dabei sagt das Modell nicht, was guter Unterricht oder gute Lehrerbildung an sich sind. Aber es sagt sehr deutlich, welche Aspekte zu berücksichtigen sind, um die Chance zu haben, gute, effektive Designs für Schule oder Lehrerbildung zu entwickeln.

Somit ist das Modell, so wie wir es in den Programmen ProDid und ProfaS eingesetzt haben, ein Qualitätsentwicklungsmodell. Was ist in diesem Zusammenhang unter Qualität zu verstehen? Aus Sicht von Lehrpersonen und Lehrerbildnern sollte die Qualität darin bestehen, dass Unterrichtsdesigns bzw. Ausbildungsdesigns auf die komplexe Tiefenstruktur des Lernens Bezug nehmen und gleichzeitig relativ einfach zu handhaben sind. Aus Sicht von Forscherinnen und Forschern sollte ein solches Modell methodische Freiheit zulassen, um unterschiedlichste Forschungsfragen zu beantworten und komplexe Wechselwirkungen von Hauptfaktoren im Forschungsfeld abzubilden.

Bei ihrer Aufgabe, Designs zu entwickeln, setzen die Programme tatsächlich auf die Tiefenstrukturen des Lernens, indem sie auf Vorstellungen und Vorwissen, also die Startpunkte des Lernens und die Moderatoren der ablaufenden Lernprozesse grundlegend eingehen. Vorstellungen als Generatoren von Denk- und Lernprozessen werden als Teil der Tiefenstruktur hoch geschätzt (vom Hofe 1995). Die Suche nach grundlegenden Denkfiguren und ihre Einbindung bei der Gestaltung von Unterrichtsdesigns stellt das erste wichtige Qualitätsmerkmal da.

Das zweite Qualitätsmerkmal betrifft das Hinterfragen und die aus konstruktivistischer Sicht erlaubte Umstrukturierung der zu lernenden Inhalte hin zu einer Struktur, die an die

Lernenden angepasst ist. Dies ist in gewisser Weise revolutionär, denn es bietet Freiraum für Kreativität und für die Suche nach guten Anknüpfungspunkten an die Perspektiven der Lernenden. Damit verbunden ist aber gleichzeitig die Verantwortung, diese Freiheit auch wirklich zu nutzen und zu verteidigen und Neukonstruktionen auf ihre fachliche Korrektheit hin zu prüfen. Eine solche Prüfung kann dadurch erfolgen, dass die Kompatibilität der Ergebnisse mit Darstellungen in fachlichen Lehrbüchern und mit dem historischen Erkenntnisprozess untersucht wird, oder auch dadurch, dass die fachliche Angemessenheit im Diskurs mit Fachexperten erörtert wird. Dies sind realistische Möglichkeiten für Forschungsprojekte, in denen Unterrichtsdesigns entwickelt werden. In einem Ausbildungscurriculum können sie sicherlich nur sehr eingeschränkt realisiert werden.

Ein drittes Qualitätsmerkmal ist durch ProfaS hinzugekommen, indem die Perspektiven von Lehrpersonen ebenso wie die der Schülerinnen und Schüler ins Kalkül gezogen werden, und zwar was die fachlichen Ideen von Lehrpersonen angeht, was ihr Wissen über und ihr Umgang mit Lernervorstellungen betrifft und was ihre Sicht auf die Strukturierung von Unterricht angeht. Anders formuliert: Nur wenn die Lernersicht, die der Lehrpersonen und die der zu lernenden Sache bekannt sind, und die Wechselwirkungen dieser Perspektiven in einem wechselseitigen Lehr-Lern-Prozess modelliert und in eine Balance gebracht werden, kann man zu hochwertigen Unterrichtsdesigns bzw. auf Ebene der Lehrerbildung zu hochwertigen Ausbildungsdesigns gelangen.

Die Aufgabe der Forschungsarbeiten bei ProDid und bei ProfaS bestand und besteht darin, solche hochwertigen Designs zu entwerfen und sie ggf. in exemplarischen Pilot-Unterrichtseinheiten oder Ausbildungsmodulen zu erproben. Dies ist ein weiter Weg und die Forschungsarbeiten in zehn Jahren haben umfangreiche Ergebnisse geliefert, die in vierzig Bänden der Reihe „Beiträge zur Didaktischen Rekonstruktion" dargelegt sind (http://www.diz.uni-oldenburg.de/20738.html). Weitere folgen. Die Artikel unser Doktorandinnen und Doktoranden in diesem Band geben nur einen kleinen Einblick in die aktuellen Arbeiten, sie machen aber deutlich, wie der Qualitätsrahmen genutzt wird.

Literatur

Baalmann, W., Frerichs, V., Weitzel, H., Gropengießer, H. & Kattmann, U. (2004). Schülervorstellungen zu Prozessen der Anpassung – Ergebnisse einer Interviewstudie im Rahmen der Didaktischen Rekonstruktion. *ZfDN 10*, 7-28.

Carey, S. (1985). *Conceptual change in childhood*. Cambridge, MA: MIT Press.

Dijk, E. van & Kattmann, U. (2007). A research model for the study of science teachers' PCK and improving teacher education. *Teaching and Teacher Education, 23*, 885-897.

Van Driel, J. H., Bulte, A. M. W. & Verloop, N. (2005). The conceptions of chemistry teachers about teaching and learning in the context of curriculum innovation. *International Journal of Science Education, 27*, 303-322.

Duit, R., Gropengießer, H., Kattmann, U., Komorek, M. & Parchmann, I. (2012). The Model of Educational Reconstruction – A Framework for Improving Teaching and Learning Science. In D. Jorde & J. Dillon (Hrsg.), *Science Education Research and Practice in Europe*. Rotterdam: Sense Publishers, 13-38.Duit, R., Komorek, M. & Wilbers, J. (1997). Studien zur Didaktischen Rekonstruktion der Chaostheorie. *ZfDN 3* (3), 19-34.

Duit, R., & Treagust, D. (2003). Conceptual change: A powerful framework for improving science teaching and learning. *International Journal of Science Education, 25*(6), 671-688.

Frerichs, V. (1999). Schülervorstellungen und wissenschaftliche Vorstellungen zu den Strukturen und Prozessen der Vererbung. BzDR-Reihe. Oldenburg: Didaktisches Zentrum.

Gerstenmaier, J. & Mandl, H. (1995). Wissenserwerb unter konstruktivistischer Perspektive. *Zeitschrift für Pädagogik 41*(6), 867-888.

Gropengießer, H. (1998). Educational reconstruction of vision. In H. Bayrhuber & F. Brinkman (Hrsg.), *What-Why-How? Research in Didaktik of Biology. Proceedings of the First Conference of European Researchers in Didaktik of Biology (ERIDOB).* Kiel: IPN, 263-272.

Gropengießer, H. (2001). *Didaktische Rekonstruktion des Sehens.* BzDR-Reihe. Oldenburg: Didaktisches Zentrum.

Gropengießer, H. (2008). Qualitative Inhaltsanalyse in der fachdidaktischen Lehr-Lernforschung. In P. Mayring & M. Glaeser-Zikuda (Hrsg.), *Die Praxis der Qualitativen Inhaltsanalyse.* Weinheim: Beltz, 172-189.

Groß, J. (2007). *Biologie verstehen: Wirkungen außerschulischer Lernorte.* BzDR-Reihe. Oldenburg: Didaktisches Zentrum.

Heimann, P., Otto, G. & Schulz, W. (1969). Unterricht, Analyse und Planung. In A. Blumenthal & W. Ostermann (Hrsg.), *Auswahl.* Hannover: Schroedel.

Helmke, A. (2012). Unterrichtsqualität und Lehrerprofessionalität. Diagnose, Evaluation und Verbesserung des Unterrichts. Seelze: Klett-Kallmeyer.

Hilge, C. (2001). Using everyday and scientific conceptions for developing guidelines of teaching microbiology. In H. Behrendt, H. Dahncke, R. Duit, W. Graber, M. Komorek, A. Kross & P. Reiska (Hrsg.), *Research in science education – past, present, and future.* Dordrecht: Kluwer, 253-258.

Hörsch, C. (2008). Biologie verstehen. Mikroorganismen und mikrobiologische Prozesse im Menschen. BzDR-Reihe. Oldenburg: Didaktisches Zentrum.

vom Hofe, R. (1995). *Grundvorstellungen mathematischer Inhalte.* Heidelberg: Spektrum.

Jelemenská, P. (2006). *Biologie verstehen: ökologische Einheiten.* BzDR-Reihe. Oldenburg: Didaktisches Zentrum.

Kattmann, U. (2008). Learning biology by means of anthropomorphic conceptions? In M. Hammann, M. Reiss, C. Boulter & S. D. Tunnicliffe (Hrsg.), *Biology in Context. Learning and teaching for the twenty-first century.* VIth Conference of European Researchers in Didactics of Biology (ERIDOB). London: University of London, 7-17.

Kattmann, U., Duit, R., Gropengießer, H. & Komorek, M. (1997). Das Modell der Didaktischen Rekonstruktion. Ein Rahmen für naturwissenschaftsdidaktische Forschung und Entwicklung. *Zeitschrift für Didaktik der Naturwissenschaften, 3*(3), 3-18.

Komorek, M. (1998). *Elementarisierung und Lernprozesse im Bereich des deterministischen Chaos.* Kiel: Universität Kiel.

Komorek, M. & Kattmann, U. (2008). The Model of Educational Reconstruction. In S. Mikelskis-Seifert, U. Ringelband& M. Brückmann (Hrsg.), *Four Decades of Research in Science Education - from Curriculum Development to Quality Improvement.* Münster: Waxmann, 171-188.

Komorek, M., Vogt, H., & Duit, R. (2003). Moderne Konzepte von Ordnung verstehen. In A. Pitton (Hrsg.), *Außerschulisches Lernen in Physik und Chemie – Jahrestagung der GDCP in Flensburg 2002.* Münster: LIT, 296-298.

Kraynova, A. (2011). *Didaktische Rekonstruktion der Nanophysik.* BzDR-Reihe. Oldenburg: Didaktisches Zentrum.

Liu, S. (2005). Models of „he heavens and the earth": An investigation of German and Taiwanese students' alternative conceptions of the universe. *International Journal of Science and Mathematics Education 3* (2), 295-325.

Markic, S., Eilks, I., van Driel, J. H. & Ralle, B. (2009). Vorstellungen deutscher Chemielehrkräfte über die Bedeutung und Ausrichtung des Chemielernens. *Chemie konkret 16* (2), 90-95.

Mayer, R. E. & Chandler, P. (2001). When learning is just a click away: does simple user interaction foster deeper understanding of multimedia messages? *Journal of Educational Psychology, 93* (2), 390–397.

Mayring, P. (2010). *Qualitative Inhaltsanalyse*. Weinheim: Beltz.

Meyer, H. (2004). *Was ist guter Unterricht?* Berlin: Cornelsen Scriptor.

Möller, R. (2007). Genetisches Lernen und Conceptual Change. In J. Kahlert, M. Fölling-Albers, M. Götz, A. Hartinger, D. v. Reeken & S. Wittkowske (Hrsg.), *Handbuch Didaktik des Sachunterrichts*. Bad Heilbrunn: Klinkhardt, 258-266.

Nawrath, D. (2010). *Kontextorientierung: Rekonstruktion einer fachdidaktischen Konzeption für den Physikunterricht*. BzDR-Reihe. Oldenburg: Didaktisches Zentrum.

Neubrand, M. & Seago, N. (2008). The balance of teacher knowledge: Mathematics and Pedagogy. In D. L. Ball & R. Even (Hrsg.), *The professional education and development of teachers of mathematics – The 15th ICMI*. Berlin: Springer, 211-225.

Osewold, D. (2003). Students' conceptions about mechanical waves. In D. Metz (Hrsg.), *Proceedings of the 7th International History and Philosophy of Science and Science Teaching Conference*. Winnipeg, Canada, 674-682.

Parchmann, I., Ralle, B. & Demuth, R. (2000). Chemie im Kontext. Eine Konzeption zum Aufbau und zur Aktivierung fachsystematischer Strukturen in lebensweltorientierten Fragestellungen. *Der mathematisch-naturwissenschaftliche Unterricht 53* (3), 132-137.

Pintrich, P. R., Marx, R. W. & Boyle, R. A. (1993). Beyond cold conceptual change: The role of motivational beliefs and classroom contextual factors in the process of conceptual change. *Review of Educational Research, 63* (2), 167-199.

Shulman, L. S. (1987). Knowledge and Teaching: Foundations of the New Reform. *Harvard Educational Review 57*, 1-22.

Steffe, L. P. & D'Ambrosio, B. (1996). Using teaching experiments to understand students' mathematics. In D. Treagust, R. Duit & B. Fraser (Hrsg.), *Improving teaching and learning in science and mathematics*. New York: Teacher College Press, 65-76.

Vosniadou, S. & Brewer, W. F. (1992). Mental models of the earth: A study of conceptual change in childhood. *Cognitive Psychology, 24*, 535-585.

Thomas Gottschalk & Andreas Lehmann-Wermser

Iteratives Forschen am Beispiel der Förderung musikalisch-ästhetischer Diskursfähigkeit

1. Anmerkungen zur ästhetischen Bildung

Ästhetische Bildung spielt auch im Kontext moderner Allgemeinbildung eine wichtige Rolle (Baumert 2002). Deshalb überrascht, wie divergierend in der Fachdidaktik selbst dieser Begriff gefüllt wird. Für dieses Projekt relevant ist die „ästhetische Bildung" im engeren Sinn, deren primäres Ziel es ist, ästhetische Erfahrungen mit der Welt zu ermöglichen (vgl. Rolle 1999, S. 186). Solchen Erfahrungen zugrunde liegende ästhetische Wahrnehmungen sind nicht mit sinnlicher Wahrnehmung gleichzusetzen: „Wer ästhetisch wahrnimmt, ist nicht daran interessiert, etwas als etwas zu identifizieren. Erkenntnis im Sinne von *auf den richtigen Begriff bringen* ist nicht das Ziel" (Rolle 2011, S. 3). Ästhetische Wahrnehmung zeichnet sich grundsätzlich durch ein Verweilen im Augenblick der Anschauung aus. Sie ist immer *auch* vollzugsorientiert und selbstzweckhaft (Reicher 2010, S. 51), kann aber mehr beinhalten, wie Seel durch die Unterscheidung von drei Grundformen ästhetischer Wahrnehmung deutlich macht (vgl. Seel 1996). *Kontemplative* Wahrnehmung bezeichnet in dieser Systematik ein Verweilen in der Erscheinung eines Objektes, wobei von Bedeutungszuweisungen abgesehen wird. Infolge *imaginativer* Wahrnehmung kommt es hingegen zur aktiven Bedeutungskonstruktion dessen, was ästhetische Gegenstände aufgrund ihres Zeichencharakters zum Ausdruck bringen. In *korresponsiver* Wahrnehmung werden Gegenstände schließlich vor dem Hintergrund persönlicher Vorlieben und Interessen wahrgenommen und gedeutet. Diese letztgenannten Formen konstituieren die Grundlage für ästhetische Diskurse im schulischen Kontext.

Ästhetische Bildung findet in Situationen ästhetischer Praxis statt, die über die Wahrnehmungspraxis hinaus auch Herstellungspraxis sein kann (vgl. Wallbaum 2000, S. 207). Dabei spielen musikbezogene Handlungsweisen wie instrumentales oder vokales Ausführen, Komponieren, Arrangieren, Improvisieren, Einstudieren und Leiten eine Rolle (vgl. Elliott 1995, S. 40). Darüber hinaus sind verbale und nonverbale Auseinandersetzungen über Wahrnehmungsvollzüge Teil ästhetischer Praxis (vgl. Wallbaum 2000, S. 207).

Der auch in musikpädagogischen Diskursen auftretende Kompetenzbegriff scheint im Kontext ästhetischer Erfahrungen keinen rechten Anknüpfungspunkt zu finden. Nimmt man die oft zitierte Kompetenzdefinition Weinerts (vgl. Weinert 2001, S. 27f.) als Grundlage, so ist Rolle zuzustimmen, dass „musikalische Bildung in ästhetischen Erfahrungsvollzügen (…) mit so etwas wie dem sachgerechten Gebrauch von Musik oder der Fähigkeit, musikbezogene Probleme zu lösen nicht viel zu tun hat" (Rolle 2008a, S. 54). Ist musikalisch-ästhetische Bildung also überhaupt durch einen in irgendeiner Weise messbaren Kompetenzerwerb möglich? Wendet man seinen Blick auf die als Bestandteil ästhetischer Bildung verstandene Fähigkeit zu ästhetischem Urteilsvermögen, so ist dieser Frage durchaus mit Optimismus zu begegnen. Als musikalische Kompetenz wird ästhetisches Urteilsvermögen in Bildungsplänen länderübergreifend genannt, wenngleich diesen Kompetenzformulierungen keine empirisch gesicherten Kompetenzmodelle zugrunde liegen. Was aber erlernt man beim Erwerb ästhetischer Urteilskompetenz?

1.1   Zum Wesen ästhetischer Urteils- bzw. Argumentationsfähigkeit

Ästhetisches Urteilsvermögen beschreibt die „Fähigkeit und Bereitschaft musikbezogen ästhetisch zu argumentieren" (Rolle 2008a, S. 55). Diese zeigt sich allgemein darin, „wie verständlich jemand über Musik sprechen und seine Auffassung erläutern kann [bzw.] wie nachvollziehbar die Gründe sind, die er ästhetisch argumentierend [bzw. deskriptiv entfaltend] anführt" (Rolle 2008b, S. 79). Ästhetische Urteilsfähigkeit hat also immer auch mit Rationalität zu tun, wobei es gerade nicht um objektive Begründung von sachlichen Behauptungen geht, wie bspw. in anderen Fächern, in denen Argumentationsfähigkeit eine Rolle spielt (vgl. Rolle & Wallbaum 2011, S. 507). Ästhetische Wertungen, die sich in Prädikaten wie ‚gelungen' oder ‚langweilig' usw. manifestieren, sind ihrem Wesen nach nicht objektiv, da sie auf der Grundlage individueller Wahrnehmungs- und Erfahrungsvollzüge entstehen, die wiederum von persönlichen Vorerfahrungen und Erwartungen geprägt sind (vgl. Rolle 2008b, S. 78). Daher können solche Wertungen lediglich die Zustimmung anderer Personen ersuchen (vgl. Rolle 2011, S. 12). So etwas wie einen sachlichen Dissens kann es im Kontext ästhetischer Kommunikationen demnach nicht geben (vgl. Rolle 2008b, S. 77). Als „gute Gründe[1] (…) [gelten generell] Argumente, die die Ausbildung einer Überzeugung oder eines Wunsches im Rekurs auf intersubjektiv anerkannte Wissensbestände und Normorientierungen [möglichst plausibel bzw. nachvollziehbar] rechtfertigen" (Kleimann 1998, S. 69). Intersubjektiv geteilte musikkulturelle Grunderfahrungen bilden die Grundlage für erhobene Geltungsansprüche, wobei selbst vor dem Hintergrund geteilter Wirklichkeitserfahrungen bzw. vergleichbarer musikalischer Sozialisationsprozesse allgemeingültige Wertmaßstäbe zur Evaluierung von Musik nicht formulierbar sind. Vielmehr gibt es Werte, die den Gesamtwert eines ästhetischen Gegenstands im einen Fall positiv verstärken, im anderen Fall dagegen verringern. Wertmaßstäbe

---

1   Die Tatsache, dass unterschiedliche Argumente zur Begründung ein und desselben Werturteils angeführt werden können, beschreibt das kontingente Wesen ästhetischer Werturteile, die grundsätzlich nicht deduktiv oder induktiv hergeleitet werden können. Kontingenz meint hier die Möglichkeit und gleichzeitige Nichtnotwendigkeit einer Aussage, z.B. eines bestimmten ästhetischen Werturteils. Sprachlich konstituierte Bedeutungszuweisungen sind also nicht endgültig, sondern in sozialen Interaktionsprozessen veränderbar. Die Kontingenz von Bedeutungen macht zugleich deutlich, dass Bedeutungen kaum musikimmanent sind, sondern gemäß einer anti-essentialistischen Sichtweise erst durch akteursgebundene Zuschreibungen entstehen.

stehen also auf der Grundlage einer deskriptiv-funktionalistischen Deutung von Kunst[2] immer mit zur Verhandlung (vgl. Rolle 1999, S. 111). Die Verständigung über konsensuelle Beurteilungskriterien in Wertegemeinschaften wie bspw. einer Musikklasse ist aber nicht als Gleichschaltung von Schülerinnen und Schülern misszuverstehen. Vielmehr wird dadurch einer radikalen relativistischen Position der Boden entzogen und ein über „korresponsive" Geschmacksbekundungen hinaus gehendes Sprechen über ästhetische Erfahrungen ermöglicht. Die vor diesem Hintergrund in Form ästhetischer Urteile vollzogenen musikalischen Bedeutungszuschreibungen sind nicht nur das Ergebnis individualpsychologischer Prozesse, sondern zugleich auch durch die in sozialen Interaktionsprozessen entstandenen ästhetischen Systeme und Konventionen zur Klassifikation ästhetischer Objekte bedingt (vgl. Becker 1982, S. 131ff.). Als Medium der Erprobung von Urteilsfähigkeit nennt Rolle den *ästhetischen Streit*, in dem ästhetische Wahrnehmungs- und Erfahrungsprozesse stattfinden (vgl. Rolle 2008b, S. 79).

Die Tatsache, dass Rolle das Ziel ästhetischen Streitens in der Anleitung zu lohnenden Erfahrungen in der ästhetischen Wahrnehmung sieht und die Diskussion darüber auszuklammern scheint, wie ge- oder misslungen Musiken sind (vgl. Rolle 1999, S. 115), bezeichnet einen Klärungsbedarf, spielt doch gerade die Verständigung über die Qualität musikalischer Gestaltungen in ästhetischen Gesprächskontexten naturgemäß eine zentrale Rolle (vgl. Kleimann 1998, S. 70). Dabei fungieren über die Explikation gegenstandsbezogener Qualitäten hinaus ästhetische Wertzuschreibungen und ihre Begründungen bspw. im Rahmen ästhetischer Herstellungspraxis auch als Rückmeldungen im doppelten Sinne eines *Feed-backs* und *Feed-forwards* für weitere Gestaltungsprozesse. Mittelbar führen aber auch derartige, weiterhin nutzbare Rückmeldungen zu veränderten Wahrnehmungen und Erfahrungen, da, wie Seel behauptet, „der Aspekt des Herstellens sekundär [bleibe], weil alles ästhetische Herstellen wiederum umwillen der wahrnehmenden Begegnung mit dem Hergestellten geschieht" (Seel 1996, S. 236). Aus pädagogischer Sicht dienen ästhetische Streitsituationen darüber hinaus der Einübung von Urteilsfähigkeit, wobei sprachliche, pragmatische und formale Erwartungen an den Gesprächstyp erfüllt sein müssen. Es gibt folglich ein Bündel mittel- und unmittelbarer Zielsetzungen bzw. Funktionen, die den ästhetischen Streit auszeichnen und die über die o.g. Zuweisung Rolles hinausgehen.

1.2 Ästhetische Diskursfähigkeit – zur Genese des Begriffspaares

In Abgrenzung zu den in der einschlägigen Literatur wenig bedeutungsdifferenziert verwendeten Begriffen ‚ästhetische Urteils- bzw. Argumentationsfähigkeit' scheint es für diese Studie produktiver zu sein, von ‚ästhetischer Diskursfähigkeit' zu sprechen. Ästhetische Diskursfähigkeit bezeichnet in dieser Arbeit die Fähigkeit, einen ästhetischen Gegenstand auf der Grundlage von Wahrnehmungs- und Erfahrungsvollzügen durch argumentativ-deskriptive Bezugnahmen mündlich und schriftlich im Rahmen monologischer und

---

2 Im Sinne eines kunstbezogenen deskriptiven Funktionalismus gelangt man zu einem ästhetischen Gesamturteil, indem man kriteriengeleitet überprüft, inwiefern ein im Fokus stehender ästhetischer Gegenstand an ihn gerichtete, kontextspezifische Funktionen erfüllt.

dialogisch-interaktiver Auseinandersetzung evaluierend zu perspektivieren, um mittelbar neue bzw. veränderte ästhetische Erfahrungen zu ermöglichen.

Obwohl argumentative Sprachstrukturen den konstitutiven Sprachhandlungstyp ästhetischer Diskurse ausmachen, erscheint der Begriff Diskursfähigkeit im Vergleich zu Argumentationsfähigkeit weitaus treffender gewählt, da er einerseits globaler ausgerichtet ist und damit auch das Handeln in Kommunikationssituationen nicht-argumentativer, sprich deskriptiver Themenentfaltung umfasst bzw. terminologisch nicht auszuschließen scheint und andererseits Dissensbildung als Ausgangspunkt für argumentatives Handeln nicht vorausgesetzt wird (vgl. Kallmeyer 1996, S. 9), wie es im Alltagsverständnis von Argumentieren der Fall ist. Da argumentative Sprachhandlungen zudem nicht nur infolge ästhetischer Urteile in Gang gesetzt werden und ästhetische Wertungen im Kontext musikbezogener Erläuterungen bisweilen sprachlich unmarkiert bleiben, argumentatives Handeln aber dennoch steuern, gilt dem Diskursbegriff auch diesbezüglich der Vorrang.

Auch erscheint der Begriff „ästhetischer Streit" (Rolle & Wallbaum 2011) vor diesem Hintergrund sowohl als Ort der Auseinandersetzung über ästhetische Gegenstände als auch als Medium der Erprobung und Einübung von Diskursfähigkeit wenig treffend gewählt, da darin vollzogene Aushandlungsprozesse nicht nur kontrovers, sondern auch kooperativ geführt werden können. Bezug nehmend auf Spiegel, die Strittigkeit als Ausgangpunkt von Argumentationshandlungen als „Reduktion sowohl der Möglichkeiten des Argumentierens (…), als auch [als] (…) Einschränkung der Möglichkeiten der Aushandelbarkeit von Lösungen im weitesten Sinne" (Spiegel 2006a, S. 114) betrachtet, fassen wir Argumentieren generell als Begründungshandeln auf (vgl. Spiegel 2006b, S. 64), das infolge der Problematisierung von Positionen, Sachverhalten oder offenen Fragestellungen notwendig wird (vgl. Grundler 2011, S. 47). Solche Begründungen können dabei einerseits interaktiv durch typisch argumentative Grundoperationen wie Bewertungen, Behauptungen, Einwände, Einschränkungen oder (kritische) Nachfragen initiiert werden. Sie können andererseits aber auch im Kontext monologischer, meist schriftlicher Bezugnahmen auf eine zu erörternde Frage wie „Ist die musikalische Gestaltung gelungen?" auftauchen. Ihrem Wesen nach sind auch monologische Begründungshandlungen dialogisch auf ein Gegenüber orientiert, da man in der Regel nicht für sich selbst, sondern für andere argumentiert. Sowohl interaktiv-dialogische als auch monologische Varianten der Argumentation können also zur Perspektivierung eines zu problematisierenden Sachverhalts beitragen.

2.   Methodische Ansätze der bisherigen Forschung

Aus dem bisher Gesagten ergibt sich, dass Diskursfähigkeit allgemein und bezogen auf Musik ein wichtiges Lernziel darstellt, das in den Curricula aller Länder wiederzufinden ist, wenn auch unter verschiedenen begrifflichen Bezeichnungen. Darüber, wie entsprechende Lernprozesse allerdings gestaltet werden und in welchem Umfang das Ziel erreicht wird, liegen der Musikdidaktik praktisch keine Forschungsergebnisse vor. Ganz allgemein ist für die Musikdidaktik im deutschsprachigen Raum ein Defizit in der Lehr-Lern-Forschung zu verzeichnen. Das hängt zunächst mit der prinzipiellen Empiriefeindlichkeit der musischen Erziehung zusammen, die nach dem 2. Weltkrieg die deutsche Musikpädagogik (modifiziert übrigens in der DDR) geprägt hat. Aber auch nach deren Ablösung in den späten 1960er Jahren haben Konzepte überwogen, die sich geisteswissenschaftlich definiert haben; selbst für die Kritische Musikpädagogik der 1970er Jahre ist eine Abneigung gegen empirische Methoden zu konstatieren (Knolle 2012). Erst seit der Jahrtausendwende lassen sich umfangreichere empirische Arbeiten aus dem Bereich der Lehr-Lern-Forschung in Musik nachweisen, die allerdings nicht immer den internationalen methodischen und methodologischen *state of the art* erreichen. Das hängt auch wesentlich damit zusammen, dass die Frage nach dem ‚outcome' von Musikunterricht (oder gar: musikalischer Bildung) noch immer kontrovers diskutiert wird.[3] Damit allerdings fehlt ein wesentlicher Bestandteil für die Entwicklung von Forschungsdesigns, die sich am Prozess-Produkt- oder Experten-Paradigma orientieren könnten. Dass für den anglo-amerikanischen Raum umfangreiche Studien zur ‚teacher effectiveness' auch in Musik vorliegen (Colwell 2002) ist insofern nicht hilfreich, als Musikunterricht kulturspezifisch erteilt wird. Der Unterricht in den USA etwa ist weitgehend ‚performance based', orientiert sich also nicht an Vorstellungen der Kulturerschließung oder ästhetischer Bildung. Deshalb sind auch die sehr vielfältigen neuen Formen der Lernstandserhebung kaum auf deutschen Musikunterricht übertragbar (Brophy & Lehmann-Wermser 2012).

Mit der fehlenden Definition des *outcome* ist eine zweite Schwierigkeit verbunden. Während für etliche andere Fächer, namentlich Mathematik, die Modellierung des Lernens gut gelungen ist und in der Folge auch ein besseres Verständnis professioneller Kompetenzen erlangt wurde, ist in Musik der Kompetenzerwerb nur in einem Teilbereich modelliert worden. Lernstandserhebungen an repräsentativen Stichproben wurden in Deutschland noch gar nicht durchgeführt.[4] Angesichts dieser Ausgangslage ist es sinnvoll, nach alternativen Forschungsdesigns zu suchen, wie sie mit den Design-Experimenten vorliegen.

3.   Das Forschungsprojekt im Überblick

3.1   Forschungsziel und Erkenntnisinteresse

Ziel des Forschungsvorhabens ist es, ästhetische Diskursfähigkeit von Schülerinnen und Schülern deskriptiv auf der Basis empirisch-erhobener Daten zu beschreiben und durch theoriegeleitete Entwicklung eines Lehr-Lernarrangements zu fördern. Vor diesem Hintergrund erscheint die Frage nach Möglichkeiten der Inszenierung ästhetischer Diskurse im Musikunterricht zentral, damit Diskurshandeln selbst zum Thema von Unterricht werden kann, das Lernenden die Relevanz und mögliche Lerneffekte des Sprechens über Musik vergegenwärtigt. Die Konzeption eines zur Förderung entwickelten Unterrichtsdesigns nach bestimmten Design-Prinzipien (s. u.) geschieht im Rahmen zyklischen Forschens

---

3 Vgl. den Sonderband 2008 der Zeitschrift für Krtitische Musikpädagogik (online verfügbar unter www.zfkm.org).

4 Diese Lücke erweist sich bei komplexen oder quasi-experimentellen Untersuchungsdesigns neuerer musikpädagogischer Studien als Problem; exemplarisch dafür Büring (2010).

(vgl. Prediger et al. 2012, S. 453), sodass typische Hürden des Lernprozesses identifiziert werden und durch Entwicklung einzelner Unterrichtsaktivitäten in der Praxis bedacht werden können. Dadurch können lokale Theorien zu kompetenzspezifischen Lehr- und Lernprozessen (vgl. ebd., S. 455f.) (weiter-)entwickelt werden. An dieser Stelle sei vorweggenommen, dass die Förderung von Diskursfähigkeit im Rahmen produktionsdidaktischer Unterrichtsprozesse vollzogen wird, in denen Diskurse zu Gestaltungsprodukten als Medium der Erprobung und Einübung fungieren. Des Weiteren erstreckt sich das Erkenntnisinteresse auf die Frage, inwiefern sich das Denken und Sprechen von Schülerinnen und Schülern über Musik auf ihre musikalische Gestaltungsfähigkeit auswirkt und umgekehrt (s. Abb. 1).

Abb. 1: Ästhetische Diskurssituationen im musikalischen Gestaltungsprozess.

3.2 Entwicklung eines Lehr-Lernarrangements

Das entwickelte Lehr-Lernarrangement zeichnet sich wie angedeutet wesentlich durch musikalische Gestaltungsprozesse aus, die diskursive Interaktionen initiieren und pragmatisch in die weitere Gestaltungsarbeit einbinden. Indem eigene Kompositionen diskutiert werden, erhält das Denken und Sprechen über Musik zudem eine persönliche Bedeutsamkeit. Außerdem können Schülerinnen und Schüler durch in Kleingruppen organisierte Gestaltungsprozesse, die den Diskursen im Klassenkontext vorausgehen (vgl. Abb. 1), inhaltlich auf ästhetische Kommunikationen vorbereitet werden, da die bereits in den Kompositionsgruppen verhandelten Wertmaßstäbe, Gestaltungsideen und musikalischen Gestaltungsweisen als bedeutungsrelevant in Diskurse zu musikalischen Zwischen- und Endprodukten hineingetragen werden. Allgemein ist der Vorteil einer produktions-didaktischen Situierung der Förderung auch darin zu sehen, dass klangliche Vorstellungen bewusst aktiviert werden und schließlich der Ausdifferenzierung sinnlicher Wahrnehmung dienen, die Voraussetzung jeglichen Diskurshandelns ist. Das für den gymnasialen Musikunterricht 9. Klassen konzipierte fünfzehnstündige Lehr-Lernarrangement besteht aus drei Gestaltungsphasen, in denen jeweils eine Gestaltungsaufgabe ansteigender Komplexität und Schwierigkeit von den Schülerinnen und Schülern bearbeitet wird, wobei o. g. Fähigkeit eingeübt und vertieft werden kann. Die in Kleingruppen zu drei Lernenden bearbeiteten Gestaltungsaufgaben bestehen aus der Komposition eines Sprechstücks (1. Phase) sowie der Vertonung zweier Bilder mit dem Keyboard, Paul Klees *Kamel in rhythmischer Baum-*

landschaft (2. Phase) und Wassily Kandinskys *Points in the Elbow* (3. Phase). Das Unterrichtsdesign ist u. a. an folgenden Prinzipien orientiert: authentische Kommunikationsanlässe, Produktionsorientierung, Selbstregulierung sowie induktives und aufbauendes Lernen.

Aspekte der Förderung von ästhetischer Diskursfähigkeit

Ausgehend von der Annahme, dass ästhetisches Diskurshandeln insbesondere durch aktive Gesprächsteilnahme erlernt werden kann, kommt den Diskursen als Medium der Einübung und Reflexion im Rahmen der drei Gestaltungsaufgaben eine besondere Relevanz zu. Weitere Aspekte der Förderung, die durch entsprechende Unterrichtsaktivitäten in das Lehr-Lernarrangement integriert wurden, seien nun folgend skizziert. Anregungen zur Förderung ergeben sich einerseits aus benachbarten Fachdidaktiken wie z. B. im Bereich Deutsch (u. a. Grundler 2011) sowie andererseits aus der empiriegestützten Analyse des Diskursverhaltens von Lernenden.

Im Mittelpunkt der Förderung stehen inhaltliche und sprachstrukturelle Teilkompetenzen argumentativen Handelns, das konstitutiver Bestandteil ästhetischer Diskursfähigkeit ist und nachfolgend betrachtet werden soll. Diese Kompetenzen, die Grundler dem kognitiven Kompetenzbereich mündlichen Argumentierens zuordnet (vgl. Grundler 2011, S. 177ff.), sind grundlegend, da „Schüler ein profundes Wissen über den zu verhandelnden Sachverhalt [benötigen]. Dazu ist es notwendig, dass argumentative Gespräche inhaltlich vorbereitet werden, damit nicht lediglich Meinungen ausgetauscht werden" (Grundler 2010, S. 42). Diese Vorbereitung lässt sich durch Differenzierung des sinnlichen Wahrnehmungsvermögens realisieren, da erst sinnlich Wahrgenommenes zum Gegenstand ästhetischen Diskurshandelns gemacht werden kann. Eine solche Differenzierung resultiert einerseits in veränderten Erfahrungen (vgl. Reicher 2010, S. 35). Andererseits sind Veränderungen bezüglich der Qualität und Vielfalt der Begründungen von ästhetischen Wertungen durch nicht ästhetische Eigenschaften zu erwarten.

Musikalische Wahrnehmung wird hier als „aktiv (re-)konstruierende Verarbeitung akustischer Eindrücke mit Hilfe spezifischer Techniken und unter Verwendung vorhandener Erfahrungs- und Wissensbestände" (Jordan, Knigge, Lehmann, Niessen & Lehmann-Wermser 2012, S. 504) verstanden. Wahrnehmungsfähigkeit baut dabei sowohl auf expliziten Wissensbeständen als auch auf impliziten, „nicht notwendigerweise sprachlich zu formulierenden Gedächtnisinhalten (…)" (Stoffer 1993, S. 474) auf. Daran anknüpfend und vor dem Hintergrund eigener Forschungsergebnisse stellen Jordan et al. die Vermutung an, „dass eine differenzierte und analysierende Wahrnehmung von Musik wesentlich durch (musikspezifische) sprachliche Kompetenzen unterstützt wird" (Jordan et al. 2012, S. 516).

Vor diesem Hintergrund erscheint die Förderung sprachlich-inhaltlicher Fähigkeiten im Rahmen des Lehr-Lernarrangements wesentlich. Diese besteht darin, Schülerinnen und Schüler in die Grundlagen des Beschreibens und Erklärens von Musik unter Bezugnahme auf musikalische Analyseparameter einzuführen. Dadurch werden Lernende für zentrale

Aspekte der Beschreibung von Musik sensibilisiert, wird eine gemeinsame fachvokabulare Basis geschaffen und die Wahrnehmung differenziert.[5] Die strukturelle Analyse musikalischer Verläufe wird im Rahmen o. g. Gestaltungsaufgaben durchweg mit der Charakterisierung musikalischer Ausdruckskomponenten verknüpft, da assoziative Hörweisen jüngeren Menschen einen weiteren Zugang zur Musik eröffnen. Dieses Vorgehen trägt nicht zuletzt der Musikauffassung eines gleichberechtigten Nebeneinanders von Form- und Inhaltsästhetik Rechnung. Zur Erweiterung des Wortschatzes zur Thematisierung inhaltsästhetischer Aspekte wird mit offenen Adjektivlisten gearbeitet, die bedarfsorientiert durch die Lernenden ergänzt werden können.

Um darüber hinaus die Wahrnehmung von Schülerinnen und Schülern auf Einzelaspekte zu fokussieren und zugleich den Raum möglicher Wertmaßstäbe bei der Beurteilung von Musik abstecken zu können, hat es sich als hilfreich erwiesen, ein Bewusstsein für verschiedene gegenstandsbezogene Dimensionen der Beurteilung zu schaffen, indem diesen für ein Qualitätsurteil wesentliche Kriterien zugeordnet werden. Die Kriterien wurden mit den Lernenden gemeinsam an ihren eigenen Gestaltungsprodukten entwickelt, sodass ein konstruktiver Umgang mit den im Kontext ästhetischer Wertzuschreibungen entstandenen Rückmeldungen möglich ist.

Um Werturteile im Sinne ästhetischer Rationalität zu begründen, hilft es, dass Lernenden die konstitutiven Muster ästhetisch-diskursiven Handelns bewusst sind (vgl. Spiegel 2006b, S. 73), dass sie mit Kontingenzerscheinungen bei der Beurteilung von Musik umgehen können, dass Inhalte ästhetischer Theoriebildung wie die Unterscheidung von Geschmacks- und Werturteil als Spielarten der Bewertung von Musik konzeptualisiert und diskursiv entsprechend umgesetzt werden können und dass Schülerinnen und Schüler zwischen verschiedenen Arten des Sprechens über Musik – objektiv-beschreibende, charakterisierend-assoziative und wertende Bezugnahmen – unterscheiden können, um dem sprachstrukturellen Gang einer Argumentation folgen bzw. zentrale argumentative Operationen sprachlich markieren zu können. Die dazu entwickelten Lernaktivitäten können allerdings an dieser Stelle nicht weiter spezifiziert werden.

3.3 Überblick über den Forschungsprozess

Das zur Förderung entwickelte fünfzehnstündige Lehr-Lernarrangement ist im Rahmen von zwei Design-Experimentephasen (02-07/2012 bzw. 09/2012-01/2013) zu jeweils drei Zyklen im gymnasialen Musikunterricht der 9. Klassen erprobt und iterativ überarbeitet worden. Die sechs Design-Experimente wurden mit ganzen Klassen und ihren Fachlehrkräften durchgeführt, um deren Anwendbarkeit unter Normalbedingungen zu erproben. Jedes Design-Experimente war durch vier miteinander vernetzte Arbeitsschritte strukturiert: Spezifizierung und Strukturierung des Lerngegenstands, Design (weiter-)entwickeln,

---

5   Das grundsätzliche Bemühen um ein Erreichen sprachlich präziser Diskursbeiträge in Kontexten ästhetischer Bewertung soll aber nicht darüber hinwegtäuschen, dass sich die Merkmalsfülle ästhetischer Objekte mit Sprache oft nicht erfassen lässt (vgl. Seel 2003, S. 54) bzw. auf die Hilfe metaphorischer Beschreibungen angewiesen ist.

Durchführung und Analyse von Design-Experimenten und Entwicklung lokaler Lehr- und Lerntheorien (Prediger et al. 2012). Den Design-Experimenten lagen z.T. unterschiedliche, erkenntnisleitende Zielsetzungen zugrunde: In den ersten drei Zyklen ging es bei der Erprobung einzelner Bestandteile in erster Linie darum zu untersuchen, wie Lernende mit Aufgabenstellungen umgehen, welches Maß an musikalisch-ästhetischer Theoriebildung sich als hilfreich für das Diskurshandeln von Schülerinnen und Schülern erweist, wie ästhetische Diskurse auf handlungsschematischer, gesprächsorganisatorischer und thematischer Ebene organisiert werden können und welche Hürden beim Erwerb von Diskursfähigkeit im Lernprozess auftreten. Dazu wurden unterschiedliche Erhebungs- und Auswertungsmethoden genutzt, insbesondere Verfahren der angewandten Gesprächsforschung (Deppermann 2006).

In der 2. Design-Experimentephase konnte das Gesamtarrangement der Lehr-Lernumgebung weiter überarbeitet werden. Ein wesentlicher Unterschied zu den Designexperimenten der 1. Phase bestand hier u. a. in der Erprobung einer neu entwickelten, internetbasierten Software, *Kompo-Talk*, die die Möglichkeit zu virtuellen ästhetischen Diskursen eröffnet und dadurch sowohl ästhetische Kommunikationen im Unterricht vorbereiten als auch schülerinnen- und schülerbasierte Rückmeldungen für den musikalischen Gestaltungsprozess generieren kann. Die Analyse von mündlichen und schriftlichen Äußerungen der Lernenden erfolgte auf der Basis qualitativ inhaltsanalytischer Untersuchungen in Anlehnung an Methoden und Verfahren mündlicher Argumentationsforschung (vgl. Grundler 2011).

3.4   Iterativität im Forschungs- und Entwicklungsprozess

Das für Entwicklungsforschung charakteristische zyklische Wechselspiel von Design, Analyse und Re-Design wird nun folgend an einem für die Entwicklung von Diskursfähigkeit zentralen Förderaspekt dargestellt, nämlich der Generierung komplexer Argumentationsstrukturen, die Voraussetzung dafür sind, dass diskursiv verhandelte musikalische Gestaltungsprodukte umfassend perspektiviert werden können (vgl. Grundler 2011, S. 177ff.). Zur Veranschaulichung von Iteratiität im Prozess werden zunächst Ausschnitte eines ästhetischen Diskurses zu einer Lernendenvertonung von Paul Klees Bild *Kamel in rhythmischer Baumlandschaft* (2. Phase des Design-Experimentes) analysiert. Vor dem Hintergrund der Analyseergebnisse erfolgt eine Dokumentation des überarbeiteten Lehr-Lernarrangements. Gegenstand einer zweiten Transkriptanalyse sind Ausschnitte einer Kommunikationssituation, die nach der Erprobung überarbeiteter bzw. neu entwickelter Unterrichtsaktivitäten entstanden ist. Dabei wird eine von Schülerinnen und Schülern komponierte Vertonung von Wassily Kandinskys Bild *Points in the Elbow* (3. Phase des Design-Experimentes) diskutiert. Die untersuchten Diskurse entstammen der 2. Designexperimentphase.

3.5   Methodisches Vorgehen bei der Transkriptionsanalyse

Grundler hat ein für diese Forschungsarbeit anschlussfähiges Analyseinstrumentarium entwickelt, das sowohl individuelle als auch kollektive kognitive Leistungen der Interaktanten als Argumentstruktur anhand von Baumgraphen rekonstruiert. Dabei wird die Argumentstruktur nicht nur als Ergebnis, sondern auch prozesshaft durch fortlaufende Nummerierung eingebrachter Propositionen, die das explizierte Inhaltswissen rekonstruierbar machen, dargestellt. Auf diese Weise kann die thematische Gesprächsorganisation nachverfolgt werden (vgl. Grundler 2011, S. 197ff.).

Tab. 1: Analyseschema zur Kategorisierung argumentativer Formate.

Hierar-chieebene	Qualitative thematische und pragmatische Ebene	Bezeichnung bei summativer Verbalisierung
0	Konklusive Bewertung	reine Meinungsäußerung bzw. unbegründete Bewertung
1	Bewertung: Zuschreibung ästhetischer Teilwerte zur Begründung eines ästhetischen Gesamturteils	Elementarformat
2	Bewertung und Begründung: Stützen, Absichern und Erläutern durch Bezug auf nicht ästhetische Eigenschaften	Standardformat
3	Bewertung, Begründung und Erweiterung: detaillierte Beschreibung von Aspekten des musikalischen Verlaufs	erweitertes Standardformat

Die diskursive Argumentstruktur wird tiefen- und breitendimensional untersucht (vgl. ebd., S. 177). Die Bestimmung der Komplexität von Argumenten in der Tiefe erfolgt in Anknüpfung an Vogt (vgl. Vogt 2002, S. 258) durch Zuordnung einzelner Gesprächsbeiträge zu hierarchisch gestuften Ebenen, wobei diese in Bezug auf ihren semantisch-funktionalen Gehalt interpretiert werden. Die Einteilung der Ebenen wird gemäß obiger Systematik vollzogen (vgl. Tab. 1), die aufgrund der Spezifik des vorliegenden Datenmaterials von Vogt (vgl. ebd.) abweicht. Argumente werden im Diskurs nicht nur tiefendimensional ausgearbeitet, sondern auch in der Breite, wodurch additive Zusätze auf derselben Hierarchieebene entstehen (vgl. Grundler 2011, S. 199f.). Der Fokus der nachfolgenden Analyse liegt auf den diskursiv entwickelten kollektiven Argumentationen, wobei insbesondere die thematische Organisation im argumentativen Modus bedacht wird.

3.6   Beispieldiskurs aus der 2. Phase des 5. Design-Experimentes

Bei dem nachfolgend analysierten Gesprächstranskript handelt es sich um einen Diskursausschnitt, in dem eine von Schülerinnen und Schülern erarbeitete Klee-Bildvertonung diskutiert wird. Die der Analyse zugrunde gelegten Leitfragen lauten: Wie komplex sind die innerhalb der Diskussion im argumentativen Modus erbrachten kollektiven kognitiven Leistungen der Gruppe? Wird das inhaltlich aktivierte Wissen in Form der eingebrachten Argumente zur Begründung von ästhetischen Positionen, Sachverhalten oder offenen Fragen interaktiv hergestellt und weiterentwickelt oder stehen einzelne inhaltliche Beiträge bloß unverbunden nebeneinander? Welches Verständnis von Argumentation weisen die Sprecher auf?

In der nachfolgenden Diskussion steht die Frage zur Erörterung, ob und inwiefern die Komposition vor dem Hintergrund der zugrunde liegenden Bildvorlage gelungen ist.

Sprecher-Siglen: P1-PX: Präsentatorinnen und Präsentatoren 1-X, S1-SX: einzelne Beiträge der Lernenden 1-X.

25	S3	also ich fand das war gut das hat auch zum bild gepasst und das hat eigentlich auch voll gut geklungen
26	S4	ja ich find die hohen und die tiefen töne haben gut zusammengepasst und es war auch ein gutes spiel aber ich fand der schluss der kam ein bisschen plötzlich [...]
32	S5	ich fands auch gut und dass das gepasst hat ich fand das auch gut dass ihr so ne andere musikrichtung oder wie man das da nennt gewählt habt und das passt auch zusammen also diese übergänge
33	S6	also ich fand dass das auch gut gemacht war ich fand also ihr hattet da also ich hab da so zwei teile so rausgehört und ich find der übergang dazwischen war auch gut gelungen mit dem was P1 gemacht hat
34	S7	ich fand die klangfarbe von eurem stück auch gut weil ich fand das hat sich so orientalisch angehört <<lächelnd> das passte gut> zum bild [...]

Die nun folgende Analyse führt die in Abb. 2 dargestellte Strukturierung des Diskurses als argumentative Gesamtstruktur aus, in der sowohl individuelle als auch kollektive kognitive Leistungen der Interagierenden in ihrer Prozesshaftigkeit veranschaulicht werden. S3 schreibt der gehörten Komposition zunächst einen positiven Gesamtwert zu, den er top-down mit der Wertschätzung des Klangereignisses sowie der Passung von Musik und Bild begründet. Die damit in die Diskussion eingebrachten ästhetischen Teilwerte werden argumentativ nicht weiter ausdifferenziert, sodass eine insgesamt wenig in die Tiefe gehende individuelle Argumentstruktur entsteht. Erst an späterer Stelle spezifiziert S7, inwiefern der Ausdruck der Musik zur Bildvorlage passt. Mit diesem Beitrag konstituiert S7 ohne einen sprachlich markierten Bezug auf S3 kooperativ ein erweitertes Standardformat. S4 knüpft eher thematisch-assoziativ an den Beitrag von S3 an, indem S4 zwar auf die Passung hoher und tiefer Töne hinweist, diese jedoch nicht explizit in den Kontext des von S3 geäußerten Arguments zum positiv wahrgenommenen Klang stellt. Die weitere argumentative Bearbeitung eines in Bezug auf S4 spekulativ bleibenden positiven Gesamturteils vollzieht S4 durch additive Zusätze: Angesprochen werden Aspekte des musikalischen Verlaufs sowie der Klangpräsentation. Im Resultat entsteht auch hier eine insgesamt flache Argumentstruktur. Lokale Gesprächskohärenz herstellend greift S5 zunächst eine Formulierung von S4 lexikalisch auf, bevor vor dem Hintergrund einer ebenfalls gleich zu Beginn des Redebeitrags markierten positiven Gesamtbewertung weitere ästhetische Teilwerte zugeschrieben werden, die Aspekte der musikalischen Faktur betreffen. Auch hier bleiben darüber hinaus gehende argumentative Stützungen aus. Im Weiteren knüpft S6 lokal-kohärent an die Behauptung von S5 bezüglich des Vorliegens gelungener Übergänge an und baut dieses Argument tiefendimensional durch Beschreibung des formalen Aufbaus der Musik weiter aus. Das an dieser Stelle womöglich implizit mitgedachte Entsprechungsverhältnis zwischen Musik- und Bildstruktur wird nicht verbalisiert.

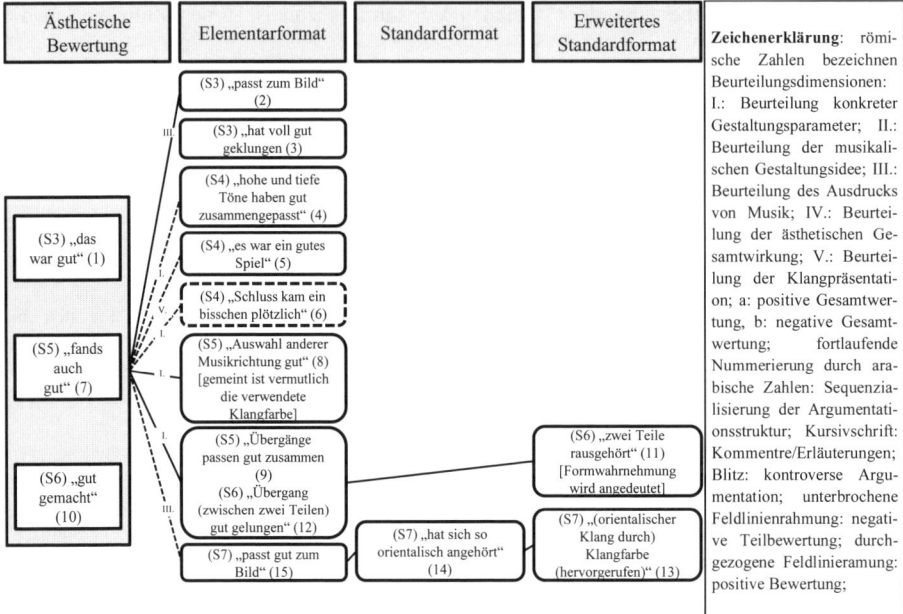

Abb. 2: Baumgraph zur Rekonstruktion der Argumentstruktur.

Vor dem Hintergrund der o. g. Analysefragen ist festzustellen, dass die in den Diskurs als Argumente eingebrachten inhaltlichen Perspektivierungen auf den ästhetischen Gegenstand nur selten interaktiv erarbeitet bzw. weiterentwickelt werden. Vorgängerpositionen werden zwar gelegentlich lokal kohärent aufgegriffen, aber nicht innerhalb des eigenen Beitrags weiterverarbeitet. Dies hat zur Folge, dass Argumente einer Hierarchieebene breitendimensional nicht weiter ausdifferenziert werden. Dieses Argumentationsverhalten erinnert an die erste Runde einer Podiumsdiskussion, in der jeder Teilnehmer ein begründetes Statement zur deutlichen Positionierung abgibt, ohne die Gesprächsbeiträge anderer in die eigene Argumententwicklung einzuarbeiten.

Dies lässt womöglich auf die Konzeptualisierung eines medial geprägten Argumentationsverständnisses schließen. Eine interaktive Argumentelaboration findet nur durch S7 statt. Ob hier jedoch unter dem Stichwort non-lokaler Kohärenzbildung aufgrund des sprachlich nicht markierten Bezugs auf S3 von intendiert kooperativer Argumententwicklung die Rede sein kann, bleibt fraglich. Kontrovers geführte Themenbehandlungen, die bspw. aufgrund von Einwänden, (kritischen) Nachfragen oder einschränkenden Bemerkungen in Gang gesetzt werden, sind nicht zu verzeichnen. Den Sprecherinnen und Sprechern scheint nicht bewusst zu sein, dass Argumentieren über bloßes Bewerten und Begründen hinausgeht, das sich auf eine zu erörternde Fragestellung bezieht. Da aber insbesondere die aufgrund von Einwänden, Nachfragen, Einschränkungen usw. induzierten Argumentationshandlungen Voraussetzung dafür sind, dass differenzierte multiperspektivische Betrachtungsweisen in Bezug auf einen fraglichen Sachverhalt entstehen (vgl. Grundler 2011, S. 237ff.), sollten weitere Bausteine der Förderung das diagnostizierte Argumentationsverständnis der Lernenden erweitern helfen.

Überarbeitung des Lehr-Lernarrangements

Zur Entwicklung eines erweiterten Verständnisses von Argumentieren als interaktive Sprachhandlung bietet sich die reflexionsgeleitete Analyse authentischer Gesprächstranskripte an, da argumentative Handlungsmuster dadurch in ihrer Abfolge und Verteilung auf die Diskutanten untersucht werden können, sodass sich die Erwartungen dieses Gesprächstyps an das sprachliche Handeln der Interaktanten ableiten lassen. Für die Überarbeitung des Lehr-Lernarrangements sind zwei Diskussionstranskripte entwickelt worden, die sich in der Art der Argumentationsführung unterscheiden. *Diskussion 1* ist im Stile der bisher praktizierten Argumentationspraxis der Schülerinnen und Schüler verfasst, *Diskussion 2* führt interaktiv-kooperative und -kontroverse Argumentationen vor Augen, die aufgrund von Einwänden, Nachfragen, Einschränkungen etc. initiiert werden und zur komplexen inhaltlichen Durchdringung eines Gesprächsgegenstands führen. Zur Vorbereitung nachfolgender Diskurse in Phase drei des Design-Experimentes wurden die beiden Gesprächstranskripte im Unterricht vergleichend gegenübergestellt, sodass die o. g. sprachlichen und funktionalen Merkmale interaktiv-mündlichen Argumentierens herausgearbeitet werden konnten.

3.7   Beispieldiskurs aus der 3. Phase des 5. Design-Experimentes

Im Anschluss an die Reflexion über das Argumentationsverständnis ist der nachfolgend analysierte Diskursausschnitt zu einer Schülervertonung des Kandinsky-Bildes entstanden.

11	S5	ja also ich find dass bei dem schnellen teil dass die hohen töne schon dazu gepasst haben und das auch ganz gut klang aber ich fand halt dass also jetzt in bezug auf die melodien stimme ich halt den anderen zu aber ich finde auch wenn das jetzt selbst komponiert war kam es ein bisschen so rüber als obs jetzt also ich find das hat alles nicht alles so gut zum bild gepasst also es kam mir so vor als ob jetzt mehr darauf geachtet wurde dass es halt gut im gesamten klingt aber ich find jetzt so ganz so einen sehr guten bezug zum bild kann man nicht herstellen weil das halt so unterschiedlich ist alles
12	S6	ja also da bin ich auch S5s meinung dass das teilweise nicht zum bild passt sondern einfach nur eine melodie gespielt ist also wenn man jetzt nichts dazu weiß was die gruppe sich dabei gedacht hat dann denkt man einfach nur die haben eine schöne melodie gespielt [...]
16	S9	ich fand das stück generell eigentlich gut aber ich finds ein bisschen schade dass die übergänge so ein bisschen daneben gingen weil das stück an sich so einzelne stellen die passen halt schon gut zum bild aber irgendwie waren die übergänge nicht so gelungen und wenn das jetzt so flüssiger geklungen hätte ich find dann hätte das auch ein bisschen besser gepasst [...]
17	S10	ich find es war ne sehr gute melodie nein war sehr schön gespielt und gute abwechslung der töne und auch schnell und langsam variierend und laut und leise hat mir gut gefallen [...]
20	S12	ja ich fand das stück auch sehr gut es war sehr anspruchsvoll dennoch finde ich nicht die schwärze des bildes so rüberkommend
22	S13	also das find ich schon also man hat schon deutlich gemerkt dass da stimmungswechsel waren das war ja auch so am anfang hatte es sich immer fröhlicher angehört es war eine steigerung vorhanden und dann gings ja plözlich ins tiefe rüber und ich denke dass die gruppe sich schon dabei gedacht hat dass sie mit diesen tiefen tönen halt das etwas dunklere im bild vertonen
23	S14	ja die stimmung hat sich schon gewechselt aber die hohen höheren töne dominieren doch also ich find das dunkle nicht so deutlich

Abb. 3 zeigt die argumentative Gesamtstruktur dieses Diskursausschnitts.

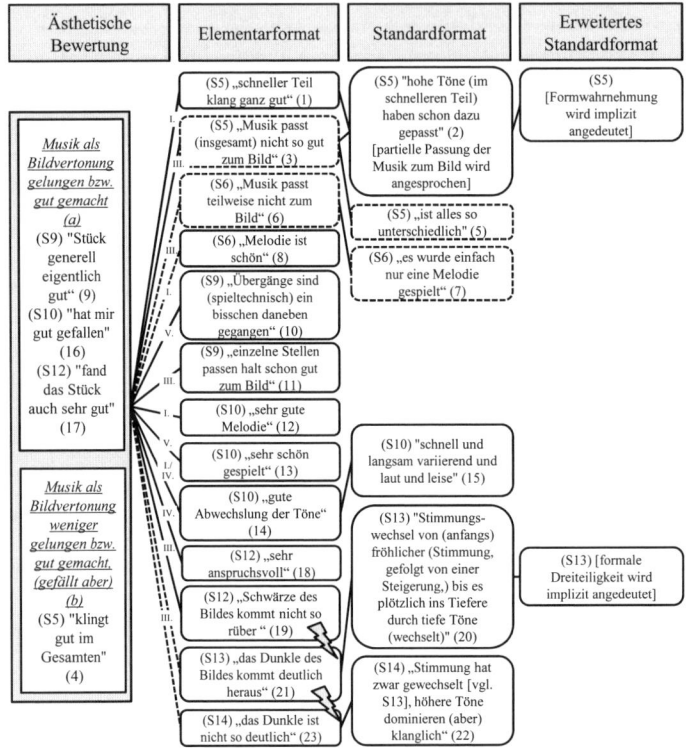

Abb. 3: Baumgraph zur Rekonstruktion der Argumentstruktur.

Obwohl S6 den Beitrag seines Vorredners S5 kooperativ interagierend durch explizite Kohäsionsmarkierung mit namentlicher Bezugnahme aufgreift, kann er den von S5 einge-brachten, differenzierten Standpunkt nicht wesentlich erweitern. Durch den Redebeitrag von S9 wird zwar eine Gegenposition zur ästhetischen Gesamtbewertung von S5 und S6 vertreten, allerdings schließt S9 unverbunden an den bisherigen Dialog an und nimmt le-diglich Bezug auf die Diskussionsfrage. S9 markiert also weder einen Dissens gegenüber seinen Vorrednerinnen und Vorrednern noch fordern diese weitergehende Stützungen für die positive Wertschätzung der Komposition durch S9 ein. S10 knüpft kohärent an S9 an und kann deren Gefallensbekundung im Vergleich zu S9 sowohl in argumentativer Breite als auch Tiefe komplexer begründen.

So formuliert S10 zwei Elementarformate und ein Standardformat. Gesprächskohärent schließt auch S12 an S10 an, indem S12 der Komposition ähnlich wie S10 einen positiven Gesamtwert zuschreibt, allerdings zu bedenken gibt, dass ein Element des Bildes, nämlich der schwarze Hintergrund, durch die Musik wenig deutlich ausgedrückt werde. Diese ar-gumentativ nicht weiter begründete Wertung wird durch den sprachlich markierten Ein-wand von S13 zurückgewiesen, der die positive Gewichtung des musikalischen Aus-drucksgehalts tiefendimensional begründet. Analytisch interessant erscheint die Fortführung der kontroversen Sequenz durch die Dissens markierende Äußerung von S14, die zwar einerseits den von S13 beobachteten Stimmungswechsel ratifiziert, andererseits aber das Argument von S12 stützt, indem S14 feststellt, dass die klanglich dominierenden hohen Töne die Dunkelheit des Bildes wenig überzeugend zum Ausdruck bringen. Die Äußerungen von S12-14 machen deutlich, dass argumentative Gesprächsbeiträge durch kontroverse Sequenzen sowohl breiten- als auch tiefendimensional ausgebaut werden können, sodass die Komplexität gegenstandsbezogener Perspektivierungen zunimmt.

4. Fazit und Ausblick

Insgesamt ist festzustellen, dass Schülerinnen und Schüler im Vergleich zum oben analysierten Diskurs über die Klee-Bildvertonung hier in Folge der Reflexion über das Argumentationsverständnis zumindest partiell interaktiv-kooperative und -kontroverse Gesprächssequenzen entwickeln. So fällt auf, dass Hierarchieebene zwei in Bezug auf ihre Breitendimensionierung komplex ausgebildet ist, wohingegen komplexere Tiefenformate aufgrund der Schwierigkeit, Musik höranalytisch beschreiben zu müssen, seltener zustande kommen. Diese Beobachtung legt nahe, dass die Fähigkeit zum Beschreiben von Musik weitergehend gefördert werden sollte. Dass Lernende in diesen Kontexten generell wenig kontrovers über die Kompositionen von Mitschülerinnen und Mitschülern diskutieren, könnte auf die hohe emotionale Involviertheit der Beteiligten oder auf offene Kritik hemmende soziale Ängste in der Gruppe zurückzuführen sein. Befragungen der Lernenden haben ergeben, dass derartig selbstregulierte Diskursformen im schulischen Kontext zudem immer noch selten praktiziert werden, sodass auch ein Mangel des gewohnheitsmäßigen Umgangs mit solchen Gesprächstypen die mitunter geringen interaktiven Gesprächsstrukturen erklärt. Im Hinblick auf die weitere Optimierung von Diskurssituationen ist bspw. über die Interaktionsaufgaben von Lehrenden nachzudenken, insbesondere über Möglichkeiten der Einwirkung auf die thematische Steuerung des Gesprächsverlaufs, die im Beispieltranskript als Meldekette der Lernenden organisiert ist. Durch gezieltes Einwirken einer betreuenden Lehrkraft könnten bspw. entstehende argumentative Leerstellen bearbeitet werden. An dieser Stelle erweisen sich also weitere Veränderungen auf der Ebene der Lehr- und Lernaktivitäten als notwendig, um die Forschungs- und Entwicklungsprodukte weiterentwickeln zu können. Dabei werden die o. g. Arbeitsbereiche der Entwicklungsforschung erneut iterativ durchlaufen.

Literatur

Baumert, J. (2002). Deutschland im internationalen Bildungsvergleich. In K. Nelson, J. Kluge & L. Reisch (Hrsg.), *Die Bildung der Zukunft*. Frankfurt a. M.: Suhrkamp, 100-150.

Becker, H. S. (1982). *Art Worlds*. Berkeley et al.: University of California Press.

Brophy, T. S. & Lehmann-Wermser, A. (Hrsg.) (2012). *Music assessment across cultures and continents. The culture of shared practice*. Chicago: GIA.

Büring, M. (2010). *Lernumgebungen im Musikunterricht. Eine empirische Studie zur Wirksamkeit problemorientierter Aufgabensets*. Hannover: IfMpF.

Colwell, R. (2002). *The new handbook of research on music teaching and learning*. New York: Oxford University Press.

Deppermann, A. & Hartung, M. (Hrsg.) (2006): *Argumentieren in Gesprächen*. Tübingen: Stauffenburg.

Elliott, D. J. (1995). *Music matters. A new philosophy of music education*. New York: Oxford University Press.

Grundler, E. (2010). Das Argumentieren beobachten, reflektieren und beurteilen. *Deutsch − Unterrichtspraxis für die Klassen 5 bis 10. Argumentieren, 22*, 40-43.

Grundler, E. (2011). *Kompetent argumentieren. Ein gesprächsanalytisch fundiertes Modell*. Tübingen: Stauffenburg.

Jordan, A.-K., Knigge, J., Lehmann, A. C., Niessen, A. & Lehmann-Wermser A. (2012). Entwicklung und Validierung eines Kompetenzmodells im Fach Musik − Wahrnehmen und Kontextualisieren von Musik. *Zeitschrift für Pädagogik, 58* (4), 500-521.

Kallmeyer, W. (1996). Was ist Gesprächsrhetorik? In W. Kallmeyer (Hrsg.), *Gesprächsrhetorik. Rhetorische Verfahren im Gesprächsprozeß*. Tübingen: Narr, 7-18.

Kleimann, B. (1998). Erfahrung und Argument. Überlegungen zum Begriff musikalischer Rationalität. In M. Pfeffer (Hrsg.), *Systematische Musikpädagogik oder: Die Lust am musikpädagogisch geleiteten Nachdenken*. Augsburg: Wißner, 67-80.

Knolle, N. (2012). Von der Theorie der Praxis zur Praxis der Theorie – Reflexionen zum Scheitern des erfolgreichen Oldenburger Modellversuchs einer Reform der (Musik-)Lehrerausbildung Anfang der siebziger Jahre. *Beiträge empirischer Musikpädagogik, 3* (2). http://www.bem.info/index.php?journal=ojs&page=issue&op=view&path[]=8 [letzter Zugriff 01.06.2013].

Prediger, S., Link, M., Hinz, R., Hußmann, S., Ralle, B. & Thiele, J. (2012). Lehr-Lernprozesse initiieren und erforschen. Fachdidaktische Entwicklungsforschung im Dortmunder Modell. *Der mathematische und naturwissenschaftliche Unterricht, 65* (8), 452-457.

Reicher, M. E. (2010). *Einführung in die philosophische Ästhetik*. Darmstadt: WBG.

Rolle, C. (1999). *Musikalisch-ästhetische Bildung*. Kassel: Bosse.

Rolle, C. (2008a). Musikalische Bildung durch Kompetenzerwerb? In J. Vogt (Hrsg.), *Bildungsstandards und Kompetenzmodelle für das Fach Musik*. Hamburg, 42-59.

Rolle, C. (2008b). Argumentationsfähigkeit: eine zentrale Dimension musikalischer Kompetenz? In H.-U. Schäfer-Lembeck & K. Mohr (Hrsg.), *Leistung im Musikunterricht. Beiträge der Münchner Tagung 2008*. München: Allitera, 70-100.

Rolle, C. (2011). *Ästhetische Bildung durch Kompetenzerwerb? Über Probleme mit Standards und Messverfahren in den künstlerischen Fächern am Beispiel der Musik*. Online unter: http://www.uni-saarland.de/fileadmin/user_upload/Einrichtungen/zfl/PDF_Fachdidaktik/Christian_Rolle_Ästhetische_Bildung_durch_Kompetenzerwerb.pdf [letzter Zugriff 01.06.2013].

Rolle, C. & Wallbaum, C. (2011). Ästhetischer Streit im Musikunterricht. In J. Kirschenmann, C. Richter & H. Spinner (Hrsg.), *Reden über Kunst*. München: kopaed, 507-535.

Seel, M. (1996). *Eine Ästhetik der Natur*. 1. Aufl. Frankfurt am Main: Suhrkamp.

Seel, M. (2003). *Ästhetik des Erscheinens*. Frankfurt am Main: Suhrkamp.

Spiegel, C. (2006a). „zum beispiel gibt es ja leute …" – Das Beispiel in der Argumentation Jugendlicher. In A. Deppermann & M. Hartung (Hrsg.), *Argumentieren in Gesprächen*. Tübingen: Stauffenburg, 111-129.

Spiegel, C. (2006b). Argumentieren lernen im Unterricht − ein funktional-didaktischer Ansatz. In E. Grundler & R. Vogt (Hrsg.), *Argumentieren in Schule und Hochschule*. Tübingen: Stauffenburg, 63-76.

Stoffer, T. (1993). Strukturmodelle. In H. Bruhn, R. Oerter & H. Rösing (Hrsg.), *Musikpsychologie. Ein Handbuch*. Reinbek bei Hamburg: Rowohlt, 466-478.

Vogt, R. (2002). *Im Deutschunterricht diskutieren. Zur Linguistik und Didaktik einer kommunikativen Praktik*. Tübingen: Niemeyer.

Wallbaum, C. (2000). *Produktionsdidaktik im Musikunterricht*. Kassel: Bosse.

Weinert, F. E. (2001). *Leistungsmessungen in Schulen*. Weinheim: Beltz.

Vanessa Richter & Stephan Hußmann

Design-Experimente mit sinnstiftenden Kontexten und differenzierter Verwendung von Darstellungen

Am Beispiel des Lerngegenstandes lineare Funktionen

In diesem Artikel wird eine Realisierung fachdidaktischer Entwicklungsforschung im Dortmunder Modell (vgl. Hußmann, Thiele, Hinz, Prediger & Ralle 2013) am Beispiel des Lerngegenstandes der linearen Funktion aufgezeigt. Ausgangspunkt der Untersuchung bildet die Tatsache, dass viele Lernende trotz der starken Präsenz dieses Lerngegenstandes im Mathematikunterricht der Sekundarstufe I zentrale tragfähige Vorstellungen zu diesem Begriff nur teilweise besitzen (vgl. u.a. Moschkovich 1990, Greenes, Chang & Ben-Chaim 2007). Dieser Befund zeigt sich in unterschiedlichen Facetten: Das konzeptionelle Fundament für die Begriffe des funktionalen Zusammenhangs und der Linearität entwickelt sich vielfach einseitig, d.h. beispielsweise, dass Kenntnisse über zentrale Aspekte funktionalen Denkens zwar in der Form ausgeprägt sind, dass z.B. Funktionen genutzt werden, um Wertepaare zuzuordnen, jedoch nicht um Veränderungen zu beschreiben (vgl. Pummer 2000). Einseitige Fokussierungen lassen sich ebenfalls im Umgang mit den unterschiedlichen Darstellungen beobachten, in denen Funktionen den Lernenden begegnen: Häufig identifizieren Lernende Funktionen mit nur einer Darstellungsform und erfassen die Mehrperspektivität bzw. unterschiedliche Betonung von Aspekten in verschiedenen Darstellungen nicht (vgl. u.a. Vinner 1983). Auffällig sind zudem die vielfältigen Schwierigkeiten von Lernenden in Zusammenhang mit der graphischen Darstellung von Funktionen (vgl. u.a. Bell & Janvier 1981). Als Ansatzpunkte, das funktionale Denken zu fördern, sind beispielsweise das sichere und flexible Umgehen mit und Anwenden von proportionalen Rechenstrategien zu nennen (vgl. u.a. Ebersbach et al. 2008). Ein nachhaltiger und langfristiger Verständnisaufbau lässt sich durch die Orientierung an einer in sich konsistenten und durchgehenden Kernidee erreichen, die über die Lerngelegenheiten der Einzelaspekte funktionalen Denkens hinweg tragfähig nutzbar ist (vgl. Barzel, Prediger, Leuders & Hußmann, 2011).

Orientiert an diesen Problemen sowie Potentialen, widmet sich der Beitrag dem Begriff der linearen Funktion mit Hilfe der Kernidee ‚Vorhersagbarkeit und Berechenbarkeit unbekannter Werte in gleichmäßigen Wachstumsprozessen'. Im Folgenden wird die Design-Entwicklung bis zu einem vorläufigen Endprodukt – einem kontextgebundenen und darstellungsreichen Lehr-Lernarrangement – nachgezeichnet. Zusätzliche Ergebnisse stellen zudem ausdifferenzierte Design-Prinzipien und die Weiterentwicklung der lokalen

Theorie – in diesem Beitrag durch die Darstellung von Auszügen von Lernverläufen samt Hürden – zu linearen Funktionen dar.

Im Folgenden wird der Lerngegenstand zunächst spezifiziert, bevor auf dieser Basis die erste Umsetzung in ein Design, sowie dessen Erprobung und Auswertung am Beispiel zweier ausgewählter Design-Prinzipien beschrieben wird. Daran anschließend wird ein auf diese Erkenntnisse aufbauender Zyklus der Design-Entwicklung geschildert, bevor auf vorläufige Ergebnisse hinsichtlich der beschriebenen Design-Prinzipien und lokalen Theorie eingegangen wird.

Da der Weg von einer in empirischen Studien beobachteten Problemlage hin zu einem auf diese Problemlage adäquat angepassten, mehrschrittig erprobten und weiterentwickelten Lehr-Lernarrangement lang ist, werden in diesem Beitrag nur einige zentrale Schritte dieses Weges diskutiert.

1.   Der Lerngegenstand – lineare Funktionen

Die Spezifizierung des Lerngegenstandes bildet das Fundament für die Design-Entwicklung. Darin eingeschlossen ist eine fachliche Klärung des Begriffs der linearen Funktion, samt der Erfassung von Lernendenperspektiven. Im Folgenden wird zunächst der zugrundeliegende Rahmen beschrieben, bevor angesichts seiner übergeordneten Rolle der Funktionsbegriff näher betrachtet wird. Im Anschluss werden die Ausführungen auf den spezifischen Lerngegenstand der linearen Funktionen übertragen.

Vor den Ausführungen zum Lerngegenstand und damit dem Begriff der (linearen) Funktion, sei zunächst auf die sozialkonstruktivistisch geprägte Grundhaltung dieser Design-Entwicklung hingewiesen. Mathematiktreiben wird als ein aktives Handeln mit Begriffen verstanden (vgl. Hußmann 2002). Begriffe werden den Lernenden nicht ‚vorgesetzt', sondern sollen eigentätig erkundet werden (vgl. u.a. Winter 1989). In kritischer Auseinandersetzung mit neu gewonnenen Erkenntnissen aus den Erkundungsprozessen werden eben diese durch ein systematisches Ordnen strukturiert. Auch in dieser Phase ist es wichtig, dass ein inhaltliches Denken im Vordergrund steht und jede Systematisierung von Kenntnissen eine Aneignungshandlung der Lernenden einbezieht. Die Orientierung an den Konzepten des eigenständigen Erkundens, sowie des systematischen Ordnens ist geprägt durch eine Einbettung der Entwicklung des Lehr-Lernarrangements in das Projekt KOSIMA – Kontexte für sinnstiftendes Mathematiklernen (vgl. Barzel et al. 2011).

Funktionen sind ein fester Bestandteil des Mathematikunterrichts der Sekundarstufe I. Sie können auf unterschiedliche Weisen betrachtet und es können dadurch jeweils andere Facetten des Begriffs fokussiert werden. Die zentralen Dimensionen sind zwischen lokaler und globaler sowie statischer und dynamischer Betrachtung anzuordnen:

(A) Zuordnende Sichtweise: punktuelle Fokussierung auf einzelne Wertepaare.

(B) Dynamische Sichtweise: Fokussierung auf lokale Veränderungen.

(C) Globale Sichtweise: Eine Funktion wird als ein eigenständiges mathematisches Objekt betrachtet (Funktion als Ganzes).

Diese drei Sichtweisen werden in der Mathematikdidaktik unter dem Konzept der Grund-vorstellungen subsummiert (vgl. Vollrath 1989, Malle 2000, vom Hofe 2003). Grundvor-stellungen beschreiben aus präskriptiver Perspektive die Nahtstellen zwischen Realität und Mathematik und bilden damit eine Orientierung für Lernziele im Rahmen der Design-Entwicklung. Der normativen Setzung gegenüber stehen individuelle Vorstellungen der Lernenden, die nicht nur die Ausgangspunkte für die Lernprozesse bilden, sondern auch immer wieder mit fachlich tragfähigen Vorstellungen konkurrieren können. Bei der An-bindung an lebensweltliche Vorstellungen der Lernenden müssen sowohl lernförderliche als auch lernhinderliche Anknüpfungspunkte Berücksichtigung finden (vgl. Lengnink 2009).

Neben den unterschiedlichen Sichtweisen auf Funktionen spielen auch die Darstel-lungsformen, in denen Funktionen den Lernenden begegnen, eine wesentliche Rolle bei der Entwicklung von tragfähigen Vorstellungen. Mathematische Begriffe können hinsicht-lich ihrer symbolischen (als Funktionsterm), graphischen (als Graph einer Funktion), nu-merischen (als Wertetabelle) oder verbalen (als Situation) Repräsentation unterschieden werden (vgl. Janvier 1987). Erst die Fähigkeit zwischen diesen verschiedenen Darstellun-gen flexibel wechseln zu können, ermöglicht einen umfassenden Verständnisaufbau (vgl. Duval 2002). Jedoch sind die Darstellungsarten je nach Begriff und Situation nicht immer in gleicher Weise nützlich: Zur Lösung spezifischer Problemstellungen bietet sich eine Darstellung oftmals mehr an als eine andere, so dass nicht allgemeingültig von besseren oder schlechteren Darstellungsformen gesprochen werden kann (vgl. Laakmann 2013).

Die Vermittlung eines flexiblen und situationsangemessenen Umgangs mit Darstellun-gen (darstellungsdifferenzierend) ist deshalb ebenfalls ein zentraler Teil des neu entwi-ckelten Lehr-Lernarrangements. Lineare Funktionen bilden eine Klasse von Funktionen, die als spezifisches Modell für gleichbleibende Wachstumsprozesse von den Lernenden erfahren und genutzt werden soll. Das Besondere an Wachstumsprozessen, die mit linea-ren Funktionen beschrieben werden können, tritt in dem Aspekt der Kovariation zutage: Bei gleicher Änderung der Argumente ändern sich die zugehörigen Funktionswerte stets um denselben Wert. Dabei zeigt sich die lineare Funktion als Ganzes immer in einer spezi-fischen Gestalt. Dies wird in den einzelnen Darstellungen differenziert sichtbar:

– Graphisch als Gerade (Kovariation/objekthaft)
– Numerisch als gleicher Zuwachs bei gleicher Schrittlänge (Kovariation) bzw. eindeu-tig zugeordnete Wertepaare (Zuordnung)
– Symbolisch als fester Faktor im Term (objekthaft) bzw. punktweise Vorschrift (Zu-ordnung)
– Situativ als feste Änderungsrate (Kovariation/objekthaft).

Durch das Charakteristikum des gleichbleibenden Wachstums können lineare Funktionen als Modell für die Vorhersage von Zwischen- und insbesondere auch zukünftigen Werten genutzt werden. Genau dies sollen die Lernenden als Kernidee eigenständig erkunden.

Das Lehr-Lernarrangement ist entlang der zentralen Idee linearer Funktionen struktu-riert: In Zusammenhängen mit gleichbleibendem Wachstum können lineare Funktionen genutzt werden, um unbekannte Werte vorherzusagen bzw. zu bestimmen. Ein Perspektivwechsel zwischen zuordnender, Kovariations-fokussierender und ganzheitlicher Sichtweise wird dabei stets eingefordert.

1. Design-Prinzip: Konsequentes Nutzen der zugrundeliegenden Kernidee der ‚Vorhersagbarkeit und Berechenbarkeit unbekannter Werte in gleichmäßigen Wachstumsprozessen'. Da besonders die Situationen, in denen den Lernenden lineare funktionale Zusammenhänge begegnen, die Vorstellungsentwicklung entscheidend beeinflussen können, ist das gesamte Design in einen sinnstiftenden und authentischen Kontext eingebettet, der die oben formulierte Kernidee konstruktiv nutzt.[1] Der Kontext, der für das Design ausgewählt wurde, ist der der Routenplanung. Das oben formulierte Design-Prinzip ist dort auf besonders generische Art und Weise verankert. Navigation nimmt einen bedeutsamen Stellenwert bei der Planung von Reisen ein. Die Idee der Durchschnittsgeschwindigkeit kann darüber hinaus genutzt werden, um Zwischenwerte und zukünftige Werte mit Hilfe von linearen Funktionen vorherzusagen. Bei dieser Einbettung ist eine Kontrastierung zu tatsächlichen Fahrten, bei denen Beschleunigungs- und Bremsvorgänge und damit unterschiedliche Geschwindigkeiten einen zentralen Bestandteil ausmachen, besonders herauszuarbeiten. Die Tatsache, dass Vorhersagen eines Routenplaners letztendlich ziemlich exakte Vorhersagen über Durchfahrts- bzw. Zielankünfte geben können, ist ein sinnstiftendes Element dieses Zugangs.

In diesem Vorhaben wird versucht, Lernprozesse zu begleiten bzw. anzuregen, die einen tragfähigen Vorstellungsaufbau fördern. Es geht nicht darum, dass Lernende Aufgaben in stets der gleichen Art und Weise lösen und so Verfahrenstechniken auswendig lernen, sondern darum, Verstehen und Vernetzungen zwischen einzelnen Vorstellungen zu ermöglichen (vgl. Moschkovich, Schoenfeld & Arcavi 1993). Dabei reicht zumeist die Kenntnis einer formal gültigen Definition (‚concept definition') nicht aus, sondern erst die gesamte Menge an Eigenschaften und mentalen Bildern: ‚concept images' (vgl. Vinner 1983) führt zu einem umfassenden Begriffsverständnis. Häufig sind Begriffsdefinitionen nicht diejenigen Strukturen, die von Individuen zur Bewältigung von Aufgabenstellungen herangezogen werden, sondern die ‚concept images' (vgl. Vinner 1983). Bestehende Vorstellungen werden in Lernprozessen häufig nicht durch neue Strukturen ersetzt, sondern bleiben neben den neu gewonnenen Erkenntnissen bestehen (vgl. Lambertus 2007). Umso wichtiger ist ein Vorstellungsaufbau, der vorhandene Strukturen integriert, deutlich von neuen abgrenzt und flexible Handlungsspielräume eröffnet. Je nachdem welche Sichtweise auf lineare Funktionen dabei in der gestellten Aufgabe betont werden soll, eignet sich der Rückgriff auf eine (oder mehrere) Darstellung(en) in besonderer Weise. Genau dies wird produktiv für die Design-Entwicklung genutzt und stellt ein leitendes Prinzip dar:

2. Design-Prinzip: Differenzierte Verwendung von Darstellungsformen bei der Aufgabenentwicklung. Viele Studien beforschen den Umgang mit Darstellungsformen zu linearen Funktionen in Form der Analyse bestehender Lernstände (vgl. u.a. Moschkovich 1990).

---

1 Die Anforderungen, die ein Kontext mit diesen Ansprüchen erfüllen muss, können aufgrund ihrer Vielschichtigkeit in diesem Beitrag nicht näher beschrieben werden (vgl. für eine detaillierte Analyse: Richter i.V.).

Zumeist werden in diesen Studien Schülerinnen und Schüler beforscht, die den Lerngegenstand bereits im Mathematikunterricht kennengelernt haben. Dabei zeigt sich, dass insbesondere der flexible Wechsel zwischen Darstellungen Probleme bereitet: Oft fällt es Schülerinnen und Schülern schwer, Verbindungen zwischen den einzelnen Darstellungsformen einer linearen Funktion zu ziehen (vgl. Moschkovich 1990, Moschkovich 2004, Greenes et al. 2007). Viele Studien weisen zudem darauf hin, dass besonders der Umgang mit der graphischen Darstellung einer linearen Funktion Lernende vor Probleme stellt – das Konzept der Steigung zeigt sich dabei als besonders herausfordernd (vgl. Chiu et al. 2001). So bereitet z.B. das Identifizieren der Steigung aus der graphischen Darstellung bei nicht-skalierten Koordinatenachsen Schwierigkeiten. Einige Lernende identifizieren die Steigung lediglich mit dem y-Wert des Punktes (1/y) (vgl. Greenes et al. 2007). Eine Schwierigkeit, die sich auf das gesamte Spektrum funktionaler Zusammenhänge bezieht, im Besonderen aber auch bei linearen Funktionen eine zentrale Rolle spielt, ist die Schwierigkeit, (lineare) Funktionen mit der Sichtweise der Kovariation zu erfassen (vgl. Malle 2000). Dabei handelt es sich bei den beobachteten Phänomenen nicht um zufällige Handlungen der Lernenden, sondern zumeist um Strategien hinter denen stabile Konzepte stehen. In einer Lernprozessstudie zur Deutung und Erstellung graphischer Darstellungen einer linearen Funktion haben Chiu, Kessel, Moschkovich und Munoz-Nunez (2001) gezeigt, dass Lernende bestehende Konzepte durch gewisse Einflussfaktoren zu mathematisch tragfähigen Konzepten weiterentwickeln können. Zu diesen Faktoren zählen (a) das Anwenden in verschiedenen Aufgaben, (b) die Konstruktion möglichst generalisierter Strategien, (c) der Vergleich verschiedener Strategien bzw. (d) das Erzeugen von Kriterien zur Anwendung einzelner Strategien (vgl. Chiu et al. 2001). Dies spricht u.a. dafür, die einzelnen Aspekte funktionalen Denkens systematisch und darstellungsdifferenziert in das Lehr-Lernarrangement einzubinden (vgl. Greenes et al. 2007) und bestehende Strategien zur Berechnung unbekannter Werte aufzugreifen.

Da funktionales Denken nicht erst mit linearen Funktionen beginnt, sondern in der Erfahrungswelt und in vorangegangenem Mathematikunterricht von Lernenden u.a. im Rahmen des proportionalen Denkens bereits eine entscheidende Rolle spielt, liegt großes Potential für eine anschlussfähige Aufbereitung des Lerngegenstandes der linearen Funktionen in der Aufbereitung dieser Vorstellungen und Strategien. Besondere Potentiale dieser (vor-)unterrichtlichen Vorstellungen werden vor allen Dingen in der Anschlussfähigkeit an proportionale Strukturen gesehen, die insbesondere in der numerischen Darstellungsform hervortreten, wenn es darum geht, das gleichbleibende Wachstum von Funktionswerten zu nutzen (lokale Veränderung – Kovariation), um weitere Werte zu bestimmen. Die Lernenden kennen bereits verschiedene Strategien, um unbekannte Werte in proportionalen Problemstellungen zu bestimmen. Die Konfrontation mit dem Versagen der meisten dieser Strategien in gleichbleibenden Wachstumsprozessen mit Startwert sowie anschließende Vergleiche zwischen proportionalen und linearen Situationen, sollen zu einer Weiterentwicklung bestehender Vorstellungen beitragen.

Um die Vernetzung von Darstellungen, die Anschlussfähigkeit an Proportionalität sowie die Komplexität der graphischen Darstellungsform gleichermaßen in der Design-Entwicklung zu berücksichtigen, beginnt die Erkundung des neuen Begriffs der linearen

Funktion parallel mit einer numerischen (Tabelle mit Lücken) und graphischen Darstellung (Koordinatensystem mit vollständig eingezeichneter Gerade), die auf proportionales Denken fokussiert (vgl. „Voraussagen mit dem Routenplaner – Mit Funktionen modellieren", Hußmann, Mühlenfeld, Richter & Witzmann 2015). Numerisch haben die Lernenden auf diese Weise die Möglichkeit, bestehendes Wissen auf die neue Situation zu übertragen und mit der vorgegebenen graphischen Darstellung in Verbindung zu bringen. Dieses Anknüpfen an vorhandenes Wissen aktiviert nicht nur die entsprechenden Vorstellungen, sondern ermöglicht es den Schülerinnen und Schülern zugleich, ohne neu zu überwindende fachliche Hürden, mit Kontext und Kernidee bekannt zu werden.

2. Vernetzung von Forschung und Entwicklung

Die Design-Experimente gliedern sich in mehrere iterativ aufeinander bezogene Teile, die auf unterschiedlichen Ebenen der (Weiter-)Entwicklung des Designs explizit werden: Das Spektrum reicht mit Blick auf die Ebene der Entwicklung von der Optimierung einzelner Aufgabenformulierungen bis hin zur (Re-)Strukturierung des Lehr-Lernarrangements. Auch der Forschungsfokus hat sich mit jedem Experiment verschoben. So diente der erste Zyklus von Design-Experimenten z.B. vorwiegend der Ausschärfung des Forschungsfokus (Konzentration auf die Begriffsentwicklung – lineare Funktionen), sowie ersten Überlegungen zu Design-Prinzipien. Die daran anschließenden Design-Experimente konzentrierten sich auf der Ebene der Entwicklung vorwiegend auf die Frage, ob und wie einzelne Aufgabenstellungen von Lernenden überhaupt verstehbar sind, bzw. inwieweit die vorgenommene Strukturierung des Lerngegenstandes bzw. das Darstellungsangebot trägt. Gleichzeitig lag der Fokus des Forschungsinteresses auf dem Zugang zu linearen Funktionen in Erkundungsprozessen.

Im Folgenden werden einzelne Schritte detailliert beschrieben und exemplarisch an den oben eingeführten Design-Prinzipien – der Verwendung der Kernidee zur Linearität und der differenzierenden Verwendung von Darstellungsformen – veranschaulicht. Einzelne Arbeitsphasen (vgl. Hußmann et al. in diesem Band) werden hier bewusst getrennt dargestellt, um deren Iterativität zu verdeutlichen. Während des Prozesses ist eine scharfe Trennung der einzelnen Arbeitsschritte oftmals nur schwer möglich, da es sich um ineinandergreifende und äußerst komplexe Tätigkeiten handelt.

Zur Definition der Rolle der Forscherin ist zu sagen, dass in den Interviewsituationen eine eher passive Rolle eingenommen wird, bei der der Gesprächsfluss der Lernenden möglichst wenig gestört werden soll. An entscheidenden Stellen werden forschungsgeleitete Nachfragen gestellt, um näher an die Vorstellungen der Lernenden zum Begriff der linearen Funktionen heranzukommen. Die Grundstruktur der Interviews ist stets an den Lernendenperspektiven ausgerichtet und beinhaltet Fragen mit zunehmend tiefergehender Komplexität und Schwierigkeit hinsichtlich der Konzepte: Routenplanungskontext, funktionale Zusammenhänge in unterschiedlichen Darstellungen sowie explizit bei der Nutzung von Linearität als Vorhersagemodell mit der Möglichkeit der Berechnung weiterer Werte. Da es sich um ein Erforschen von Lernangeboten handelt, kommt der Interviewerin neben der Rolle als Forscherin auch eine Rolle als Lehrperson zu. In Situationen, in denen der Lernprozess augenscheinlich ins Stocken gerät, ist die Interviewerin angehalten, Hürden zu erkennen und für die Lernenden durch Tipps überwindbar zu gestalten. Die Design-Experimente, die in Form von Klassensituationen realisiert wurden (videografierte Unterrichtssequenzen), dienen zur Stützung der in den Interviewsituationen beobachteten Phänomene.

Tab. 1: Darstellung der einzelnen Design-Zyklen und zuvor dargestellten Design-Prinzipien

Zyklus	Forschungsfokus	Entwicklungsfokus	Design-Experiment	Stichprobe
1	Ausschärfung des Forschungsinteresses	Entwicklung der Kernidee der Berechenbarkeit unbekannter Werte (vgl. 1. Design-Prinzip)	2 Partnerinterviews	Ge. (NRW), Jgst. 7 (n=4)
	Umgang mit numerischer und graphischer Darstellung parallel		Klassenerprobung in Teilen	1 Gymnasialklasse (NRW) Jgst. 7
2	Beforschung von Vorerfahrungen zum Begriff der linearen Funktion	Strukturierung des Lehr-Lernarrangements entlang des 1. Design-Prinzips	3 Partnerinterviews	Gym. (NRW), Jgst. 7 (n=6)
		Erprobung von Aufgabenformaten, die unterschiedliche Umsetzungen eines numerischen mit graphischen Darstellungsangebots beinhalten (vgl. 2. Design-Prinzip)	2 Partnerinterviews	Gym. (NRW), Jgst. 8 (n=4)
3 (a)	**Beforschung von Lernprozessen**	**Zusammenwirken des 1. und 2. Design-Prinzips - Entwicklung möglicher Förderaufgaben**	**2 x 4-5 Partnerinterviews**	**Ge. (NRW), Jgst. 8 (n=4)**
	Begleitende Evaluation		Klassenerprobung	1 Gesamtschulklasse (NRW) Jgst. 8
3 (b)	Beforschung des Startwert-Begriffs unter verschiedenen Kontextbedingungen		2 Partnerinterviews	Real. (NRW), Jgst. 8 (n=2)
3 (c)	**Beforschung von Lernprozessen**	**Zusammenwirken des 1. und 2. Design-Prinzips - Entwicklung möglicher Förderaufgaben**	**4 x 4-5 Partnerinterviews**	**Ge. (NRW), Jgst. 8 (n=8)**
	Begleitende Evaluation		2 Klassenerprobungen	2 Gesamtschulklassen (NRW) Jgst. 8
3 (c)*	Beforschung individueller Vorstellungen zur Berechenbarkeit weiterer Werte bei linearen Funktionen		2 Einzelinterviews	Ge. (NRW), Jgst. 9 (n=1)

2.1 Darlegung eines Design-Elements aus dem ersten Zyklus

Im Folgenden werden am Beispiel eines Ausschnittes der ersten Aufgabenversion, bei dem im gewählten Kontext der Routenplanung eine erste Erkundung zum Begriff der linearen Funktionen eingeleitet wird, die unterschiedlichen Ebenen der Auswertung erläutert. Die gewählte Aufgabe (vgl. Abb. 1) nutzt eine enge Verknüpfung numerischer und graphischer Herangehensweisen. Das numerische Darstellungsangebot wird in Form einer nur teilweise ausgefüllten Tabelle explizit. Der Graph der Funktion ist durch eine in ein vorgegebenes Koordinatensystem eingezeichnete Gerade dargestellt. Über das Arbeiten mit der Tabelle wird den Lernenden die Möglichkeit geboten, den Graph der Funktion in seiner Gestalt als Gerade zu erschließen. Die Lernenden sollen die typische graphische Gestalt einer linearen Funktion über das gleichbleibende Wachstum der Funktionswerte (bei Betrachtung der gleichbleibenden Änderung der Argumente) eigenständig erarbeiten. Das Hauptaugenmerk im ersten Design-Experiment lag (1) auf der Anschlussfähigkeit der vorgenommenen Strukturierungen an die Vorerfahrungen der Lernenden (u.a. zu proportionalen Funktionen) und (2) auf der Ermöglichung eines verstehensorientierten und sinnstiftenden Zugangs (vgl. Prediger et al. 2012).

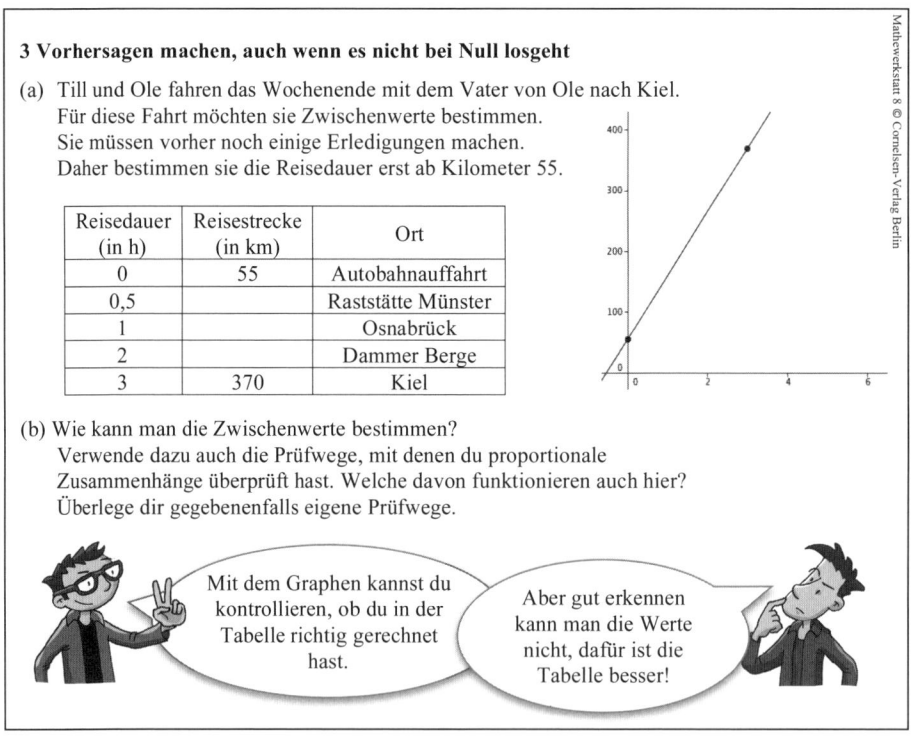

Abb. 1: Ausschnitt aus der ersten Version der Aufgabe zur Einführung linearer Funktionen

2.2 Auswertung hinsichtlich eines Design-Elements aus dem ersten Zyklus

Die videografierten Partnerinterviews wurden sequenzanalytisch ausgewertet und in einem ersten Schritt zu Sinn- bzw. Analyseeinheiten tabellarisch zusammengefasst. In kategorienentwickelnder Weise wurden zu diesen Sinneinheiten Phänomene benannt und fortfolgend im weiteren Datenmaterial gleich bezeichnet (vgl. Beck & Maier 1994). Anhand der so entstandenen Sinneinheiten konnten folgende Phänomene zu den oben genannten Aspekten unter der Perspektive des Design-Prinzips I (,Vorhersagbarkeit und Berechenbarkeit unbekannter Werte in gleichmäßigen Wachstumsprozessen') herausgearbeitet werden:

– Die Lernenden bringen den Begriff der Durchschnittsgeschwindigkeit und damit auch die Orientierung an der gleichbleibenden Veränderung direkt und eigenständig mit der kontextuellen Rahmung in Verbindung und nutzen diese als festen Wachstumsfaktor.
– Die Bestimmung unbekannter Werte bereitet Schwierigkeiten im Hinblick auf eine Übergeneralisierung proportionaler Rechenstrategien und Nicht-Berücksichtigung des Startwertes.
– Die Einführung eines Startwertes durch Erledigungen (55 km) führt vielfach dazu, dass die Lernenden das vereinfachte lineare Modell der Vorhersage mit konstanter Geschwindigkeit verlassen und zu der Annahme einer tatsächlichen Fahrt mit wechselnder Geschwindigkeit übergehen (In Zusammenhang mit dieser Annahme stehen Argumentationen über Staus, Pausen, usw.).

Als Konsequenz der rekonstruierten Phänomene muss der Startwert ungleich Null so im Kontext der Routenplanung eingebettet werden, dass Vorhersagemodell und tatsächliche Fahrt besser differenziert werden können. In der weiterentwickelten Version der Aufgabe wird von einem Tachostand gesprochen, der die Kilometer anzeigt, die vor Beginn einer Reise auf der Anzeige stehen. Um einem Abgleiten in Vorstellungen zu einer tatsächlichen Fahrt zusätzlich entgegenzuwirken, wird betont, dass der Routenplaner die bekannten Werte vor Antritt der Fahrt bestimmt hat („voraussichtliche Ankunftszeit", Abb. 2).

Mit Blick auf das 2. Design-Prinzip der Darstellungsdifferenzierung zeigen sich die folgenden Phänomene:

– Die Lernenden rechnen in der numerischen Darstellung sicher und flexibel mit verschiedenen proportionalen Rechenstrategien.
– Die Lernenden setzen die einzelnen Zeilen der Wertetabelle nicht in Beziehung zueinander, sodass kein systematisches Betrachten lokaler Veränderungen (Kovariation) stattfindet, bei dem falsch berechnete Werte auffallen würden.
– Die graphische Darstellung wird kaum von den Lernenden genutzt.

Bei der Weiterentwicklung des Designs hinsichtlich des Prinzips der Darstellungsdifferenzierung muss das gleichbleibende Wachstum stärker betont werden. Um ein systematisches Betrachten der lokalen Veränderung der bekannten Werte zu forcieren und das gleichbleibende Wachstum als Möglichkeit herauszustellen, um weitere Werte berechnen zu können, wird der Funktionswert zum Argument Null (Startwert) nicht mehr vorgegeben. Er soll eigenständig entdeckt und als Grund für das Versagen proportionaler Rechenstrategien identifiziert werden. Auf Ebene der Struktur des Darstellungsangebots wird an einem numerischen Einstieg aufgrund seiner Zugänglichkeit festgehalten. Um das Arbeiten mit der graphischen Darstellung zu verstärken und die Gestalt als Gerade auf einem anderen Wege erlebbar zu machen, soll diese zukünftig eigenständig gezeichnet werden. Zudem wird explizit danach gefragt, wie die Gerade als Kontrollmöglichkeit der berechneten Werte genutzt werden kann.

Um das gleichbleibende Wachstum explizit herauszustellen, wird eine Zusatzinformation angefügt: ‚Der Routenplaner rechnet immer mit einer festen Durchschnittsgeschwindigkeit' (vgl. Abb. 2).

---

5 Voraussagen machen mit zwei Werten

(b) Till und Ole fahren für am Wochenende mit Oles Vater nach Würzburg.
Mit dem Routenplaner haben sie die voraussichtliche Ankunftszeit in Würzburg
und einen Zwischenstopp in Medenbach bestimmt.
Als Startwert haben sie die km vom Tages-Tachostand genommen.
Zur Info: Der Routenplaner rechnet immer mit einer festen Durchschnittsgeschwindigkeit.
Bestimmt weitere Werte, z.B. den Tachostand zu Beginn der Fahrt
oder wie lange man voraussichtlich bis zur Raststätte Spessart (249 km) fahren würde.

Zeit (in h)	Strecke (in km)	Ort
1,5	220	Raststätte Medenbach
2,5	336	Würzburg

(c) Was meinen Till und Ole? Wie kann man den Graphen als Kontrolle nutzen?

Mit dem Graphen kannst du kontrollieren, ob du in der Tabelle richtig gerechnet hast.

Aber gut erkennen kann man die Werte nicht, dafür ist die Tabelle besser!

Abb. 2: Ausschnitt der weiterentwickelten Aufgabe zur Einführung linearer Funktionen

2.3   Auszüge der Auswertung zur Erprobung
eines weiterentwickelten Design-Elements

Um an die Vorstellungen der Lernenden zu gelangen und Begriffsbildungsprozesse rekonstruieren zu können, wird ein Ansatz, der die Grundannahmen einer formalen Pragmatik und inferentiellen Semantik gewinnbringend miteinander verknüpft, herangezogen (vgl. Schacht 2012). Da der detaillierte Blick auf konkrete Herangehensweisen der Lernenden bezüglich der zwei dargestellten Design-Prinzipien über den Umfang dieses Beitrages hinausgeht, wird im Folgenden nur auf das Design-Prinzip 1 (‚Vorhersagbarkeit und Bere-

chenbarkeit unbekannter Werte unter Bedingungen eines gleichbleibenden Wachstums')
näher eingegangen.

Anhand der folgenden Transkriptstelle kann nachgezeichnet werden, wie Lernende
unbekannte Werte (hier: Startwert) mit Hilfe einer systematischen Kovariation vorgegebener Werte unter der Bedingung eines gleichbleibenden Wachstums bestimmen.

1	H	Also was hast du jetzt gerechnet ((schaut J an))?
2	J	Mh?
3	H	Justin?
4	J	

$$336 - 220 = 116\,km$$
$$2{,}5 - 1{,}5 = 1h$$

		Ja .. /ehm/ erst mal … wie lang für () die in einer Stunde fahren ..
5	H	Ach so ((tippt etwas in den Taschenrechner)).
6	J	116 km … und dann muss man halt hier ((tippt auf die Tabelle)) bei der Zeit hier auf Null kommen, also minus eine Stunde, also 220 ((tippt etwas in den Taschenrechner)) minus 116 .. und dann ..
7	H	((tippt etwas in den Taschenrechner)).
8	I	Was kommt da raus?
9	J	Es kommt 104 raus.
10	I	((zustimmend)) Mh.
11	J	Und dann /ehm/ muss .. und dann muss man ja noch die Hälfte von den 116, also minus die Hälfte von den 116 rechnen, weil die ja noch ne .. halbe Stunde .. gefahren sind ((schaut I.

$$116 : 2 = 58$$
$$1h : 2 = 0{,}5$$

		an)).
12	I	Mh.
13	H	((tippt etwas in den Taschenrechner)).
14	J	Und dann .. also die Hälfte von 116 ((tippt etwas in den Taschenrechner)), das sind ja dann, das /ehm/ vor einer Stunde und das Ergebnis nach der Raststätte .. minus /ehm/ 58 ((tippt in

$$104 - 58 = 54\,km$$

		den Taschenrechner)) und das sind ja dann 46.

Justin (abgekürzt als ‚J') versucht den Wert zum Zeitpunkt Null zu bestimmen, indem er
zunächst die gefahrenen Kilometer pro Stunde errechnet. Er fokussiert das gleichbleibende
Wachstum in Form der (Durchschnitts-) Geschwindigkeit, um sich einen unbekannten
Wert sukzessiv zu erschließen. Dazu nutzt er die zwei Wertepaare (1,5 h – 220 km und 2,5
h – 336 km) der vorgegebenen Tabelle und betrachtet sowohl die Änderung der Argumente als auch die Änderung der Funktionswerte (vgl. Zeile 4). Hier lässt sich eindeutig eine
dynamische Sichtweise auf die Tabelle beobachten, bei der das lokale Wachstum der
Funktionswerte innerhalb einer Stunde als Geschwindigkeit identifiziert wird. Um schließlich den Funktionswert zum Ausgangswert Null zu bestimmen, subtrahiert Justin die Kilometer, die in einer Stunde (vgl. Zeile 6) und einer halben Stunde gefahren werden (vgl.
Zeile 11 bzw. 14) unter der Annahme, dass es sich um ein gleichbleibendes Wachstum
handelt. Er nutzt die Tatsache der Routenplanung mit einer festen Durchschnittsgeschwindigkeit äußerst gewinnbringend, um die feste Änderung in dieser Situation zunächst zu
bestimmen und sie in einem zweiten Schritt zur Ermittlung des unbekannten Wertes zu der
Zeit Null zu verwenden. Nicht allen Lernenden gelingt die Aktivierung der Fokussierung
auf ein gleichbleibendes Wachstum in dem oben gezeigten Maße. Vielfach verbleiben die

Lernenden in ihren „alten" Vorstellungen der proportionalen Berechnung verhaftet und benötigen zur Überwindung weitere Hilfestellungen.

Die Herleitung der Darstellung des gleichbleibenden Wachstums in der typischen Gestalt als Gerade hat sich häufig als schwierig und als mit diversen Hürden verbunden herausgestellt. Oftmals bereitet das Zeichnen eines passenden Koordinatensystems bereits große Probleme (z.B. keine äquidistante Zerlegung der Skalierung, s. Abb. 3). Viele Lernende wählen zudem den Ursprung als Startpunkt der graphischen Darstellung (s. Abb. 3). Häufig werden entstehende Knicke und damit die Unterteilung in Geradenstücke mit unterschiedlicher Steigung durch den Rückgriff auf Vorstellungen zu einer tatsächlichen Fahrt erklärt („Die sind da schneller gefahren").

Auch gibt es Lernende, die rechnerisch bestimmte Werte unreflektiert in das Koordinatensystem übertragen und auf diese Weise durch Punkt-zu-Punkt-Verbindungen einen stückweise geraden Funktionsgraph zeichnen. Die Analogie zu der graphischen Darstellung einer proportionalen Funktion wird nur selten genutzt und muss in einer Weiterentwicklung des Designs stärker eingebunden werden.

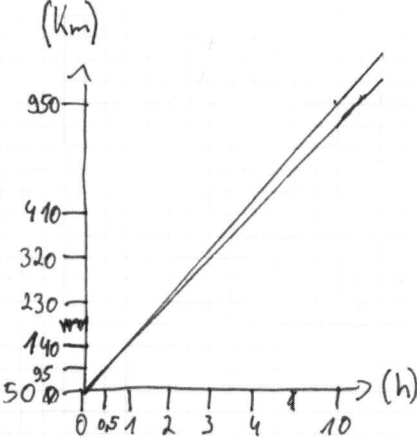

Abb. 3: Graphische Darstellung eines Lernenden aus einem Design-Experiment

Zusammenfassend zählen zu den zentralen Problemstellen hinsichtlich der zwei dargestellten Design-Prinzipien, die den Erkundungsprozess in der intendierten Form des Designs erschwert haben, die folgenden Punkte:

–   Übergeneralisierung des proportionalen Denkens (sowohl in numerischer Darstellung durch die hartnäckige Verwendung proportionaler Rechenstrategien als auch in der graphischen Darstellung durch Verhaftung an den Ursprung als ‚Startpunkt' der Gerade).
–   Punktweise (zuordnende) Sichtweise auf die graphische Darstellung (möglicherweise durch die enge Verknüpfung zur numerischen Darstellung induziert).
–   Fehlende bzw. nur vereinzelte Betrachtung der lokalen Veränderung in der numerischen Darstellung.

Auf der Ebene lokaler Theorien lässt sich bezüglich der in diesem Beitrag fokussierten Design-Prinzipien der Darstellungsdifferenzierung und Vorhersagbarkeit/Berechenbarkeit unbekannter Werte das Folgende festhalten: Ein paralleler Einstieg über die beiden mathematisch abstrakten Darstellungen des Numerischen und Graphischen birgt Potential hinsichtlich des Übertragens von zentralen Elementen in eine andere Darstellung (u.a. Startwert der Tabelle wird in die graphische Darstellung integriert). Dennoch muss auf Hürden einer solchen Herangehensweise (ggf. falsch berechnete Werte der Tabelle werden unreflektiert in das Koordinatensystem übertragen) in weiteren Design-Experimenten reagiert werden.

In künftigen Weiterentwicklungen des Designs ist z.B. anzudenken, ob die angebotene numerische Darstellung um eine dritte Spalte erweitert wird, in die die vorhergesagten Werte des Routenplaners ohne Berücksichtigung eines Startwertes eingetragen werden können (s. Tab. 2).

Tab. 2: Verknüpfung der linearen mit kontextuell zugehöriger proportionaler Funktion

Zeit (in h)	Gefahrene Strecke (in km)	Tachostand (in km)
0	0	50
1	120	170
3	360	410

Auf diese Weise können proportionale Rechenstrategien von den Lernenden in einem ersten Schritt genutzt werden, um unbekannte Werte zu bestimmen. In einem zweiten Schritt sollen die Lernenden dann Werte der linearen Modellierung berechnen und mit den zuvor bestimmten Werten kontrastieren. Dadurch kann der Unterschied zwischen proportionaler und linearer Argumentation (additive Konstante – hier: 50 km) transparent gestaltet werden.

3. Fazit

Die iterative Vorgehensweise der Durchführung, Auswertung und Weiterentwicklung von Design-Experimenten zum Begriff der linearen Funktion hat einen vielschichtigen Blick auf diesen Lerngegenstand offenbart. Durch die dargestellte Strukturierung und Fokussierung der einzelnen Design-Experimente konnten Ergebnisse auf unterschiedlichen Ebenen gewonnen werden. Sowohl hinsichtlich konkreter Aufgabenformulierungen als auch zur Strukturierung des Darstellungsangebots und darüber hinaus zur Ausrichtung des Lehr-Lernarrangements entlang der Kernidee ‚Vorhersagbarkeit und Berechenbarkeit unbekannter Werte in gleichmäßigen Wachstumsprozessen', hat jedes Design-Experiment in unterschiedlicher Form beigetragen.

Die dadurch gewonnenen Erkenntnisse spiegeln sich sowohl auf Ebene der entstandenen Forschungsprodukte in Form gegenstandspezifischer (lokaler) Theorieelemente als auch auf Ebene der Entwicklungsprodukte in Form eines Prototyps des Lehr-Lernarrangements sowie spezifischer Design-Prinzipien wider.

Dabei ist zu bedenken, dass die Entwicklung eines kontextgebundenen und darstellungsdifferenzierenden Lehr-Lernarrangements entlang der oben genannten Kernidee durch die bisherigen Design-Experimente bereits auf ein hohes Niveau gebracht werden konnte, zugleich aber an dieser Stelle weitere Analysen anschließen müssen, die noch offene Problemstellen weiter beforschen. Gleiches gilt für die formulierten Aspekte der lokalen Theorie.

Literatur

Barzel, B., Prediger, S., Leuders, T. & Hußmann, S. (2011). Kontexte und Kernprozesse – Aspekte eines theoriegeleiteten und praxiserprobten Schulbuchkonzepts. *Beiträge zum Mathematikunterricht*, 71-74.

Beck, C. & Maier, H. (1994). Zu Methoden der Textinterpretation in der empirischen mathematikdidaktischen Forschung. In H. Maier & J. Voigt (Hrsg.), *Verstehen und Verständigung im Mathematikunterricht – Arbeiten zur interpretativen Unterrichtsforschung.* Köln: Aulis, 43-76.

Bell, A. & Janvier, C. (1981). The interpretation of graphs representing situations. *For the Learning of Mathematics, 2* (1), 34-42.

Chiu, M.M., Kessel, C., Moschkovich, J. & Munoz-Nunez, A. (2001). Learning to Graph Linear Functions: A Case Study of Conceptual Change. *Cognition and Instruction, 19* (2), 215-252.

Duval, R. (2002). Representation, vision and visualization: Cognitive functions in mathematical thinking – Basic issues for learning. In F. Hitt (Hrsg.), *Representations and mathematics visualization.* Mexico-City, 31-46.

Ebersbach, M.,Van Dooren, W., Van Den Noortgate, W. & Resing, W. (2008). Understanding linear and exponential growth: Searching for the roots in 6- to 9-year olds. *Cognitive Development, 23* (2), 237-257.

Greenes, C., K.Y. Chang & Ben-Chaim, D. (2007). International survey of high school students' understanding of key concepts of linearity. In J.-H. Woo et al. (Hrsg.), *Proceedings of the 31st annual conference of the international Group for the Society of Educational Studies in Mathematics.* Part 2, 273-280.

Hußmann, S. (2002). *Konstruktivistisches Lernen an intentionalen Problemen − Mathematik unterrichten in einem offenen Lernarrangement.* Hildesheim: Franzbecker.

Hußmann, S., Mühlenfeld, U., Richter, V. & Witzmann, C. (2015). Voraussagen mit dem Routenplaner – Mit Funktionen modellieren. Erscheint in S. Hußmann, T. Leuders & S. Prediger, B. Barzel, (Hrsg.), *mathewerkstatt. Klasse 8.* Cornelsen: Berlin.

Hußmann, S., Thiele, J., Hinz, R., Prediger, S. & Ralle, B. (2013, in diesem Band). Gegenstandsorientierte Unterrichtsdesigns entwickeln und erforschen. Fachdidaktische Entwicklungsforschung im Dortmunder Modell. In M. Komorek & S. Prediger (Hrsg.), *Der lange Weg zum Unterrichtsdesign. Zur Begründung und Umsetzung fachdidaktischer Forschungs- und Entwicklungsprogramme.* Münster u.a.: Waxmann, 25-42.

Janvier, C. (1987). *Problems of representation in the teaching and learning of mathematics.* Hillsdale, N.J. [u.a.]: Erlbaum.

Laakmann, H. (2013). Darstellungen und Darstellungswechsel als Mittel zur Begriffsbildung in rechnerunterstützten Lernumgebungen. Wiesbaden: Vieweg+Teubner.

Lambertus, A. (2007). *Students' understanding of the Function Concept: Concept Images and Concept Definitions.* Master thesis at North Carolina State University.

Lengnink, K. (2009). Vorstellungen bilden: Zwischen Lebenswelt und Mathematik. In L. Hefendehl-Hebeker, T. Leuders & H.-G. Weigand (Hrsg.), *Mathemagische Momente*, 120-129.

Malle, G. (2000). Zwei Aspekte von Funktionen: Zuordnung und Kovariation. *Mathematik lehren,* 103, 8-11.

Moschkovich, J. (1990). Students interpretations of linear equations and their graphs. In G. Booker, P. Cobb & T. de Menducti (Hrsg.), *Proceedings of the 14th Annual Meeting of the International Group for the Psychology of Mathematics Education* (PME) Vol. II, 109-116.

Moschkovich, J. (2004). Appropriating mathematical practices: a case study of learning to use and explore functions through interaction with a tutor. *Educational Studies in Mathematics* 55, 49-80.

Moschkovich, J., Schoenfeld, A. & Arcavi, A. (1993). Aspects of understanding: On multiple perspectives and representations of linear relations and connections among them. In T. Romberg, E. Fennema & T. Carpenter (Hrsg.), *Integrating research on the graphical representations of function,* 69-100.

Prediger, S., Link, M., Hinz, R., Hußmann, S., Ralle, B. & Thiele, J. (2012). Lehr-Lernprozesse initiieren und erforschen. Fachdidaktische Entwicklungsforschung im Dortmunder Modell. *Der mathematische und naturwissenschaftliche Unterricht, 65* (8), 452-457.

Pummer, A. (2000). *Neuere Theorieansätze und empirische Untersuchungen zur Didaktik des Funktionsbegriffes.* Diplomarbeit, Universität Wien.

Richter, V. (i. V. für 2013). *Begriffsbildungsprozesse zum Gegenstand der Linearen Funktion. Design und Erforschung diagnosegeleiteter Lehr-Lernprozesse im Mathematikunterricht der Klasse 8 unter dem Einfluss eines kontextgebundenen, begriffsgenetisch strukturierten und darstellungsreichen Lehr-Lernarrangements (Arbeitstitel).* Dissertation: IEEM Dortmund.

Schacht, F. (2012). *Mathematische Begriffsbildung zwischen Implizitem und Explizitem. Individuelle Begriffsbildungsprozesse zum Muster- und Variablenbegriff.* Wiesbaden: Vieweg+Teubner.

Vinner, S. (1983). Concept definition, concept image and the notion of function. *International Journal of Mathematical Education in Science and Technology, 14* (3), 293-305.

Vollrath, H.-J. (1989). Funktionales Denken. *Journal für Mathematikdidaktik, 10,* 3-37.

Vom Hofe, R. (2003). Grundbildung durch Grundvorstellungen. *Mathematik lehren,* Heft 118, 4-8.

Winter, H. (1989). *Entdeckendes Lernen im Mathematikunterricht. Einblicke in die Ideengeschichte und ihre Bedeutung für die Pädagogik.* Braunschweig: Vieweg.

Nina Wolf & Dittmar Graf

Iterative Entwicklung eines Unterrichtsdesigns zum Thema Nachhaltigkeit

Herausforderungen, Ansprüche und Bedingungen aus biologiedidaktischer Perspektive

1. Bildung für nachhaltige Entwicklung

Durch die Unterzeichnung der Agenda 21 auf der UN-Konferenz in Rio de Janeiro im Jahre 1992 ist ‚Nachhaltigkeit' zu einem zentralen gesellschaftspolitischen Ziel erklärt worden. Unter dem Begriff Nachhaltigkeit wird eine gesellschaftliche Entwicklung verstanden, „die den Bedürfnissen heutiger Generationen entspricht, ohne die Möglichkeit künftiger Generationen zu gefährden, ihre eigenen Bedürfnisse zu befriedigen" (Agenda 21). Zur Umsetzung einer nachhaltigen Entwicklung wird es als zentrale Herausforderung angesehen, stabile Beziehungen innerhalb und zwischen den drei Dimensionen Ökologie, Ökonomie und Soziales herzustellen.

Gesellschaftspolitische Ziele wirken sich zumeist auf den bildungspolitischen Bereich aus. Zur Betonung der Bedeutsamkeit von schulischen Bildungsmaßnahmen zu nachhaltigen Entwicklungsprozessen haben die Vereinten Nationen für die Jahre 2005-2014 die Dekade zur „Bildung für eine nachhaltige Entwicklung" (kurz: BNE) ausgerufen. Um die formulierten Grundvorstellungen der Agenda 21 in entsprechende Bildungsmaßnahmen münden zu lassen und eine nachhaltige Entwicklung auf gesellschaftlicher Ebene voranzutreiben, fordert die KMK (2007, S. 2) die Entwicklung entsprechender Bildungsmaßnahmen, die die „Schülerinnen und Schüler zur aktiven Gestaltung einer ökologisch verträglichen, wirtschaftlich leistungsfähigen und sozial gerechten Umwelt [...] befähigen".

Obwohl die Dekade zur Bildung für eine nachhaltige Entwicklung bereits stark voran geschritten ist, konnte Brämer (2006, 2010) in seinen mehrfach durchgeführten Studien zum Verhältnis von Jugendlichen zur Natur wiederholt feststellen, dass die befragten Personen nur über geringe Kentnisse zum wirtschaftlichen Umgang mit natürlichen Ressourcen verfügen. Es zeigt sich zudem, dass auf dieser Wissensbasis der Aufbau eines adäquaten Nachhaltigkeitsverständnisses nicht möglich ist. Deshalb scheint es dringend erforderlich, angemessene Lehr-Lernarrangements für den Unterricht zu entwickeln. Hierzu setzen sich seit einiger Zeit verschiedene Fachdidaktiken mit schulischen Umsetzungsmöglichkeiten und -erfordernissen auseinander, die in Form von Leitlinien für den Unterricht formuliert werden. So sieht es beispielsweise Bögeholz (2007) als zentrale biologiedidaktische Herausforderung an, bestehende Zusammenhänge und Wechselwirkungen zwischen den drei Dimensionen Ökologie, Ökonomie und Soziales mit den Schülerinnen und Schülern zu erarbeiten, um darauf basierend nachhaltige Handlungsmöglichkeiten zu entwickeln und in ihrer Wirksamkeit zu bewerten. Bloemen (2009) hingegen weist auf die Notwendigkeit hin, bei der schulischen Vermittlung von Nachhaltigkeit insbesondere die ökologischen Kenntnisse der Lernenden zu vertiefen, indem die Chancen eines nachhaltigen Wirtschaftens beispielhaft dargestellt und zudem das Lernen als „sinnlich erfahrbarer" und „emotional berührender" (S. 118) Prozess gestaltet wird. Auch Menzel und Bögeholz (2008) fordern, eine positive Wertorientierung bei den Schülerinnen und Schülern anzuregen, realistische Handlungsmöglichkeiten unter Berücksichtigung der drei Dimensionen zu erarbeiten und dabei „neben kognitiven auch motivationale und volitionale Aspekte in die Bildungsarbeit" (S. 121) einzubinden.

Die Frage bleibt offen, wie basierend auf diesen komplexen und zum Teil abstrakten Handlungsempfehlungen ein entsprechender Unterricht geplant und umgesetzt werden kann. Insbesondere Burkhardt und Schoenfeld (2003) weisen auf der Basis von vorliegenden Forschungsergebnissen darauf hin, dass die Entwicklung qualitativ hochwertiger Materialen trotz didaktischer Leitlinien eine anspruchsvolle Aufgabe ist, für deren Umsetzung den Lehrkräften die zeitlichen Ressourcen fehlen. Sie sehen deshalb die Konzeption von praxistauglichem und erprobtem Unterrichtsmaterial als vorrangige Verpflichtung der Fachdidaktik an, damit die oft beklagte Lücke zwischen Theorie und Unterrichtspraxis geschlossen werden kann.

2. Konzeption des Unterrichtsdesigns

Zur erfolgreichen Verknüpfung von Theorie und Praxis ist es erforderlich, aufbauend auf den bisherigen fachdidaktischen Erkenntnissen, konkrete Designs für den Unterricht zu entwickeln und empirisch auf ihre Wirksamkeit und Praxistauglichkeit zu erproben.

Hierzu stellt der Ansatz der fachdidaktischen Entwicklungsforschung eine mögliche Herangehensweise dar, da dieser explizit mit dem Anspruch verbunden wird, sowohl zur „Entwicklung von konkreten, qualitativ hochwertigen und funktionalen Produkten für den Einsatz im Unterricht" (Prediger et al. 2012, S. 452) als auch zur Weiterentwicklung der Hintergrundtheorien des Lehrens und Lernens zum spezifischen Fachinhalt durch die reflexive Analyse der erstellten Entwicklungsprodukte beizutragen.

Zur Konzeption eines Unterrichtsdesigns sind im Dortmunder FUNKEN-Modell vier iterativ aufeinander aufbauende Arbeitsbereiche vorgesehen (Prediger et al. 2012). Da sich das Unterrichtsdesign aus unterschiedlichen Komponenten zusammensetzt, den Lerngegenständen und -zielen, den Design-Prinzipien und dem konkreten Lehr-Lernarrangement, richten sich die Arbeitsbereiche des Modells an diesen einzelnen Bestandteilen aus. Anhand dieser Bereiche werden im Folgenden die Entwicklung und die damit einhergehenden Herausforderungen bei der Konzeption eines Lehr-Lernarrangements zum Themenbereich „Nachhaltiger Umgang mit Ökosystemen" dargestellt. Dementsprechend wird zunächst der Lerngegenstand skizziert, um darauf aufbauend die Design-Prinzipien und die konkrete Konzeption des Lehr-Lernarrangements zu beschreiben. Nachdem die Durchführung und das Analyseverfahren zur Untersuchung der Lernprozesse dargestellt worden ist, werden zentrale Ergebnisse der Analyse erörtert und diese abschließend auf deren Bedeutsamkeit für die Weiterentwicklung der lokalen Lehr-Lerntheorie diskutiert.

2.1 Spezifizierung und Strukturierung der Lerngegenstände

Da die fachdidaktischen Empfehlungen zur inhaltlichen Gestaltung schulischer Lehr-Lernarrangements zum Lerngegenstand Nachhaltigkeit zum Teil sehr allgemein formuliert sind, ist dieser zunächst aus epistemologischer Sicht strukturiert und eingegrenzt worden. Hierzu sind zunächst die drei Dimensionen des Nachhaltigkeitskonzeptes Ökonomie, Ökologie und Soziales und deren Zusammenhang betrachtet worden. Insbesondere durch die Studie „Zukunftsfähiges Deutschland", welche vom „Bund für Umwelt und Naturschutz Deutschland" (kurz: BUND) und dem Hilfswerk Misereor durchgeführt wird, zeigt sich, dass das asymmetrische Verhältnis zwischen Ökologie und Ökonomie eine Hauptursache für das Ausmaß der heutigen Umweltzerstörung ist (Hoering 2009).

Dieser Zusammenhang wird bei der Gestaltung schulischer Maßnahmen bisher nur unzureichend bedacht, stellt jedoch aufgrund seiner zentralen Bedeutsamkeit für die Umsetzung einer nachhaltigen Entwicklung eine wichtige Herausforderung für die schulische Praxis dar (Graf 1996). Denn um ein adäquates Verständnis von Nachhaltigkeit zu entwickeln, ist es notwendig, die Wirkungen zwischen ökonomischen und ökologischen Aspekten zu verstehen und diese bei Handlungsentscheidungen zu berücksichtigen.

Generell werden unter Ökonomie planvolle, menschliche Handlungen verstanden, durch die „knappe Mittel oder wirtschaftliche Güter der bestmöglichen Nutzung" zugeführt werden (Bundeszentrale für politische Bildung 2009), welche üblicherweise an einer optimierten Gewinnmaximierung gemessen wird. Zur Berechnung der ökonomischen Effizienz werden die vorherrschenden Beziehungen zwischen den betroffenen Variablen stark in ihrer Komplexität reduziert, um diese eindeutig quantifizierbar und somit vergleichbar zu machen. Bei dieser idealisierten Betrachtung wird zumeist vernachlässigt, dass die Grundvoraussetzung für ein erfolgreiches Wirtschaften die ökologische Leistungsfähigkeit der Biosphäre ist, da diese „die Quelle aller für das ökonomische System benötigten Ressourcen" (Constanza, Cumberland, Daly, Goodland & Norgaard 2001, S. 8) darstellt. Die ökonomische Kausalität steht dem systemischen Eigenschaften der Biosphäre konträr gegenüber (vgl. Tab. 1). Deshalb ist es für ein dauerhaftes Fortbestehen der Wirtschaft erforderlich, ökonomische Handlungsweisen an ökologische Gegebenheiten derart anzupassen, dass weder das ökologische Gleichgewicht der Biosphäre noch natürliche Ressourcen dauerhaft zerstört werden (Lecher 1997).

Um einen nachhaltigen Umgang mit Ökosystemen im Unterricht zu erlernen, ist es dementsprechend erforderlich, dass die Lernenden in geeigneten Lehr-Lernarrangements die Zusammenhänge zwischen Ökologie und Ökonomie kennen- und im Hinblick auf eine nachhaltige Entwicklung bewerten lernen. Wie Tabelle 1 verdeutlicht, ist es hierzu erforderlich, dass die spezifischen Eigenschaften dieser Wechselbeziehungen bedacht und zur Grundlage der Bewertung von ökonomischen Handlungsentscheidungen gemacht werden. Das Ökonomieverständnis der Lernenden ist demnach um ökologische Gesichtspunkte zu erweitern, indem ökonomische Operationen generell den Funktionsweisen und Grenzen ökologischer Systeme untergeordnet werden (Graf 1996). Denn nur anhand dieser Charakteristika können mögliche Handlungsfolgen korrekt antizipiert und beurteilt werden.

Tab. 1: Nachhaltiges Handeln innerhalb der Dimensionen Ökologie und Ökonomie

Ökonomisches Handeln	Nachhaltiges Handeln	Ökologische Systemeigenschaften
Ökonomische Prinzipien: Berechnung des ökonomischen Nutzens: • Maximalprinzip: Maximierung des Ergebnisses • Minimalprinzip: Minimierung des Mitteleinsatzes • Extremumprinzip: Optimierung des Verhältnisses zwischen Input & Output	**Ökologisches Extremumprinzip:** • effiziente Kosten-Nutzen-Rechnungen • Einbezug ökologischer Folgekosten • Optimierung des Verhältnisses zwischen ökologischem Input & ökonomischem Output	**Allgemeines Systemprinzip:** • reziproke Abhängigkeiten • Kumulation von Effekten • Verknüpfung mit anderen Systemen
Lineare Kausalität: • lineare Zusammenhänge • determinierte Ursache-Wirkungs-Beziehungen	**Vernetzte Kausalität:** • wechselseitige Abhängigkeiten zwischen Ökonomie und Ökologie • ökologische Faktoren als Zentralvariablen/ökologisches System als Zentralkreislauf	**Komplexe Kausalität:** • keine linearen Abhängigkeiten • keine deterministischen Ursache-Wirkungsbeziehungen • Rückkopplungen • Grundprinzip: Alles hängt mit allem zusammen.
Zeitliche Perspektive: • kurzfristige Outputmaximierung • zeitlose Kausalzusammenhänge	**Zeitliche Perspektive:** • ökonomische Planung unter Antizipation der Veränderungen der betroffenen ökologischen Faktoren • mittelfristige Handlungsfolgen bedenken • Prävention von negativen, irreversiblen Prozessen	**Zeitliche Perspektive:** • dauerhaft fortlaufender, eigendynamischer Veränderungsprozess • verschiedenartige, zeitgleich ablaufende Prozesse
Statische Stabilität: • idealisierte Zusammenhänge • keine Diskontinuitäten/Störfaktoren	**Stabile Dynamik:** • relative Stabilität von ökologischen & ökonomischen Schwankungen • Erhalt ökologischer Regelkreise	**Dynamische Stabilität:** • ökologische Systemeigenschaften schwanken innerhalb eines natürlichen Intervalls • Selbstregulation durch Regelkreise

Bei einer Bildung für nachhaltige Entwicklung handelt es sich um ein normatives Bildungskonzept, in dem neben dem Aufbau von Wissen auch die Veränderung des Handelns der Lernenden gefordert wird. Da mehrfach in verschiedenen Studien nachgewiesen worden ist, dass ein hohes Ausmaß an Sachwissen keine hinreichende Bedingung für die Entstehung nachhaltiger Handlungsweisen ist (de Haan & Kuckartz 1998), werden zur Spezifizierung des Lerngegenstandes die Grundannahmen des psychologischen Handlungsmodells nach Wahl (2006) genutzt.

Dieses Modell basiert auf der These, dass menschliches Handeln nicht auf wissenschaftlichen Theorien, sondern auf „Subjektiven Theorien" unterschiedlicher Reichweite beruht. Subjektive Theorien hoher Reichweite gleichen dabei strukturell wissenschaftlichen Theorien, da es sich bei den hier verankerten kognitiven Konzepten um komplexe Kognitionen zur Selbst- und Fremdsicht in Form von Hypothesen und Argumentationsstrukturen handelt. Diese Subjektiven Theorien haben keinen Einfluss auf das individuelle Handeln. Dieses wird stattdessen durch Subjektive Theorien geringer Reichweite gesteuert. Handlungen entstehen demnach so, dass die agierende Person die aktuellen Gegebenheiten einer Situation mit bereits durchlebten vergleicht, die in Form von „Situations-Prototypen" im Gedächtnis gespeichert sind. Werden Ähnlichkeiten identifiziert, werden dem handelnden Individuum Lösungswege in Form von bereits bewährten „Handlungs-Prototypen" bewusst (Wahl 2006).

Der Grund, dass neues Sachwissen nicht unmittelbar zu einem veränderten Handeln führt, ist durch die strukturelle Organisation der Subjektiven Theorien erklärbar. Denn neues Wissen wird hauptsächlich auf der hohen Ebene dieser Theorien verankert, so dass kein direkter Einfluss auf das Handeln entsteht. Setzt die Vermittlung nicht an den Subjektiven Theorien geringer Reichweite an, welche sich im Alltag als bewährt bewiesen haben, wird dieses folglich nicht in die handlungsleitende Prototypenstruktur der unteren Ebene eingebaut (Wahl 2006).

Da durch das Unterrichtsdesign angestrebt wird, an dieser handlungsleitenden Prototypenstruktur der Lernenden anzusetzen und dementsprechend nicht nur das Wissen, sondern auch das Handeln der Lernenden zu beeinflussen, sind normative Leitsätze aus dem Konzept einer Bildung für nachhaltige Entwicklung abgeleitet und explizit festgelegt worden, um eine reflexive und sachgebundene thematische Ausrichtung und Gestaltung des Lehr-Lernarrangements zu gewährleisten (Reinhardt 1999):

– Menschen sind auf die Bewirtschaftung der Natur bzw. der vorhandenen natürlichen Ressourcen zur Bedürfnisbefriedigung angewiesen.
– Das Spannungsfeld zwischen ökonomischem Handeln und den damit verbundenen ökologischen Auswirkungen durch den Verbrauch natürlicher Ressourcen und den Eingriff in natürliche Ökosysteme ist die Hauptursache für das gewaltige Ausmaß der heutigen Umweltzerstörung.
– Der dauerhafte Erhalt natürlicher Ressourcen ist die Grundlage für das langfristige Bestehen einer leistungsfähigen und ökonomisch stabilen Gesellschaft.
– Eine generationsübergreifende Gerechtigkeit im Hinblick auf die Verteilung von Lebenschancen kann nur durch eine Umgestaltung des asymmetrischen Verhältnisses zwischen Ökonomie und Ökologie erreicht werden.

2.2 Design-Prinzipien

Bei der Gestaltung von Lehr-Lernarrangements sind stets spezifische Grundannahmen zum Lehren und Lernen leitend. Dementsprechend wird bei dem hier vorgestellten Forschungs- und Entwicklungsprojekt unter Lernen, in Anlehnung an eine moderat konstruktivistische Lehr-Lerntheorie, ein aktiver und konstruktiver Prozess verstanden, in dem die Konstruktion neuer oder veränderter Wissensstrukturen innerhalb eines konkreten Kontextes ausgelöst wird. Ausgehend von dieser Grundannahme ist es erforderlich, reichhaltige Lehr-Lernarrangements bereitzustellen, in denen die Lernenden durch selbstständiges Ausprobieren „neue Inhalte verstehen, […] erworbene [...] Kenntnisse und Fertigkeiten flexibel anwenden […] und […] Problemlösefähigkeiten und andere kognitive Strategien entwickeln" (Reinmann-Rothmeier & Mandl 2001, S. 615) können.

Zur konkreten Konzeption des Lehr-Lernarrangements sind, aufbauend auf den spezifizierten Lerngegenständen, zur geleiteten Entwicklung und Gestaltung zwei Design-Prinzipien festgelegt worden, welche aus den Besonderheiten des Lerngegenstandes abgeleitet worden sind:

Design Prinzip 1: erfahrungsorientiertes Lernen

Die Zusammenhänge und Abhängigkeiten zwischen Ökologie und Ökonomie sind im menschlichen Alltag kaum erfahrbar, da ökologische Folgewirkungen ökonomisch orientierter Handlungsweisen nicht unmittelbar und eindeutig in der direkten Umwelt des Individuums sichtbar werden. Dies führt dazu, dass die ökologischen Folgen ökonomischer Eingriffe nicht angemessen reflektiert und dadurch unterschätzt werden. Stattdessen wird zur Beurteilung des Handlungserfolgs die durch Geld eindeutig messbare, ökonomische Effizienz genutzt (Dörner 2002). Als erstes zentrales Design-Prinzip wird, im Hinblick auf die Förderung eines nachhaltigen Handelns bei den Lernenden, die Ermöglichung eines erfahrungsbasierten Lernens festgelegt, weil die handlungsleitenden Subjektiven Theorien einer Person durch ihre individuellen Erfahrungen geprägt und ausgebildet werden (Wahl 2006). Der angestrebte Lernprozess der Schülerinnen und Schüler soll dementsprechend nicht, wie Abb. 1 verdeutlicht, vom Wissen zum Handeln, sondern vom Handeln zum Wissen führen. Das bedeutet, dass die Schülerinnen und Schüler zunächst anhand ihrer im Alltag ausgeprägten Handlungsprototypen Entscheidungen treffen sollen, deren Wirksamkeit sie anhand von Rückmeldungen überprüfen und durch neue Informationen überarbeiten können.

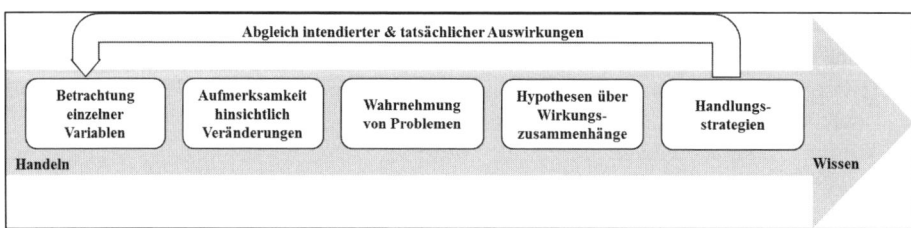

Abb. 1: Vom Handeln zum Wissen

Design-Prinzip 2: Reduzierte Komplexität

Um den Lernenden intensive und eindeutige Erfahrungen zum Zusammenhang zwischen Ökologie und Ökonomie im Lehr-Lernarrangement zu ermöglichen, ist es erforderlich, diese auf eine angemessene Komplexität zu reduzieren. Denn eine zu hohe Komplexität der Lernumwelt, so belegen es Forschungsergebnisse (bspw. Dörner 2002), wirkt sich kontraproduktiv auf den individuellen Lernprozess der Schülerinnen und Schüler aus. Durch diese entsteht die Gefahr, dass die Lernenden kognitiv überfordert werden, welches anhand typischer Verhaltensmuster deutlich wird. Diese verhindern, dass der Gesamtkontext einer Situation in seinen Zusammenhängen umfassend erschlossen wird, so dass einflussreiche Wirkungszusammenhänge möglicherweise nicht bedacht und somit die intendierten Lernerfahrungen verhindert werden. Um diesem entgegen zu wirken und den Lernenden die Möglichkeit zu eröffnen, nachhaltige Handlungsmöglichkeiten erfahrungsorientiert zu erarbeiten, wird das zweite Design-Prinzip „Reduzierte Komplexität" festgelegt. Ziel dieses Design-Prinzips ist es, durch die vereinfachte Darstellung der Zusammenhänge zwischen Ökologie und Ökonomie den Lernenden eine aktive Reflexion ihrer Subjektiven Theorien geringer und hoher Reichweite zu ermöglichen.

2.3   Konzeption des Lehr-Lernarrangements

Um die Auswirkungen eigener Handlungsweisen durch direktes Erfahren kennenzulernen, wird in der Umweltpsychologie die Methode des Planspiels als besonders geeignet beschrieben. Denn durch diese lassen sich „Situationen simulieren, die sich dem schnellen Verstehen, Erfahren oder Einschätzen entziehen, weil sie intransparent, zu komplex oder unbestimmt eintreten bzw. aktuell nicht gegeben sind" (Blötz 2008, S. 14). Spezifische Kontexte, Zusammenhänge und Probleme können mit dieser Methode dargestellt und verdeutlicht werden, da die teilnehmenden Personen die Möglichkeit erhalten, einen „ausgewählten Teil der Wirklichkeit sehr direkt [zu erfahren], indem sie sich aktiv an einer Simulation dieser Wirklichkeit beteiligen" (Capaul & Ulrich 2003). Die Methode des Planspiels scheint somit auch eine geeignete Möglichkeit für die Gestaltung eines Unterrichts zum Thema „Nachhaltiger Umgang mit Ökosystemen" zu sein, da durch diese Prozesse einer nachhaltigen Nutzung der Natur nachvollziehbar gemacht und somit fundamentale Einsichten in das „Wie" und dessen Notwendigkeit erfahrungsorientiert vermittelt werden können.

Deshalb ist als Kernstück des Lehr-Lernarrangements ein Planspiel zum Thema Landwirtschaft für Klassen der Mittelstufe entwickelt worden. In diesem bekommen die Schülerinnen und Schüler die Aufgabe, in Gruppen einen dauerhaft gewinnbringenden landwirtschaftlichen Betrieb zu errichten. Zum Erreichen dieses Ziels können verschiedene Pflanzensorten sowie unterschiedliche Aktionen zur Art der Anbauweise (bspw. Dünger, Pflanzenschutzmittel, Höhe des Maschineneinsatzes) ausgewählt werden. Diese Entscheidungen haben einerseits ökonomische Folgen, weil sie sich unmittelbar auf die Höhe des Ernteertrages der Pflanzen auswirken. Andererseits wirken sich die Aktionen zugleich auf die ökologischen Parameter Mineralstoffgehalt und Qualität des Bodens aus, welche ebenfalls die Höhe des Ernteertrags stark beeinflussen. Eine Auswahl der Aktionen nach rein ökonomischen Gesichtspunkten, ohne die ökologischen Folgewirkungen zu berücksichtigen, ist somit nicht zielführend.

Die aus den Entscheidungen resultierenden, situativen Gegebenheiten des Planspiels werden mit Hilfe eines Planspielmodells durch einen Computer berechnet und die Veränderungen der ökologischen (Bodenqualität und Mineralstoffe) und der ökonomischen (finanzielle Einnahmen und Ausgaben) Faktoren an die Schülerinnen und Schüler zurückgemeldet. Durch diese Rückmeldungen erhalten die Lernenden die Möglichkeit, die gewählten Verhaltensweisen im Hinblick auf ihre ökologischen und ökonomischen Auswirkungen zu evaluieren, um somit die Bedeutungszusammenhänge zwischen Ökonomie und Ökologie zunehmend zu erschließen (Wolf & Graf 2012).

Um Komplexität des Planspielmodells angemessen zu reduzieren (s. Design-Prinzip 2) und somit intensive Erfahrungen zum Zusammenhang von Ökologie und Ökonomie zu ermöglichen (s. Design-Prinzip 1), sind zunächst durch eine qualitative Vorerhebung die Subjektive Theorien hoher Reichweite der angestrebten Zielgruppe (8.-10. Klasse) zur Landwirtschaft sowie zum Zusammenhang zwischen ökologischen und ökonomischen Faktoren mittels Gruppendiskussionen untersucht worden. Die Analyse dieser Diskussionen verdeutlicht, dass die Schülerinnen und Schüler größtenteils geringe Kenntnisse zur Landwirtschaft besitzen und zudem ökologische und ökonomische Zusammenhänge nur oberflächlich sowie unvollständig in Verbindung bringen. Da deshalb eine starke inhaltliche Reduktion der landwirtschaftlichen Zusammenhänge notwendig scheint, wird die Planspielumgebung auf die Veränderungen einer ökologischen Ressource (Boden) beschränkt, deren Entwicklung die Lernenden im Verlauf des Planspiels beobachten können. Das hieraus resultierende erste Planspielmodell wird in Abb. 2 dargestellt.

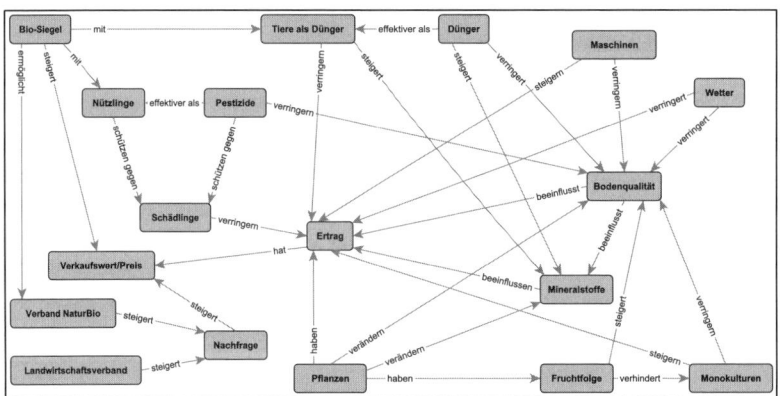

Abb. 2: Zusammenhänge des ersten Planspielmodells

Zeitlich ist das Lehr-Lernarrangement in drei Gestaltungsphasen unterteilt (Capaul & Ulrich 2003). In der ersten Phase, dem so genannten „Briefing", werden die Lernenden zunächst in Gruppen eingeteilt und in die Spielrealität eingeführt, indem die grundlegenden Regeln und Aktionen des Planspiels erklärt werden. In der sich anschließenden „Simulationsphase" bearbeiten die Schülerinnen und Schüler über sieben Spielrunden die Aufgabenstellung des Planspiels. Hierzu ist die Entwicklung einer eigenen Strategie erforderlich, die anhand der kontinuierlichen Rückmeldungen überprüft und ggf. modifiziert werden kann.

Für eine lernwirksame Arbeit mit der Methode Planspiel ist es außerdem erforderlich, dass unmittelbar an die Durchführung des Spiels eine „Reflexionsphase" anschließt, in der die Erfahrungen gemeinsam reflektiert und in ihrer Bedeutung generalisiert werden. In dieser Phase sind die Lernenden aufgefordert, aktiv ihre Subjektiven Theorien geringer Reichweite anhand ihrer Handlungsentscheidungen und dem dadurch ausgelösten Planspielverlauf zu reflektieren. Eine derartige Reflexion des Erlebten bietet eine stabile Basis, um Konsequenzen für das eigene Handeln abzuleiten und sowohl die Umorganisation der individuellen Situations- als auch der Handlungsprototypen anzuregen.

2.4 Design-Experimente durchführen und auswerten

Insgesamt ist das Lehr-Lernarrangement in drei verschiedenen achten Klassen durchgeführt worden. Im Sinne der fachdidaktischen Entwicklungsforschung findet die Erprobung in zeitlich versetzten, iterativ ablaufenden Erhebungszyklen statt, so dass eine systematische Modifikation des Lehr-Lernarrangements möglich wird (Gravemeijer & Cobb 2006).

Da der Unterrichtsalltag ein Konglomerat verschiedener Wirkungsfaktoren ist, kann die Praxistauglichkeit des Lehr-Lernarrangements nicht durch ein Prä-Posttest-Design festgestellt werden, bei dem systematisch verschiedene Störvariablen ausgeschaltet und einzelne Bedingungen isoliert betrachtet werden (Burkhardt & Schoenfeld 2003). Stattdessen wird es als notwendig angesehen, dieses unter halbwegs realistischen Bedingungen zu erproben. Die Gruppenarbeiten der Schülerinnen und Schüler werden deshalb auf Video aufgezeichnet, um den kommunikativen Austausch und das strategische Vorgehen der Gruppen mittels der „Dokumentarischen Methode" nach Bohnsack (2007) auf veränderte Einsichten zum Verhältnis von Ökonomie und Ökologie und somit auf Veränderungen der Subjektiven Theorien der Lernenden zu untersuchen.

Um Rückschlüsse über die Entwicklungen der Subjektiven Theorien für die Bereiche Kausalität, zeitliche Perspektive und Stabilität/Dynamik (vgl. Tab. 1) zu erhalten, werden die Aussagen der Schülerinnen und Schüler für jede Spielrunden einzeln analysiert. Hierbei wird insbesondere betrachtet, für welche Variablen ein Zusammenhang formuliert und durch welche Relationen diese verbunden werden. Der Fokus der Analyse besteht dabei einerseits darin, ob die Schülerinnen und Schüler vermehrt die Wechselwirkungen zwischen den ökologischen und ökonomischen Faktoren betrachten und zur Grundlage ihrer Entscheidungen machen. Durch einen anschließenden intergruppalen Vergleich sollen andererseits generelle Erkenntnisse über die Weiterentwicklung der Subjektiven Theorien der Schülerinnen und Schüler und somit über die ablaufenden Lernprozesse gewonnen werden. Dementsprechend werden durch die gewählte Vorgehensweise sowohl die Wirksamkeit des konkret entwickelten Lehr-Lernarrangements als auch generelle Möglichkeiten des Lehrens und Lernens von nachhaltigen Handlungsweisen im schulischen Kontext exemplarisch erprobt.

Durchführung und Auswertung des ersten Erhebungszyklus

Nachdem die erste Konzeption des Lehr-Lernarrangements entworfen worden ist, wird durch den ersten Erhebungszyklus überprüft, inwieweit die vorgenommene Strukturierung tragfähig ist und ob die Lernenden die erstellten Materialen entsprechend der angestrebten Intention nutzen. An dieser Erhebung haben insgesamt zehn Schülerinnen und Schüler teilgenommen, welche zur Bearbeitung des Planspiels in drei Gruppen aufgeteilt worden sind.

Die Analyse der Gruppenarbeiten ergibt, dass das erste Planspielmodell eine zu hohe Komplexität aufweist, um ein Verständnis zu den Zusammenhängen zwischen Ökologie und Ökonomie erfahrungsorientiert anzuregen. Dieses wird in allen Gruppen an typischen, komplexitätsreduzierenden Verhaltensmustern erkennbar (s. Design-Prinzip 2). Durch diese wird verhindert, dass die Schülerinnen und Schüler auf die Wechselwirkungen zwischen ökologischen und ökonomischen Parametern aufmerksam werden und diese bei ihren Planungen berücksichtigen. Dementsprechend orientieren sich die Lernenden bis zur letzten Spielrunde bei der Auswahl ihrer Entscheidungen stark an ökonomischen Faktoren und beurteilen die wählbaren Aktionen an der durch einen Kosten-Nutzen-Vergleich erkennbaren ökonomischen Effizienz. Ökologische Auswirkungen werden nur in Einzelfällen bedacht, aber nicht systematisch in die Überlegungen miteinbezogen.

Auch bei der Betrachtung der Rückmeldungen beschränken sich die Schülerinnen und Schüler auf die Entwicklung der finanziellen Situation. Diese wird nicht mit den Veränderungen des Bodens in Verbindung gebracht, so dass die Lernenden weder auf problematische Entwicklungen aufmerksam werden, noch Hypothesen über deren Entstehungsursachen bilden. Die Subjektiven Theorien zum Zusammenhang zwischen Ökonomie und Ökologie entwickeln sich in der Simulationsphase nicht weiter, so dass eine Ausdifferenzierung der Subjektiven Theorien zur Kausalität, zeitlichen Reichweite sowie Dynamik nicht möglich ist.

Erst durch die gezielte Reflexion im Anschluss an die Durchführung des Planspiels kann aufbauend auf den gemachten Erfahrungen die Bedeutung des Faktors Boden für eine dauerhafte Landwirtschaft erschlossen werden. Damit sich jedoch auch die Vorstellungen zur Kausalität, zeitlichen Perspektive und Dynamik weiterentwickeln können, ist es erforderlich, dass bereits bei der Bearbeitung des Planspiels ein Zusammenhang zwischen den ökologischen und ökonomischen Faktoren hergestellt wird. Nur so haben die Lernenden die Möglichkeit, diese auf ihre spezifischen Funktionsweisen zu untersuchen und dementsprechend bei ihrer Planung zu berücksichtigen. Deshalb wird das Planspielmodell abschließend um einige Variablen reduziert. Zudem werden die Zusammenhänge zwischen den einzelnen Faktoren verschärft, so dass ökonomische und ökologische Veränderungen zeitlich früher und markant in der Simulationsphase hervor treten.

Durchführung und Auswertung des zweiten Erhebungszyklus

An der zweiten Erhebungsrunde haben neun Schülerinnen und Schüler einer achten Klasse teilgenommen, welche zur Bearbeitung des Planspiels ebenfalls in drei Gruppen eingeteilt worden sind.

Die qualitative Analyse der Gruppenarbeiten verdeutlicht, dass die Lernenden aufgrund der verringerten Anzahl an Planspielvariablen die Möglichkeit haben, sich intensiver mit den wählbaren Aktionen und deren Auswirkungen auseinanderzusetzen. Als Folge dessen werden in allen Gruppen, obwohl zunächst ausschließlich die ökonomischen Parameter für die Auswahl der Entscheidungen leitend sind, die Veränderungen des Bodens zunehmend mit einbezogen. Exemplarisch soll diese Entwicklung anhand der Vorgehensweise einer Gruppe skizziert werden:

Die Lernenden dieser Gruppe beschäftigen sich in der ersten Planspielrunde intensiv mit den unterschiedlichen Pflanzensorten. Obwohl sie durch die Betrachtung des Spielmaterials auf die ökologischen Erfordernisse der Pflanzen aufmerksam werden, beachten sie diese zunächst nicht. Stattdessen ist die Frage leitend, *„welche Pflanzen den meisten Ertrag"* bringen. Eine Erweiterung dieser Auswahlstrategie ist, angeregt durch die Rundenrückmeldungen, in der zweiten Runde erkennbar. In dieser wird der Pflanzenanbau zusätzlich an den Mineralstoffgehalt des Bodens angepasst, so dass dieser zu einem zusätzlichen Kriterium der Pflanzenwahl wird. Als weitere Notwendigkeiten werden in Runde 3 die Einhaltung der Fruchtfolge und in der vierten Spielrunde schließlich die Bodenqualität in die Gedankengänge miteinbezogen. Insbesondere die Bodenqualität wird im weiteren Verlauf als wichtige Grundlage des Pflanzenanbaus gewertet (*„Wenn wir Ackerbohne machen, haben wir gleich Bodenqualität sehr gut"*).

Die Betrachtungen der Veränderungen des Bodens löst eine Verschiebung der zeitlichen Perspektive bei der Strategieplanung aus. So wird für die vorletzte Spielrunde der Anbau derartiger Pflanzen geplant, die für die letzte Runde einen hohen Mineralstoffgehalt des Bodens für den folgenden Anbau von Weizen, als ökonomisch effizientes Getreide, sicherstellen.

Die Lernenden unterscheiden zudem zwischen dem konventionellen und dem ökologischen Anbau. Da von einem hohen ökonomischen Nutzen des Bio-Siegels ausgegangen wird, entscheidet sich die Gruppe bereits in der ersten Runde für die ökologische Anbauweise. Diese ökonomische Betrachtungsweise wird im Verlauf des Planspiels ausdifferenziert, da die Lernenden durch die Finanzrückmeldungen erkennen, dass der konventionelle Anbau kurzfristig zu einem hohen Gewinn führen kann. Deswegen wird für die letzte Spielrunde ein Umstieg auf den konventionellen Anbau diskutiert. Die kurz- und langfristigen ökonomischen Auswirkungen der Anbauweisen werden jedoch nicht mit den einhergehenden Bodenveränderungen in Verbindung gebracht, obwohl generell davon ausgegangen wird, dass der *„chemische"* im Gegensatz zum *„biologischen"* Anbau die Bodenqualität senkt.

Als Grund für die steigenden ökonomischen Verluste werden am Ende der Simulationsphase ausschließlich die hohen Kosten durch die Steigerung des Maschineneinsatzes und durch den Erwerb des Bio-Siegels angegeben. Die sinkende Bodenqualität wird nicht als ursächlich betrachtet. Die ökologischen Einflüsse der verschiedenen Aktionen und die damit verbundenen ökonomischen Folgen werden schließlich in der Reflexionsstunde erarbeitet. Die grundlegende Abhängigkeit der Ökonomie von der Ökologie wird jedoch nicht eindeutig benannt, obwohl der Kerngedanke einer nachhaltigen Entwicklung (*„dass man [etwas] immer wieder benutzen kann"*) erwähnt wird.

Um die Reflexion der Bodenveränderungen bereits im Planspielverlauf stärker anzuregen wird, in Anlehnung an Reinmann-Rothmeier & Mandl (2001), für die folgende Erhebungsrunde ein stärkeres Unterstützungsangebot geplant, damit die Lernenden ihre Strategie bereits in der Simulationsphase modifizieren und überprüfen können. Durch gezielte Fragestellungen der Spielleitung soll erreicht werden, dass die Lernenden die unterschiedlichen Aspekte des Planspiels in der Simulationsphase intensiver betrachten und somit ihre

Vorstellungen über die Zusammenhänge des Planspiels bereits in dieser Phase aktiv reflektieren, untersuchen und modifizieren.

Außerdem wird die Methode zur abschließenden Reflexion verändert. In den ersten
beiden Erhebungsrunden sind den Lernenden zur Reflexion Fragen ausgeteilt worden,
anhand derer sie die Erfahrungen des Planspiels diskutieren sollten. Es zeigt sich jedoch,
dass dieses Vorgehen für eine umfassende Reflexion nicht ausreicht, da in den Diskussionen die Zusammenhänge des Planspiels oftmals nur geringfügig berücksichtigt und hinterfragt werden. Aus diesem Grund wird in der Reflexionsphase der dritten Erhebungsrunde
die Methode des Concept-Mappings angewendet, indem die Schülerinnen und Schüler
aufgefordert werden, gemeinsam in der Gruppe eine Concept-Map aus vorgegebenen Variablen zu erstellen. Der Vorteil des Concept-Mappings besteht darin, dass durch dieses
wichtige Aspekte eines fachlichen Inhaltes als Netzwerk aus Begriffen und Relationen
dargestellt werden können (Novak & Gowin 1984), so dass Subjektive Theorien über deren Zusammenhänge und Spezifika deutlich werden. Während diese Methode in früheren
Forschungsarbeiten vorrangig dazu eingesetzt worden ist, Wissen und Vorstellungen von
Einzelpersonen zu erheben, weist Novak (2010) in neuen Arbeiten darauf hin, dass diese
auch in besonderer Weise für den Einsatz in Gruppen geeignet ist.

In diesem Forschungsprojekt werden mit der Wahl dieser Methode zwei Zielsetzungen
verfolgt: Einerseits soll bei den Lernenden durch die Erstellung die systematische Strukturierung des Lerninhaltes angeregt werden, anhand derer die Kausalitäten und Dynamiken
des Planspiels hinterfragt werden können. Zudem werden detaillierte Einblicke in die Argumentationsstrukturen der Subjektiven Theorien der Schülerinnen und Schüler möglich.

Durchführung und Auswertung des dritten Erhebungszyklus

In der dritten Erhebungsrunde setzen sich vier Gruppen, bestehend aus insgesamt 27 Schülerinnen und Schüler einer achten Klasse, mit den Aufgaben des Lehr-Lernarrangements
auseinander.

Die qualitative Analyse der Gruppenarbeiten lässt erkennen, dass bereits während der
Simulationsphase vielfältige Zusammenhänge zwischen Ökonomie und Ökologie hergestellt werden. Diese werden in unterschiedlicher Ausprägung bei der Planung und Modifikation der Vorgehensweise berücksichtigt, welches erneut exemplarisch an einer Gruppe
erläutert wird:

In dieser Gruppe werden zunächst die verschiedenen Pflanzensorten anhand von Kos-
ten-Nutzen-Rechnungen hierarchisiert. Nachdem die ökonomisch effizienteste Pflanze
ermittelt worden ist, werden deren ökologische Eigenschaften fokussiert. Durch diese Betrachtung werden die Lernenden darauf aufmerksam, dass es sich bei dieser Pflanze um
eine gute Vorfrucht handelt, weil sie den Zustand des Bodens verbessert. Anhand der
Rückmeldungen zum Boden wird diese Annahme in den nächsten Spielrunden auf die
Einhaltung der Fruchtfolge generalisiert, so dass die Lernenden davon ausgehen, dass diese die Bodenqualität steigert. Anhand der Fruchtfolge wird im weiteren Verlauf die Relevanz der Mineralstoffe für ein gutes Pflanzenwachstum und somit für einen hohen Ernte-
ertrag erschlossen. Als weitere einflussnehmende Parameter werden das Wetter und das
Auftreten von Schädlingen betrachtet.

Zudem entscheidet sich die Gruppe für den Erwerb des Bio-Siegels. Während die Lernenden zu Beginn davon ausgehen, dass das Spiel *„auf Bio gemacht"* sei, differenzieren sie den ökologischen und den konventionellen Anbau zunehmend an deren unterschiedlichen ökologischen und ökonomischen Auswirkungen. So wird durch die finanzielle Entwicklung der einzelnen Gruppen erkannt, dass mit dem konventionellen Anbau ein kurzfristig hoher ökonomischer Nutzen einhergeht und die ökologische Anbauweise hingegen auf lange Sicht zu stabilen ökonomischen Einnahmen führt. Die Gründe hierfür werden in der bodenverschlechternden Wirkung des chemischen Düngers gesehen. Dass der Boden letztendlich als notwendige Produktionsgrundlage der Landwirtschaft erkannt wird, zeigt sich an den Planungen der Gruppe in der letzten Runde auf den konventionellen Anbau umzusteigen, um dadurch die finanziellen Gewinneinahmen kurzfristig stark zu steigern. Denn als wichtige Gelingensbedingung hierfür wird die vorherige Verbesserung des Bodens formuliert. Die ökologisch negativen Folgen des konventionellen Anbaus werden aufgrund des nahenden Planspielendes relativiert (*„Das Land schmeißen wir sowieso danach weg").* Diese Vorgehensweise wird jedoch von der Realität abgegrenzt *(„Das würde man als Bauer vielleicht nicht machen").*

Am Vorgehen dieser Gruppe wird somit deutlich, dass die ökonomische Sichtweise zunehmend um ökologische Parameter erweitert wird. Auf Grund dessen setzt sich die Annahme durch, dass eine bodenschonende Anbauweise wichtiger als eine kurzfristig starke Steigerung des finanziellen Gewinns ist. Statt der monokausalen Betrachtung von einzelnen ökonomischen Zusammenhängen zu Beginn werden die einzelnen Planspielvariablen über den Spielverlauf in ein multikausales Beziehungsgeflecht gestellt. Dieses wird auch bei der Erstellung des Gruppen-Concept-Maps deutlich. Durch die hierdurch ausgelöste reflexive Betrachtung der Zusammenhänge identifizieren die Lernenden zudem den zirkulären Zusammenhang der ökologischen Variablen (*„So haben wir einen kleinen Kreislauf, ne? Nährstoffe bringen guten Boden. Guter Boden bringt gute Pflanzen. Gute Pflanzen bringen gute Nährstoffe")* und somit ein zentrales ökologisches Systemprinzip zur Kausalität der Zusammenhänge (s. Tab. 1). Es zeigt sich allerdings, dass die Lernenden überwiegend positive, d.h. steigernde oder verbessernde Wirkungen für die einzelnen Eingriffsmöglichkeiten formulieren. Ausschließlich für den Maschineneinsatz wird eine bodenverschlechternde Wirkung formuliert.

Die im Gegensatz zum vorherigen Erhebungszyklus intensive Betrachtung der einzelnen Variablen sowie deren Zusammenhänge scheint einerseits durch die stärkere Unterstützung der Spielleitung und andererseits durch die Vergrößerung der Gruppen ausgelöst zu werden. Da mehrere Lernende in einer Gruppe zusammen arbeiten, steigt die Zahl der Perspektiven auf den Lerninhalt, so dass die möglichen Aktionen konträr diskutiert werden. Die Unterstützung durch begleitende Reflexionsfragen scheint zudem eine angemessene Maßnahme zu sein, die Fokussierung der wesentlichen Zusammenhänge anzuregen und gleichzeitig genügend Raum für die eigenständige Auseinandersetzung mit dem Planspiel bereitzustellen.

Die Methode des Concept-Mappings scheint zudem in besonderem Maße geeignet zu sein, um die Abschlussreflexion der Planspielerfahrungen zu unterstützen und zu systematisieren. Denn bei der Erstellung werden die einzelnen Planspielvariablen und deren Beziehungen aktiv hinterfragt, so dass schrittweise ein komplexes Ursache-Wirkungsgefüge be- und durchdacht wird. Es zeigt sich zudem, dass die Lernenden über die Charakterisierung und Betrachtung der erstellten Relationen ökologische Strukturmerkmale identifizieren können. Die erstellten Concept-Maps bieten zudem eine gute Basis für das anschließende Klassengespräch. Anhand eines Vergleichs können Unterschiede und Gemeinsamkeiten in der Klasse diskutiert und aufbauend auf den Planspielerfahrungen der Schülerinnen und Schüler gezielt erarbeitet werden. Außerdem erhält die Lehrkraft Anhaltspunkte für die Schematisierung der weiteren Unterrichtsarbeit.

2.5 Einblick in die Weiterentwicklung lokaler Lehr-Lerntheorien

Mittels der in Tab. 1 dargestellten zentralen Elemente eines nachhaltigen Handelns innerhalb der Dimensionen Ökologie und Ökonomie ist es möglich, die Lernprozesse der Schülerinnen und Schüler vor dem Hintergrund zu erfassen und zu charakterisieren.

Somit wird deutlich, dass durch den gewählten Kontext bzw. die Planspielsituation die Handlungsprototypen der Lernenden aktiviert werden, da diese sich zunächst zur Bewältigung der Aufgabenstellung fast ausschließlich an ökonomischen Prinzipien (vgl. Tab. 1) orientieren. Angeregt durch die Rückmeldungen und die bestehende Konkurrenzsituation setzen sich die Lernenden intensiv mit den Auswirkungen ihrer Handlungsentscheidungen auseinander, so dass sukzessiv die Bedeutung des Bodens und der Mineralstoffe fokussiert und Zusammenhänge zur ökonomischen Gewinnsituation hergestellt werden. Die monokausalen ökonomischen Betrachtungen werden somit zu mehrgliedrigen Wirkungsketten ausgebaut, bei denen sowohl ökologische als auch ökonomische Faktoren berücksichtigt werden, so dass die Schülerinnen und Schüler zunehmend nach dem „Ökologischen Extremumprinzip" (s. Tab. 1) handeln.

Zudem wird deutlich, dass insbesondere die korrekte Einschätzung der zeitlichen Reichweite ökologischer und ökonomischer Folgen eine wichtige Voraussetzung ist, um das Nachhaltigkeitskonzept verstehen und angemessen bei der Planung von Handlungen berücksichtigen zu können. Allerdings fällt für den Bereich der „Bewertung" auf, dass den verschiedenen Aktionsvariablen hauptsächlich bodenverbessernde Wirkungen zugeschrieben werden. Mögliche Störfaktoren oder Diskontinuitäten werden somit nicht bedacht. Ausschließlich der konventionelle Anbau wird auf allgemeiner Ebene strikt als „Einsatz von Chemie" abgelehnt. Diese Ablehnung wird jedoch kaum mit den dazugehörigen Aktionen in Verbindung gebracht. In dieser Tendenz zur Idealisierung scheint ein hohes Lernhindernis für nachhaltige Verhaltensweisen zu liegen, da durch diese starke Verallgemeinerung die Gefahr entsteht, dass die einzelnen Aktionen nicht detailliert auf ihre Auswirkungen hinterfragt werden, so dass eine Prävention negativer bodenverändernder Prozesse nicht möglich ist. Es ist deshalb darauf zu achten, dass eine generelle Ablehnung des konventionellen Anbaus vermieden wird, damit die Lernenden die einzelnen Handlungsweisen grundlegend und differenziert auf ihre Wirksamkeit bzw. Folgen untersuchen und diese nicht pauschal beurteilen. Denn eine verallgemeinernde Betrachtung verhindert, dass die Schülerinnen und Schüler ihre Subjektiven Theorien geringer Reichweite reflexiv überarbeiten können.

Abschließend lässt sich feststellen, dass das Planspiel eine geeignete Methode zu sein scheint, um den Schülerinnen und Schülern erste Erfahrungen im Hinblick auf die Zusammenhänge zwischen Ökonomie und Ökologie zu vermitteln. Durch die Bearbeitung des Lehr-Lernarrangements lernen sie unterschiedliche Zusammenhänge in ihrer Spezifizität kennen und erhalten einen Eindruck über die Komplexität der Wechselwirkungen, die bei der Planung von anthropogenen Eingriffen in ein Ökosystem im Sinne einer nachhaltigen Entwicklung zu berücksichtigen sind. Durch die exemplarische Auseinandersetzung mit dem Themenbereich Landwirtschaft erkennen sie die Notwendigkeit eines wirtschaftlichen Umgangs mit der Natur und erweitern ihr Ökonomieverständnis um einige zentrale ökologische Systemprinzipien.

Da die Lernerfahrungen von einem Großteil der Schülerinnen und Schüler als realistisch eingeschätzt wird, erscheint die gewählte Vorgehensweise zudem eine gute Grundlage für die Ausbildung eines „mentale[n] Reservoir[s] an szenischen Bildern" (Combe & Gebhard 2012, S. 19) zur bewussten Überarbeitung der Situations- und Handlungsprototypen der Subjektiven Theorien geringer Reichweite zu sein, an der die weitere Unterrichtsarbeit anknüpfen und dadurch zunehmend die Bedeutung eines nachhaltigen Handelns für den eigenen Alltag hergestellt werden kann.

Literatur

Bloemen, A. (2009). *Fachliche Vorstellungen und Schülervorstellungen zum Thema Nachhaltigkeit.* Ein Beitrag zur Politikdidaktischen Rekonstruktion. Oldenburg: BIS-Verlag.

Blötz, U. (2008). *Planspiele in der beruflichen Bildung. Auswahl, Konzepte, Lernarrangement, Erfahrungen – Aktueller Planspielkatalog.* Berichte zur beruflichen Bildung. Schriftenreihe des Bundesinstituts für Berufsbildung. Bielefeld: Bertelsmann.

Bögeholz, S. (2007). Bewertungskompetenz für systematisches Entscheiden in komplexen Entscheidungssituationen. In D. Krüger & H. Vogt (Hrsg.), *Theorien in der biologiedidaktischen Forschung. Ein Handbuch für Lehramtsstudenten und Doktoranden.* Berlin: Springer.

Bohnsack, R. (2007). Rekonstruktive Sozialforschung. Einführung in qualitative Methoden. Opladen: Verlag B. Budrich.

Brämer, R. (2006). *Naturerfahrung in der Hightechwelt. Ergebnisübersicht des Jugendreports Natur 2006.* Natur subjektiv – Daten und Fakten zur Natur-Beziehung in der Hightech-Welt.

Brämer, R. (2010). *Nostalgische Landpartie. Jugendreport Natur 2010 zum Thema Landwirtschaft.* Natur subjektiv. Studien zur Natur-Beziehung in der Hightech-Welt.

Bundeszentrale für politische Bildung (2009) (Hrsg.), *Duden Wirtschaft von A bis Z: Grundlagenwissen für Schule und Studium, Beruf und Alltag.* Mannheim: BI. Online unter: http://www.bpb.de/nachschlagen/lexika/lexikon-der-wirtschaft/ [letzter Zugriff 04.06.2013].

Burkhardt, H. & Schoenfeld, A. (2003). Improving Educational Research: Toward a More Useful, More Influential, and Better-Funded Enterprise. *Educational Researcher, 32* (9), 3-14.

Capaul, R. & Ulrich, M. (2003). *Planspiele. Simulationsspiele für Unterricht und Training.* Altstätten: Tobler.

Combe, A. & Gebhard, U. (2012). *Verstehen im Unterricht. Die Rolle von Phantasie und Erfahrung.* Wiesbaden: Springer. Verlag für Sozialwissenschaften.

Constanza, R., Cumberland, J., Daly, H., Goodland, R. & Norgaard, R. (2001). *Einführung in die Ökologische Ökonomik.* Stuttgart: Lucius und Lucius.

De Haan, G. & Kuckartz, U. (1998). Umweltbewusstseinsforschung und Umweltbildungsforschung. Stand, Trends, Ideen. In G. Haan & U. Kuckartz (Hrsg.), *Umwelt-*

bildung und Umweltbewusstsein. Forschungsperspektiven im Kontext nachhaltiger Entwicklung. Opladen: Leske+Budrich, 13-38.

Dörner, D. (2002). *Die Logik des Misslingens. Strategisches Denken in komplexen Situationen.* Hamburg: Rowohlt.

Graf, D. (1996). „Ökonomie und Ökologie" – ein Thema für den Biologieunterricht. *MNU, 49,* 393-400.

Gravemeijer, K. & Cobb, P. (2006). Design research from a learning design perspective. In J. van den Akker, K. Gravemeijer, S. McKenney & N. Nieveen (Hrsg.), *Educational Design Research.* London, New York: Routledge, 17-51.

Hoering, U. (2009). *Wegmarken für einen Kurswechsel. Eine Zusammenfassung der Studie „Zukunftsfähiges Deutschland in einer globalisierten Welt" des Wuppertaler Instituts für Klima, Umwelt, Energie.* Bonn: EED, Öffentlichkeitsreferat.

KMK – Sekretariat der Ständigen Konferenz der Kultusminister der Länder in der Bundesrepublik Deutschland (Hrsg.) (2007). Empfehlung der KMK und der Deutschen UNESCO-Kommission (DUK) vom 15.06.2007 zur „Bildung für nachhaltige Entwicklung in der Schule".

Lecher, T. (1997). *Die Umweltkrise im Alltagsdenken.* Weinheim: Psychologie.

Menzel, S. & Bögeholz, S. (2008). Was fördert eine Bereitschaft von Oberstufenschüler(inne)n, die Biodiversität zu schützen? Eine standardisierte Befragung in Anlehnung an die Value-Belief-Norm-Theorie. *Umweltpsychologie, 12* (2), 105-122.

Novak, J. (2010). *Learning, Creating and Using Knowledge. Concept Maps as Facilitative Tools in Schools and Corporations.* New York: Routledge.

Novak, J. & Gowin, D. (1984). *Learning how to learn.* Cambridge University Press.

Prediger, S., Link, M., Hinz, R., Hußmann, S., Ralle, B. & Thiele, J. (2012). Lehr-Lernprozesse initiieren und erforschen. Fachdidaktische Entwicklungsforschung im Dortmunder Modell. *MNU, 65* (8), 452-457.

Reinhardt, S. (1999). *Werte-Bildung und politische Bildung. Zur Reflexivität von Lernprozessen.* Opladen: Leske+Budrich.

Reinmann-Rothmeier, G. & Mandl, H. (2001). Unterrichten und Lernumgebungen gestalten. In A. Krapp, B. Weidenmann (Hrsg.), *Pädagogische Psychologie.* Weinheim: Psychologie Verlags Union, 603-648.

Wahl, D. (2006). *Lernumgebungen erfolgreich gestalten. Vom trägen Wissen zum kompetenten Handeln.* Bad Heilbrunn: Julius Klinikhardt.

Wolf, N. & Graf, D. (2012). Lernende erfassen Ökosysteme in einem Agrar-Planspiel. Ein biologiedidaktisches Entwicklungsforschungsprojekt nach dem Dortmunder Modell. *MNU, 65* (8), 491-497.

Simone van Zadelhoff & Franz B. Wember

Lesetexte als Lernaufgaben: iterative Optimierung von Lernumgebungen in individuellen Förderversuchen

1. Einleitung

Wir lesen ständig und ohne darüber nachzudenken: beim Einkaufen im Supermarkt, beim Surfen im Internet, beim Schreiben einer Email oder im Schulunterricht. Das Lesen ist eine Fähigkeit, die wir mit dem Eintritt in das Schulleben erlernen und im weiteren Verlauf der Schulentwicklung ausdifferenziert und perfektioniert haben. Lesen ist in unserer heutigen Informationsgesellschaft das zentrale Medium der Wissensaneignung und des Lernens (vgl. Rosebrock & Nix 2011), es bestimmt unsere Teilhabe am gesellschaftlichen Leben und unsere persönliche Weiterentwicklung. Doch seit den Ergebnissen der großen Vergleichsuntersuchungen PISA, IGLU und DESI wissen wir, dass im deutschen Schulsystem ein großer Teil Jugendlicher existiert, deren Leseleistungen so unterdurchschnittlich entwickelt sind, dass sie einfache Texte nicht altersangemessen verstehen können und ihnen schulisches und berufliches Versagen droht. Ergebnisse wie diese haben zu neuen Diskussionen und Forderungen im Bereich der Leseförderung geführt, die eine Fokussierung basaler Lesekompetenzen fordern. Besonders das flüssige und sinnentnehmende Lesen ist beim Verstehen von Textinhalten von großer Bedeutung und es ergibt sich didaktisch die Notwendigkeit, schwachen Leseleistungen vorzubeugen oder gar entgegenzuwirken. Da das Lesen zudem eine Schlüsselkompetenz für den Schulerfolg darstellt, kommt einer wirksamen Leseförderung auch im Hinblick auf den inklusiven Unterricht eine zentrale Bedeutung zu.

Im Vordergrund des Projektes, das im Folgenden dargestellt wird, steht die Entwicklung von zwei Lehr-Lernumgebungen, die das flüssige und sinnentnehmende Lesen fördern sollen und die durch eine iterative Vorgehensweise an die Anforderungen der unterrichtlichen Praxis angepasst werden. Lernumgebungen werden dabei als komplexe Arrangements von Lehr- und Lernmaterialien und didaktischen Handlungsweisen konzipiert, die als Module bei der Entwicklung und Gestaltung von Unterricht eingesetzt werden können. Ein Rahmenkonzept zur Förderung des flüssigen und sinnentnehmenden Lesens wird in zwei verschiedenen Organisationsformen des Unterrichts, in der Einzelförderung und durch kooperative Lesepartnerschaften, erprobt und hinsichtlich seiner Effektivität und Effizienz überprüft. Durch die iterative Erprobung und Evaluation beider Lehr- und Lernumgebungen soll ermittelt werden, welche zu einer größeren Leistungssteigerung im Bereich des flüssigen und sinnentnehmenden Lesens führen kann und für den Einsatz in der unterrichtlichen Praxis geeignet ist. Die Forschungspraxis wird durch folgende Fragen angeleitet:

- Inwieweit kann eine systematische und diagnostisch fundierte Leseförderung zu einer Weiterentwicklung und Förderung der Leseleistungen von Schülerinnen und Schülern beitragen? Lassen sich Bedingungen identifizieren, die den Erfolg fördern?
- Wie muss eine systematische und diagnostisch fundierte Leseförderung im kooperativen Lernsetting gestaltet sein, um eine Verbesserung der Leseleistungen von Schülerinnen und Schülern zu erzielen? Lassen sich Bedingungen identifizieren, die den Erfolg fördern?
- Kann eine systematische und diagnostisch fundierte Leseförderung durch kooperative Lesepartnerschaften vergleichbare oder verbesserte Ergebnisse bei der Entwicklung der Komponenten von Leseflüssigkeit erzielen als eine systematische und diagnostisch fundierte Leseförderung in der Einzelförderung?

Im vorliegenden Beitrag wird die Entwicklung und Realisierung der Lehr-Lernumgebung in der Organisationsform des Einzelunterrichts dargestellt. An zwei exemplarischen Fallbeispielen wird gezeigt, wie die mikroanalytische Optimierung einer Lehr-Lernumgebung empirisch gestützt erfolgen kann, indem man das lesetechnische Anforderungsniveau des zu lesenden Textes abhängig vom Verlauf der individuellen Leselernkurve erhöht oder absenkt und auf diese Weise an das aktuell gezeigte Leseverhalten eines Kindes anpasst. Die Darstellung folgt dem Modell fachdidaktisch fundierter Entwicklungsforschung (Prediger et al. 2012): Ausgehend von einer Spezifizierung und Strukturierung der Lerngegenstände wird die Entwicklung einer Lehr-Lernumgebung beschrieben und deren Erprobung anhand zweier Beispiele dargestellt. Der Fokus bei der Darstellung der Lehr-Lernumgebung liegt auf der iterativen Passung von Lesetexten an die individuellen Leseleistungen der Schülerinnen und Schüler. Es wird abschließend gezeigt, dass sich mehrere Einzelförderungen als intraindividuell angelegte Förderversuche darstellen, die sich vergleichend auswerten lassen, um die relative Effizienz und Effektivität der unterschiedlich gestalteten Lernumgebungen zu erkunden.

2. Konzeption der Lehr-Lernumgebung

2.1 Spezifizierung und Strukturierung der Lerngegenstände

Die Spezifizierung und Strukturierung der Lerngegenstände bildet die Basis für die Entwicklung einer Lehr-Lernumgebung (zur weiteren Erläuterung der Begriffe siehe Hußmann et al. in diesem Band). Um Ansatzpunkte und Umsetzungsmöglichkeiten für eine Förderung des flüssigen und sinnentnehmenden Lesens entwickeln und erproben zu können, ist zunächst eine differenzierte fachdidaktische Analyse des Leseprozesses notwendig. Nachfolgend werden die Konstrukte Lesekompetenz und Leseflüssigkeit als Basis einer Leseförderung betrachtet und erläutert.

Mehrebenenmodell der Lesekompetenz

Wenn man von Lesen und Lesekompetenzen spricht, wird darunter häufig ein kognitions-psychologisches Verständnis von Lesekompetenz gefasst, welches die kognitiven Teilleistungen des Lesers und der Leserin während des Lesevorgangs fokussiert. Dieses Verständnis, wie es auch den PISA-Studien zu Grunde liegt, versteht das Lesen als Informationsverarbeitung und erfasst nicht die Komplexität dieses Prozesses und das Subjekt des Lesers oder der Leserin als Ganzes. Nach Rosebrock und Nix (2011) greift diese kognitionspsychologische Auffassung für eine praktische Anwendung im Unterricht aus didaktischer Sicht zu kurz. Um Lehrkräfte zu befähigen, Leseprobleme differenziert wahrzunehmen, zu diagnostizieren und geeignete Interventionsmaßnahmen auszuwählen, hat Rosebrock (2009) ein Mehrebenenmodell der Lesekompetenz entwickelt, welches drei miteinander interagierende Ebenen beschreibt.

Die Prozessebene umfasst die textnahen, hierarchisch aufgebauten Teilleistungen, die während des Lesens durchlaufen werden und die den Kern der kognitiven Aktivitäten darstellen. In der Kognitionspsychologie werden auf dieser Ebene für das kompetente Lesen fünf Anforderungsdimensionen definiert, die während des Lesevorgangs parallel durchlaufen werden müssen. Die ersten beiden Dimensionen, Wort- und Satzidentifikation sowie lokale Kohärenzbildung, beschreiben das Erkennen und Verstehen von Wörtern, das Zusammenfügen zu Sätzen und deren Verknüpfung zu einem sinnvollen Gesamtzusammenhang (vgl. Rosebrock & Nix 2011).

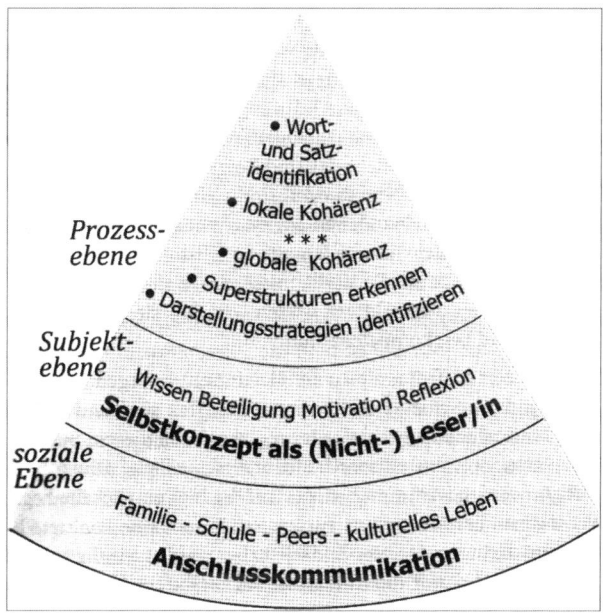

Abb. 1: Mehrebenenmodell der Lesekompetenz (Rosebrock & Nix 2011, S. 11)

Diese nach Kintsch (1998) als hierarchieniedrige Prozesse bezeichneten Dimensionen laufen bei einem geübten Leser oder einer Leserin weitgehend automatisiert ab, sie erfordern keine geistige Anstrengung und belegen keine kognitiven Ressourcen. Die kognitiven Ressourcen können somit für höhere Verstehensleistungen (hierarchiehöhere Prozesse) genutzt werden, in denen der Gesamtzusammenhang eines Textes hergestellt und gestalterische Darstellungsstrategien erkannt werden können (Rosebrock, Nix, Rieckmann & Gold 2011). Ein solches komplexes Leseverständnis erfordert bewusste Anstrengung während des Lesens und beginnt mit dem Durchlaufen der letzten drei Anforderungsdimensionen.

Die Subjektebene bezieht sich auf den Leser und die Leserin als Subjekt und deren Selbstkonzept. Es werden hier die Motivation und die emotionale Beteiligung des Lesers und der Leserin beim Lesen der Lektüre berücksichtigt. Die soziale Ebene umfasst die Ebene aller Anschlusskommunikationen, etwa das angeleitete Diskutieren über Gelesenes im Unterricht oder der spontane Austausch über Gelesenes in unterschiedlichen sozialen Bezugsgruppen (vgl. Rosebrock 2009). Während traditionelle Modelle des Lesens sich vor allem auf die unteren, textnahen Prozesse konzentriert haben, zeigt das Mehrebenenmodell die Vielschichtigkeit der Lesekompetenz auf und bietet lesedidaktische Ansatzpunkte für Fördermaßnahmen auf verschiedenen Ebenen. Das im Folgenden vorgestellte Förderverfahren setzt an der untersten Ebene der Lesekompetenz an und konzentriert sich auf die hierarchieniedrigen Prozesse des textnahen Lesens; denn bei Kindern mit Leseschwierigkeiten stellen sich Wort- und Satzidentifikation und lokale Kohärenzbildung nicht ohne weiteres ein.

Leseflüssigkeit und Textverstehen

Wer das sinnerfassende Lesen bei Kindern mit Leseschwierigkeiten fördern möchte, muss sicherstellen, dass die Kinder flüssig lesen, d.h. dass sie ausreichend genau und relativ schnell lesen. Der Zusammenhang zwischen Leseflüssigkeit und Textverstehen beim Lesen wird deutlich, wenn man die einzelnen Komponenten der Leseflüssigkeit betrachtet. Das flüssige Lesen umfasst zum einen die Dekodiergenauigkeit, – gemeint ist damit das möglichst präzise Dekodieren des geschriebenen Textes bzw. die sofortige Korrektur von Lesefehlern. Unzureichende oder fehlerhafte Dekodierleistungen, die nicht korrigiert werden, führen zu keiner oder einer falschen Sinnkonstruktion. Das flüssige Lesen umfasst zum anderen die Dekodiergeschwindigkeit, gemeint ist damit das relativ schnelle Dekodieren des geschriebenen Textes. Zu langsam und mühevoll erlesener Text beansprucht die Aufmerksamkeit des oder der Lesenden so sehr, dass nicht genügend kognitive Ressourcen für das Erfassen und Verstehen des Inhaltes bleiben. Während Dekodiergenauigkeit und Dekodiergeschwindigkeit für das leise und das laute Lesen wichtig sind, umfasst das flüssige Lesen beim lauten Lesen zusätzlich die Fähigkeit zur sinngemäßen Betonung des vorgelesenen Satzes. Die angemessene Betonung zeigt, welche Satzteile semantisch und syntaktisch zusammengehören und das Verstehen des Satzes wird erleichtert. Disfluente Leser und Leserinnen hingegen lesen in monoton-stockenden Wort-für-Wort-Schritten und fassen unpassende Satzteile zusammen, wodurch das Verstehen des Satzes erschwert wird (vgl. Rosebrock & Nix 2011).

LaBerge und Samuels haben bereits 1974 den Begriff der Automatisierung für den Grad der Internalisierung des Dekodierens beim Lesen eingeführt: Erst das automatisierte, d.h. das mühelose, sichere und schnelle Erlesen von Wörtern setzt kognitive Ressourcen für weitere Textverstehensprozesse frei, denn es lässt einen direkten Zugriff auf Wortbedeutungen zu. Dieser Prozess wird in Abb. 2 verdeutlicht: Schwache Leser und Leserinnen müssen sowohl für das Dekodieren als auch für den Verstehensprozess kognitive Ressourcen aufwenden und den Fokus der Aufmerksamkeit abwechselnd auf beide Prozesse richten. Als Konsequenz daraus müssen diese Leser und Leserinnen Wörter oder auch Sätze mehrmals lesen, um den Sinn des Gelesenen zu verstehen. Anders ist es bei den flüssigen Lesern und Leserinnen: Sie haben die Prozesse des Dekodierens soweit automatisiert, dass sie den Fokus der Aufmerksamkeit und ihre gesamten kognitiven Ressourcen auf die Textverstehensprozesse richten können.

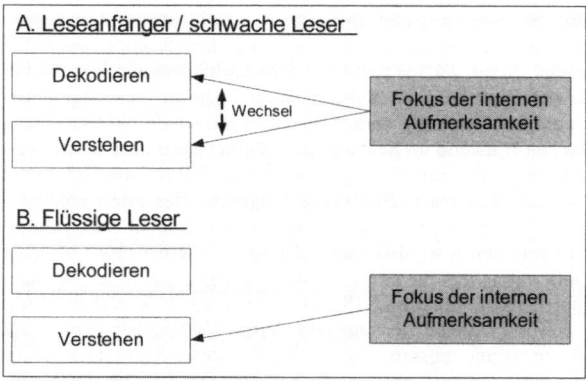

Abb. 2: Modell des automatisierten Lesens (nach LaBerge & Samuels 1974, Quelle: Nix 2011, S. 81)

Wenn Schülerinnen und Schüler mit schwachen Leseleistungen wirksam gefördert werden sollen, ist ein Konzept notwendig, das bei der Automatisierung des Dekodierens ansetzt: Nachfolgend wird eine Möglichkeit der Leseförderung beschrieben, die sich an einem bestehenden Rahmenkonzept (Wember 1999) orientiert und durch eine fortlaufende iterative Anpassung von Lesetexten an das individuelle Leseniveau und den Leseerfolg der Lernenden ein flüssiges und sinnentnehmendes Lesen anstrebt.

2.2 Design (weiter-)entwickeln: iterative Passung von Lesetexten

Bei der Entwicklung der Lehr-Lernumgebung, die das flüssige und sinnentnehmende Lesen fördern soll, sind zwei Aspekte berücksichtigt worden: Die Organisationsform des Unterrichts und der Text, den das individuelle Kind innerhalb der Lernumgebung lesen und anhand dessen eine Verbesserung des Lesens angestrebt werden soll. Im vorliegenden Beitrag liegt der Fokus auf der Organisationsform des Einzelunterrichts, was bedeutet,

dass das Kind eine systematische und diagnostisch fundierte Leseförderung unter der Anleitung einer Lehrperson erhält. In Anlehnung an ein Förderkonzept von Wember (1999)
ist die Lernumgebung so gestaltet, dass das jeweilige Kind dreimal wöchentlich über einen
Zeitraum von mehreren Wochen Texte liest, die an das individuelle Leseniveau des Schülers oder Schülerin angepasst sind und deren Schwierigkeitsgrad schrittweise ansteigt.
Bevor jedoch eine gezielte Intervention beginnen kann, erfolgt eine Diagnosephase, innerhalb derer in einer iterativen Vorgehensweise das individuelle Textniveau des Kindes gefunden werden soll.

Bei der Auswahl der Texte gilt es somit folgende Fragen zu berücksichtigen: Ist der
Text inhaltlich interessant oder ist er für das Kind wenig interessant? Ist er lesetechnisch
zu leicht, zu schwierig oder passend? Zu schwierige Texte, angezeigt durch einen zu hohen Fehlerquotienten und einer zu geringen Anzahl korrekt gelesener Wörter pro Minute,
überfordern und entmutigen das Kind. Zu leichte Texte hingegen unterfordern und lang-
weilen das Kind, was durch eine sehr geringe Fehlerquote und eine hohe Anzahl korrekt
gelesener Wörter pro Minute indiziert wird. Zu diesem Zweck werden die Dekodiergeschwindigkeit, die Dekodiergenauigkeit und das Textverständnis erhoben. Die Geschwindigkeit lässt sich durch die Anzahl der gelesenen Wörter pro Minute, die Lesegenauigkeit
durch die Anzahl korrekt und fehlerhaft gelesener Wörter pro Minute und das Textverständnis durch die Beantwortung von inhaltlichen Fragen zum Text bestimmen (vgl.
Schiller & Wember 2003). Ziel ist es, eine optimale Passung von Lesetext und Leseniveau
des Kindes zu erreichen, was als Instruktionsniveau bezeichnet wird. Dieses ist erreicht,
wenn ein Kind mehr als 25 bis 40 Wörter richtig und nicht mehr als vier bis acht Wörter
pro Minute falsch liest und mindestens 50% der inhaltlichen Fragen zum Text beantworten kann (Wember 1999). Ist der passende Text gefunden, kann die gezielte Intervention
zur Förderung des flüssigen und sinnentnehmenden Lesens beginnen: hierzu liest das Kind
einen Text laut vor und es werden von der anleitenden Person Lesefehler korrigiert. Im
Anschluss daran erfolgt eine Diagnosephase, in der das Kind den Text erneut vorliest.
Hierbei werden die korrekt und fehlerhaft gelesenen Wörter des Kindes notiert und gemeinsam in eine Leseleistungskurve eingetragen. Im weiteren Verlauf der Fördereinheiten
erfolgt in einer ständig verschränkten Abfolge von Diagnose und Intervention eine fortlaufende iterative Anpassung der Lesetexte an den individuellen Leseentwicklungsverlauf
und den aktuellen Leistungsstand der Schülerinnen und Schüler im Sinne einer so genannten mikroanalytischen Optimierung.

Um eine Passung des Lesetextes an das Leseniveau des Kindes zu erleichtern, kann
man sich an Textmerkmalen orientieren, die eine Unterscheidung zwischen leichten und
schwierigen Texten ermöglichen. Textmerkmale, die sich in der textlinguistischen Forschung empirisch bewährt haben, sind:

–   Durchschnittliche Wortlänge (DWL): Die durchschnittliche Wortlänge lässt sich be-
    rechnen als die Anzahl der Buchstaben eines Texten dividiert durch die Anzahl der
    Wörter.
–   Durchschnittliche Satzlänge (DSL): Die durchschnittliche Satzlänge lässt sich berech-
    nen als die Anzahl der Wörter eines Textes dividiert durch die Anzahl der Sätze.

- Type-Toke-Ratio-Index (TTR): Der Type-Toke-Ratio-Index ist ein Maß für die Redundanz eines Textes. Er lässt sich berechnen als die Anzahl der unterschiedlichen Wörter dividiert durch die Gesamtzahl der Wörter.
- Lesbarkeitsindex (LIX): Der Lesbarkeitsindex lässt sich berechnen aus der Addition von durchschnittlicher Satzlänge und dem Prozentsatz langer Wörter (mehr als sechs Buchstaben).

Diese Textmerkmale können wichtige Anhaltspunkte zur Auswahl passender Lesetexte für das jeweilige Kind bieten. Generell lässt sich hierbei festhalten, dass Texte mit kurzen Wörtern und Sätzen leichter zu lesen sind als solche mit langen und dass häufige Wortwiederholungen zu einem erleichterten Lesen beitragen (vgl. Wember 1999). Darüber hinaus zeigt ein höherer Lesbarkeitsindex eine erhöhte Textschwierigkeit an. Im Verlaufe eines individuellen Förderversuchs ist jedoch immer wieder wichtig, eine iterative Passung vorzunehmen.

2.3 Design-Experimente durchführen und auswerten

Die beschriebene Art der Leseförderung wurde mit 23 Schülerinnen und Schülern aus drei vierten Grundschulklassen durchgeführt, die Organisationsform der Lehr-Lernumgebung war der Einzelunterricht. Über einen Zeitraum von zehn Wochen erhielten diese Kinder dreimal wöchentlich eine Fördereinheit zur Verbesserung des flüssigen und sinnentnehmenden Lesens, in der die Lernaufgaben iterativ optimiert und an den Leserfolg der Schüler angepasst wurden. Es wurden diejenigen Kinder für die Erprobung ausgewählt, die in standardisierten Lesetests schwache bis sehr schwache Leseleistungen zeigten.

Anhand zweier kontrastierender Fallbeispiele soll nachfolgend die Notwendigkeit einer fortlaufenden iterativen Passung des Lesetextes an das individuelle Leseniveau für eine Verbesserung der Leseentwicklung gezeigt werden. Die Fallbeispiele zeigen zum einen eine iterative Passung durch Vereinfachung und zum anderen eine iterative Passung durch Erhöhung des Textniveaus.

Fallbeispiel 1

Die Schülerin Maja (Name geändert) ist deutscher Herkunft und besucht die vierte Klasse einer Grundschule. Sie zeigte in den vor der Leseförderung erhobenen Leseleistungsdaten schwache bis sehr schwache Leseleistungen, was sich im Unterricht in einem sehr stockenden und langsamen Lesen äußerte.

Die Anpassung der Lernaufgabe an das Leseniveau der Schülerin erfolgte in einer Diagnosephase von drei aufeinanderfolgenden Sitzungen. Der erste Lesetext in der Diagnosephase war der Text „Das Essen schmeckt scheußlich" aus einem Lesebuch des zweiten Schuljahres. Mit einer durchschnittlichen Wortlänge von 4,4, einer durchschnittlichen Satzlänge von 7,3 und einem Type-Token-Ratio-Index von 0,6 war dieser als ein lesetechnisch einfacher Text einzustufen. Abb. 3 zeigt die Leseleistungen der Schülerin im Verlauf der Leseförderung. Auf der x-Achse ist die Anzahl der Diagnose- und Fördersitzungen eingetragen, auf der y-Achse sind die falsch gelesenen Wörter pro Minute (FWM) und die richtig gelesenen Wörter pro Minute (RWM) abgetragen. Wie in der Abbildung zu erkennen ist, las Maja beim ersten Text 30 Wörter pro Minute richtig und vier Wörter pro Minute falsch, das Lesen des Textes schien für die Schülerin jedoch mit sehr großer Anstrengung verbunden zu sein. Es folgte ein zweiter Text („Rettung für Stummel") mit ähnlichem Anforderungsniveau, bei dem die Schülerin ebenfalls 30 RWM bei nur einem falsch gelesenen Wort pro Minute erreichte, jedoch nur 25% der Fragen zum Inhalt des Textes richtig beantworten konnte. Da Maja nur sehr knapp das Instruktionsniveau erreicht hat, das Lesen mit zu großer Anstrengung verbunden war und sie nur ein unzureichendes Textverständnis zeigte, erfolgte eine leichte Reduzierung des lesetechnischen Schwierigkeitsniveaus. Der folgende Text „Eine Sommerüberraschung" war mit einer durchschnittlichen Wortlänge von 4,8, einer durchschnittlichen Satzlänge von 7,2 und häufigen Wortwiederholungen ebenfalls ein lesetechnisch einfacher Text. Maja erreichte 49 RWM bei fünf falsch gelesenen Wörtern pro Minute. Da sie darüber hinaus 75% der inhaltlichen Fragen korrekt beantworten konnte, der Text sie inhaltlich anzusprechen schien und sie eine hohe Motivation zeigte, wurde dieser Text als lesetechnisch passend akzeptiert. In drei aufeinanderfolgenden Diagnosesitzungen konnten die Lesetexte der Lernumgebung durch eine Reduzierung des Textniveaus und eine inhaltliche Abstimmung auf die Interessen der Schülerin an das individuelle Leseniveau angepasst werden und die Intervntionsphase konnte beginnen.

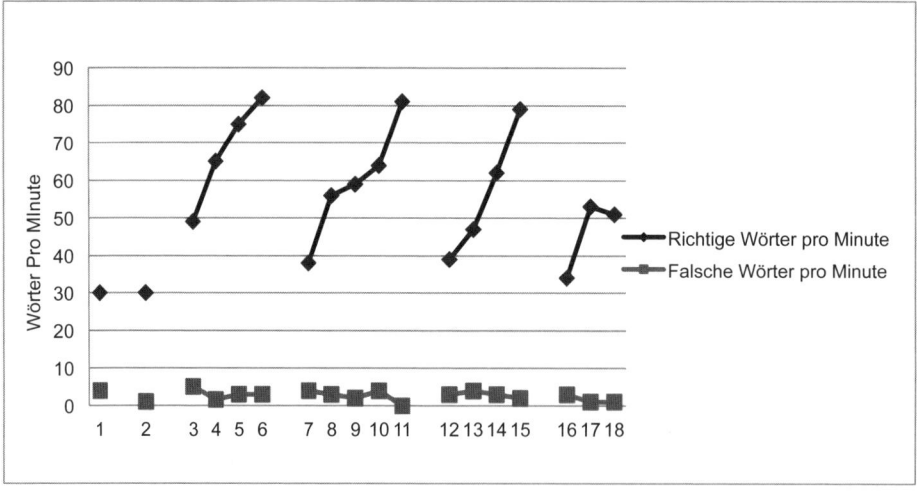

Abb.3: Leseleistungskurve der Schülerin Maja. Quelle: eigene Darstellung

Kennzeichen der Interventionsphase ist das intensive Üben eines Textes durch beständiges Wiederholen und eine allmähliche Erhöhung der Textschwierigkeit beim Wechseln zu neuen Übungstexten. Durch das Prinzip der Wiederholung soll eine Automatisierung des Leseprozesses erreicht und flüssiges, sinnentnehmendes Lesen ermöglicht werden, das in einem täglich wiederkehrenden Lesetest gemessen und in einer Grafik dokumentiert wird. Die Schülerin Maja las in 16 Fördersitzungen der Interventionsphase vier unterschiedliche Texte mit leicht ansteigendem lesetechnischem Schwierigkeitsniveau. Abb. 3 ist der Verlauf der Leseförderung und die Entwicklung der Leseleistungen innerhalb der unterschiedlichen Lesetexte zu entnehmen. Beim ersten Lesetext der Intervention, „Eine Sommerüberraschung", ist der Anstieg der Lesegeschwindigkeit von 49 auf 82 RWM bei gleichzeitiger Abnahme der falsch gelesenen Wörter pro Minute zu verzeichnen (Tage 3-6). Nach viermaligem Lesen und dem Erreichen des Abbruchkriteriums von 80 RWM fand eine Erhöhung des Schwierigkeitsniveaus des Lesetextes statt. Aufgrund der Erhöhung der durchschnittlichen Wort- und Satzlänge ist am siebten Tag zunächst ein Abfall von Lesegeschwindigkeit und Lesegenauigkeit zu verzeichnen, welche im weiteren Verlauf der Fördersitzungen stetig angestiegen sind (38 RWM auf 81 RWM). Nach Erreichen des Abbruchkriteriums von 80 RWM am elften Tag war erneut ein Wechsel des Textes und eine Erhöhung des Textniveaus durch ansteigende Wortlänge angezeigt. Erneut ist zunächst ein Abfall der Leseleistungen zu verzeichnen, welche in den nachfolgenden Förderversuchen erneut stetig ansteigen (von 39 auf 79 RWM an den Tagen 12 bis 15). Der abschließende Lesetext war ebenfalls durch den Anstieg von Wort- und Satzlänge lesetechnisch anspruchsvoller. Nach Abfall der Leseleistungen ist zunächst ein Anstieg der Lesegenauigkeit und Lesegeschwindigkeit zu verzeichnen, wobei letztere in der abschließenden Sitzung gesunken ist. Dieser Abfall war vermutlich auf mangelnde Konzentration der Schülerin zurückzuführen.

Zusammenfassend lässt sich festhalten, dass bei der Schülerin Maja eine Automatisierung des Leseprozesses durch eine Anpassung der Lesetexte an das individuelle Leseniveau festzustellen ist. Durch eine optimale Anpassung der Lernumgebung an die individuellen Bedürfnisse und den Leseerfolg durch Reduzierung des Textniveaus in der Diagnosephase war es möglich, im Verlauf der Förderung steigende Leseleistungen bei tendenziellem Anstieg der Textschwierigkeit zu erreichen.

Fallbeispiel 2

Der Schüler Tom (Name geändert) ist türkischer Herkunft und besucht die vierte Klasse einer Grundschule. Er zeigte in den vor der Förderung erhobenen Leseleistungsdaten schwache Leistungen bei Lesegenauigkeit und Lesegeschwindigkeit, weil er fehlerhaft, sehr stockend und langsam las.

Die Anpassung des Lesetextes an das individuelle Leseniveau des Schülers erfolgte in drei Diagnosesitzungen, in deren Verlauf das lesetechnische Anspruchsniveau erhöht wurde. Der erste Text der Diagnosephase war, wie im Falle der Schülerin Maja, der Text „Das Essen schmeckt scheußlich". Wie Abb. 4 zeigt, schaffte der Schüler bei diesem lesetechnisch einfachen Text (Geringe Wort- und Satzlänge, häufige Wiederholungen) 78 RWM und las nur vier Wörter pro Minute falsch, so dass trotz der recht hohen Fehlerzahl dieser Text eher eine Unterforderung darstellte. Als Konsequenz daraus wurde die Lernaufgabe angepasst und das Schwierigkeitsniveau des Textes erhöht.

Der nachfolgende Text „Alles total geheim" wies eine deutlich höhere Wort- und Satzlänge sowie einen höherern Lesbarkeitsindex auf. Wie der Abb. 4 zu entnehmen ist, erreichte der Schüler 76 RWM und er las drei Wörter pro Minute falsch. Trotz gesteigertem Schwierigkeitsniveau des Lesetextes unterforderte dieser den Schüler, erkennbar an der hohen Anzahl korrekt erlesener Wörter, und er schien ihn inhaltlich nicht anzusprechen.

Aus diesem Grunde erfolgte eine weitere Anpassung der Lernumgebung durch eine erneute Erhöhung des Textniveaus, welches durch einen starken Anstieg der durchschnittlichen
Wortlänge und des Lesbarkeitsindex erreicht wurde. Der dritte Text „Pippi beim Kaffeeklatsch" wurde bei Erreichen von 67 RWM, sechs fehlerhaft gelesenen Wörtern pro Minute und 50 % korrekter beantworteter Fragen als lesetechnisch passender Text angenommen, zumal der Schüler Gefallen an dem Inhalt des Textes zu finden schien und interessiert war, das Lesen mit diesem Text zu beginnen. Somit war es gelungen, eine Anpassung
der Lernumgebung an die individuellen Voraussetzungen des Schülers innerhalb von drei
Sitzungen zu erreichen, anders als bei Maja jedoch durch eine Erhöhung des Schwierig-
keitsgrades.

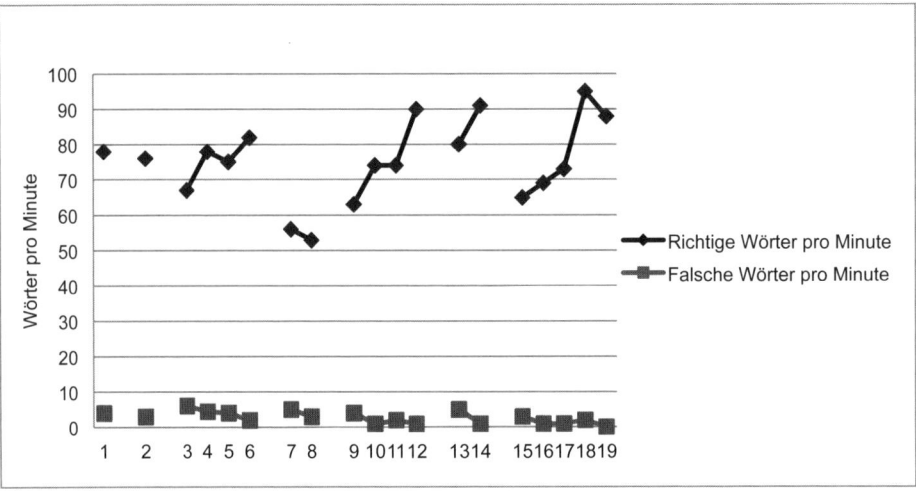

Abb. 4: Leseleistungskurve des Schülers Tom. Quelle: eigene Darstellung

Die Interventionsphase erstreckte sich über 17 Sitzungen (vgl. Abb. 4). Beim ersten Lesetext „Pippi beim Kaffeeklatsch" ist ein Anstieg der Lesegeschwindigkeit von 67 RWM
auf 82 RWM bei gleichzeitiger Zunahme der Lesegenauigkeit zu erkennen (Tage 3-6). Die
korrekte Beantwortung der Fragen steigerte sich ebenfalls von 50% auf 100%. Nach viermaligem Lesen und Erreichen des zuvor festgesetzten Leseziels wurde ein Wechsel der
Lernaufgabe mit gleichzeitiger Erhöhung des Schwierigkeitsniveaus vorgenommen. Der
nachfolgende Text „Rübezahl bei den Menschen" weist eine deutlich höhere Wort- und
Satzlänge sowie einen höheren Lesbarkeitsindex auf. Bei der ersten Bearbeitung des Textes in Sitzung sieben schaffte Tom 56 RWM, las fünf Wörter pro Minute falsch und konnte 20% der inhaltlichen Fragen zum Text beantworten. Dieser Lesetext schien den Schüler
zu überfordern, was sich in der schwachen Lesegenauigkeit und dem mangelnden Textverständnis zeigte. Es folgte dennoch eine zweite Sitzung mit der Bearbeitung des Textes,
um zu sehen ob sich der Schüler dennoch in seiner Leseleistung verbessern kann. Wie
Abb. 4 zu entnehmen ist eine leichte Verbesserung der Lesegenauigkeit zu erkennen, je-

doch verschlechterte sich die Anzahl der RWM von 56 auf 53 und es fand keine Verbesserung des Textverständnisses statt.

Dieser Lesetext stellte eine Überforderung für den Schüler dar und es erfolgte eine erneute Anpassung der Lernaufgabe durch Reduzierung des Schwierigkeitsniveaus. Der nachfolgende Lesetext (Sitzungen 9 bis 12) war mit einer geringeren Wortlänge und einem niedrigeren Lesbarkeitsindex ein lesetechnisch leichterer Text. Im Verlauf der Bearbeitung des Lesetextes „Michel bringt die Welt in Ordnung: Erntezeit in Lönneberga" zeigt sich eine Steigerung der Lesegeschwindigkeit 63 auf 90 RWM bei gleichzeitiger Abnahme der Anzahl falsch gelesener Wörter pro Minute. Diese Lernaufgabe schien dem Leseniveau des Schülers besser angepasst und ihn auch inhaltlich anzusprechen, welches durch eine große Motivation und Freude bei der Bearbeitung des Textes deutlich wurde. Tom schaffte es, die korrekte Beantwortung der inhaltlichen Fragen zum Text von 40% auf 100% zu steigern. Nach viermaligem Lesen des Textes erfolgte eine erneute Anpassung der Lernumgebung durch Erhöhung des Textniveaus. Der vierte Lesetext war durch eine gestiegene Wort- und Satzlänge und einem höheren Lesbarkeitsindex lesetechnisch anspruchsvoller. Nach erstmaligem Lesen erreichte der Schüler 80 RWM, las fünf Wörter pro Minute falsch und konnte alle Fragen zum Inhalt des Textes korrekt beantworten. Der Text schien dem Leseniveau des Schülers nicht zu entsprechen und ihn zu unterfordern. Um sich dessen aber sicher zu sein, erfolgte eine zweite Bearbeitung des Lesetextes. Hierbei waren ein Anstieg der Lesegenauigkeit und ein deutlicher Abfall der FWM zu verzeichnen, so dass eine erneute Anpassung der Lernaufgabe vorgenommen werden musste, da das Schwierigkeitsniveau nicht den Fähigkeiten des Schülers entsprach. Der darauffolgende Lesetext „Der kluge Richter" war durch einen höheren TTR ein lesetechnisch anspruchsvollerer Text. Diese Lernaufgabe schien dem Leistungsniveau zu entsprechen, was sich in einem Anstieg der Lesegeschwindigkeit von 69 auf 88 RWM, einer Zunahme der Lesegenauigkeit und einem verbesserten Textverständnis zeigte.

Zusammenfassend ist bei Tom eine Steigerung der Automatisierung des Leseprozesses über den Verlauf der Fördersitzungen festzustellen. Durch eine optimale und iterative Anpassung der Lernaufgaben an das individuelle Lernniveau sowohl zu Beginn als auch während der Förderung war es möglich, steigende Leseleistungen bei ansteigendem Schwierigkeitsniveau der Lernaufgabe zu erzielen.

Weitergehende Fragestellungen

Die vorgestellten Fallbeispiele zeigen, dass eine iterative Optimierung von Lesetexten an das individuelle Lernniveau und den individuellen Leseerfolg von Lernenden zu einer Verbesserung des flüssigen und sinnentnehmenden Lesens beitragen kann. Durch eine individuelle Anpassung der Lesetexte im Sinne einer mikroanalytischen Iteration wird ein zentrales Element der Lernumgebung lernförderlich optimiert und eine positive Leistungsentwicklung wirksam unterstützt.

Während der Erprobung der Leseförderung wurden nicht nur die hier diskutierten curricularen Leseverlaufsdaten erhoben, sondern darüber hinaus weitere qualitative und quantitative Daten, welche sich hinsichtlich der Beurteilung der Lehr-Lernumgebungen ergänzen. Aus Platzgründen seien die verschiedenen Datenquellen und Datenarten und deren Auswertung kurz im Überblick zusammengefasst:

Curriculare Leseverlaufsdaten in tabellarischer und grafischer Form: Während der Durchführung der Leseförderung wird gemeinsam mit dem Kind eine Leseleistungskurve (siehe Abb. 3 und 4) erstellt, auf der die Lesedaten des Kindes in Abhängigkeit vom Verlauf der Förderung abgetragen sind. Die Auswertung der individuellen Leseleistungskurven durch visuelle Analyse gibt Auskunft über den individuellen Verlauf der Förderung insgesamt, die Leseentwicklung des einzelnen Kindes und die iterative Anpassung der Lesetexte und sie gibt Hinweise auf weitere Optimierungsmöglichkeiten bei der Gestaltung der Lernumgebung im Sinne einer mesoanalytischen Iteration; denn jeder individuelle Förderversuch kann in der Logik einzelfallanalytischer Forschungsdesigns als Versuch zur Replikation eines Effektes unter bestimmten Bedingungen aufgefasst werden (Wember 1994, 2008). Zur Unterstützung der visuellen Analyse erfolgt zusätzlich eine statistische Analyse der curricularen Leseverlaufsdaten. Durch die Berechnung deskriptiver Daten, die Berechnung der statistischen Signifikanz und die Schätzung der Effektstärke lassen sich objektive Aussagen über die Leseentwicklung der Lernenden treffen.

Standardisierte Leseleistungstests ELFE 1-6 und SLS 1-4 zu Beginn und nach Abschluss der Erprobung: Hier liegen sowohl die Ergebnisse der Lernenden, die an der Leseförderung teilgenommen haben, als auch der übrigen Schülerinnen und Schüler des Klassenverbandes als Prä- und Posttest vor. Es erfolgt eine statistische Auswertung der Daten, bei der die statistische Signifikanz der Ergebnisse anhand der Berechnung des Reliable Change Index ermittelt wird (Lienert & Raatz 1994, S. 370f.). Es sollen hierdurch Aussagen über die individuelle Veränderung der Lesefähigkeiten der Schülerinnen und Schüler der Stichprobe getroffen und Aussagen über die Wirksamkeit und Effektivität des Förderverfahrens gemacht werden. Erste Ergebnisse der Auswertung zeigen eine positive Leistungsentwicklung der Lernenden.

Videoaufnahmen des Lesens: Während der Erprobung der Leseförderung wurden in regelmäßigen Abständen videografierte Leseaufnahmen zu Beginn, während der Intervention und nach Abschluss der Leseförderung gemacht. Es erfolgt hier eine Beurteilung anhand einer Skala zur Einschätzung des flüssigen Lautlesens, um objektive Einschätzungen über die Qualität des Lesens zu erhalten und subjektive Beurteilungen zu reduzieren. Die Analyse dieser Daten ist derzeit in Arbeit und bleibt späteren Publikationen vorbehalten.

3. Fazit und Ausblick

Die vorgestellten Fallbeispiele zeigen, dass eine iterative Optimierung von Lesetexten als eines der zentralen Elemente bei der Gestaltung einer Lehr-Lernumgebung zur Verbesserung des flüssigen und sinnentnehmenden Lesens gelten kann. Wird ein Text in seinem lesetechnischen Schwierigkeitsgrad im Sinne einer mikroanalytischen Iteration an das individuelle Leseniveau der Lernenden angepasst, so ist es möglich, eine Verbesserung der Leseleistungen bei gleichzeitigem Anstieg der Textschwierigkeit zu erzielen. Die dargestellten Beispiele und auch die ersten Ergebnisse der Auswertung aller Schülerinnen und Schüler bestätigen die Effektivität der Einzelförderung: Die hier beschriebene Lehr-Lernumgebung bietet die Möglichkeit, einzelnen Schülerinnen und Schülern, die besonders schwache Leseleistungen zeigen, individuelle Hilfen zur Verbesserung der Leseleistungen anzubieten.

Der Einsatz dieser Art der Leseförderung verlangt jedoch eine hohe diagnostische Kompetenz auf Seiten der Lehrperson, die in der Lage sein muss, zu Beginn der Förderung individuell geeignete Lesetexte auszuwählen (vgl. 2.2) und im Verlaufe der Förderung das Anforderungsniveau zu kontrollieren und zu adaptieren (vgl. die beiden Fallbeispiele in 2.3). In Zeiten, in denen eine Klassenstärke von mehr als 25 Kindern pro Klasse im deutschen Schulsystem durchaus üblich ist, scheint die Umsetzung einer solchen individuell angelegten Leseförderung wegen des hohen zeitlichen Aufwands nur schwer möglich zu sein. Im weiteren Verlauf des Entwicklungsprojekts wurde die bestehende Leseförderung deshalb in eine veränderte Lehr-Lernumgebung eingebettet, die mehr Effizienz verspricht: Das zentrale Element der iterativen Optimierung von Lesetexten wurde beibehalten, die Organisationsform des Einzelunterrichts wurde jedoch durch das kooperative Lernen durch Lesepartnerschaften ersetzt. Diese Veränderung der Lehr-Lernumgebung erforderte zwar einige Modifikationen, sie entspricht jedoch in Grundzügen dem dargestellten Konzept von Leseförderung. Das kooperative Lernen in Lesepartnerschaften wurde von Schülerinnen und Schülern in vier vierten Grundschulklassen durchgeführt und im Klassenverband erprobt. Die Leseleistungskurven der Lernenden geben auch hier Aufschluss über den Verlauf der Förderung und über weitergehende Optimierungsmöglichkeiten im Sinne mikroanalytischer Iteration. Die Ergebnisse der standardisierten Lesetests geben Anhaltspunkte über die Effektivität und Wirksamkeit des Förderverfahrens ingesamt. Wenn sie über die Einzelfälle aggregiert ausgewertet werden, erhält man erste Effektschätzungen als summative Evaluationsdaten.

Diese Art der Leseförderung ist leichter in die unterrichtliche Praxis einzubetten und bietet allen Schülerinnen und Schülern die Möglichkeit, an der Leseförderung teilzunehmen. Gerade im derzeitgen Umbruch der Schullandschaft und bei vermehrter Unsetzung des inklusiven Unterrichts, scheint das kooperative Lernen durch Lesepartnerschaften geeignet zu sein. Jedoch ist auch hier die Förderung mit hoher diagnostischer Kompetenz und mit hohem zeitlichem Aufwand seitens der Lehrpersonen verbunden. Vermutlich sollten gezielte Fortbildungen für Lehrkräfte entwickelt und angeboten werden, ausführliche Handreichungen zur Durchführung der Förderung mit passendem Textmaterial können den Aufwand für die Implementierung in der Praxis reduzieren.

Werden nun die Ergebnisse der quantitativen und qualitativen Daten beider Lehr-Lernumgebungen miteinander verglichen, lassen sich Aussagen über die relative Effektivität und Effizient beider Förderverfahren machen; denn die summativen Evaluationsdaten zeigen an, welche der beiden Lernumgebungen zu einer größeren Leistungssteigerung führt und zur Förderung des flüssigen und sinnentnehmenden Lesens in der unterrichtlichen Praxis vorrangig eingesetzt werden sollte. Auf diese Weise werden Ansatzpunkte für eine weiterführende Verbesserung beider Lernumgebungen im Sinne einer makroanalytischen Iteration gewonnen, so dass für Schülerinnen und Schüler mit schwachen Leseleistungen durch fachdidaktisch fundierte Entwicklungsforschung als „research on and research through interventions" (McKenney & Reeves 2012, S. 23) verschiedene Möglichkeiten einer effektiven Förderung erarbeitet werden können.

Literatur

Hußmann, S., Thiele, J., Hinz, R., Prediger, S. & Ralle, B. (2013, in diesem Band). Gegenstandsorientierte Unterrichtsdesigns entwickeln und erforschen. Fachdidaktische Entwicklungsforschung im Dortmunder Modell. In M. Komorek & S. Prediger (Hrsg.), *Der lange Weg zu Unterrichtsdesign. Zur Begründung und Umsetzung fachdidaktischer Forschungs- und Entwicklungsprogramme*. Münster u.a.: Waxmann, 25-42.

Kintsch, W. (1998). *Comprehension. A paradigm for cognition*. Cambridge: University Press.

LaBerge, D. & Samuels, S. J. (1974). Toward a theory of automatic information processing in reading. *Cognitive Psychology, 6* (2), 293-323.

Lienert, G. A. & Raatz, U. (1994). *Testaufbau und Testanalyse* (5., völlig neubearb. u. erw. Aufl.). Weinheim: Beltz PVU.

McKenney, S. E. & Reeves, T. C. (2012). *Conducting educational design research*. New York: Routledge.

Nix, D. (2011). *Förderung der Leseflüssigkeit. Theoretische Fundierung und empirische Überprüfung eines kooperativen Lautlese-Verfahrens im Deutschunterricht*. Weinheim: Juventa.

Prediger, S., Link, M., Hinz, R., Hußmann, S., Thiele, J. & Ralle, B. (2012). Lehr-Lernprozesse initiieren und erforschen − Fachdidaktische Entwicklungsforschung im Dortmunder Modell. *Der mathematische und naturwissenschaftliche Unterricht, 65* (8), 452-457.

Rosebrock, C. (2009). Lesekompetenz als Mehrebenenkonstrukt. In A. Bertschi-Kaufmann & C. Rosebrock (Hrsg.), *Literalität. Bildungsaufgabe und Forschungsfeld*. Weinheim: Juventa.

Rosebrock, C. & Nix, D. (2011). Grundlagen der Lesedidaktik und der systematischen schulischen Leseförderung. Baltmannsweiler: Schneider.

Rosebrock, C., Nix, D., Rieckmann, C. & Gold, A. (2011). Leseflüssigkeit fördern. Lautleseverfahren für die Primar- und Sekundarstufe. Seelze: Friedrich.

Schiller, N. & Wember, F.B. (2003). „Besser lesen mit System" – eine effektive Maßnahme zur Förderung des flüssigen sinnentnehmenden Lesens? *Vierteljahresschrift für Heilpädagogik und ihre Nachbargebiete, 72* (2), 143-164.

Wember, F. B. (1994). Möglichkeiten und Grenzen der empirischen Evaluation sonderpädagogischer Interventionen in quasi-experimentellen Einzelfallstudien. *Heilpädagogische Forschung, 20* (2), 99-117.

Wember, F. B. (1999). *Besser lesen mit System. Ein Rahmenkonzept zur individuellen Förderung bei Lernschwierigkeiten*. Berlin: Luchterland.

Wember, F. B. (2008). Die Dokumentation und Evaluation sonderpädagogischer Förderung in explorativen Fallstudien und quasi-experimentellen Einzelfallanalysen. In F. Hellmich (Hrsg.), *Lehr-Lernforschung und Grundschulpädagogik*. Bad Heilbrunn: Klinkhardt, 207-222.

Benjamin Zander

Lebensweltorientierung im Sportunterricht der Hauptschule

Entwicklung und Erforschung einer Projektaufgabe

1. Einleitung

Für den Bereich des Sports lässt sich eine Diskrepanz von Schule und Lebenswelt konstatieren, die sich u.a. auch darin zeigt, dass Lernende der Sekundarstufe I das im Sportunterricht Gelernte für die Freizeit nur begrenzt verwertbar einschätzen (vgl. Gerlach, Kussin, Brandl-Bredenbeck & Brettschneider 2006, S. 122ff.). Diese Diskrepanz wirkt sich für Hauptschülerinnen und -schüler im Rahmen des Sportunterrichts im Kern eher nachteilig aus als für Altersgleiche höherer Schulniveaus, da angenommen werden kann, dass in der Institution Schule die lebensweltlich erworbenen Handlungsrepertoires bildungsferner Milieus abgewertet werden (vgl. Grundmann, Bittlingmayer, Dravenau & Groh-Samberg 2008). Die mehrschichtige Problematik diskrepanter Welten und sozialer Ungleichheiten wird durch den weiteren Umstand verschärft, dass Lernende der Hauptschule im Durchschnitt weniger Sportunterricht erhalten und seltener am außerschulischen Sport partizipieren (vgl. Gerlach et al. 2006, S. 150). Vor dem Hintergrund dieser Ausgangslage setzt sich das Qualifikationsvorhaben unter Bezugnahme auf das Dortmunder Modell fachdidaktischer Entwicklungsforschung (vgl. Hußmann, Thiele, Hinz, Prediger & Ralle in diesem Band) die Entwicklung und Erforschung eines Unterrichtsvorhabens mit Lebensweltorientierung für den Sportunterricht in der Hauptschule zum Ziel.

Im vorliegenden Beitrag wird hierfür der Blick auf ausgewählte Aspekte der Entwicklung einer entsprechenden *Projektaufgabe* gelenkt. Im Rahmen eines größeren Unterrichtsvorhabens zielt diese Projektaufgabe auf die Förderung sportbezogener Handlungsbefähigung: *Schülerinnen und Schüler einer fünften und sechsten Hauptschulklasse erfinden eine eigene Sportaktivität und filmen die Realisierung mit der Handykamera in ihrer außerschulischen Lebenswelt.* Der Beitrag geht der unterrichtspraktischen Forschungsfrage nach, wie sich in dieser Projektaufgabe das didaktische Prinzip der Lebensweltorientierung im Rahmen der Planung verankern und mit Blick auf den Unterricht umsetzen lässt.

In den folgenden Abschnitten soll nun – ausgehend vom Konzept „Sport (er-)finden" des übergeordneten Unterrichtsvorhabens – der theoretisch fundierte Prozess der sukzessiven Entwicklung der Projektaufgabe nachgezeichnet werden. Die ausgewählten iterativen Entwicklungsschritte werden hierzu verknüpft mit ersten unterrichtspraktischen Ergebnissen einer prozessbegleitenden Erforschung vorgestellt.

2.   Unterrichtskonzept „Sport (er-)finden"

Der Mangel an theoretisch fundierten und empirisch geprüften Unterrichtskonzepten zur Lebensweltorientierung des Sportunterrichts machte für das vorliegende Forschungsprojekt die Durchführung qualitativer Vorstudien erforderlich, um die „typischen" Lehr-Lernumstände in den differenten Welten von Sportunterricht und außerschulischer Bewegungswelt zu erkunden. Es wurden daher über Fragen zur Unterrichtsplanung und Unterrichtsdurchführung Wissensbestände von neun Hauptschullehrkräften (geschlechts- und altersheterogenes Sample) an vier verschiedenen Hauptschulen in NRW mittels Experteninterviews erhoben und nach der Qualitativen Inhaltsanalyse ausgewertet (vgl. dazu Gläser & Laudel 2010, S. 197ff.). Die Ergebnisse zeigen, dass das Prinzip der Lebensweltorientierung im Sportunterricht der befragten Lehrkräfte nur selten explizit bei der Planung Berücksichtigung findet. Mit Blick auf die Entwicklung der in der Einleitung genannten Projektaufgabe, eine Sportaktivität zu erfinden und ihre Realisierung in der Lebenswelt zu filmen, wird dies zur Legitimation einer systematischen Aufwertung der Lebensweltorientierung genommen. Neben den Lehrkräften wurden Hauptschülerinnen und Hauptschüler der Klassen sechs und acht an zwei unterschiedlichen Schulen im Rahmen von sechs Gruppendiskussionen (N = 24) befragt und ihre milieuspezifischen Orientierungen durch das Analyseverfahren der Dokumentarischen Methode rekonstruiert (vgl. u.a. Bohnsack 2010). Insgesamt zeigte sich im Hinblick auf die lebensweltlichen Bewegungswelten der befragten Schülerinnen und Schüler eine hohe Beliebtheit des informellen (selbstorganisierten) Sports, wobei das sportive Handlungsmuster „Spielen" dominiert.

Des Weiteren wurde deutlich, dass für die Lernenden die zentralen Herausforderungen des lebensweltlichen Sporttreibens im Umgang mit zeitlichen, räumlich-materiellen und sozialen Faktoren liegen (z.B. Umgang mit tageszeitbedingten Lichtverhältnissen oder Nicht-Vorhandensein von Spielpartnern). Insbesondere reflexive Kompetenzen, die eine Initiierung und Organisation von eigenen informellen Sporthandlungen bei komplexen situativen Voraussetzungen ermöglichen können, stellten sich bei einem Großteil der Hauptschülerinnen und -schüler als ein entwicklungsbedürftiger Bereich heraus. Vor diesem Hintergrund wurde als Lehr-Lerngegenstand der Projektaufgabe die Förderung „spielbezogener Arrangeurkompetenzen" festgelegt. Sie sind ein zentraler Bestandteil sportiver Handlungsbefähigung, der bei der Initiierung und Organisation des „Spielens" (v.a. eines Regelspiels) gefordert ist.

Die hier skizzierten Ergebnisse der empirischen Vorstudien sowie begleitende theoretische Vorüberlegungen dienten der Entwicklung des Unterrichtskonzepts „Sport (er-)finden", welches im Verlauf mehrerer Durchführungszyklen überarbeitet und in seinen Wirkungsweisen beforscht wurde. Das übergeordnete Anliegen des Unterrichtskonzepts besteht darin, dass Lernende der Hauptschule über den Prozess des Erfindens einen *erweiterten Zugang zum Sport* als Teil einer gesellschaftlichen Konstruktion von Wirklichkeit finden. Das Konzept intendiert, die diskrepanten außerschulischen und schulischen Erfahrungsbereiche des Sports wechselseitig über speziell konzipierte Unterrichtsmaterialien zu verbinden, um dem Sportunterricht eine Brückenfunktion zur außerschulischen Bewegungswelt zukommen zu lassen mit dem Ziel einer Förderung der Handlungsbefähigung im Sport (vgl. z.B. Thiele & Schierz 2011). Lernende der Hauptschule sind dabei v.a. in informellen Kontexten und weniger in formalen Settings (z.B. Sportverein) sportlich aktiv (vgl. u.a. Brettschneider & Kleine 2002), sodass für dieses Unterrichtskonzept der informelle Sport den lebensweltlichen Ausgangs- und Zielpunkt darstellt. Das Konzept für ein mehrere Einheiten umfassendes Unterrichtsvorhaben beinhaltet neben theoretischen Basisüberlegungen folgende Materialien:

– Diagnoseinstrumente und -verfahren
– Poster und Video mit Leitfragen
– Projektaufgabe
– Regieaufträge
– Sportspiegel

Mit Blick auf den Einsatz dieser Materialien fußt das Unterrichtskonzept auf Ideen des handlungsorientierten Unterrichts und greift curriculare Prinzipien zur Gestaltung von Unterrichtsvorhaben auf.

3.   Theoretische Vorüberlegungen

An dieser Stelle kann keine ausgearbeitete Theorie eines handlungsbefähigenden Sportunterrichts durch Lebensweltorientierung vorgelegt werden. Für das Verständnis des Grundanliegens werden nur die notwendigen ausgewählten Arbeitsdefinitionen präsentiert, die v.a. an den sozialisationstheoretischen Ansatz einer „Milieuspezifischen Handlungsbefähigung" (vgl. Grundmann 2006) anschließen.

3.1 Lebensweltorientierung als didaktisches Prinzip

Ausgehend von sozialphänomenologischen Differenzannahmen zum Handeln in der Schule und der Lebenswelt (vgl. u.a. Dalhaus 2011) und vor dem Hintergrund einer Verhältnisbestimmung von Sportunterricht und Lebenswelt als „Mitwelt" (vgl. u.a. Schierz 1993) meint Lebensweltorientierung als didaktisches Prinzip, *dass die Unterrichtsplanung bewusst auf einer wechselseitigen Beziehung von Zielen, Inhalten, Methoden, Sozialformen und Medien des Sportunterrichts mit den lebensweltlichen, außerinstitutionellen und häufig unreflektierten Sporthandlungen der Lernenden aufbaut*, um so deren Handlungsbefähigung innerhalb des soziokulturell bedeutsamen Bereichs Sport zu verbessern. Mit Blick auf eine Ausrichtung der zu entwickelnden Projektaufgabe als Lernaufgabe für ein längeres Unterrichtsvorhaben geht es nach diesem Verständnis von Lebensweltorientierung nicht um einen konstruierten Kontext- oder Anwendungsbezug zur Erschließung einzelner Befähigungsdimensionen (z.B. Motorik), sondern um reale im aufgabenbezogenen Lernen entstehende Beziehungen zwischen sportunterrichtlichem Fachwissen und lebensweltlichen Erfahrungswissen (vgl. Maier, Kleinknecht & Metz 2010, S. 35f.). Die Schülerinnen und Schüler profitieren so im Idealfall von ihren lebensweltlichen Erfahrungen im Sportunterricht und umgekehrt.

3.2 Spielbezogene Arrangeurkompetenzen als Lehr-Lerngegenstand

Der informelle Sport zeichnet sich insbesondere durch eine „symbiotische Handlungs-struktur" (Bindel, Balz & Frohn 2010, S. 255f.) aus, die eine Verschmelzung der drei Handlungsrollen „Treiben", „Organisieren" und „Vermitteln" im Vollzug des sportiven Handelns meint. Informeller Sport wird so vorrangig nicht über den Handlungsort, son-dern als besondere Aktionsform bestimmt, die sich in verschiedenen Kontexten und in unterschiedlichen Handlungsperspektiven (z.B. Ehni 2004) – Erkunden, Spielen, Üben, Trainieren, Wettkämpfen – vollzieht. Vor diesem Hintergrund, unter Ausblendung weite-rer theoretischer Überlegungen, beschreibt Handlungsbefähigung im informellen Sport *die aufgabenbezogene Fähigkeit, dass Lernende Sport organisieren, treiben und vermitteln können, wobei sie Sport selbstständig und verantwortungsbewusst unter einer Perspektive (z.B. „Spielen") situationsadäquat (z.B. bzgl. räumlich-materieller Strukturen) als voll-ständige Handlung (planen, durchführen, bewerten) mit anderen und allein praktizieren.*

Ausgehend von einer analytischen Differenzierung der Handlungsrollen Organisieren, Treiben und Vermitteln lassen sich idealtypisch Arrangeur-, Akteur- und Instrukteurkom-petenzen als zentrale Bestandteile dieser Sicht auf Handlungsbefähigung herausstellen. Die Einzelfähigkeiten einer Arrangeurkompetenz können im Hinblick auf die Realisierung einer vollständigen Spielhandlung einmal mehr dem „Denken" oder dem „Tun" zugeord-net werden (vgl. Dietrich 1994, S. 13). Im geplanten Unterrichtsvorhaben sollen die Ein-zelfähigkeiten „Spiele selbst organisieren" (Tun) und „Spiele begreifen" (Denken) als Zielperspektiven in Anlehnung an Dietrich (1994, S. 13) aufgegriffen werden. Hierzu sind Regelspiele besonders geeignet, da Regeln ein Bauprinzip des Sports darstellen (vgl. Digel 1982). Der reflexive Umgang mit dem übergeordneten Strukturelement Regel stellt dem-nach für die Erreichung der beiden Zielperspektiven ein didaktisches Schlüsselmoment dar, das den Lernenden helfen kann, Spiele zu verstehen und zu ordnen, um sie bewusst initiieren und organisieren zu lernen (Abschnitt 4.1). Der lebensweltliche Handlungsmo-dus (vgl. Dalhaus 2011), der durch eine u.a. körperbezogene, unhinterfragte und routinier-te Handlungspraxis gekennzeichnet ist, weist typischerweise keine reflektierte Auseinan-dersetzung mit dem Strukturelement Regel (z.B. in Form einer Verschriftung) auf.

3.3 Konsequenzen für die Entwicklung einer Projektaufgabe

Die Förderung der Arrangeurkompetenzen im Regelspiel wird im geplanten Unterrichts-vorhaben im Rahmen der Projektaufgabe nicht direkt am Regelbegriff ansetzen, sondern im konkreten Umgang mit v.a. den Grundstrukturen „Raum" und „Material" geschehen. Raum und Material werden damit zu Konstruktionselementen, die der Regelung bedürfen, was wiederum u.a. Wissen über ihre Regelungsmöglichkeiten voraussetzt. Über den Be-griff des Erfindens soll das Zerlegen und Arrangieren von Sportphänomenen bewusst zu-gänglich und praktisch umgesetzt werden. Die Projektaufgabe bearbeiten die Schülerinnen und Schüler über das gesamte Vorhaben, wobei der Verlauf anhand von aufeinanderbezo-genen Aufgabenstellungen grob vorstrukturiert ist und mit einer Präsentation der Videos abgeschlossen werden soll.

4. Erster Entwurf der Projektaufgabe

Die ersten beiden Arbeitsbereiche „Fachdidaktischer Entwicklungsforschung im Dortmunder Modell" (vgl. Hußmann et al. in diesem Band), die sich mit der Bestimmung des Lerngegenstandes und der Entwicklung eines konkreten Lehr-Lernarrangements befassen, sind insbesondere im vorliegenden Forschungsprojekt eng über das didaktische Prinzip der Lebensweltorientierung verknüpft, da es alle Planungsentscheidungen tangiert. Ausgehend von einem interdependenten Verhältnis der beiden Arbeitsbereiche mit entsprechenden Konsequenzen für die Planungsentscheidungen auf Unterrichtsebene, werden nun in den folgenden Abschnitten ausgewählte Aspekte der Entwicklung der Projektaufgabe beschrieben.

4.1 Handlungsbereiche im Rahmen der Aufgabenbearbeitung

Für die bereichsspezifischen Arrangeurkompetenzen des Initiierens und Organisierens, die im Rahmen der aufgabenbasierten Projektarbeit erweitert werden sollen, lassen sich erste Handlungsbereiche mit jeweils spezifischen Spielaktivitäten formulieren, die eng an die empirisch fundierten Überlegungen von Dietrich (1994, S. 11-17) zur Beschreibung der „Allgemeinen Spielfähigkeit" anschließen:

— Die Lernenden *initiieren* selbstständig in der Gruppe ein Regelspiel: Sie sind in der Lage, ein Spiel zu erfinden, sie einigen sich auf eine Spielidee, sie sprechen Spielregeln ab, sie überlegen sich einen Namen für ihr Spiel.
— Die Lernenden *organisieren* selbstständig in der Gruppe ein Regelspiel: Sie sind in der Lage, die Spielbedingungen zu organisieren (Akteure, Raum, Material, Zeit), sie teilen Mannschaften/Aufgaben/Rollen ein, sie bauen Spielfelder auf, sie treffen Sicherheitsvorkehrungen.
— Die Lernenden *kennen* lebensweltliche Bewegungsräume und Materialien. Sie *können* diese gezielt zur Initiierung und Organisation eines im Unterricht erfundenen Spiels nutzen: Sie sind in der Lage, Material aus der Lebenswelt sach- und situationsgerecht für ihr erfundenes Spiel zu verwenden. Sie können frei zugängliche Außenräume mit deren jeweiligen Gegebenheiten sach- und situationsgerecht für ihr erfundenes Spiel nutzen.
— Die Lernenden *wissen*, dass die Nutzungsmöglichkeiten von Bewegungsräumen und Materialien Gegenstand bzw. Ergebnis sozialer Vereinbarungen (Regeln) sind und kommunikativ ausgehandelt werden: Sie wissen, dass Sport veränderbar ist und über die Regeln an ihre Bedürfnisse angepasst werden kann.

Nachfolgend wird die Entwicklung der Projektaufgabe, die diese Spielaktivitäten als Zielperspektive verfolgt und entsprechende Handlungen initiieren helfen soll, in drei Schritten beschrieben.

4.2   Entwicklungsschritte und Aufbau von Design-Experimenten

Im Hinblick auf eine praktische Umsetzung des didaktischen Prinzips der Lebensweltorientierung unter Beachtung einer differenzanalytischen Konzipierung des Verhältnisses
von institutionellem Sportunterricht und lebensweltlicher Bewegungswelt erschien es
sinnvoll, frühzeitig die Expertise von Sportlehrkräften und Lernenden für die Entwicklung
der Projektaufgabe zu nutzen. In diesem Zusammenhang wurde die Bearbeitung der Projektaufgabe im Rahmen von Design-Experimenten (vgl. Hußmann et al. in diesem Band)
auch direkt im Klassenverband und schwerpunktmäßig durch die Lehrerinnen und Lehrer
vor Ort erprobt. Mit dieser forschungsstrategischen Entscheidung ist entsprechend den
theoretischen Überlegungen eng an der institutionellen Logik angesetzt worden. Es sollte
bewusst keine grundlegend neue Ordnung von Unterricht (z.B. durch eine Laboruntersu-
chung) erzeugt werden, um einen Unterricht mit Lebensweltorientierung auf Basis bestehender institutioneller und lebensweltlicher Handlungsrahmungen ermöglichen zu können.

Der Gesamtablauf der iterativen Entwicklung und Erforschung der Projektaufgabe
vollzog sich in drei Schritten: (1) In der *Planungsphase* wurde im Frühjahr 2012 in Zusammenarbeit des Autors mit zwei Sportlehrkräften die komplette Projektaufgabe entwickelt und ein erster Entwurf der Aufgabenstellung formuliert (vgl. Tab. 1-3). (2) Daraufhin wurde in der *Erprobungsphase* im ersten Zyklus der Erforschung ein Aufgabenteil
(Sport erfinden) zeitlich versetzt an zwei Hauptschulen durch zwei weitere Lehrkräfte für
den Unterricht in der jeweiligen 5. Klasse angepasst und anschließend im Rahmen von
zwei ersten Design-Experimenten erprobt. Das erste Design-Experiment konnte aus recht-
lichen Gründen nicht videografiert werden, sodass nur zwei Verlaufsprotokolle vorliegen.
Auch wurden zwei Sechstklässler in ihrer Freizeit mit der Bearbeitung des zweiten Auf-
gabenteils (Sport filmen) beauftragt. Im Anschluss an die Bearbeitung wurden diese Lernenden befragt und das Filmergebnis analysiert. (3) Danach wurde die überarbeitete und
vollständige Projektaufgabe (Sport erfinden und filmen) in der *Umsetzungsphase* im zweiten Zyklus der Erforschung in einer anderen 5. Klasse und einer 6. Klasse im Rahmen von
Unterrichtsvorhaben durch dieselben Lehrkräfte der Erprobungsphase in zwei weiteren
Design-Experimenten umgesetzt (vgl. Tab. 4-5). Diese Umsetzungen fanden ebenfalls
zeitlich versetzt und mit leicht überarbeiteten Aufgabenstellungen statt. Die beiden Unterrichtsvorhaben wurden mittels verschiedener Methoden (Videografie, Interviews, Gruppendiskussionen und Dokumentenanalyse) evaluiert. Die letzten Design-Experimente
wurden im Herbst 2012 abgeschlossen.

4.3   Erster Entwurf von Arbeitsaufträgen für die Projektaufgabe

Zu Beginn des Entwicklungsprozesses der Projektaufgabe wurden zwei Arbeitsaufträge
schriftlich formuliert, die eine explorative Diagnose von „typischen" Lehr-Lernbedingun-
gen ermöglichten. Die Arbeitsaufträge waren dementsprechend offen konzipiert und sollten im Zeitrahmen von 60 bis 90 Minuten bearbeitet werden können. Die Entwicklung der
Arbeitsaufträge orientierte sich an mehreren Kriterien, u.a. der Verdeutlichung der Sinnhaftigkeit der Aufgabe, der Explikation der Anforderungen, der Ermöglichung eigener

Entdeckungen und der Vermeidung von Überforderungen (Achtergarde 2010, S. 40ff.). Beide Arbeitsaufträge sollten selbstständige Arbeitsprozesse initiieren, die für eine Förderung von Arrangeurkompetenzen konstitutiv sind. Eine 5. Hauptschulklasse bekam daraufhin eine Aufgabe zur Bearbeitung im Sportunterricht gestellt (vgl. Tab. 1).

Tab. 1: Ausgangspunkt der Entwicklung des Arbeitsauftrags „Sport erfinden"

Aufgabe *Sport erfinden*
Erfinde zusammen mit anderen Kindern oder auch allein einen Sport, der dir gefällt und den du auch zu Hause nach der Schule machen kannst. Überlege, wie dein Sport heißen soll. Überlege, wo man deinen Sport machen kann. Überlege, was du alles für deinen Sport brauchst, damit er Spaß macht. Schreibe bitte auf der Rückseite des Blattes das Wichtigste zu deinem Sport auf. Am Ende der Stunde soll jeder seinen erfundenen Sport der Klasse vorstellen.

Eine Lebensweltorientierung ließ sich in dem Arbeitsauftrag grundsätzlich über das Thema „Sport erfinden" verankern und durch verschiedene Formulierungen bzw. Planungsentscheidungen verstärken. Durch die bewusste Bezugnahme zum außerschulischen Kontext sollten die Lernenden animiert werden, Brücken zwischen den beiden Handlungs- und Sinnzusammenhängen herzustellen. Die Bearbeitung der Aufgabe kann als sinnstiftend erlebt werden, da der erfundene Sport auch in der Lebenswelt auszuüben ist und der Erfindungsprozess unmittelbar an lebensweltliche Vorerfahrungen anschließt. Auf der Inhaltsebene wurde mit dieser Aufgabenstellung insbesondere auf die Konstruktionselemente Material und Raum fokussiert, wobei mit dem Kriterium „Spaß" bewusst ein Aspekt der Spielgestaltung gewählt wurde, der quer zu allen denkbaren Konstruktionselementen liegt. Entsteht Spaß, so die Annahme bei der Aufgabenkonzipierung, kann von einem vorläufigen Endpunkt der Spielentwicklung ausgegangen werden, was im Umkehrschluss bedeutet, dass sobald das Spiel keinen Spaß mehr macht, es weiterentwickelt oder abgebrochen wird. Nach Rücksprache mit zwei Sportlehrkräften wurde im oberen Teil des Arbeitsblattes ein Cartoon mit Sprechblasen abgebildet, um die Schülerinnen und Schüler nicht mit dem abstrakten Begriff des Erfindens zu überfordern (vgl. Tab. 2).

Tab. 2: Inhaltlicher Input im ersten Aufgabenentwurf als Orientierungsgrundlage

Person X: Kann ich einen eigenen Sport erfinden? *Person Y:* Ja klar! Verändere einfach einen Sport, den du schon kennst!

Über die in den Cartoons abgebildete Konversation sollte den Lernenden das Erfinden als ein ganz alltäglicher Vorgang verdeutlicht werden. Der Erfindungsprozess wird zudem zur weiteren Handlungsentlastung und fachlichen Sensibilisierung als Modifizierungsvorgang charakterisiert und nicht als „geniale Innovation" dargestellt.

Den zweiten Arbeitsauftrag erhielten zwei Sechstklässler, die in ihrer Freizeit die gleiche Aufgabe (vgl. Tab. 1) – in leicht veränderter Form um einen Zusatz ergänzt (vgl. Tab. 3) – bearbeiteten. Sie sollten einen Sport ausschließlich in lebensweltlichen Zusammenhängen erfinden und ihr Ergebnis filmen. Dieser Aufgabenteil konnte aus organisatorischen Gründen nicht im Anschluss an die Bearbeitung der ersten Aufgabenstellung erprobt werden, so dass er getrennt umgesetzt wurde.

Tab. 3: Ausgangspunkt der Entwicklung des Arbeitsauftrags „Sport filmen"

| **Aufgabe *Sport filmen*** |
| Erklärt und zeigt uns auf dem Video euren Sport, damit auch andere Kinder den Sport verstehen und selber nachmachen können. |

Die spätere Projektaufgabe kann unter Berücksichtigung des Arbeitsauftrags in Tab. 3 die Integration von in der Lebenswelt genutzten technischen Geräten (v.a. Handy- und Digitalkamera) und Mediennutzungsgewohnheiten (v.a. Internet-Videoportale) ermöglichen. Weiterhin soll sie auf die Schülerinnen und Schüler motivierend wirken und eine Lerngelegenheit bieten, unhinterfragte sportbezogene Konstruktionsprozesse über eine visuelle und auditive Rückmeldung bewusst zu machen.

5.   Erprobung und erste Überarbeitung

Die Erprobungsphase als erster Zyklus der Erforschung umfasste zwei zeitlich versetzte Design-Experimente. Wie bereits erwähnt wurde, konnte nur eine Unterrichtseinheit prozessbegleitend videografiert werden. Daher wird an dieser Stelle für eine einheitliche Darstellung der Ergebnisse zur gesamten Erprobungsphase auf wörtliche Zitate verzichtet. Das forschungsmethodische Vorgehen ist als Prozessevaluation der gezielt inszenierten Unterrichtspraxis konzipiert worden. Der Analysestand ermöglicht gegenwärtig aber nur, auf den Umgang der Lernenden und Lehrkräfte mit den beiden Arbeitsaufträgen zu fokussieren, um dabei insbesondere die Tragfähigkeit der didaktisch-methodischen Entscheidungen hinsichtlich unterrichtspraktischer Fragen zur Lebensweltorientierung in den Blick zu nehmen. Die Bezüge zu den grundlegenden theoretischen Vorüberlegungen spielbezogener Arrangeurkompetenzen werden an dieser Stelle nicht systematisch ausgearbeitet. Im Rahmen dieses Beitrags wird zudem eingrenzend auf diejenigen Evaluationsergebnisse geblickt, die zur Weiterentwicklung der Projektaufgabe für das anschließende Unterrichtsvorhaben im zweiten Zyklus relevant waren. In diesem Zusammenhang können nicht alle Aspekte der Aufgabenerprobung thematisiert werden, weshalb nur die Aufgabe „Sport erfinden" (vgl. Tab. 1) berücksichtigt wird und die außerschulische Erprobung des Arbeitsauftrags „Sport filmen" hier unberücksichtigt bleibt.

5.1 Grundstruktur der ersten Design-Experimente

Zu Beginn des ersten Zyklus führte der Autor mit den beiden Sportlehrkräften vorbereitende Gespräche. Eine Lehrerin (9 Jahre Berufserfahrung) entschied sich im Rahmen des ersten Design-Experiments (60 Min.) mit Blick auf ihre integrative Klasse (9 Schülerinnen und 11 Schüler, davon 8 mit Förderschwerpunkt „Lernen") für folgendes Vorgehen, das eingebettet ist in reguläre – fachspezifische, z.T. zeitintensive – Tätigkeiten des Sportunterrichts (z.B. Umziehen):

1. Sitzkreis zur Vorbereitung der Aufgabenbearbeitung (10 Min.):
– Erläuterung der Vorgehensweise (Aufgabenstellung und Ablauf)
– Bilden von fünf Neigungsgruppen (4er-Gruppen)
– Verteilen des Aufgabenzettels (jede Gruppe 2 Exemplare)
– Zuteilen eines Hallenbereichs je Gruppe (4 Ecken und Mitte der Halle)
– Nennung letzter Hinweise und sicherheitsrelevanter Vorgaben (z.B. kein Trampolin)

2. Gruppenarbeit zur Bearbeitung des Aufgabenblattes (20 Min.):
– Sport erfinden, ausprobieren, modifizieren
– Ergebnisse verschriften

3. Rundgang zur Präsentation der Aufgabenergebnisse (20 Min.):
– Erläuterung des jeweiligen Sports im Sitzkreis
– Vorzeigen an den jeweiligen „Stationen" in den Hallenbereichen
– Rückfragen von Seiten der Mitschülerinnen und Mitschüler an die Gruppe
– Reflexion über Gemeinsamkeiten und Unterschiede

Als Arbeitsform zur Bearbeitung der Aufgabenstellung hatte die Sportlehrerin Gruppenarbeit ausgewählt, die als besonders anspruchsvoll gelten kann. Ein Mix aus Einzel-, Partner- und Gruppenarbeit in Orientierung an den pluralen Beziehungskontexten der Lebenswelt ließ sich aus ihrer Sicht mit Blick auf die Unterrichtsorganisation nicht realisieren. Die Aufgabenstellung aus der ersten Entwicklungsphase (vgl. Tab. 1) wurde also
diesbezüglich vor Beginn des ersten Design-Experiments angepasst. Im Hinblick auf die
Etablierung von Lebensweltorientierung war es an dieser Stelle wichtig, die Interaktionsordnung des klassischen Sportunterrichts, die unter Berücksichtigung der Ergebnisse der
Vorstudien häufig durch ein hierarchisches Lehren und Lernen in Großgruppen gekennzeichnet ist, zu öffnen. Die Bearbeitung verlief insgesamt gut, sodass für die anschließende zweite Erprobung (90 Min.) in einer 5. Klasse (3 Schülerinnen, 7 Schüler) einer anderen Schule durch einen Lehrer (2 ½ Jahre Berufserfahrung) die Struktur beibehalten wurde. Diese Entscheidung wurde aus forschungsstrategischer Sicht getroffen, um die Tragfähigkeit der Unterrichtsstruktur zu überprüfen.

Im nachfolgenden Abschnitt wird nun thematisiert, welche Inszenierungsschwierigkeiten und Lernpotenziale sich im Zusammenhang mit der Aufgabenbearbeitung zeigten.
Dabei werden fokussiert die Ergebnisse vorgestellt, die direkt Einfluss auf die Weiterentwicklung der Projektaufgabe im zweiten Zyklus nahmen.

5.2 Erste Ergebnisse zum aufgabenbasierten Lehr-Lernverlauf

In der *Gruppenarbeitsphase* zeigte sich, dass die Schülerinnen und Schüler durchaus – wie
ursprünglich intendiert – Gelegenheiten nutzten, in Einzel- oder Partnerarbeit zu lernen.
Dies geschah v.a. in den Phasen der Materialaneignung (z.B. Tricks mit dem Ball ausprobieren). Insgesamt stellte sich für die Entwicklung der Projektaufgabe bei beiden Design-
Experimenten das Lernen in Neigungsgruppen als geeignete Arbeitsform heraus, wobei

die Aufgabenbearbeitung u.a. in Abhängigkeit der Gruppengröße und -zusammensetzung variierte. Lernende mit körperlich-motorischen Beeinträchtigungen oder eher „sportfernen" Einstellungen konnten in beiden Erprobungen an der Gruppenarbeit teilnehmen. Auch Kinder mit Verletzungen, die im Sportunterricht häufig auf der Bank Platz nehmen, bearbeiteten den Großteil der Aufgabenstellung. In den aktiven Phasen haben sie ihre Gruppe beratend beobachtet.

Alle Gruppen vollzogen selbstständig im aufgabenbasierten Erfindungsprozess die zentralen Spielaktivitäten aus dem Spektrum der intendierten Handlungsbereiche des Initiierens und Organisierens. Im Hinblick auf die Begleitung der Gruppenarbeit orientierten sich die Lehrkräfte stark an den Formulierungen des Aufgabenblattes. Die beratende Unterstützung wurde so relativ statisch, obwohl die situativen Handlungsvollzüge gute und über die Aufgabenstellung hinausweisende Anknüpfungspunkte boten. Eine Sensibilisierung für unhinterfragte Zusammenhänge gelang daher kaum. Der Umgang mit der für Bewegung konstitutiven Konstruktionsdimension „Raum" ist z.B. hinsichtlich seiner Besonderheit durch die enorme Vorstrukturierung einer Sporthalle nur in Ansätzen thematisiert worden. Vor diesem Hintergrund wurden im Rahmen des zweiten Zyklus die komplexen situativen Bedingungen für die Entwicklung der Projektaufgabe in einer neuen Aufgabenstellung vereinfacht (vgl. Tab. 4), die v.a. auf die den Lernenden und Lehrkräften gut zugängliche Materialdimension im Konstruktionsprozess fokussiert.

Mit Blick auf die erfundenen Sportarten, die als *Handlungsprodukte* im Rahmen der beiden Erprobungen entstanden, zeigt sich, dass alle Gruppen Regelspiele erfunden haben. Die entwickelten Spielformen konnten als typisch Kleine Spiele mit hoher Regelungsoffenheit charakterisiert werden. Vom Material „Ball" gingen die meisten Anreize zum Erfinden aus. In beiden Design-Experimenten haben fast alle Gruppen mindestens einen Ball verwendet, wobei gleiche Bälle in vielfältiger Weise zum Einsatz gekommen sind. Ein Großteil der praktizierten Spielideen bezog sich auf die Bewegung eines Balles, was bei vielen Gruppen auch an der Namensgebung ihrer Spiele deutlich wurde (z.B. „Tikball", „Flugball" oder „Wandball"). Die erfundenen Spiele waren teilweise sehr eng an ein einzelnes, gut bekanntes Kleines Spiel angelehnt (z.B. „Schweinchen in der Mitte"), sodass die Strategien des Erfindens v.a. als Modifikationen der jeweiligen Regeln rekonstruiert werden konnten. In einzelnen Fällen ließ sich dieser Umstand direkt an der Namensgebung des erfundenen Spiels festmachen (z.B. „Schweinchen braucht einen Ball").

Eine Reihe von Spielen wurde nicht systematisch entlang einer klaren Spielidee durch Regeln entwickelt, stattdessen wurden lebensweltliche Vorerfahrungen spielerisch in den Unterricht transferiert und bereits bekannte Kleine Spiele mit ihrer typischen Offenheit häufig durch einige wenige Regeln spezifiziert. Hierdurch deutete sich an, dass der inhaltliche Input (vgl. Tab. 2) über die Cartoons auf dem Aufgabenzettel von einigen als begriffsmäßige Festlegung des Erfindens, als Anweisung zum minimalen Variieren oder als Anregung zum lebensweltlichen Spielen missverstanden werden kann. Im Rahmen des zweiten Zyklus wurde daraufhin für die Projektaufgabe zur Bearbeitung im Unterrichtsvorhaben dieser Input entfernt, um mögliche Missverständnisse zu vermeiden, stärker die Kreativität anzuregen und das Entdecken weiterer Strategien des Erfindens zu fördern.

Zudem wurde zu Beginn des nachfolgenden Unterrichtsvorhabens der Begriff „Erfinden" offen thematisiert und ein gemeinsames klasseninternes Arbeitsverständnis entwickelt.

Die *Präsentationsphase* konnte in beiden Design-Experimenten als gelungener Reflexionsanlass hinsichtlich des Aufdeckens unhinterfragter Konstruktionsprozesse bezeichnet werden mit zentraler Bedeutung für die kognitiven Lernziele. Die Schülerinnen und Schüler versprachlichten – am schriftlichen Arbeitsergebnis orientiert – die Initiierungs- und Organisationshandlungen ihres erfundenen Spiels. Danach wurde das Spiel gemeinsam von der Gruppe vorgeführt, was nicht nur als Ergänzung der z.T. ungenügenden verbalen Ausführungen sowie schriftlichen Ergebnisse gewinnbringend war. Die anschließenden Rückfragen aus dem Plenum berücksichtigten v.a. diese Darbietung und bezogen sich vorrangig auf die Spielidee (z.B.: Warum schmeißt ihr den Ball gegen die Wand und nicht direkt in den Kasten?) bzw. die Regeln ihrer Umsetzung (z.B.: Was darf man? / Was darf man nicht?). Die Argumentationen der Lernenden stützten sich auf implizit lebensweltliches und prozedurales Wissen über Sport, das nun aufgabenbezogen reflektiert und transformiert anderen Kindern zugänglich gemacht wurde. Für die Projektaufgabe wurde daraufhin eine zusätzliche Zwischenpräsentation eingeplant (vgl. Tab. 4), um dieses Lernpotenzial zu nutzen.

Diskursiv suchte die Klasse nach Möglichkeiten der Regelung, wenn diese nicht eindeutig von der Gruppe formuliert oder klar sichtbar war, wobei die Lehrkräfte als moderierende Vermittler auftraten. Die Regelformulierungen zielten insbesondere auf den konkreten Materialumgang ab (z.B.: Darf ich mich mit dem Ball bewegen?). Auch lieferten die Schülerinnen und Schüler Anmerkungen zur Weiterentwicklung der Spielidee. In beiden Erprobungen wurde kritisiert, dass einzelne Spiele nicht erfunden seien (z.B.: Das Spiel gibt's schon!). Es wurde deutlich, dass sich die lebensweltlichen Lernendenvorstellungen zur Konstruktion von Sport zwischen den Polen Erfinden („vollkommen unbekannt") oder Verändern („teilweise unbekannt") verorten ließen. Im Zuge solcher Diskussionen über Begriffe wurden in beiden Erprobungen das Erfinden und das Phänomen Sport *selbst zum Thema* gemacht, sodass insbesondere die Präsentationsphase eine wertvolle Lerngelegenheit bot. Viele Gruppen verwiesen zum Abschluss ihrer Präsentation auf den außerschulischen Transfer (z.B.: Dafür kann man auch Stühle nehmen! / Das kann man auf der Wiese oder eigentlich überall spielen!), wobei hier auch auf die Konstruktionselemente Raum und Material eingegangen wurde. Insgesamt zeigten die ersten beiden Design-Experimente, dass über die Aufgabenstellung eine kognitive Bezugnahme auf die lebensweltlichen Rahmungen der Schülerinnen und Schüler initiiert werden kann.

5.3 Konsequenzen für die Entwicklung der Projektaufgabe

Die veränderten Aufgabenaspekte zur Entwicklung der Projektaufgabe für das Unterrichtsvorhaben im zweiten Zyklus sind teilweise bereits genannt worden, z.B. die Festlegung auf Gruppenarbeit, der Fokus auf die Materialdimension, das Entfernen des inhaltlichen Inputs und das Einfügen einer Zwischenpräsentation. Für ein komplexes Unterrichtsvorhaben über mehrere Unterrichtsstunden scheint es deutlich schwieriger eine Aufgabenstellung schriftlich zu formulieren als für eine Einzelstunde. Die Ergebnisse der beiden Erprobungen lieferten daher eine erste wertvolle Bestätigung, dass sich Lebenswelt-orientierung über das Thema „Sport erfinden" unterrichtspraktisch in Neigungsgruppen umsetzen lässt und insbesondere in den Präsentationsphasen über die Materialdimension bzw. dessen Regelung Potenziale zum Beitrag einer Förderung spielbezogener Arrangeur-kompetenzen entfaltet. An dieser Stelle können nicht alle relevanten Veränderungen, die im Zuge der Erprobungsphase vorgenommen wurden, angeführt werden. Es soll nur kurz das Video des Lernendenpaars, das die Aufgabe in der Lebenswelt zu bearbeiten hatte, erwähnt werden, da ihm indirekt eine besondere Bedeutung für die Entwicklung der Pro-jektaufgabe zukam. Als authentisches und nicht professionelles Videobeispiel wurde es zum Einstieg in das Unterrichtsvorhaben im zweiten Zyklus genutzt und diente der The-matisierung von Kriterien einer gelungenen Projektarbeit. Diese wären sonst für die Pro-jektaufgabe auf dem Arbeitsblatt explizit zu formulieren. Die Nutzung der Videoaufnah-men zu Beginn der Aufgabenbearbeitung ermöglichte zudem einen weiteren und beson-ders motivierenden Bezug zur Lebenswelt.

6. Zweiter Entwurf der Projektaufgabe

Im zweiten Zyklus wurden die einzelnen überarbeiteten Arbeitsaufträge aus den beiden ersten Design-Experimenten nun zu einer Projektaufgabe für ein 6-7 Unterrichtsstunden (2-3 Wochen) umfassendes Unterrichtsvorhaben zusammenfügt. Die Projektaufgabe be-stand aus zwei Arbeitszetteln mit insgesamt drei Teilaufgaben, die nacheinander im Pro-jektzeitraum bearbeitet wurden. Die Transformation der beiden Arbeitsaufträge (Sport erfinden/Sport filmen) zu einer Projektaufgabe ergab sich insbesondere über das zugrunde liegende Unterrichtskonzept „Sport (er-)finden" (vgl. Abschnitt 2), das die Arbeitsaufträge mit anderen Unterrichtsmaterialien im Rahmen des Vorhabens kombinierte. Der konzep-tuelle Rahmen zur Bearbeitung der Projektaufgabe verringerte dabei den Einfluss der in-stitutionellen Merkmale des klassischen Sportunterrichts, wie z.B. die Festlegung von In-halten, die Instruktion durch Lehrkräfte und das Verbleiben in der Schule.

Nach der Einführung bekamen die Schülerinnen und Schüler in der zweiten Unter-richtsstunde den ersten Teil der Projektaufgabe gestellt (vgl. Tab. 4), der die Materialdi-mension im Konstruktionsprozess thematisiert. Alle Gruppen bekamen eine Kiste mit gleichen Materialien, welche danach ausgewählt waren, ob sie im lebensweltlichen Sport-treiben Verwendung finden könnten. Ein Grund für die Entwicklung dieser ersten Aufga-benstellung war die im Rahmen der ersten Design-Experimente gemachte Beobachtung, dass die Lernenden Schwierigkeiten beim analytischen Erfassen der Handlungsprodukte mit ihren situativen räumlich-sozial-zeitlichen Rahmungen hatten. In der Präsentations-phase blieben so die Gespräche häufig auf ein einzelnes Spiel und die Materialverwen-dung beschränkt. Daraufhin wurde angenommen, dass die Lernenden im zweiten Zyklus bei relativ vergleichbaren materiellen Ressourcen die Bedeutung der Spielidee (bzw. ihre Konstituierung durch Regeln) sowie verschiedene Strategien des Erfindens (z.B. als Kom-bination von zwei Spielideen) leichter entdecken können. Eine Zwischenpräsentation am Ende der zweiten Unterrichtsstunde sollte dafür in Form eines inszenierten Vergleichs die entsprechende Lerngelegenheit bieten.

Tab. 4: Erstes Arbeitsblatt für die 2. Stunde im Unterrichtsvorhaben „Sport erfinden"

Aufgabe
Erfindet zusammen mit anderen Kindern in der Gruppe einen Sport, der euch gefällt. Dabei dürft ihr nur das *Material* nutzen, das euch der Sportlehrer gegeben hat. Ihr müsst aber nicht alles Material verwenden. Überlegt euch, was ihr in der Gruppe absprechen müsst, damit es euer eigener Sport wird. Die anderen Kinder sollen verstehen, wie euer Sport funktioniert. Am Ende der Stunde soll jede Gruppe ihren erfundenen Sport der Klasse vorstellen.

Das erste Arbeitsblatt wurde als Hinführung zum zentralen Teil der Projektaufgabe (vgl. Tab. 5) konzipiert, der wie in den ersten Design-Experimenten schriftlich bearbeitet wurde.

Tab. 5: Zweites Arbeitsblatt für die 3. bis 6. Stunde im Unterrichtsvorhaben „Sport erfinden"

1. Arbeitsauftrag zur Bearbeitung im Sportunterricht
Erfindet zusammen mit den anderen Kindern in eurer Gruppe einen Sport, der euch gefällt und den ihr auch *zu Hause* nach der Schule machen könnt. Überlegt euch, wie euer Sport heißen soll. Überlegt euch, wo man euren Sport machen kann. Überlegt euch, was man alles für euren Sport braucht. Vielleicht gibt es noch mehr Dinge, die man beachten muss, damit euer Sport Spaß macht. Schreibt auf der Rückseite des Blattes das Wichtigste zu eurem Sport auf. Die anderen Gruppen sollen verstehen, wie euer Sport funktioniert.
2. Arbeitsauftrag zur Bearbeitung zu Hause
Wenn ihr die erfundene Sportart gut könnt, macht nach der Schule in der Freizeit ein *Video* von eurem Sport. Erklärt und zeigt uns auf dem Video euren Sport, damit auch andere Kinder den Sport verstehen und selber nachmachen können. Bringt bitte bis spätestens zur Sportstunde am nächsten Freitag (Datum) euer Video auf USB-Stick oder CD-ROM mit.

Diese beiden Arbeitsblätter mit ihren drei Aufgabenstellungen wurden im zweiten Zyklus von den Lehrkräften zueinander in Beziehung gesetzt und als eine Projektaufgabe im Rahmen der beiden untersuchten Unterrichtsvorhaben umgesetzt. Der Schwerpunkt in der vorliegenden Darstellung liegt auf der exemplarischen Veranschaulichung ihrer iterativen Entwicklung. Im Rahmen der beiden zeitlich versetzten Unterrichtsvorhaben (Design-Experimente) wurden sie noch weiter angepasst und die Bearbeitung prozessbegleitend erforscht. Die entsprechenden Ergebnisse zu den beiden Design-Experimenten des zweiten Zyklus liegen noch nicht vor, doch lassen sich erste Erkenntnisse zur unterrichtspraktischen Bearbeitung der Projektaufgabe als Ganzes festhalten, von denen vier ausgewählte Aspekte dargelegt werden sollen.

Erstens konnten die schriftlichen Formulierungen der Aufgabenstellung eine im Lehr-Lernprozess produktive Bezugnahme auf die Lebenswelt anregen, die sich insbesondere in den Reflexionsphasen vertiefen ließ. Für die wechselseitige und mehrdimensionale Ver-

ankerung der Lebensweltorientierung waren die Erkenntnisse der Vorstudien und Diagnoseverfahren hilfreich. Zweitens hatten die ergänzenden verbalen Anregungen der Lehrerinnen und Lehrer eine hohe Bedeutung, da die Aufgabenbearbeitung besonders von der
Thematisierung situativer Momente profitierte. Es waren spezifische Kompetenzen der
Unterrichtsführung notwendig, die u.a. auf einem Fachwissen zur Konstruktion von Sport
fußen, das speziell auf offene Lernumgebungen und die Raum-Material-Dimension flexibel zugeschnitten ist. Drittens lässt sich hieran anschließend konstatieren, dass die Schülerinnen und Schüler wie auch die Lehrkräfte mit dem Unterrichtsvorhaben Neuland betra-
ten und an die Bearbeitung der Projektaufgabe herangeführt werden mussten. Der in den
Präsentationsphasen inszenierte Vergleich als Basis für das Verstehen bzw. den reflexiven
Zugang zu spielbezogenen Arrangeurkompetenzen im informellen Sport musste vorbereitet und im Unterrichtsvorhaben geübt werden. Viertens hielten die schriftlichen Fixie-
rungen auf den Arbeitszetteln die Projektaufgabe für Lernende und Lehrkräfte präsent.
Dies sorgte dafür, dass das gemeinsame Ziel trotz unterschiedlicher Wege nicht aus den
Augen geriet. Das war besonders wichtig, weil alle Beteiligten nicht über umfangreiche
Projekterfahrung verfügten.

Der Logik der fachdidaktischen Entwicklungsforschung folgend (vgl. Hußmann et al.
in diesem Band), ist der Prozess der Aufgabenentwicklung mit den skizzierten Schritten
natürlich nicht an ein Ende gekommen. Vielmehr zeigen sich noch andere Entwicklungs-
potenziale und -dimensionen, die abschließend kurz angerissen werden sollen, wobei der
Fokus des Beitrags weiterhin nur auf unterrichtspraktische Aspekte gerichtet bleibt.

7.   Potenziale zur Weiterentwicklung der Projektaufgabe

Die Ideen zur Weiterentwicklung der Projektaufgabe basieren auf der Beobachtung, dass
die Schülerinnen und Schüler ihre Spiele im Unterrichtsverlauf häufig unsystematisch
veränderten und dieser Aspekt stärker berücksichtigt werden könnte. Bisher lag der
Schwerpunkt auf der explorativen Initiierung und Organisation von Regelspielen als einer
Facette der Arrangeurkompetenzen, die zudem eher durchführungsorientiert (Tun) angelegt wurde. Ein selbstgestaltetes Projektheft mit wenigen Seiten könnte gerade in länger
andauernden Unterrichtsvorhaben den systematischen Veränderungsprozess einer Spielidee durch Regelvariation besser dokumentieren als einzelne Arbeitsblätter (u.a. auch in
Form von Zeichnungen) und damit das Erfinden reflexiv (Denken) als sukzessiven struk-
turalistischen Vorgang des Zerlegens und Arrangierens zugänglich machen. Das Erfinden
wird dafür begrifflich auf ein stetiges Anknüpfen an eine vorhandene und konstante
Spielidee eingeengt und als Zerlegung und Arrangement von Regeln entlang einer oder
mehrerer Konstruktionsdimensionen konzipiert. In den Projektheften anderer Gruppen
könnten die Lernenden die Entwicklungschronologie der anderen erfundenen Spiele ein-
sehen und mit ihrer eigenen vergleichen. Gemeinsame oder unterschiedliche Regeln bzw.
Regelmerkmale und -typen ließen sich so identifizieren.

In den bisherigen Umsetzungen des Unterrichtsvorhabens im zweiten Zyklus haben die
Schülerinnen und Schüler teilweise die verschiedenen Spielideen mithilfe von Videos dokumentiert. Die Lernenden haben sich bei der Auswahl und Begutachtung zur Veränder-

rung der Spiele fast ausschließlich auf formale Produktaspekte des Videos (Ton, Bildqualität etc.) konzentriert. Der Blick auf die Konstruktionsdimensionen des Sports sowie die Strategien des Erfindens wurde so z.T. versperrt, trotz unterschiedlicher Inhalte. Ein Projektheft könnte die Lernenden animieren, ihr Spiel inhaltlich zu betrachten bei systematischer Fokussierung auf die Spielidee und ihre Regeln. Darüber hinaus würde das Projektheft auch zur Grundlage prozessbezogener Reflexionsgespräche.

Abschließend bleibt anzumerken, dass eine kognitive Spezialisierung und erhöhte Schreibanteile schnell zu Lasten körperbezogener Bewegungsaktivitäten gehen können. Gerade das Erkunden und Spielen kann einen wesentlichen Teil der Lebensweltorientierung ausmachen, weshalb auch zu prüfen ist, ob sich Schreib- und Sprachhandlungen produktiv mit körperbezogener Bewegung im Hinblick auf die Förderung von Arrangeurkompetenzen verbinden lassen. Eine Möglichkeit könnte die Entwicklung von Textbausteinen und Schreibhilfen sein, auf die bei Bedarf zurückgegriffen werden kann.

8. Fazit und Ausblick

Mit Blick auf das didaktische Prinzip der Lebensweltorientierung lässt sich abschließend festhalten, dass sich die konstrukthafte Forderung zur wechselseitigen und mehrdimensionalen Bezugnahme iterativ im Zuge der explorativen Aufgabenentwicklung konkretisieren ließ. Es konnten exemplarisch konkrete Inszenierungspotenziale auf diesem noch relativ unerforschten Gebiet aufgezeigt werden, die nach Stand der Analyse mit positiven Effekten im Lehr-Lernprozess einhergehen. Für die Entwicklung einer lokalen Theorie (vgl. Hußmann et al. in diesem Band) zur gezielten Förderung von spielbezogenen Arrangeurkompetenzen durch Lebensweltorientierung sind weiterführende Analysearbeiten der beiden bereits umgesetzten Unterrichtsvorhaben geplant. Hierzu werden gezielt Interaktionen im Rahmen der Unterrichtsvorhaben einerseits hinsichtlich des Austauschs von lebensweltlich fundierten Orientierungen, Wissensbeständen und Könnenserfahrungen der Lernenden untereinander untersucht und andererseits die wechselseitige Auseinandersetzung ihrer lebensweltlich geprägten Persönlichkeitsdimensionen mit sportunterrichtlichem Fachwissen und institutionellen Einstellungs- und Könnensanforderungen rekonstruiert. Die ersten unterrichtspraktischen Ergebnisse des vorliegenden Beitrags lassen im Hinblick auf diesen geplanten Analysefokus vermuten, dass insbesondere an den Grenzübergängen und Verbindungsstellen von Sportunterricht und außerschulischer Bewegungswelt eine Förderung spielbezogener Arrangeurkompetenzen möglich wird. Vor diesem perspektivischen Hintergrund lässt sich das Potenzial des didaktischen Prinzips der Lebensweltorientierung für eine Förderung von Handlungsbefähigung im Sport im produktiven Umgang mit der Differenz von Lebenswelt(en) und Sportunterricht ausmachen.

Literatur

Achtergarde, F. (2010). *Selbstständiges Arbeiten im Sportunterricht. Ein Sportmethodenhandbuch* (3. Aufl.). Aachen: Meyer & Meyer.

Bindel, T., Balz, E. & Frohn, J. (2010). Zur symbiotischen Handlungsstruktur informellen Sportengagements. *Sportwissenschaft*, 40(4), 254-261.

Bohnsack, R. (2010). Gruppendiskussionsverfahren und dokumentarische Methode. In B. Friebertshäuser, A. Langer, & A. Prengel (Hrsg.), *Handbuch qualitative Forschungsmethoden in der Erziehungswissenschaft*. Weinheim: Juventa, 205-218.

Brettschneider, W.-D. & Kleine, T. (Hrsg.) (2002). *Jugendarbeit in Sportvereinen. Anspruch und Wirklichkeit. Eine Evaluationsstudie*. Schorndorf: Hofmann.

Dalhaus, E. (2011). Bildung zwischen Institution und Lebenswelt: Zur Differenz von lebensweltlicher Bildungspraxis und schulischer Leistungsanforderung. *Zeitschrift für Soziologie der Erziehung und Sozialisation, 31*(2), 117-135.

Dietrich, K. (1994). Sportspiele in der Schule. In K. Dietrich (Hrsg.), *Sportliches Spielen. Chancen der Selbstinszenierung in sozialen Feldern*. Butzbach-Griedel: Afra,8-21.

Digel, H. (1982). *Sport verstehen und gestalten*. Hamburg: Rowohlt.

Ehni, H. (2004). Sportunterricht in den Perspektiven des Handelns und Erlebens. In P. Neumann & E. Balz (Hrsg.), *Mehrperspektivischer Sportunterricht. Orientierungen und Beispiele*. Schorndorf: Hofmann, 34-56.

Gerlach, E., Kussin, U., Brandl-Bredenbeck, H. & Brettschneider, W.-D. (2006). Der Sportunterricht aus Schülerperspektive. In Deutscher Sportbund (Hrsg.), *DSB-SPRINT-Studie. Eine Untersuchung zur Situation des Schulsports in Deutschland*. Meyer & Meyer,115-152.

Gläser, J. & Laudel, G. (2010). *Experteninterviews und qualitative Inhaltsanalyse als Instrumente rekonstruierender Untersuchungen* (4. Aufl.). Wiesbaden: VS.

Grundmann, M. (2006). Milieuspezifische Handlungsbefähigung sozialisationstheoretisch beleuchtet. In M. Grundmann, D. Dravenau, U. H. Bittlingmayer & W. Edelstein (Hrsg.), *Handlungsbefähigung und Milieu. Zur Analyse milieuspezifischer Alltagspraktiken und ihrer Ungleichheitsrelevanz*. Berlin: LIT, 57-73.

Grundmann, M., Bittlingmayer, U. H., Dravenau, D. & Groh-Samberg, O. (2008). Bildung als Privileg und Fluch – zum Zusammenhang zwischen lebensweltlichen und institutionalisierten Bildungsprozessen. In R. Becker & W. Lauterbach (Hrsg.), *Bildung als Privileg. Erklärungen und Befunde zu den Ursachen der Bildungsungleichheit*. Wiesbaden: VS, 47-74.

Hußmann, S., Thiele, J., Hinz, R., Prediger, S. & Ralle, B. (2013, in diesem Band). Gegenstandsorientierte Unterrichtsdesigns entwickeln und erforschen. Fachdidaktische Entwicklungsforschung im Dortmunder Modell. In M. Komorek & S. Prediger (Hrsg.), *Der lange Weg zum Unterrichtsdesign. Zur Begründung und Umsetzung fachdidaktischer Forschungs und Entwicklungsprogramme*. Münster u.a.: Waxmann, 25-42.

Maier, U., Kleinknecht, M. & Metz, K. (2010). Ein fächerübergreifendes Kategoriensystem zur Analyse und Konstruktion von Aufgaben. In H. Kiper, W. Meints, S. Peters, S. Schlump, & S. Schmit (Hrsg.), *Lernaufgaben und Lernmaterial im kompetenzorientierten Unterricht*. Stuttgart: Kohlhammer, 28-43.

Schierz, M. (1993). Schule: Eigenwelt, Doppelwelt, Mitwelt. In W.-D. Brettschneider & M. Schierz (Hrsg.), *Kindheit und Jugend im Wandel – Konsequenzen für die Sportpädagogik?* Jahrestagung der Sektion Sportpädagogik der Deutschen Vereinigung für Sportwissenschaft in Paderborn 1991. Sankt Augustin: Academia, 161-176.

Thiele, J. & Schierz, M. (2011). Handlungsfähigkeit – revisited. Plädoyer zur Wiederaufnahme einer didaktischen Leitidee. *Spectrum der Sportwissenschaften, 23*(1), 52-75.

Larissa Zwetzschler & Susanne Prediger

Der lange Weg zum Herstellen von Beziehungen

Fachdidaktische Entwicklungsforschung zur Gleichwertigkeit algebraischer Terme

Der Umgang mit algebraischen Termen ist für viele Lernende eine Herausforderung: Warum ist zum Beispiel $10n+3$ nicht gleich $13n$? Was bedeutet es überhaupt, dass zwei Terme gleichwertig sind? Selbst Lernende, die Terme umformen können, verfügen oft nicht über die dem Kalkül zugrunde liegenden inhaltlichen Vorstellungen. Zwar wird die Priorität des Aufbaus inhaltlicher Vorstellungen vor dem Umformungskalkül seit langem gefordert (z.B. Malle 1993), doch stützt die empirische Forschung die Umsetzung dieses Ziels nur begrenzt, indem sie noch immer vorrangig auf die Dokumentation von diesbezüglich defizitären Lernständen fokussiert (Überblick bei Kieran 2007).

Begrenzt ist dagegen das empirisch abgesicherte Wissen über lernförderliche Lehr- und Lernarrangements, über typische Verläufe, Herausforderungen und Ressourcen der initiierbaren Lehr-Lernprozesse und über daraus abgeleitete fokussierte Unterstützungsmöglichkeiten. Dieser Beitrag gibt Einblicke in ein Entwicklungsforschungsprojekt im Dortmunder Modell (allgemein Prediger et al. 2012, Hußmann, Prediger, Hinz, Ralle & Thiele in diesem Band), das diese Entwicklungs- und Forschungslücken bearbeitet (zum Projekt Prediger & Zwetzschler 2013, Zwetzschler i.V.). Am exemplarischen Teilaspekt der Studie, dem Herstellen von Beziehungen zwischen Termen und geometrischen Figuren, wird aufgezeigt, inwiefern theoretisch und empirisch abgesicherte Unterrichtsdesigns einen langen (fünf Design-Experiment-Zyklen umfassenden) Weg der iterativen Verknüpfung von Forschung und Entwicklung erfordern. Die Wendung „Der lange Weg" bezieht sich dabei sowohl auf die Prozesse der Lernenden, als auch auf die Entwicklungsforschungsprozesse, die dazu dienen, diese Prozesse zu verstehen und Unterstützungsmöglichkeiten zu entwickeln.

1. Aspekte des Forschungs- und Entwicklungsstands zur Gleichwertigkeit von Termen

1.1 Spezifizierung des Lerngegenstandes

Breiter Konsens herrscht in der deutschsprachigen Didaktik der Algebra zur Spezifizierung des Lerngegenstandes im Allgemeinen, insbesondere zu verschiedenen Bedeutungen und Handlungssituationen mit Variablen und Termen (Kieran 2007, Malle 1993).

Terme beschreiben graphische und verbal gegebene Zusammenhänge – Beispiel

Terme: Bild: Sachzusammenhang: Die Blumen für
                                                         Blumensträuße haben wechselnde Preise x €.
Term A: 3·x + 3·2   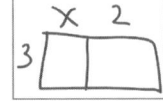   Hinzu kommen jeweils 2 € Kosten für die
Term B: 3 · (x+2)   Bindung. Wie viel kosten 3 Sträuße?

Abb. 1: Besipiel für Beschreibungsgleichheit zweier Terme

Zahlreiche Studien zeigen Schwierigkeiten von Jugendlichen nicht nur beim Umformen algebraischer Terme und Gleichungen (Tietze 1988, Demby 1997), sondern auch beim Aufstellen und Interpretieren von Termen und Gleichungen (Malle 1993). Dem zugrunde liegen oft nicht tragfähige inhaltliche Deutungen von Variablen, Gleichungen und Termen (Usiskin 1988, Malle 1993, aktueller Überblick in Kieran 2007).

Eine wichtige Bedeutung der Gleichwertigkeit von Termen taucht in der Handlungssituation des Beschreibens und Verallgemeinerns auf: Wenn zwei Terme den gleichen Zusammenhang allgemein beschreiben, sind sie gleichwertig (wie in Abb. 1). Um dieses inhaltliche Verständnis zur Gleichwertigkeit als *Beschreibungsgleichheit* aufbauen zu können, dürfen Terme nicht nur als Aufforderung zum Ausrechnen verstanden werden (eine rein *operationale* Perspektive), sondern müssen in Beziehung zu graphisch oder verbal gegebenen Zusammenhängen gesetzt werden (in Zwetzschler und Prediger 2013 genannt *relationale* Perspektive). Neben der Beschreibungsgleichheit gibt es zwei weitere Deutungen der Gleichwertigkeit zweier Terme wie $3 \cdot x + 3 \cdot 2 = 3 \cdot (x + 2)$, die jeweils je nach Deutung der Variable aktiviert werden (vgl. Malle 1993, S. 239, Prediger 2009, S. 229):

– *Beschreibungsgleichheit*: Werden die Variablen als unbestimmte (nicht näher bestimmte) Zahlen gedeutet (Gegenstandsaspekt der Variablen, Malle 1993, S. 46), so gelten zwei Terme dann als gleichwertig, wenn sie denselben allgemeinen Sachzusammenhang oder dieselbe allgemeine Figur auf unterschiedliche Weise beschreiben.

– *Einsetzungsgleichheit*: Werden die Variablen als Platzhalter für das potenzielle Einsetzen von Zahlen gedeutet (Einsetzungsaspekt, vgl. Malle 1993, S. 46), so gelten zwei Terme dann als gleichwertig, wenn sie für alle einsetzbaren Zahlen denselben Wert ergeben.

– *Umformungsgleichheit*: Werden die Variablen als interpretationslose Zeichen angesehen, mit denen ohne explizite Deutung nach bestimmten Regeln gearbeitet werden kann (Kalkülaspekt der Variablen, Malle 1993, S. 46), gelten zwei Terme als gleichwertig, wenn sie sich durch Termumformungsregeln (Kommutativität, Assoziativität, Distributivität) ineinander überführen lassen.

Während dem Aufstellen von Termen in den letzten Jahren viel Entwicklungsarbeit gewidmet wurde (z.B. Mason, Graham & Johnston-Wilder 2005, Wieland 2003, Berlin & Hefendehl-Hebeker 2011), wurden Lernwege zum Vorstellungsaufbau der Gleichwertigkeit von der Beschreibungsgleichheit zur Einsetzungs- zur Umformungsgleichheit (Malle 1993, S. 239, Mason, Graham, Pimm & Gowar 1985, S. 29ff.) zwar skizziert, aber kaum systematisch beforscht (Ausnahme Kieran & Sfard 1999, zur Einsetzungsgleichheit: Solares & Kieran 2012, Rittle-Johnson, Matthews, Taylor & McEldoon 2011, Pilet 2012).

1.2 Allgemeine Design-Prinzipien und Ansätze zur gegenstandsspezifischen Umsetzung

Wie können Lehr-Lernarrangements den Aufbau inhaltlicher Vorstellungen fördern? Dazu wurden zahlreiche allgemeine, gegenstandsübergreifende Design-Prinzipien formuliert, von denen das hier beschriebene Projekt vor allem auf die drei folgenden zurückgreift:

– *inhaltliches Denken vor Kalkül* (Freudenthal 1983, vom Hofe 2003, Prediger 2009): Zu jedem mathematischen Lerngegenstand sind zunächst inhaltliche Vorstellungen zu entwickeln, bevor ein Übergang zum Kalkül erfolgt. Auch im weiteren Lernprozess sind Kalkül und inhaltliche Vorstellungen immer wieder zu verknüpfen. Dieses mathematikspezifische Prinzip konkretisiert das allgemeinere, fachübergreifende Prinzip der Priorität konzeptuellen Verständnisses vor prozeduralem Wissen.
– *Darstellungswechsel* (Lesh 1979, Duval 2006): Da Bedeutungskonstruktion stets im Zusammenspiel verschiedener Darstellungsformen erfolgt, sollte die Vernetzung symbolisch-algebraischer, graphischer, numerischer und verbaler Darstellung immer wieder angeregt werden. Dies wird auch z.B. für die Physik gefordert (Leisen 2005).
– *Anknüpfen an mitgebrachte Vorstellungen* (Gerstenmaier & Mandl 1995): Für alle Fächer wird davon ausgegangen, dass Lernen sich stets durch Anknüpfen und Umbilden existierender kognitiver Strukturen vollzieht, daher müssen Lehr-Lernarrangements lernförderliche individuelle Vorstellungen aktivieren und daran gezielt anknüpfen.

Auch wenn die allgemeinen gegenstandsübergreifenden Design-Prinzipien bereits handlungsleitend klingen, erfordert ihre Umsetzung in konkreten Lehr-Lernarrangements jeweils gegenstandsspezifische Ausdifferenzierungen, die spezifische diesbezügliche Entwicklungsforschung notwendig machen. So war z.B. für die ersten zwei Prinzipien erst die Spezifikation erforderlich, *welche* inhaltlichen Vorstellungen und Darstellungen für den spezifischen Lerngegenstand Gleichwertigkeit von algebraischen Termen tatsächlich zentral und lernförderlich sind. Das Projekt konnte hier auf eine alte Idee zurück greifen, die Beschreibungsgleichheit von Termen durch einen Vergleich geometrischer Flächen zu erarbeiten: „Im Rahmen des Aufstellens und Interpretierens von Formeln in bedeutungsvollen Situationen (Rechensituationen, geometrischen Situationen, Sachsituationen) ergeben sich solche [Umformungs-]Regeln zwanglos, wenn ein Sachverhalt auf zwei verschiedene Arten beschrieben wird" (Malle 1993, S. 239, ähnlich Mason et al. 2005). Dass dieser Zugang und die intendierte individuelle Vorstellungsentwicklung nicht immer so „zwanglos" sind, wird Abschnitt 3 genauer zeigen: Insbesondere für schwächere Lernende ergaben sich in den ersten Design-Experimenten Hürden, die zunächst genauer untersucht werden mussten, um die Lehr-Lernarrangements im Hinblick auf den gewünschten Lernerfolg zu optimieren. Auch für das dritte Prinzip des Anknüpfens an mitgebrachte Vorstellungen waren weitere empirische Erhebungen notwendig, um nicht nur Fehlvorstellungen, sondern auch lernförderliche Anknüpfungspunkte aufzufinden und damit eine gegenstandsspezifische Ausdifferenzierung zu ermöglichen (Smith, diSessa & Rochelle 1993). Mit Fokus auf Herausforderungen und Anknüpfungspunkte im Lernprozess ergaben sich für die empirischen Analysen der verschiedenen Design-Experiment-Zyklen zwei Fragen:

– Welche individuellen Vorstellungen zu Variablen, Termen und zur Gleichwertigkeit haben die Lernenden, und inwiefern können diese weiterentwickelt werden?
– Wie kann die Vorstellungsentwicklung hin zu verschiedenen Bedeutungen der Gleichwertigkeit gefördert werden, wie mögliche Hürden überwunden werden?

2.   Überblick über fünf Design-Experiment-Zyklen und Methoden

Der komplexe Prozess des Entwicklungsforschungsprojekts hatte insgesamt fünf Zyklen mit je unterschiedlichen Akteuren und leicht variierenden Zielen. Tabelle 1 gibt einen Überblick über das gesamte fünf-zyklige Entwicklungsforschungsprojekt, das eingebettet war in das zehnjährige Forschungs- und Entwicklungsprojekt KOSIMA (Hußmann, Leuders, Barzel & Prediger 2011), und dessen Ergebnis in einem Kapitel des Schulbuchs Mathewerkstatt 8 (Leuders, Prediger, Hußmann & Barzel 2015) mündet. Die Autorinnen dieses Beitrags sind in der Tabelle als die zwei Didaktikerinnen in jeder Phase aufgeführt. Die Forschungssubstanz der Zyklen 2-4 ist im Rahmen eines Dissertationsprojekts (Zwetzschler i.V.) entstanden. Die dabei weiter entwickelten lokalen Theorien zur Vorstellungsentwicklung zur Gleichwertigkeit mit ihren Wirkungsweisen und Bedingungen fundieren auch die gemeinschaftliche Weiterentwicklung und Optimierung des Lehr- und Lernarrangements in den andauernden, über die Dissertation hinausgehenden Fertigstellungsarbeiten im Design-Zyklus 5.

Zyklus 1 bis 4 des Projekts umfasste jeweils alle vier Arbeitsbereiche der Entwicklungsforschung im Dortmunder Modell (Prediger et al. 2012, Hußmann, Prediger, Hinz, Ralle & Thiele 2013): 1. Spezifizierung und Strukturierung des Lerngegenstands, 2. Design-Entwicklung, 3. Durchführung und Analyse von Design-Experimenten und 4. Entwicklung von lokalen Lehr- und Lerntheorien. In den Zyklen 1 bis 4 wurden jedoch je nach Ziel unterschiedliche Schwerpunkte gesetzt, verschiedene Erhebungs- und Auswertungsmethoden genutzt und damit auch verschiedene Ergebnisse erzeugt.

Tab. 1: Fünf Zyklen der Design-Entwicklung und der Design-Experimente

Zyklus 1 Designteam (zwei Didaktikerinnen und erfahrene Lehrerin) (Sep 10 – Jan 11)	Ziele	Problem- und Anforderungsspezifikation, Entwicklung der Pilotierungsfassung
	Methoden	Problem- und Anforderungsanalysen mit Literaturrecherchen zur Spezifikation des Lerngegenstands und tragfähiger Design-Prinzipien, erste Umsetzungen in Lehr-Lernarrangements. Mehrfache Expertenevaluation der Entwürfe von vier erfahrenen Designern (Kosima-Projektleitung) unter Berücksichtigung konzeptioneller Kohärenz, Passung zu übergreifenden Design-Prinzipien, …
	Ergebnisse	Erste Pilotierungsfassung des Lehr-Lernarrangements (Prediger, Zwetschler & Schmidt 2011)
Zyklus 2a Design- und Forschungsteam (zwei Didaktikerinnen) (Jan 11 – Apr 11)	Ziele	Pilotierung zentraler Aufgaben; erste Einsichten in Lernwege & Herausforderungen
	Methoden	Design-Experimente in Laborsituationen (mit 2 x 2 Lernenden, 3 x 45 Min. lang) Ad-hoc-Videoanalysen zum Auffinden von Herausforderungen / Ressourcen
	Ergebnisse	Erste Erkenntnisse zu typischen Herausforderungen -> Vertiefte Spezifizierung des Lerngegenstandes, Überarbeitetes Lehr- und Lernarrangement
Zyklus 2b Design- und Forschungsteam und studentische Hilfskraft (Apr 11 – Nov 12)	Ziele	Vertiefte Analyse ausgewählter Stellen in den Lernwegen
	Methoden	Design-Experimente in Laborsituationen (mit 2 x 2 Lernenden, 3-4 x 60 Min. lang) i) Ad-hoc-Videoanalysen zum Auffinden weiterer Herausforderungen / Ressourcen ii) Vertiefte qualitative Analyse der Transkripte (von Zyklus 2a und 2b) mit Blick auf typische Herausforderungen, Ressourcen und schwierigen Momenten im Prozess, mit Vergnauds (1996) analytischen Konstrukten
	Ergebnisse	i) Herausarbeitung und Begrenzung des Forschungsinteresses & Prototyp des gesamten Lehr- und Lernarrangements ii) Erste Ergebnisse zur lokalen Theorie des Lehrens und Lernens algebraischer Gleichwertigkeit von Termen (Strukturierung des Lerngegenstandes, typische Herausforderungen, Ressourcen, erste Einblicke in Lernwege und die Auswirkungen des Elemente des Lehr- und Lernarrangements) (→Zwetschler & Prediger 2013)
Zyklus 3 Design- und Forschungsteam und studentische Hilfskraft und Erprober (reguläre Lehrkräfte) (Sep 11 – Nov 12)	Ziele	Erprobung des kompletten Lehr- und Lernarrangements im regulären Unterricht Vertiefung empirischer Einblicke in individuelle Lernwege und ihre Bedingungen
	Methoden	Feld-Design-Exp. in 2 Klassen (20 / 32 Stunden à 45 Min.); trianguliert mit Labor-Design-Exp.(mit 6 x 2 Lernenden) zu Aufgabenauswahl (3-5 Sitzungen à 45 Min.) i) Evaluation mit Blick auf Lernergebnisse und Praktikabilität durch Videoanalysen, Lehrertagebüchern, schriftlichen Schülerprodukten und Tests zu Vorstellungen ii) Vertiefte Analyse von Transkripten bzgl. Lernwegen, Wirkungen, Bedingungen
	Ergebnisse	i) Praktisch erprobtes, teilweise überarbeitetes Lehr- und Lernarrangement ii) Weitere Erkenntnisse zur lokalen Theorie des Lehr- und Lernarrangements zur algebraischen Gleichwertigkeit (insbesondere im Lernweg) (→Zwetschler, i.V.)
Zyklus 4 Design- und Forschungsteam und studentische Hilfskraft und Erprober (reguläre Lehrkräfte) (Dez 11 – Mär 12)	Ziele	Ausgewählte überarbeitete Aufgaben in Design-Experimenten testen (im Übergang zur Umformungsgleichheit); Evaluation des Arrangements bzgl. Lernerfolg
	Methoden	Feld-Design-Experimente mit einer Klasse (16 x 45 Min. lang); trianguliert mit Labor-Design-Exp.(mit 2 x 2 Lernende) zu Aufgaben-Auswahl (3 Sitzungen à 45 Min.) Evaluation der schriftlichen Tests und Videos mit Blick auf kognitive Anforderungen und Lernerfolg in der Vorstellungsentwicklung bei den neuen Aufgaben
	Ergebnisse	Praktisch und empirisch bewährtes Lehr- und Lernarrangement, das den intendierten Vorstellungsaufbau ermöglicht; Einblicke in Bedingungen für Wirksamkeit
Zyklus 5 Designteam, Verlagsredaktion & Herausgeber (Jan 13 – Dez 14)	Ziele	Finalisieren des Lehr- und Lernarrangements für den regulären breiten Einsatz
	Methoden	letzte Überarbeitungen bzgl. sprachlicher Hürden, Strukturtransparenz, kognitiver Sprünge etc.; Sammeln aussagekräftiger Beispiele für Lehrer-Handbuch
	Ergebnisse	Kapitel eines Schulbuches für Lernende des mittleren Schulabschlusses sowie eines Lehrer-Handbuchs zu typischen Lernwegen, Herausforderungen, Ergebnissen (→ Mathewerkstatt 8, Leuders et al. 2015)

Während man z.B. in Design-Experimenten in Laborsituationen (mit nur je zwei Lernen-den) besser Lernwege in ihren Verläufen und Hürden in der Tiefe erforschen kann (Komo-rek & Duit 2004), dienen Design-Experimente mit ganzen Klassen und deren regulären Lehrkräften eher der Evaluation des Gesamtarrangements, auch im Hinblick auf prakti-sche Nutzbarkeit unter Normalbedingungen; die Forschungsergebnisse zu Lernwegen und Bedingungen werden dabei einer Überprüfung im Hinblick auf ökologische Validität un-terzogen.

Für die Tiefenanalyse der Lernwege wurde Vergnauds (1996) Theorie der konzeptuel-len Felder herangezogen, mit der aus expliziten Äußerungen und sichtbaren Handlungen methodologisch abgesichert auf mentale Vorstellungen geschlossen werden kann; diese werden bei Vergnaud als Theoreme-in-Aktion und Konzepte-in-Aktion konzeptualisiert (vgl. Zwetzschler & Prediger 2013).

Vergnauds Konstrukte für die spezifischen Analysezwecke adaptierend wurden indivi-duell für wahr gehaltene (oft implizite) Theoreme-in-Aktion in den empirischen Rekon-struktionen durch <…> markiert und systematisch mit um-zu formuliert, z.B. <Um die Richtigkeit eines Terms zu prüfen, kann ich diesen auf die Graphik beziehen>, die dahin-ter liegenden Konzepte-in-Aktion, mit denen die Individuen kategoriell die Phänomene fokussieren, werden durch ||..|| symbolisiert, z.B. ||relationale Darstellungsvernetzung||.

3. Längsschnitt durch die Zyklen am Beispiel des Herstellens von Beziehungen zwischen Termen und Figuren

Aus der Komplexität des Gesamtprojekts wird für diesen Artikel ein Teilaspekt herausge-griffen, um im Längsschnitt durch die Zyklen typische Vorgehensweisen und Zwischener-gebnisse exemplarisch zu zeigen, und zwar die inhaltlichen Herausforderungen des Her-stellens von Beziehungen zwischen Termen und Figuren. Thematisiert wird auch das un-terrichtsmethodische Design-Element Hilfskarten, das zeitweilig eingesetzt wurde.

3.1 Design-Zyklus 1: Entwicklung des Lehr- und Lernarrangements

Eingebettet in das langfristige Forschungs- und Entwicklungsprojekt KOSIMA erfolgte die Entwicklung einer Serie aufeinander bezogener Lehr- und Lernarrangements (Prediger et al. 2011), an deren Kohärenz auch in Bezug auf weitere Design-Prinzipien (Hußmann et al. 2011) in der Kosima-Projektleitung intensiv in mehreren Design-Minizyklen gearbeitet wurde. Dabei wurde in Zyklus 1 zunächst auf empirische Befunde aus der Literatur zu-rückgegriffen (Teilaspekte skizziert in Abschnitt 1) statt auf eigene Design-Experimente. Das Ergebnis war eine erste Pilotierungsfassung des Lehr-Lernarrangements (Prediger et al. 2011), die für die Erhebungen in Zyklus 2a bis 4 und für das Dissertationsprojekt lei-tend waren.

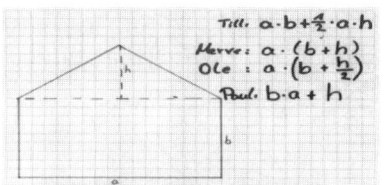

(I) Unterschiedliche Terme für die gleiche Figur?	**(II) Testen mit unterschiedlichen Werten**
Welche Kinder berechnen die gleiche Fläche? Und welche der Terme berechnen den Flächeninhalt der gegebenen Figur richtig?	Setze unterschiedliche Werte für die Variable ein. Finde heraus, welche Terme gleichwertig sind.

Abb. 2: Aufgabe (I) als Zugang zur Beschreibungsgleichheit, (II) zur Einsetzungsgleichheit

Aufgabe I (in Abb. 2) zielt auf die Entwicklung einer inhaltlichen Vorstellung zur *Beschreibungsgleichheit*, die erste der drei in Abschnitt 1.1 aufgeführten Bedeutungen der Gleichwertigkeit: Beim Prüfen der vier gegebenen Terme auf Passung zum Flächeninhalt der Figur können die Lernenden entdecken, dass Terme unterschiedlich aussehen und trotzdem dasselbe beschreiben können. Aufgabe II fordert das erneute Überprüfen der Gleichwertigkeit durch das Einsetzen unterschiedlicher Werte und knüpft so die algebraischen Terme an das mitgebrachte arithmetische Verständnis der Lernenden im Umgang mit Zahlen an (drittes Design-Prinzip). Diese Aufgabe II dient der Erweiterung des Vorstellungsrepertoires zur Gleichwertigkeit um die *Einsetzungsgleichheit*. Die dritte Erweiterung hin zur *Umformungsgleichheit* im anschließenden Lehr-Lernarrangement ist nicht mehr Teil des Dissertationsprojekts.

So erfolgten durch Aufgabenkonstruktion und Auswahl der Kontexte die Konkretisierungen der allgemeinen Design-Prinzipien *Inhaltliches Denken vor Kalkül* (hier Beschreibungs- und Einsetzungs- vor Umformungsgleichheit) und *Darstellungsvernetzung* zwischen symbolischer (algebraische Terme), graphischer (geometrische Figuren) und numerischer Darstellungsform (Zahlenterme nach Einsetzung) für den Gegenstand Terme.

3.2 Design-Experiment-Zyklus 2a: Pilotierung zentraler Aufgaben

In ersten empirischen Pilotierungen wurden *Design-Experimente* mit zentralen Aufgaben (wie in Abb. 2) in Laborsettings mit 2 x 2 Lernenden durchgeführt, weil die Laborsettings eine intensivere Beforschung der individuellen Lernwege, Ressourcen und Herausforderungen ermöglichen. Die Videos der Design-Experimente wurden zunächst grob analysiert hinsichtlich zentraler Eckpunkte im Lernprozess. Verfolgt wurde dabei das Ziel, das Lehr-Lernarrangement für weitere Design-Experimente optimieren zu können.

Analysiert wurde als erste Fallstudie der Lernweg von Paula und Daniel (Klasse 9). Der rekonstruierte Lernweg zeigte unterschiedliche Herausforderungen für den Bearbeitungs- und Lernprozess. So entwickelte sich der Teilaspekt „Herstellen relationaler Beziehungen zwischen Darstellungsformen" als wichtiger Forschungsfokus in den Zyklen. Im Folgenden werden nur kleine Ausschnitte aus Paulas und Daniels Lernweg in Aufgabe I und II mit Fokus auf diesen Teilaspekt diskutiert, andernorts werden weitere Teilaspekte herausgearbeitet (Zwetzschler & Prediger 2013, Zwetzschler i.V.).

Einblicke in die empirische Analyse der Lernwege: Wie alle Lernenden bearbeiteten Paula und Daniel zum Einstieg Aufgaben, in denen sie den Flächeninhalt einfacher geometrischer Figuren bestimmen und arithmetische Terme in den Figuren interpretieren mussten, um anschließend die oben vorgestellten Aufgaben (Abb. 2) zu bearbeiten. In Aufgabe I (aus Abb. 2) gelang es ihnen, die zwei Terme a · (b + h/2) und b · a + h auf die Graphik zu beziehen, doch bei Tills Term a · b + ½ · a · h tauchte eine Hürde auf, die sie erst später durch wiederholte Impulse seitens der Interviewerin überwanden:

Zyklus 2a, Paula und Daniel, Sitzung 2, Aufgabe I, Zeit zu Beginn des Ausschnittes: *05:06Min.*

P	58	Ja ich weiß nicht, ob das funktioniert deswegen
D	59	Wären da jetzt 'n paar Werte drin, dann könnt man's ausrechnen
P	60	Ja dann – aber *[schauen 10 Sek auf das Blatt]* doch das geht oder? *[deutet auf den Term von Till]* nein geht, ach ich weiß es nicht, also hier wird ja a · h gerechnet *[zeigt auf den Term und dann auf die gestrichelte Linie im Hausdach (Grundseite) und dann auf das ½ im Term]* aber von a die Hälfte nur irgendwie -- ½ sind 0,5 ne?
D	61	Ja
P	62	Also 0,5 · a · h, man bräuchte Werte, um das auszurechnen
D	63	Ja

Paula versuchte in Z60 (kurz für Zeile 60), den Term auf die Graphik zu beziehen und so ihre Flächenberechnung auf Richtigkeit zu prüfen. Dieses Herstellen einer relationalen Beziehung zwischen den beiden Darstellungsformen gelang ihr allerdings nur mit dem ersten Teilterm a · b in Z44f. vor dem hier abgedruckten Transkriptausschnitt. In Z58-Z62 dagegen gelang es ihr nicht, die Berechnung des Dachs relational mit dem gegebenen Term zu verbinden. Stattdessen ging sie in Z62 auf Daniels Idee aus Z59 ein, ersatzweise mit konkreten Werten zu rechnen. Beide aktivierten damit nicht mehr das zuvor rekonstruierte Theorem-in-Aktion <Um die Richtigkeit eines Terms zu prüfen, kann ich diesen auf die Graphik beziehen>, sondern nun <Um die Richtigkeit eines Terms zu prüfen, kann ich den Term berechnen>. Sie wechselten damit vom zugrundeliegenden Konzept-in-Aktion ||relationale Darstellungsvernetzung|| hin zu ||operationale Darstellungsvernetzung||: In *relationaler Perspektive* wurden bei Darstellungsvernetzungen einzelne Elemente in Term und Graphik in Beziehung gesetzt, in *operationaler* Perspektive erfolgte die Vernetzung nur über die Operation Ausrechnen von Werten (für den Term und den Flächeninhalt der Figur; ausführlicher zum Theoriehintergrund in Zwetzschler & Prediger 2013). Im Detail zeigten sich hier insbesondere Probleme in der Zuordnung des zum Dreieck gehörenden Teilterms ½ · a · h zur Graphik. Die Konzepte ||½ · a als halbe Kante a|| sowie die ||Gleichschenkliges Dreieck als umlegbarer Teil des Rechtecks|| konnten Paula und Daniel in der Situation noch nicht aktivieren; wohingegen die relationale, also strukturelle Interpretation des ersten Teilterms a · b durch das Konzept ||Multiplikation als Rechteckdarstellung|| in Z60 bei Paula gelang.

Konsequenzen für die Spezifizierung des Lerngegenstandes und das Design: Die ersten empirischen Einblicke führten dazu, für die weitere *Spezifizierung des Lerngegenstandes* insbesondere auf die Flexibilisierung des relationalen Beziehungsherstellens zu fokussieren (vgl. Zwetzschler & Prediger 2013), da sich in den analysierten Design-Experimenten von Zyklus 2a sowohl Herausforderungen in der Zerlegung der Graphik als auch in deren symbolischer Repräsentation im Term zeigten. Dies erschien insbesondere als tragfähiger Anknüpfungspunkt, da das Herstellen relationaler Beziehungen für den Lerngegenstand von zentraler Bedeutung ist und in einfacheren Beziehungen (z.B. a · b) bereits gelang. Hier ergab sich ein erster Beitrag zur lokalen Lehr-Lerntheorie (weitere in Zwetzschler & Prediger 2013).

Als *Konsequenz für das Design des Lehr-Lernarrangements* wurde das Potential der bereits vorhandenen (ursprünglich lediglich als Zerlegungs- Ergänzungsübung gedachten) Aufgabe III (Abb. 3) identifiziert, da diese das Herstellen von Beziehungen zwischen Termen und Graphiken fördert und fokussiert. Die Aufgabe entlastete die komplexe Anforderung durch Reduktion auf Zahlenterme statt Variablenterme und damit von der Anforderung eine relationale Beziehung im Allgemeinen gleichzeitig herstellen zu müssen, und zusätzlich durch Vorstrukturierungen der Figuren in verschiedenen Zerlegungs- und Ergänzungswegen, wodurch eine Brücke zur relationalen Beziehung geschaffen werden soll. Die explizite Verbalisierung der jeweiligen Zerlegungs- bzw. Ergänzungswegs sollte das Herstellen von Beziehungen zusätzlich unterstützen. Den in der ersten Erprobung beobachteten oberflächlichen Bearbeitungen einiger Lernender (durch Zuordnung über einzelne Werte und Ausschlussstrategien) sollte entgegen getreten werden durch expliziteren Fokus auf die relationale Darstellungsvernetzung.

Zusätzlich sollten die Lernenden im Herstellen von relationalen Beziehungen weiterhin komplexe Zusammenhänge erkunden und verstehen (wie in Aufgabe I). Das dazu benötigte Vorwissen zu Variablen und Termen musste adäquat aktiviert und in der neuen Lernsituation vernetzt werden.

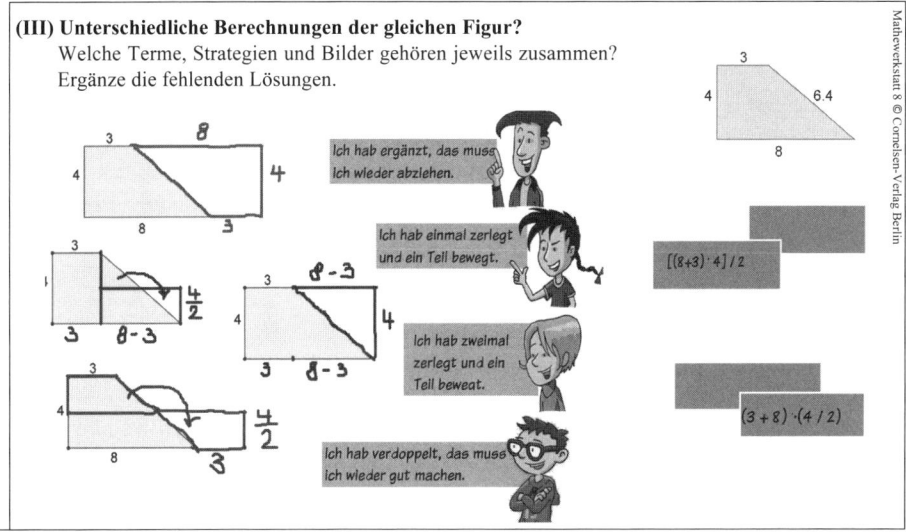

Abb. 3: Aufgabe (III) relationale Beziehungen erkennen zwischen Termen und Graphiken

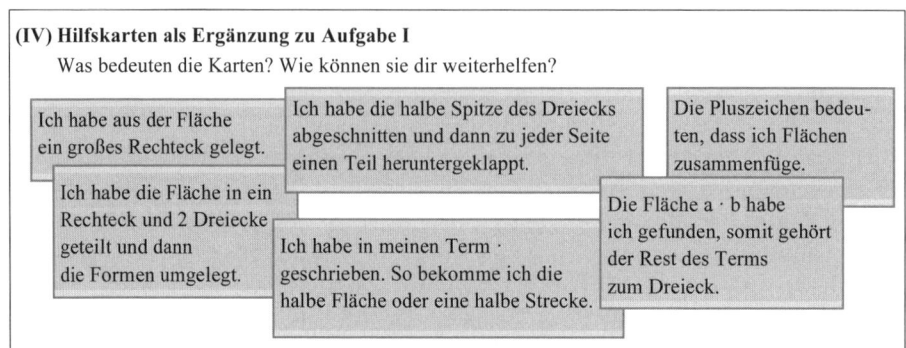

Abb. 4: Hilfskarten als Unterstützung des Bearbeitungsprozesses von Aufgabe I

Um diesen großen Anforderungen im Kontext individuell begegnen zu können und allen Lernenden einen Zugang zu ermöglichen, sollten inhaltliche und strategische Hilfen eine Unterstützung bieten. Für die unterrichtsmethodische Umsetzung sahen wir zunächst in den gestuften Lernhilfen (entwickelt von Leisen 1999, Weiterentwicklung von Wodzinski, Hänze, Schmidt-Weigand, Franke-Braun & Blum 2009) einen Rahmen, in dem das eigenständige Arbeiten an komplexen und herausfordernden Teilaufgaben ermöglicht werden kann. Die gestuften Lernhilfen, die bedarfsspezifisch von den Lernenden genutzt werden können, lassen sich dabei durch die folgenden Kategorien (im Sinne allgemeiner Lern- und Problemlösestrategien, konkretisiert von Franke-Braun, Schmidt-Weigand, Stäudel & Wodzinski 2008, S. 28f.) beschreiben: 1. Paraphrasierung (der Inhalte und Aufgabenstellung), 2. Fokussierung (auf zentrale Elemente), 3. Elaboration von Unterzielen, 4. Aktivierung von Vorwissen, 5. Visualisierung (von Inhalten und Lösungsansätzen).

Um die Herausforderung des relationalen Beziehungen Herstellens zu bearbeiten, sollten diese Funktionen in den nächsten Design-Experimenten nicht mehr allein durch Impulse der Interviewerin verfolgt werden, sondern durch Explizierung auf Hilfskarten (vgl. Abb. 4). Sie sollten je nach Bearbeitungsprozess den Lernenden zur Verfügung stehen und individuelle Perspektiven und Zugänge zu diesem Inhalt aufzeigen. Durch das Nachvollziehen spezifischer Perspektiven sollte an das Vorwissen angeknüpft und eine verstehensfördernde Bearbeitung ermöglicht werden.

3.3   Design-Experiment-Zyklus 2b:
vertiefte Analyse ausgewählter Stellen in den Lernwegen

Parallel zu der vertieften Analyse der Transkripte aus Zyklus 2a wurden weitere Design-Experimente in Laborsituationen mit dem überarbeiten Lehr- und Lernarrangement in Zyklus 2b durchgeführt. Das überarbeitete Design wurde dabei getestet, um daraus einen Prototyp erarbeiten und den Forschungsfokus noch weiter zuspitzen zu können. Von besonderem Interesse war, inwiefern die Lernenden durch erhöhte Aufmerksamkeit in Aufgabe III und die Hilfskarten in Aufgabe IV die Herausforderungen zum Herstellen von relationalen Beziehungen zwischen Termen und Graphiken produktiv überwinden konnten.

Nach der Ad-hoc-Videoanalyse im unmittelbaren Anschluss an Zyklus 2a wurden ab Zyklus 2b die von Vergnaud adaptierten Analyseinstrumente (vgl. Abschnitt 2) der Theoreme-in-Aktion und Konzepte-in-Aktion durchgängig genutzt und notiert. Dies ermöglichte systematische Vergleiche von verschiedenen Transkriptstellen, durch die Verbindungen untereinander rekonstruiert werden konnten. Damit konnten zusammenhängendere und komplexere Rekonstruktionen des individuellen Verständnisses gewonnen und besondere Herausforderungen und Gelenkstellen der Lernwege auch in ihrer Entwicklung beschrieben werden, um diese Dynamik zu erfassen statt bei der Identifikation typischer Fehlvorstellungen stehen zu bleiben (vgl. Zwetzschler & Prediger 2013).

Einblicke in die empirische Analyse der Lernwege: Von der Vielzahl der dabei gewonnen empirischen Einsichten sollen hier aus der Fallstudie zu Jans und Niclas' Bearbeitung der Aufgabe I einige herausgegriffen werden, die für den Teilaspekt des Herstellens von Beziehungen besonders bedeutsam waren. Die beiden Jungen versuchten zunächst einen eigenen Berechnungsweg zu finden, was ihnen auch nach einigen Anläufen gelang. Dadurch waren sie in der Lage, den Flächeninhalt zu berechnen und die Richtigkeit der gegebenen Terme durch Ergebnisgleichheit zu überprüfen: ‖Gleichwertige Terme als ergebnisgleich‖. Als sie anschließend aufgefordert wurden, die Terme graphisch zu erklären, stellte sich dies wiederum als besondere Herausforderung dar. Entgegen der oben beschriebenen Intention boten dabei die Hilfskarten wenig Unterstützung, wie sich exemplarisch für mehrere Szenen mit verschiedenen Lernenden in der folgenden Szene zeigt:

Zyklus 2b, Jan und Niclas, Sitzung 2, Aufgabe I, Zeit zu Beginn des Ausschnittes: *13:18*

J   191   …Hier steht… [*liest Hilfskarte „Die Pluszeichen bedeuten, dass ich Flächen zusammenfüge." aus Abb. 4*]

N   192   …ach so…

J   193   …hier steht, dass die Pluszeichen bedeuten, dass ich Flächen zusammenfüge, das heißt „+" muss ja ein halb muss ja irgend ne Fläche sein… [*tippt mit der Karte auf die Ausgangsgraphik*]

Ebenso wie Paula und Daniel hatten Jan und Niclas Schwierigkeiten, im gegebenen Term a · b + ½ · a · h den zweiten Teilterm zu deuten. Den Tipp der Hilfskarte bezog Jan nur auf den ersten Faktor ½, nicht auf ½ · a · h, bei abweichender syntaktischer Strukturierung, auf was sich das Plus alles bezieht (vgl. Malle 1993, S. 196f. für abweichende Termstrukturierungen). Der Tipp erwies sich als nicht hinreichend adaptiv angepasst, um auf die individuellen Hürden einzugehen, daher konnte die Herausforderung nicht überwunden werden. Insbesondere die Abweichungen in der Strukturierung des Terms in Teilterme verhinderte die Handlungsabsicht <Um die Richtigkeit eines Terms zu prüfen, kann ich diesen auf die Graphik beziehen>. Bei anderen, weniger konzeptionellen Schwierigkeiten hätten die Hilfskarten vermutlich strategische Unterstützungen für die Lernenden bieten können. Die nicht tragfähige Interpretation von ‖1/2 als Fläche‖ in Z193 zeigt allerdings die Tiefe des Problems.

Konsequenzen für die Entwicklung der lokalen Lehr-Lerntheorie, die Spezifizierung des Lerngegenstandes und des Designs: Die empirische Einsicht in die Komplexität der fachlichen Anforderung wurde als Teil der weiterentwickelten lokalen Lehr- und Lernthe-

orie aufgenommen, die unmittelbare Rückwirkungen auf die Spezifizierung und Strukturierung des Lerngegenstandes hatte: Das Verständnis der *relationalen* Verbindung zwischen den Darstellungsformen kann nicht vorausgesetzt werden, sondern muss systematisch aufgebaut werden. Operationale Darstellungsvernetzungen und Termvergleiche (über
gleiche Ergebnisse) liefern erste Zugänge, die aber nicht dauerhaft tragfähig sind (vgl.
Zwetzschler & Prediger 2013). Die Untersuchung des Nichtfunktionierens der Hilfskarten
ermöglichte zudem Einsichten in die Bedingungen der Wirksamkeit des oft postulierten
Design-Elements gestufte Lernhilfe: Bei solch grundlegenden Annäherungen an ein konzeptionelles Verständnis erwiesen sich die Hilfskarten als kein geeignetes Mittel aufgrund
ihrer fehlenden Adaptivität. Andere Untersuchungen zeigen, dass einheitliche Tipps den
Lernprozess durchaus unterstützen können (Wodzinski et al. 2009, Franke-Braun et al.
2008). Doch die Befunde dieser Untersuchung lassen sich auf die Bedingung zuspitzen,
dass dies nicht möglich ist, wenn die Wissenskonstruktion inhaltlich unterschiedliche individuelle Lernwege zulässt und daher in ihrem Verlauf nicht vorhersehbar ist, denn dann
ist die Adaptivität von Hilfskarten nicht gewährleistet.

Im Zuge der *Weiterentwicklung des Lehr-Lernarrangements* wurden daher die Hilfskarten weggelassen und individuelle, flexibel einsetzbare mündliche Impulse vorgesehen.
Diese umfassten auch die Frage, welche Teilterme auf symbolischer Ebene man eigentlich
bilden kann: für den Term a · b + ½ · a · h bindet das Plus + nicht a · b und ½, sondern a ·
b und ½ · a · h als Flächen zusammen. Damit sollte den Lernenden ein Zugang zur allgemeinen Einsicht in das Strukturieren von Termen ermöglicht werden, über die sie zu diesem Zeitpunkt vermutlich noch nicht verfügten. Um das Verständnis der Termstrukturierung im Kontext der Flächenberechnung aufbauen zu können, wurde zudem Aufgabe V
(in Abb. 5) ergänzt, in der die Lernenden Teilterme durch Bezug auf einen einfacheren
geometrischen Kontext strukturieren sollten, um dann die Konsequenzen auf symbolischer
Ebene zu durchdenken.

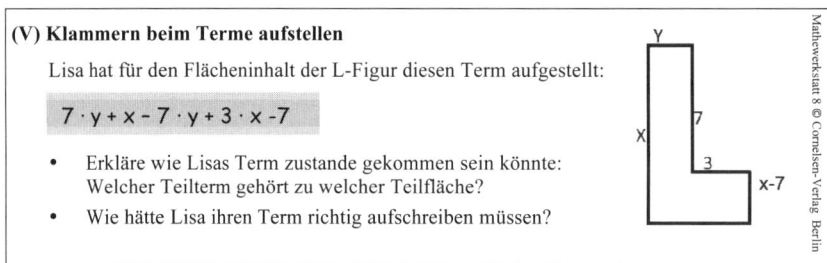

Abb. 5: Inhaltliche Erkundung der Beziehung zwischen Termstrukturierung und Figurzerlegung

3.4 Design-Experiment-Zyklus 3: Erprobung des kompletten
Lehr- und Lernarrangements im regulären Unterricht

Die oben beschriebenen Design-Veränderungen flossen ein in das überarbeitete Lehr-
Lernarrangement für Zyklus 3, das als Prototyp in zwei Klassen mit ihren regulären Ma-

thematiklehrkräften über einen längeren Zeitraum erprobt wurde. Anhand von Videohospitationen im Unterricht und schriftlichen Produkten der gut 55 Lernenden wurde die Wirksamkeit des Designs unter unterrichtlichen Normalbedingungen geprüft. Zur Weiterentwicklung der lokalen Theorie des Lehrens und Lernens des Herstellens von Beziehungen sind jedoch nicht reine Aussagen zur Wirksamkeit relevant (Wie viel Prozent haben am Ende die angestrebte Vorstellung entwickelt?), sondern auch genaue Einsichten in die Lehr-Lernprozesse in ihren typischen Verläufen und Hürden sowie Wirkungsweisen und Bedingungen der einzelnen Design-Elemente. Für diese Vertiefung wurden die Klassenerprobungen durch Design-Experimente in Laborsituationen trianguliert.

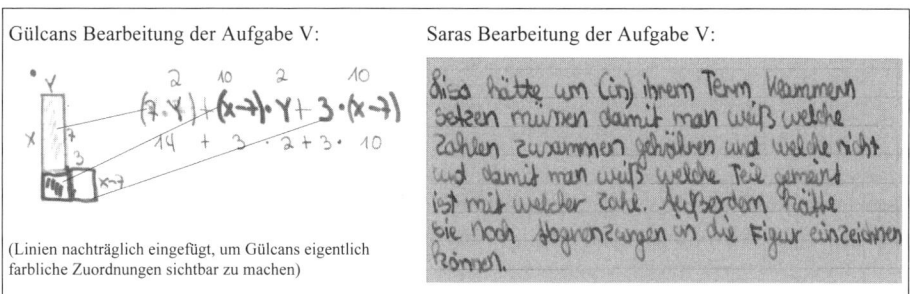

Abb. 6: Belege der Wirkungen der Aufgabe V aus der Klassenerprobung

Die Analyse der Produkte aus den Klassen- und Laborerprobungen gibt Hinweise, wie die Aufgaben die Lernenden auf ihrem Weg zum Herstellen von Beziehungen unterstützen. So zeigen die beiden individuellen Bearbeitungen der Aufgabe V in Abb. 6, dass die Lernenden durch die Fokussierung auf einfache Terme und Figuren den gegebenen Term auf die Graphik bezogen und durch die inhaltliche Anbindung auch richtig strukturieren konnten. Gülcan verwendete (hier nicht mehr sichtbare) Farben, um die Beziehungen zu den Teiltermen darzustellen, Sara erläuterte explizit die Bedeutung der Klammern, um anzuzeigen, was im symbolischen Term zusammen gehört. In ihrer Verbalisierung wird zudem ein hohes Maß an reflektiertem Wissen über den Nutzen von Termstrukturen deutlich, was einen anschlussfähigen Lernerfolg vermuten lässt.

Die empirischen Einsichten zeigen, dass die Realisierung des Design-Prinzips ‚systematische Anknüpfung an Vorwissen' hier gelungen ist, ohne das vorherige Problem der fehlenden Adaptivität. Sie stützen die lokale Lehr-Lerntheorie im Hinblick auf die Bedeutung des Beziehungen-Herstellens und der Möglichkeit, das regelkonforme Strukturieren von Teiltermen im direkten Zusammenhang damit zu bringen.

Neben oben beschriebenen Ergebnissen zur gegenstandsspezifischen Lehr- und Lerntheorie waren auch formale und organisatorische Aspekte im Fokus der Design-Experimente, die für Zyklus 4 nochmals überarbeitet wurden.

3.5   Ausblick auf Zyklus 4 und 5

Für den vierten Design-Experiment-Zyklus wurden Aufgaben sowohl im Hinblick auf die Verständlichkeit als auch weiter auf andere Teilaspekte des Entwicklungsforschungsinteresses hin optimiert (wie z.B. die Stimmigkeit in der Sequenzierung des Lernprozesses) und in Ausschnitten erprobt. Der derzeit laufende Zyklus 5 diente ausschließlich der Aufbereitung des Lehr- und Lernarrangements für den regulären breiten Einsatz. Dabei stehen Merkmale wie sprachliche Hürden oder Strukturtransparenz im Vordergrund, um die Materialien für die Einbindung in ein Schulbuch (Leuders et al. 2015) redaktionell zu finalisieren. Die empirischen Einsichten und Produkte aus den Design-Experimenten fließen in ein Handbuch für Lehrkräfte ein, das eine sensible Begleitung der individuellen Lernprozesse unterstützen soll.

4.   Rückblick und Ausblick

Obwohl sowohl die Problemlage (defizitär entwickelte inhaltliche Vorstellungen zur Gleichwertigkeit) als auch die Design-Prinzipien für ihre Behebung (Anknüpfungen an individuelle Vorerfahrungen, inhaltliches Denken für Kalkül, Darstellungsvernetzung) seit langem in der Didaktik der Elementaren Algebra wohl bekannt sind, zeigen die kurzen Einblicke in ein dreijähriges Entwicklungsforschungsprojekt an dem exemplarischen Teilaspekt ‚Herstellen von Beziehungen‘, dass die Umsetzung allgemeiner Erkenntnisse und Prinzipien in konkrete Lehr-Lernarrangements eine sehr herausfordernde Aufgabe darstellt, die erst in mehreren Iterationen zu zufriedenstellenden Lernergebnissen führt. Dabei wird deutlich, dass mit einer reinen Erhebung von defizitären Lernständen und der Postulierung von allgemeinen fachdidaktischen Prinzipien allein noch kein Unterricht entwickelt werden kann, der allen Lernenden gerecht wird. Im Gegenteil hat sich gezeigt, dass die „Realisierung" von allgemeinen Prinzipien ein schwieriger Entwicklungsakt ist, der Kreativität und intensives Hinsehen auf fachdidaktischer Ebene erfordert und nicht etwa durch rein methodische Design-Elemente wie dem der Hilfskarten gelöst werden kann.

Dass wir über Wirkungsweisen und Bedingungen gelingender Lehr-Lernarrangements relativ wenig Gegenstandsspezifisches wissen, liegt auch daran, dass der Schwerpunkt der empirischen Forschung immer noch auf der Erhebung von Lernständen liegt, während Lehr-Lernprozesse zu wenig im Blick sind. Eine Beforschung von Lehr-Lernprozessen wird allerdings auch nur dann fruchtbar, wenn sie unter bestmöglichen Bedingungen erfolgt. Untersucht werden im hier exemplarisch konkretisierten Forschungsprogramm daher nicht defizitärer Normalunterricht, sondern Lehr-Lernprozesse, die durch gezielt gestalteten Lehr-Lernarrangements auf dem Stand der Disziplin angeregt werden. Eine intensive Entwicklungsarbeit ist daher Voraussetzung für bedeutungsvolle Lernprozessforschung.

Am hier skizzierten exemplarischen Teilaspekt des Entwicklungsforschungsprojektes zeigt sich dabei etwa, dass das immer wieder als fruchtbar herausgestellte Design-Prinzip der Darstellungsvernetzung kein Selbstläufer ist, sondern für die Lernenden viele Hürden mit sich bringt, die durch fokussierte Unterstützung bearbeitet werden müssen. Das Herstellen von Beziehungen zwischen Termen und Graphiken erfordert den Aufbau relationaler Perspektiven, ein Teilaspekt des Lerngegenstands, der in der bisherigen Forschung völlig unterschätzt wurde. Und so ist es relativ typisch für Entwicklungsforschungsprozesse, dass ein zentrales Resultat auch in der Ausweitung bzw. Ausdifferenzierung des Lerngegenstands liegt.

Literatur

Berlin, T. & Hefendehl-Hebeker, L. (2011). Stufen der algebraischen Denkentwicklung. *Der Mathematikunterricht, 57* (2), 16-22.

Demby, A. (1997). Algebraic Procedures used by 13-to-15-Year-Olds. *ESM, 33* (1), 45-70.

Duval, R. (2006). A cognitive analysis of problems of comprehension in a learning of mathematics. *Educational Studies in Mathematics*, *61*, 103-131.

Franke-Braun, G., Schmidt-Weigand, F., Stäudel, L. & Wodzinski, R. (2008). Aufgaben mit gestuften Lernhilfen – ein besonderes Aufgabenformat zur kognitiven Aktivierung. In Kasseler Forschergruppe (Hrsg.), *Lernumgebung auf dem Prüfstand – Zwischenergebnisseaus den Forschungsprojekten.*Kassel: Kassel university press GmbH, 27-42.

Freudenthal, H. (1983). *Didactical Phenomenology of mathematical structures.* Kluwer: Dordrecht.

Gerstenmaier, J. & Mandl, H. (1995). Wissenserwerb unter konstruktivistischer Perspektive. *Zeitschrift für Pädagogik*, *41* (6), 867-888.

Hußmann, S., Leuders, T., Barzel, B., & Prediger, S. (2011). Kontexte für sinnstiftendes Mathematiklernen (KOSIMA) – ein fachdidaktisches Forschungs- und Entwicklungsprojekt. *Beiträge zum Mathematikunterricht*, 419-422.

Hußmann, S., Prediger, S., Hinz, R., Ralle, B. & Thiele, J. (2013, in diesem Band). Gegenstandsorientierte Unterrichtsdesigns entwickeln und erforschen. Fachdidaktische Entwicklungsforschung im Dortmunder Modell. In M. Komorek & S. Prediger (Hrsg.) *Der lange Weg zum Unterrichtsdesign. Zur Begründung und Umsetzung genuin fachdidaktischer Forschungs- und Entwicklungsprogramme.* Münster u.a.: Waxmann, 25-42.

Kieran, C. (2007). Learning and teaching algebra at the middle school through college levels. Building meaning for symbols and their manipulation. In F.K. Lester (Hrsg.), *Second Handbook of Research Mathematics Teaching and Learning*. Information Age Publishing: Greenwich, CT, 707-762.

Kieran, C. & Sfard, A. (1999). The case of equivalent expressions. *Focus on Learning Problems in Mathematics, 21*(1), 1-17.

Komorek, M., & Duit, R. (2004). The teaching experiment as a powerful method to develop and evaluate teaching and learning sequences in the domain of non-linear systems. *International Journal of Science Education*, *26* (5), 619-633.

Leisen, J. (1999). *Methodenhandbuch deutschsprachiger Fachunterricht*. Bonn: DFU.

Leisen, J. (2005). Wechsel der Darstellungsformen. Ein Unterrichtsprinzip für alle Fächer. *Der Fremdsprachliche Unterricht Englisch, 78*, 9-11.

Lesh, R. (1979). Mathematical learning disabilities. In R. Lesh, D. Mierkiewicz, M.G. Kantowski (Hrsg.), *Applied mathematical problem solving. Columbus*, OH, 111-180.

Leuders, T., Prediger, S., Hußmann, S. & Barzel, B. (2015) (Hrsg.), *Mathewerkstatt 8*. Berlin: Cornelsen.

Malle, G. (1993). *Didaktische Probleme der elementaren Algebra*. Vieweg: Braunschweig.

Mason, J., Graham, A., Pimm, D. & Gowar, N. (1985). *Routes to / Roots of Algebra*. Milton Keynes: University Press.

Mason, J., Graham, A. & Johnston-Wilder, S. (2005). *Developing Thinking in Algebra*. London: Sage.

Pilet, J. (2012). *Parcours d'enseignement différencié appuyés sur un diagnostic en algèbre élémentaire à la fin de la scolarité obligatoire: modélisation, implémentation dans une plateforme en ligne et évaluation.* Doctoral dissertation, Université Paris-Diderot Paris 7.

Prediger, S. (2009). Inhaltliches Denken vor Kalkül – Ein didaktisches Prinzip zur Vorbeugung und Förderung bei Rechenschwierigkeiten. In A. Fritz & S. Schmidt (Hrsg.), *Fördernder Mathematikunterricht in der Sek. I.* Beltz: Weinheim, 213-234.

Prediger, S., Link, M., Hinz, R., Hußmann, S., Thiele, J. & Ralle, B. (2012). Lehr-Lernprozesse initiieren und erforschen – Fachdidaktische Entwicklungsforschung im Dortmunder Modell. *Mathematischer und Naturwissenschaftlicher Unterricht, 65* (8), 452-457.

Prediger, S. & Zwetzschler, L. (2013). Topic-specific design research with a focus on learning processes: The case of understanding algebraic equivalence in grade 8. Erscheint in T. Plomp & N. Nieveen (Hrsg), *Educational Design Research: Illustrative Cases.* Enschede, The Netherlands: SLO, Netherlands Institute for Curriculum Development.

Prediger, S., Zwetzschler, L., & Schmidt, U. (2011). Preise des Fensterbauers – Flächenberechnungen automatisieren und Terme vergleichen. Erprobungsfassung eines Kapitels für Leuders, T., Prediger, S., Hußmann, S., Barzel, B. (2015) (Hrsg.), *Mathewerkstatt 8.* Berlin: Cornelsen.

Smith, J. P., diSessa, A. A. & Roschelle, J. (1993). Misconceptions Reconceived: A Constructivist Analysis of Knowledge in Transition. *Journal of the Learning Sciences, 3*(2), 115-163.

Rittle-Johnson, B., Matthews, P. G., Taylor, R. S., & McEldoon, K. L. (2011). Assessing knowledge of mathematical equivalence: A construct-modeling approach. *Journal of Educational Psychology, 103*(1), 85-104.

Solares, A., & Kieran, C. (2012). Equivalence of rational expressions: Articulating syntactic and numeric perspectives. In T.Y. Tso (Hrsg.), *Proceedings of 36th PME Conference* (Vol. 4). PME : Taipei, Taiwan, 99-106.

Tietze, U.-P. (1988). Schülerfehler und Lernschwierigkeiten in Algebra und Arithmetik. *Journal für Mathematik-Didaktik, 9* (2/3), 163-204.

Usiskin, Z. (1988). Conceptions of school algebra and uses of variable. In A.F. Coxford & A.P. Shulte (Hrsg.), *The ideas of algebra, K-12.*, VA: NCTM, Reston.

Vergnaud, G. (1996). The Theory of Conceptual Fields. In L.P. Steffe & P. Nesher (Hrsg.), *Theories of mathematical learning.* Lawrence Erlbaum: Mahwah, NY, 219-239.

Vom Hofe, R. (2003). Grundbildung durch Grundvorstellungen. *Mathematik Lehren, 118*, 4-8.

Wieland, G. (2003). Lernprozesse in der elementaren Algebra als Vernetzung von Inhalt und Form. *Beiträge zum Mathematikunterricht*, Franzbecker, Hildesheim, 653-656.

Wodzinski, R., Hänze, M., Schmidt-Weigand, F., Franke-Braun, G. & Blum, S. (2009). *Selbstständigkeitsorientiertes fachliches Lernen in den Naturwissenschaften mit gestuften Lernhilfen.* Abschlussbericht zum DFG-Projekt: Kassel.

Zwetzschler, L. (i.V. für 2013). Gleichwertigkeit von Termen – Konstruktion und Erforschung eines diagnosegeleiteten Lehr-Lernarrangements im Mathematikunterricht der 8. Klasse (Arbeitstitel). Dissertation: IEEM Dortmund.

Zwetzschler, L. & Prediger, S. (2013, im Druck). Conceptual obstacles for understanding the equivalence of expressions – A case study. In B. Ubuz (Hrsg.), *Proceedings of the 8th Congress of the European Society for Research in Mathematics Education* (CERME 8), Antalya 2013.

Stine Albers

Erwerbslosigkeit als Thema im Sachunterricht

Befragung von Lehrpersonen und didaktische Strukturierung

Erwerbslosigkeit stellt in vielen Nationen ein gesellschaftliches Schlüsselproblem dar. In Deutschland lässt sich eine so genannte Sockelarbeitslosigkeit feststellen, denn die Arbeitslosenzahlen bleiben seit Jahren bei etwa drei Millionen (vgl. Bundesagentur für Arbeit 2012, S. 16), wobei das Armutsrisiko bei Erwerbslosigkeit in Deutschland im europäischen Vergleich relativ hoch ist (vgl. dpa 2012, S. 3). Erwerbslosigkeit zählt zu den größten Ängsten in der deutschen Bevölkerung (vgl. R+V Versicherung AG 2009), sie betrifft als gesellschaftliches Schlüsselproblem auch Grundschulkinder, sowohl über deren familiäres und soziales Umfeld als auch über die Rezeption von Medienberichten. Studien zu den politisch-ökonomischen Lernvoraussetzungen von Grundschulkindern (s. Kaiser 1996, Moll 2001, Gläser 2002, Berton & Schäfer 2005, van Deth, Abendschön, Rathke & Vollmar 2007, World Vision Deutschland e.V. 2010, Albers 2011) zeigen, dass Erwerbslosigkeit ein Thema ist, mit dem sich Grundschulkinder befassen. Sie entwickeln dabei sowohl simplifizierende und naive Vorstellungen als auch differenzierte Annahmen über Erwerbslosigkeit.

Erwerbslosigkeit stellt als epochaltypisches Schlüsselproblem im Sinne Klafkis (1985) einen wesentlichen Gegenstand von Allgemeinbildung dar. Die Thematisierung von Erwerbslosigkeit im Sachunterricht der Grundschule regt politisches und ökonomisches Lernen im Rahmen politischer Bildung (vgl. Baumgardt 2012, S. 41ff.) an und kann langfristig demokratiestabilisierend wirken, denn die Thematisierung von Erwerbslosigkeit kann bei Grundschulkindern dazu beitragen, dass themenspezifische Ängste abgebaut, Verständnis für Erwerbslose bzw. eventuell für die eigene von Erwerbslosigkeit geprägte familiäre Situation entwickelt und Solidarität gegenüber Erwerbslosen hervorgerufen wird. Dadurch können Grundschulkinder langfristig für soziale Disparitäten sensibilisiert und zu gesellschaftspolitischem Engagement angeregt werden. Erwerbslosigkeit steht inzwischen unter dem Begriff „Arbeitslosigkeit" als Thema in den schulischen Richtlinien für den Sachunterricht an der Grundschule von sieben Bundesländern. Allerdings fehlt es bislang an einem umfassenden didaktisch-methodischen Konzept zur unterrichtlichen Umsetzung des Themas.

Um das Thema Erwerbslosigkeit fruchtbar für den Sachunterricht machen zu können, bedarf es einer bislang fehlenden Auseinandersetzung mit diesem Thema in der fachdidaktischen Forschung zum Sachunterricht sowie der Thematisierung in der Lehrerbildung. Bekanntlich spielen Lehrpersonen eine entscheidende Rolle hinsichtlich der Qualität von Unterricht (vgl. Helmke 2005, 2009), die für das spezifische Thema Erwerbslosigkeit ihre

Sonderrolle des Beamtenstatus durch professionelles Wissen in einer systematischen fachdidaktischen Strukturierung kompensieren müssen. Das Forschungsinteresse der diesem
Artikel zugrunde liegenden Studie liegt dementsprechend auf der Entwicklung von Bausteinen zur didaktischen Strukturierung des Themas Erwerbslosigkeit für die Lehrerbildung des Sachunterrichts an der Grundschule. Dazu werden im Sinne des Modells der
Didaktischen Rekonstruktion (vgl. Kattmann, Duit, Gropengießer & Komorek 1997) das
professionelle Wissen von Lehrpersonen und fachlich-fachdidaktische Aspekte aufeinander bezogen (vgl. Komorek, Fischer & Moschner in diesem Band). Im Folgenden wird
eine empirische Untersuchung zur Erhebung des professionellen Wissens von Lehrpersonen zum Thema Erwerbslosigkeit vorgestellt und es werden die in einem Abduktionspro-
zess entwickelten Bausteine für die Lehrerbildung zum Thema Erwerbslosigkeit zusammenfassend dargestellt.

1.   Empirische Untersuchung zur Erhebung
         professionellen Wissens

1.1   Zentrale Fragestellung

Zur Entwicklung von Bausteinen für die Lehrerbildung werden das Konzept professionellen Wissens in Anlehnung an Bromme (1992) und das Modell der didaktischen Rekonstruktion (vgl. Kattmann et al. 1997) aufeinander bezogen. In Wechselwirkung mit einer
analytischen, fachlich-fachdidaktischen Klärung erfolgt eine empirische Erhebung des
professionellen Wissens von Lehrpersonen, deren zentrale Fragestellung lautet: Über welches professionelle Wissen zum Thema Erwerbslosigkeit verfügen die in der Grundschule
tätigen Lehrpersonen des Sachunterrichts? Dabei umfasst professionelles Wissen im Sinne
von Bromme (1992) mehrere Dimensionen, sodass sich die zentrale Fragestellung dieser
Studie in folgende Einzelfragen gliedern lässt:

–   Über welches fachliche Wissen zum Thema Erwerbslosigkeit verfügen Lehrpersonen?
–   Welche Bedeutung schreiben sie dem Thema für den Sachunterricht zu?
–   Von welchen themenspezifischen Lernvoraussetzungen gehen sie bei Grundschulkin-
     dern aus?
–   Über welches fachspezifisch-pädagogische Wissen zum Thema Erwerbslosigkeit ver-
     fügen die Lehrpersonen?
–   Über welches curriculare Wissen zum Thema Erwerbslosigkeit verfügen Lehrpersonen?

1.2   Wahl des Samples

An der Studie nehmen 12 weibliche Lehrpersonen aus sechs niedersächsischen Grund-
schulen teil. Bei ihnen handelt es sich um Expertinnen für den Sachunterricht, denn ihr
fach- und themenspezifisches Wissen ist praxiswirksam: Es strukturiert „die Handlungs-
bedingungen anderer Akteure in entscheidender Weise" (Bogner & Menz 2009a, S. 72)
mit. Mit den Akteuren sind hier die Schülerinnen und Schüler gemeint. Neben der Praxis-

wirksamkeit zeichnet die Lehrerinnen als Expertinnen für den Sachunterricht eine mindestens vierjährige Unterrichtserfahrung im Fach Sachunterricht an der Grundschule aus.

Sechs Lehrpersonen (jeweils drei pro Schule) sind zum Zeitpunkt der Erhebung an Schulen mit geringer Arbeitslosenquote im schulischen Einzugsbereich tätig, die anderen sechs Lehrpersonen (jeweils drei pro Schule) arbeiten an Schulen mit hoher Arbeitslosenquote im schulischen Einzugsgebiet. Das heißt, es können in dieser Untersuchung Vergleiche zwischen Fällen durchgeführt werden, die auf der Oberfläche hinsichtlich des interessierenden Phänomens zunächst besondere Ähnlichkeit (Minimalvergleich) bzw. Verschiedenheit (Maximalvergleich) aufweisen (vgl. Rosenthal 2008, S. 97). Die Erhebung von Maximalvergleichen dient dazu, etwaige neue relevante Kategorien zu entdecken und ihre Ausprägungen auszudifferenzieren, während die Erhebung von Minimalvergleichen eine Absicherung des Kategoriensystems ermöglicht (vgl. Glaser & Strauss 2005, S. 63f.).

1.3   Erhebungsverfahren: Concept Map integrierte Experteninterviews

Die Erhebung des professionellen Wissens von Expertinnen und Experten für den Sachunterricht lehnt sich an die Methode des Concept-Mapping-Interviews von Haerle (2006) an. Dementsprechend hat die Erhebung einen zweiphasigen Aufbau:

1. Die Interviewerin führt ein Interview mit der jeweiligen Lehrperson. Dabei fasst die Interviewerin die forschungsrelevanten Interviewinhalte zusammen und hält sie als Knoten (=zentrale Begriffe, die umrahmt sind) mit Hilfe einer Concept-Mapping-Software fest. Die Lehrperson sitzt während des Interviews neben der Interviewerin, sodass die Lehrperson den Prozess der Dokumentation verfolgen und bei Bedarf intervenieren kann.

2. Im Anschluss an das jeweilige Interview wird in einem Dialog-Konsens-Verfahren zwischen der Interviewerin und der Lehrperson – auf der Grundlage der Mitschriften der Interviewerin – ein Concept Map (vgl. Novak & Gowin 1984) zum Interview erstellt. In diesem Prozess entscheidet die Lehrperson über die Angemessenheit der Interviewzusammenfassung bzw. der Knoten und stellt Beziehungen zwischen den Knoten her.

Die kommunikative Validierung der Interviewergebnisse durch Erstellung von Concept Maps ermöglicht einen Gewinn an Authentizität der Ergebnisse, der darin liegt, „dass einerseits die inhaltliche Zustimmung des befragten Subjekts zu seinen Aussagen eingeholt wird. Andererseits nimmt das Subjekt [die Lehrperson, d.Verf.] die Strukturierung der Aussagen im Sinne der gesuchten komplexen Zusammenhänge (…) selbst vor" (Flick 2009, S. 495). Eine Pilotstudie hat gezeigt, dass die Kombination von Interview und der Erstellung eines Concept Maps zudem dazu beiträgt, dass die Lehrpersonen die ihnen zugedachte Rolle als Experten gut annehmen; ihr Engagement und Interesse an einer möglichst realitätsgetreuen Rekonstruktion ihres Wissens in Form eines Concept Maps ist groß.

In Abwandlung von Haerle (2006) werden in der vorliegenden empirischen Untersuchung keine halbstrukturierten bzw. halbstandardisierten Interviews im Sinne von Scheele und Groeben (1988) genutzt. Diese haben einen hohen methodischen Anspruch und es wird vor dem Auftreten möglicher Auswertungsprobleme gewarnt, weil zum Auswertungsverfahren keine expliziten Vorschläge vorlägen und sich die im Forschungsprozess entwickelnden komplexen Strukturen nur schwer zusammenfassen ließen (vgl. Flick 2009, S. 270/272). Gemäß dem Ziel der Erhebung professionellen Wissens von in der Grundschule tätigen Experten für den Sachunterricht kommt in dieser Studie die Methode des Experteninterviews zum Einsatz, das weniger vorstrukturiert ist. Das Experteninterview stellt ein qualitatives, offenes Leitfadeninterview dar. Es „eignet sich zur Rekonstruktion komplexer Wissensbestände" (Meuser & Nagel 2010, S. 457) und wird in der Sozialforschung häufig eingesetzt (vgl. Bogner & Menz 2009b, S. 8).

1.4 Auswertungsverfahren für leitfadengestützte Experteninterviews

Diese Studie basiert auf dem von Meuser und Nagel (1991) für leitfadengestützte Experteninterviews entwickelten qualitativ-interpretativen Auswertungsverfahren. Es verknüpft eine inhaltsanalytische Aufbereitung des Datenmaterials mit einem anschließend relativ offenen Codierverfahren und kommt damit der thematisch-inhaltlichen Ausrichtung der vorliegenden Untersuchung mit explorativem Charakter entgegen.

Im Unterschied zu Haerle (2006) erfolgt die Auswertung auf der Grundlage der Interviewmitschnitte und nicht auf Basis der Concept Maps. Die ausschließliche Fokussierung auf die Auswertung von Concept Maps reiche laut Fischler und Peukert (2000, S. 8) nicht aus, sondern bedarf einer Absicherung durch andere Verfahren. Hierzu stellen die Interviewausschnitte ein detaillierteres, unbearbeitetes Datenmaterial für die Auswertung bereit. Das Auswertungsverfahren wurde dem spezifischen Forschungsinteresse und den Untersuchungsbedingungen angepasst und sieht in Anlehnung an Meuser und Nagel (1991) folgende Auswertungsschritte vor: die Transkription, die Redigierung (vgl. Gropengießer 2008) mit den Bearbeitungsschritten der Selegierung, Transformation und Paraphrasierung, die Codierung mit den Auswertungsschritten des Codierens, des thematischem Vergleichs und des axialen Codierens (vgl. Strauss 1998) und abschließend die theoriebasierte Analyse.

Beim Codieren und damit auch beim anschließenden thematischen Vergleich stellen „die thematischen Schwerpunkte des Leitfadens (…) Vorformulierungen der theorierelevanten Kategorien dar, die in der Auswertung aufgenommen werden. Nicht alle erweisen sich als sinnvoll und angemessen, die meisten erfahren mehr oder weniger umfangreiche Modifikationen. Jene zu ignorieren bedeute, die Voraussetzungen, unter denen die Texte interpretiert werden, zu vernachlässigen" (Meuser & Nagel 1991, S. 454). Im Zuge des axialen Codierens werden die Codes zur Verdichtung des Materials unter neuer Perspektive gebündelt: Das Phänomen „Erwerbslosigkeit als Thema im Sachunterricht der Grundschule" wird in Anlehnung an das Codierparadigma von Strauss (1998) in Bezug auf 1) seinen Kontext, 2) seine intervenierenden Bedingungen, 3) die Handlungs- und interaktionalen Strategien zur Bewältigung und 4) die Konsequenzen analysiert.

2. Darstellung und Interpretation der Ergebnisse

Aus der Bündelung der Ergebnisse im Rahmen des axialen Codierens (vgl. Strauss 1998) kristallierten sich vier Fokusse heraus, unter denen die Ergebnisse der empirischen Untersuchung im Folgenden exemplarisch dargestellt und diskutiert werden:

2.1 Schulisches Umfeld der befragten Lehrpersonen

Es lässt sich in keiner der befragten Dimensionen professionellen Wissens eine deutliche Differenz zwischen den Befragten mit hoher und jenen mit niedriger Arbeitslosenquote im schulischen Einzugsgebiet feststellen. Nur bei zwei Subdimensionen zeigen sich Unterschiede in der Darstellung der Ergebnisse:

— Aussagen zum Vorwissen von Kindern, die von Erwerbslosigkeit betroffen sind, werden fast ausschließlich von Lehrpersonen mit hoher Arbeitslosenquote im schulischen Einzugsgebiet getroffen;
— Aussagen zu den Ursachen: Lehrpersonen aus Schulen mit niedriger Arbeitslosenquote im schulischen Einzugsgebiet führen Erwerbslosigkeit ausschließlich auf selbstverschuldete, individuelle Ursachen zurück, während Lehrpersonen von Schulen mit hoher Arbeitslosenquote im schulischen Einzugsgebiet Erwerbslosigkeit in der Regel auf fremdverschuldete, strukturelle Ursachen zurückführen.

Diese Differenzen beziehen sich auf zwei der fünf Dimensionen professionellen Wissens, und zwar auf die Dimension „Wissen über die Lernvoraussetzungen von Grundschulkindern" sowie die Dimension „Fachliches Wissen", wobei die Differenzen jeweils nur eine der drei bzw. vier Unterpunkte dieser Dimensionen betreffen.

Die Arbeitslosenquote im schulischen Einzugsgebiet und damit die sozioökonomischen Verhältnisse der Schülerinnen und Schüler sind, soweit dies aufgrund der kleinen Stichprobe gesagt werden kann, keine entscheidende Einflussvariable für das erhobene themenspezifische professionelle Wissen der Lehrpersonen, denn es lassen sich zwischen beiden Teilgruppen (hohe vs. niedrige Arbeitslosenquote im schulischen Einzugsgebiet) lediglich die soeben aufgezeigten Differenzen an zwei Subdimensionen des erhobenen professionellen Wissens feststellen.

2.2 Fachliches Wissen

Die Mehrheit der befragten Lehrpersonen schätzt ihr Wissen im Themenfeld Erwerbslosigkeit als gering ein. Bezüglich des erhobenen fachlichen Wissens haben die Lehrpersonen insbesondere im Umgang mit dem Begriff Erwerbslosigkeit Schwierigkeiten. Punktuell lässt sich detailliertes und umfangreiches fachliches Wissen bei den Befragten feststellen. Dies umfasst zum Beispiel Erläuterungen der Befragten zu geringfügig bezahlten Arbeiten, zum Arbeitslosengeld sowie zu den regionalen Ausprägungen und Unterschieden von Erwerbslosigkeit.

2.3 Fachdidaktisch-konzeptionelle Klärung

Die Berücksichtigung des Themas Erwerbslosigkeit im niedersächsischen Kerncurriculum für den Sachunterricht ist keiner der Befragten vor der Interviewstudie bekannt. Einige von ihnen haben aber punktuelle Erfahrungen mit Erwerbslosigkeit als Unterrichtsthema. So wird zum Beispiel über die Bearbeitung eines themenspezifischen Lesetextes berichtet sowie über Gespräche mit Grundschulkindern über deren erwerbslose Eltern.

Bezüglich der kindlichen Lernvoraussetzungen zum Thema Erwerbslosigkeit überwiegen in den Interviews Vorstellungen über ein geringes bzw. gar kein Vorwissen und Interesse der Grundschülerinnen und -schüler. Damit lässt sich bei den Befragten eine Tendenz zur Unterschätzung der themenspezifischen Lernvoraussetzungen ausmachen, denn Untersuchungen zu den politisch-ökonomischen Lernvoraussetzungen von Grundkindern (siehe Kaiser 1996, Moll 2001, Gläser 2002, Berton & Schäfer 2005, van Deth et al. 2007, World Vision Deutschland e.V. 2010, Albers 2011) zeigen, dass Grundschulkinder teilweise differenzierte Vorstellungen vom Thema Erwerbslosigkeit haben, zum Beispiel von den Auswirkungen von Erwerbslosigkeit. Allerdings darf dabei nicht verkannt werden, dass die themenspezifischen Lernvoraussetzungen von Grundschülerinnen und -schülern tatsächlich zum Teil noch wenig differenziert sind.

Hinsichtlich der didaktisch-methodischen Umsetzung des Themas Erwerbslosigkeit dominieren in den Interviews Aussagen über schüler- und schülerinnenzentrierte Verfahren sowie erfahrungs- und handlungsorientierte Zugangsweisen. Dies entspricht aktuellen Tendenzen in der Sachunterrichtsdidaktik. Die Vorschläge der Befragten gehen über die bisher in der Literatur angeführten möglichen themenspezifischen Zugangsweisen hinaus und stellen damit eine Erweiterung des bisherigen themenspezifischen Methodenspektrums dar. Dabei nennen die befragten Lehrpersonen eine Vielfalt an Ideen zur methodischen Umsetzung, meistens in Verbindung mit bestimmten Zielen und Inhalten zum Thema Erwerbslosigkeit. Das bedeutet, dass die Befragten Methoden, Inhalte und Ziele des Unterrichts in eine Wechselbeziehung zueinander stellen, wie es zum Beispiel auch Meyer (1987, S. 92) für notwendig hält, da Methoden, Inhalte und Ziele unlösbar miteinander verknüpft sind.

In den Interviews wird von den Befragten eine Vielzahl an Inhalten, u.a. Begriffsbestimmung, Ursachen und Auswirkungen von Erwerbslosigkeit, Hilfsangebote und Hilfseinrichtungen bei Erwerbslosigkeit, genannt, die bei der Bearbeitung des Themas im Unterricht eine Rolle spielen sollten. Diese gehen teilweise über die im niedersächsischen Kerncurriculum für den Sachunterricht (Niedersächsisches Kultusministerium 2006) ausgewiesenen thematischen Schwerpunkte hinaus. Allerdings werden oft nur einzelne Inhalte benannt, wie zum Beispiel wirtschaftliche Entscheidungen als Ursache von Erwerbslosigkeit. Diese würden aber als singuläre Aspekte das Thema Erwerbslosigkeit für Grundschülerinnen und -schüler nicht umfassend erschließen können. Inhaltlich wird ein enger Zusammenhang des Themas Erwerbslosigkeit zum Thema Arbeit hergestellt, wie dies auch im Kerncurriculum der Fall ist (vgl. Niedersächsisches Kultusministerium 2006).

Einige der befragten Lehrpersonen haben Einwände dagegen, das Thema Erwerbslosigkeit im Sachunterricht zu behandeln, weil es insbesondere ein schwieriges Thema sei, zum einen aufgrund unterrichtsorganisatorischer Aspekte (methodische Umsetzung, Materialerstellung, Eigenständigkeit des Themas, in Klasse eins/zwei) und zum anderen aufgrund sozial-emotionaler Überlegungen (Motivationsentwicklung, Ferne zur Lebenswirklichkeit, Stigmatisierung, Balance zwischen Aufklärung und keine Ängste schüren zu wollen). Diese negativ-kritischen Haltungen der Lehrerinnen stehen einer unterrichtlichen Umsetzung des Themas zwar entgegen, aber sie sprechen in ihrer Gesamtheit auch für einen feinfühligen Umgang der Befragten mit dem Thema Erwerbslosigkeit, das von ihnen als „sensibel", „heikel" und „emotional" beschrieben wird.

2.4   Eigene Vorbehalte und Diskriminierungen

Knapp die Hälfte der Befragten äußert im Interview selbst Vorbehalte und Diskriminierung gegenüber Erwerbslosen und deren Familien. Dabei handelt es sich um explizite und implizite sprachliche Diskriminierungen. Dies hat dazu geführt, dass in der Auswertung eine eigenständige Kategorisierung solcher Äußerungen vorgenommen wird (vgl. Wagner 2001, S. 13f.). So werden in den Interviews Kindern von Erwerbslosen pauschal negativ konnotierte Eigenschaften zugesprochen, indem ihnen nach Ansicht zweier Lehrpersonen „die Vorteile von Arbeit" nicht bekannt seien bzw. sie eine „negative Einstellung zur Arbeit" hätten. Des Weiteren schreibt zum Beispiel eine Lehrperson Erwerbslosen eine geringere Intelligenz zu, explizit mit dem Wort „doof" und implizit, indem sie ihnen unterstellt, nicht intelligent genug zu sein, ihre Erwerbslosigkeit als Chance zur Neuorientierung zu begreifen, da sie sich insgesamt nicht bemühten.

3.   Didaktische Strukturierung: Bausteine für die Lehrerbildung

Neben analytischen und empirischen Aufgaben im Modell der didaktischen Rekonstruktion für die Lehrerbildung ist die dritte Komponente des Modells eine konstruktive hin zu Ausbildungsdesigns für die Lehrerbildung. Grundlage für die Entwicklung von Ausbildungsdesigns ist eine didaktische Strukturierung, die aber nicht einfach aus den empirischen und analytischen Ergebnissen abgeleitet werden kann. Vorschläge für die Lehrerbildung sind vielmehr ein kreatives Produkt eines „Abduktionsprozesses" (vgl. Meyer 2010, S. 32), das heißt, sie bedürfen einer eigenen Konstruktion und Entwicklung.

Die Ergebnisse der empirischen Untersuchung zeigen, dass eine didaktische Strukturierung des Themas Erwerbslosigkeit für die Lehrerbildung im Sachunterricht neben fachdidaktischen Bausteinen (s. Kapitel 2.3) auch eine wissenschaftliche Auseinandersetzung der Lehrpersonen mit der Thematik (s. Kapitel 2.2) sowie eine Auseinandersetzung mit der eigenen Haltung zum Thema als Lehrperson (s. Kapitel 2.4) berücksichtigen sollte. Um dies zu modellieren, soll hier das Modell von Bayer, Carle und Wildt (1997) zur Konkretisierung der didaktischen Strukturierung fungieren. Bayer et al. (1997) nutzen für die Formulierung von Leitlinien, wie sie in der Lehrerbildung genutzt werden können, ein Bezugssystem mit den drei Elementen „Wissenschaft", „Person" und „Praxis", die in einer Interdependenz zueinander stehen. Die Elemente „Wissenschaft" und „Praxis" stehen im vorliegenden Vorhaben für die als notwendig erachtete wissenschaftliche und fachdidaktische Auseinandersetzung mit dem Thema Erwerbslosigkeit, während personenbezogene Arbeit zum Thema Erwerbslosigkeit durch das Element „Person" Berücksichtigung findet.

Eine klare Strukturierung des Unterrichts hat laut Meyer (2004, S. 26) eine äußere Seite, die des Unterrichtsmanagements, und eine innere Seite, die didaktisch-methodische „Linienführung" im Unterricht. Diese beiden Seiten sind wie zwei Seiten einer Medaille und lassen sich auf die fachdidaktische Strukturierung von Ideen für die Lehrerbildung übertragen: Das System „Wissenschaft-Person-Praxis" bildet dabei die äußere Seite der (didaktischen) Strukturierung, während die Ausgestaltung des Systems durch die folgenden in einem Kontruktionsprozess aus Theorie und Emperie entwickelten Bausteine[1] die innere Seite der (didaktischen) Strukturierung darstellt (vgl. Meyer 2004, S. 26).

3.1   Baustein „Ausmaß und Definition von Erwerbslosigkeit"

Als Einführung in die Thematik und erste Orientierung bietet es sich an, das Ausmaß von Erwerbslosigkeit in der Bundesrepublik Deutschland zu thematisieren. Darüber hinaus bedarf es in diesem Zusammenhang einer Begriffsdefinition von Erwerbslosigkeit, denn die Alltagserfahrung sowie die Ergebnisse der hier vorgestellten Studie zeigen Folgendes: „Bis auf wenige Ausnahmen wird nach wie vor – manchmal bewußt und absichtsvoll, meistens jedoch unbewußt und unüberlegt – undifferenziert und fälschlicherweise von Arbeit und Arbeitslosigkeit gesprochen und geschrieben, wenn es eigentlich um Erwerbsarbeit und Erwerbsarbeitslosigkeit geht." (Hoffmann 1999, S. 18). Diese begriffliche Unterscheidung ist aber wichtig für die Lehrerbildung und schließlich für den Unterricht, damit Dimensionen von Arbeit, die nichts mit Erwerb und Bezahlung zu tun haben, wie familiäre Arbeit (Pflegearbeit und Kindererziehung), ehrenamtliche Arbeit etc., nicht mit dem sozialen Problem der Erwerbslosigkeit verwechselt werden.

3.2   Baustein „Auswirkungen von Erwerbslosigkeit"

Bevor es im Sinne eines chronologischen Vorgehens um Ursachen von Erwerbslosigkeit geht, sollten die Auswirkungen von Erwerbslosigkeit thematisiert werden, um den Blick zunächst auf die Betroffenen zu richten (vgl. Hoffmann 1999, S. 19). „Dadurch wird der Begriff Erwerbslosigkeit lebendiger und greifbarer im Sinne des Gedankens ‚Hinter den Zahlen stehen Menschen'(Hoffmann 1999, S. 19). In der Studie zeigt sich, dass viele Probandinnen Erwerbslosigkeit nicht als ein gesellschaftliches Schlüsselproblem sehen. Das Ziel einer fachlichen Auseinandersetzung mit den Auswirkungen von Erwerbslosigkeit sollte es sein, dass Erwerbslosigkeit als ein gravierendes gesamtgesellschaftliches Problem von den Lehrpersonen erkannt wird. Dazu bedarf es einer umfassenden Auseinandersetzung mit den wirtschaftlichen, sozialen und psychologischen Auswirkungen von Erwerbs-

---

1   In diesem Artikel werden die zwölf im Rahmen der Studie entwickelten Bausteine zu neun Bausteinen zusammengefasst.

losigkeit. Anderenfalls wächst „die Gefahr, dass (noch) nicht Betroffene den Problemen der Betroffenen und Mitbetroffenen gegenüber ignorant, abgestumpft und hilflos werden, und sich mit möglichst einfachen Erklärungsmustern bzw. Vorurteilen nach dem Motto ‚Erwerbslos – alles halb so schlimm' (…) oder auch nur ‚Erwerbslos – das geht mich nichts an' begnügen. Ergebnis: Generationsübergreifend droht der Verlust einer solidarischen Gesellschaft, droht eine zunehmende Spaltung der Gesellschaft" (Hoffmann 1999, S. 24).

3.3 Baustein „Ursachen und Bewältigungsstrategien bei Erwerbslosigkeit"

In der Studie werden von einigen Lehrerinnen ausschließlich selbstverschuldete Ursachen genannt und auch einige in den Interviews geäußerte Diskriminierungen basieren auf der Annahme selbstverschuldeter Ursachen bei Erwerbslosigkeit. Es bedarf einer Auseinandersetzung mit den meist strukturellen Ursachen von Erwerbslosigkeit. So kann „Vorurteilen gegenüber Betroffenen und Mitbetroffenen und falsche Schuldzuweisungen (…) der Boden entzogen, die Diskussion versachlicht [werden, d. Verf.]. Erwerbslosigkeit kann als gesellschaftliches Problem anstatt als persönliches Versagen der davon Betroffenen erkannt werden." (Hoffmann 1999, S. 59). Da die Ursachen von und die Bewältigungsstrategien bei Erwerbslosigkeit in einer Interdependenz zueinander stehen, bietet es sich an, Ursachen und Bewältigungsstrategien zusammen im Rahmen eines gemeinsamen Bausteins zu thematisieren.

3.4 Baustein „Agenda 2010 im Bereich ‚Arbeitsmarkt'"

Im Blickpunkt der Agenda 2010 steht die Leitlinie „Fördern und Fordern", wonach die Unterstützung durch die Gemeinschaft im Gegenzug die Bereitschaft fordert, sich beruflich ggf. neu zu orientieren. Die Philosophie der Agenda 2010 liegt darin, dass der Erwerbslose Anrecht auf Unterstützung hat, dafür aber aktiv sein muss. Im Rahmen dieses Bausteins sollte u.a. auch die als problematisch anzusehende Zuweisung sehr geringer Geldmittel an Erwerbslose thematisiert werden.

Die Lehrerinnen der Studie zeigen häufig Unsicherheiten bzgl. der Unterstützung bei Erwerbslosigkeit. In der Tat hat die große Reform des Arbeitsmarktes durch die Agenda 2010 eine Vielzahl an Veränderungen bzgl. der Unterstützung bei Erwerbslosigkeit zur Folge gehabt, die es zu thematisieren gilt, wenn wie vorgesehen, über die Unterstützung von Erwerbslosen im Rahmen von Unterricht zum Thema Erwerbslosigkeit gesprochen werden soll (s. Kapitel 3.9) und Vorurteilen bzgl. der guten Versorgung von Erwerbslosen entgegengewirkt werden soll.

3.5 Baustein „Reflexion der Stellung als Lehrperson"

Eine Lehrerin der Studie reflektiert das Thema Erwerbslosigkeit vor dem Hintergrund ihres eigenen Berufsstands und stellt in diesem Zusammenhang ihre privilegierte Stellung als Beamtin heraus. Die Erwartungshaltung von Lehrpersonen basiert auf der eigenen durch hohe Bildung und Qualifikation gekennzeichneten sozialen Lage sowie einem gehobenen Einkommensniveau und macht „das Verstehen der „fremden" Lebenswelt von Kindern erwerbsloser Eltern schwer" (Forgas 1999, S. 21). Lehrpersonen sollten ihre privilegierte Stellung reflektieren und sich ihre damit einhergehenden pädagogischen Einstellungen und Deutungsmuster in Bezug auf das Thema Erwerbslosigkeit bewusst machen. Dies kann gelingen, indem sie in ihrer Ausbildung mit anderen Berufsbiographien und Lebenswelten z. B. im Form von Fallbeispielen konfrontiert werden, um auf diese Weise mehr über den Alltag eines großen Spektrums ihrer Schülerinnen und Schüler zu erfahren. Dieser Baustein ist nicht allein spezifisch bzgl. des Themas Erwerbslosigkeit, sondern unterstützt generell ein besseres Verstehen des Verhaltens und der Denkweise von Schülerinnen und Schülern (z. B. solchen mit Migrationshintergrund) und unterstützt auch den Kontakt mit den Eltern, z. B. in Elterngesprächen.

3.6 Baustein „Reflexion von Diskriminierungen"

Diskriminierungen sind Teil des Schulalltages. Erwerbslosigkeit ist *ein* Anlass für Diskriminierungen. Viele Diskriminierungen finden nicht offen und absichtsvoll statt, sondern im Verborgenen und implizit. Lehrpersonen sind sich der Diskriminierung an ihren Schulen nicht immer bewusst. Auch diskriminieren Lehrpersonen selbst (s. Kapitel 2.4), oft vermutlich ohne Absicht oder fahrlässig. Es bedarf also „der Reflexion und Kompetenzentwicklung der Lehrkräfte im Sinne des Abbaus von latenten Diskriminierungen in Schule" (Miller 2008, S. 60). Dabei geht es nicht darum, Bewertungs- und Denkgewohnheiten „aus der Welt zu schaffen, denn dies wäre eine Überforderung der Möglichkeiten von Pädagogik. Sie beansprucht, dass sich pädagogische Fachkräfte dieser Tatsache zunächst bewusst werden, um dann in kleinen konkreten Schritten Gegenmaßnahmen zu entwickeln." (Wagner 2010, S. 213). Bewusstmachung und Thematisierung sowohl im Kollegium, als auch im Unterricht gehören damit zu den wichtigsten Strategien, mit Diskriminierungen umzugehen, ohne sich als einzelne Lehrperson zu überfordern. Die Techniken hierzu sind zu entwickeln und anzueignen.

3.7 Baustein „Erwerbslosigkeit in Richtlinien für den Sachunterricht"

Den Befragten war vor der Studie nicht bekannt, dass Erwerbslosigkeit Inhalt ihres bundeslandspezifischen Curriculums für den Sachunterricht ist. Das heißt, dass eine themenspezifische Auseinandersetzung mit den Richtlinien für den Sachunterricht erfolgen sollte. Diese bietet eine Rechtfertigung, das Thema, das von Lehrpersonen als heikel und schwierig angesehen wird (s.o.), im Unterricht zu behandeln und gewährt dem Thema damit eine Chance zum Unterrichtsinhalt zu werden.

3.8   Baustein „Erwerbslosigkeit als Thema für den Sachunterricht"

Einige Aussagen der Lehrerinnen der Studie weisen darauf hin, dass sie sich der Komplexität des Themas Erwerbslosigkeit bewusst sind und ihnen das Thema deshalb u.a. undurchsichtig und für den Unterricht als fraglich erscheint. Der Kompetenzerwerb von Grundschulkindern in anspruchsvollen Inhaltsbereichen wie dem Thema Erwerbslosigkeit ist allerdings möglich und förderungswürdig. Kinder ziehen laut Stern (2003, S. 54) eine große Befriedigung daraus, wenn sie tiefere Einsichten in die Funktionsweisen der (hier: sozialen) Welt gewinnen. In der Ausbildung zur Lehrperson für den Sachunterricht sollte verdeutlicht werden, dass Schülerinnen und Schülern durchaus komplexe Themen durchdringen und Themen mit emotionaler Färbung gewachsen sind. Schon Grundschülerinnen und Grundschüler sind stark und willens genug, sich mit Komplexität auseinanderzusetzen, wenn diese in der Grundschule explizit gemacht wird. Dies meint nicht, dass Zusammenhänge nicht auch vereinfacht werden müssen, sondern dass die Themen kindgerecht rekonstruiert und elementarisiert werden müssen. Wichtig hierbei erscheint, dass das Thema Erwerbslosigkeit nicht nur ein Thema für die betroffenen Kinder ist, sondern für alle. „Fehlende eigene Betroffenheit als Argument gegen das Themenfeld Erwerbslosigkeit in der Schule unterstützt das Vorurteil, Erwerbslosigkeit und Armut seien individuelle Probleme anderer anstatt ihre Thematisierung und Lösung als Aufgaben zu begreifen, die alle etwas angehen" (Hoffmann 1999, S. 9). Das Thema Erwerbslosigkeit kann die Kinder für eine etwaige Erwerbslosigkeit ihrer Eltern bzw. eigene Erwerbslosigkeit in späteren Jahren stärken und Empathie sowie Solidarität hervorrufen.

Zudem kann den Grundschülerinnen und -schülern die Bedeutung und Gewichtigkeit von Erwerbslosigkeit nur deutlich werden, wenn Erwerbslosigkeit als gesellschaftliches Schlüsselproblem (vgl. Klafki 1985, S. 21) vermittelt und damit in einen globalen Kontext eingebettet wird. Wenn Erwerbslosigkeit als gesellschaftliches Schlüsselproblem und nicht allein als individuelles Problem Einzelner im Unterricht deklariert wird, hilft man zugleich von Erwerbslosigkeit betroffenen Kindern, diese Situation nicht als Stigma zu verstehen und keine Schuld oder Scham aufgrund familiärer Zustände zu empfinden.

3.9   Baustein „Unterrichtsinhalte – Definition, Ausmaß, Ursachen und Auswirkungen von sowie Maßnahmen im Umgang mit Erwerbslosigkeit"

Nach Breit (2005, S. 112) sollte zur Untersuchung von politischen Problemen im Unterricht auf folgende Schlüsselbegriffe eingegangen werden: Ausmaß, Ursachen, Folgen, Lösungskonzepte und Maßnahmen. Der von Breit (2005) vorgesehenen Thematisierung des Ausmaßes von Erwerbslosigkeit müsste eine Begriffsdefinition vorausgehen, weil diesbezügliches Vorwissen bei Grundschulkindern nicht vorausgesetzt werden kann, ebenso sollte dieser Teil der Ausbildung von Lehrpersonen sein (s. Kapitel 3.1). Hier wird sich der Aussage einer Lehrerin der Interviewstudie angeschlossen, die zunächst eine Begriffsklärung von Erwerbslosigkeit im Sachunterricht für notwendig hält. In Anlehnung an Breits (2005) Schlüsselbegriffe und den Aussagen der interviewten Lehrerinnen sollte es

im Sachunterricht zum Thema Erwerbslosigkeit neben einer Begriffsdefinition und dem
Ausmaß von Erwerbslosigkeit auch um die Ursachen und Auswirkungen von Erwerbslo-
sigkeit gehen, die es erlauben, Erwerbslosigkeit nicht länger als individuell verursachtes
Problem und folglich als Stigma zu begreifen.

Auch die Unterstützung bei Erwerbslosigkeit – die Lehrerinnen nennen in der Studie
Hilfseinrichtungen und -angebote sowie die Herkunft der finanziellen Hilfsleistungen als
Unterrichtsinhalte – und mögliche Strategien zur Bewältigung von Erwerbslosigkeit sollten Teil des Unterrichts und damit auch der Ausbildung sein, um bei den Grundschulkindern keine Existenz- und Zukunftsängste zu schüren. Bezüglich der Entwicklung von Strategien im Umgang mit Erwerbslosigkeit im Sachunterricht ist keine rein fachwissenschaftliche Auseinandersetzung gemeint. Diese würde aufgrund der Komplexität und des kontrovers geführten Diskurses um Bewältigungsstrategien kognitiv überfordern und ist im
Sinne eines Spiralcurriculums höheren Jahrgängen vorbehalten (vgl. Klafki 1992, S. 23f.).

Methodisch würde sich hier das Philosophieren mit Kindern anbieten, „das sowohl
sprachlich diskursive Formen (Gespräche, Geschichten) als auch ganzheitlich-präsentative
Formen der Auseinandersetzung (Zeichnungen, Rollenspiele, Auseinandersetzung mit
Musik und Tanz) einschließt" (Pfeiffer 2004, S. 43). Die hierbei entwickelten Lösungsvorschläge können auf der Ebene utopischer Entwürfe verbleiben. Als Prämisse bei Überlegungen zur methodischen Umsetzung des Themas Erwerbslosigkeit im Sachunterricht
der Grundschule sollte insgesamt das auch in der Interviewstudie bei den Lehrerinnen
auszumachende didaktische Prinzip der methodischen Vielfalt gelten. Methodenvielfalt an
sich reicht als Qualitätsmerkmal allerdings nicht aus. Wie sich in den Aussagen der Probandinnen zur methodischen Umsetzung zeigt, bedarf es der Stimmigkeit der möglichst
vielfältig einzusetzenden Methoden in Bezug auf die Ziele, Inhalte und die Zielgruppe
(vgl. Meyer 1987, S. 92).

4. Fazit

Das eingangs aufgezeigte Forschungsdesiderat bildet den Ausgangspunkt für die in diesem Artikel vorgestellte Studie. Für das Unterrichtsthema Erwerbslosigkeit im Sachunterricht müssen Unterrichtsdesigns für die Schule und Ausbildungsdesigns für die Lehrerbildung entwickelt werden, deren Voraussetzung zum einen die fachlich-fachdidaktische
Klärung des Themenfeldes und zum anderen empirische Untersuchungen der Sichtweise
von Schülerinnen und Schülern und von Lehrpersonen ist. In diesem Artikel sind die Ergebnisse einer Befragung von Lehrpersonen zusammengefasst; sie zeigen, dass Lehrpersonen, was das Thema Erwerbslosigkeit angeht, häufig nur punktuelles Wissen und wenig
Erfahrungen haben. Ihre Vorstellungen sind teilweise einseitig und von eigenen Vorbehalten und Diskriminierungen geprägt. Andererseits weisen die Ergebnisse in ihrer Gesamtheit einige Vorschläge auf, die fruchtbar für die Entwicklung von Ausbildungs- und Unterrichtsdesigns sind.

Als Basis für die Entwicklung von Ausbildungsdesigns sind Bausteine entwickelt worden, die die fachwissenschaftliche, personenbezogene und fachdidaktische Auseinandersetzung mit dem Thema Erwerbslosigkeit systematisch fördern können. Gleichzeitig kön-

nen diese Bausteine erfahrenen Lehrpersonen zur Weiterentwicklung ihres Sachunterrichts dienen. Die Bausteine setzen zum einen dort an, wo Grundwissen fehlt, zum anderen werden die Ideen und Vorschläge der interviewten Lehrerinnen aufgenommen und ggf. weitergeführt. Des Weiteren zielen sie auf eine flexiblere Haltung von Lehrpersonen gegenüber dem Thema Erwerbslosigkeit und vor allem gegenüber Schülerinnen und Schülern ab, deren Familien von Erwerbslosigkeit betroffen sind oder es sein könnten. Eine Voraussetzung für die wirkungsvolle Umsetzung der Bausteine ist eine empirische Prüfung ihrer Wirkung, z.B. pilotartig im Rahmen einer Fortbildung. Eine solche Evaluationsstudie würde wertvolle Ergebnisse für die Unterrichtsgestaltung und für die Lehrausbildung der ersten Phase liefern, so dass Unterrichts- und Ausbildungsdesigns begründet entwickelt werden können.

Literatur

Albers, S. (2011). *Ökonomisch-politische Bildung in der Grundschule: Erwerbslosigkeit als Unterrichtsthema im Sachunterricht der Grundschule.* Unveröffentlichtes Manuskript, Oldenburg.

Baumgardt, I. (2012). *Der Beruf in den Vorstellungen von Grundschulkindern.* Baltmannsweiler: Schneider Hohengehren.

Bayer, M., Carle, U. & Wildt, J. (1997). Editorial. In M. Bayer, U. Carle & J. Wildt (Hrsg.), *Brennpunkt: Lehrerbildung. Strukturwandel und Innovationen im europäischen Kontext. Schriften der Deutschen Gesellschaft für Erziehungswissenschaft (DGfE).* Opladen: Leske + Budrich, 7-15.

Berton, M., Schäfer, J. (2005). Politische Orientierungen von Grundschulkindern. Ergebnisse von Tiefeninterviews und Pretests mit 6- bis 7-jährigen Kindern. *Arbeitspapiere, 86.* Mannheim: Mannheimer Zentrum für Sozialforschung.

Breit, G. (2005). Problemorientierung. In W. Sander (Hrsg.), *Handbuch politische Bildung.* Politik und Bildung 32, 108-125.

Bogner, A. & Menz, W. (2009a). Das theoriegenerierende Experteninterview. In A. Bogner, B. Littig & W. Menz (Hrsg.), *Experteninterviews. Theorien, Methoden, Anwendungsfelder.* Wiesbaden: VS Verlag für Sozialwissenschaften, 61–98.

Bogner, A. & Menz, W. (2009b). Experteninterviews in der qualitativen Sozialforschung. Zur Einführung in eine sich intensivierende Methodendebatte. In A. Bogner, B. Littig & W. Menz (Hrsg.), *Experteninterviews. Theorien, Methoden, Anwendungsfelder.* Wiesbaden: VS Verlag für Sozialwissenschaften, 7-31.

Bromme, R. (1992). *Der Lehrer als Experte. Zur Psychologie des professionellen Wissens.* Bern: Hans Huber.

Bundesagentur für Arbeit (2012). *Arbeitsmarkt 2011. Amtliche Nachrichten der Bundesagentur für Arbeit. Jahresbericht Arbeitsmarkt in Deutschland, 59* (2). Nürnberg: Bundesagentur für Arbeit. Online unter: http://statistik.arbeitsagentur.de/Statischer-Content/Arbeitsmarktberichte/Jahresbericht-Arbeitsmarkt-Deutschland/Generische-Publikationen/Arbeitsmarkt2011.pdf [letzter Zugriff 15.3.2013].

dpa (2012). Arbeitslose in Deutschland sehr oft von Armut bedroht. Deutsche Tafel fordert längere Unterstützung. *Nordwest Zeitung, 67* (9), 3.

Fischler, H. & Peuckert, J. (2000). Concept Mapping in Forschungszusammenhängen. In H. Fischler & J. Peuckert (Hrsg.), *Concept Mapping in fachdidaktischen Forschungsprojekten der Physik und Chemie.* Berlin: Logos, 1-21.

Flick, U. (2009). *Qualitative Sozialforschung. Einführung.* Reinbeck bei Hamburg: Rowohlt Taschenbuch Verlag.

Forgas, J. P. (1999). *Soziale Interaktion und Kommunikation. Eine Einführung in die Sozialpsychologie.* Weinheim: Psychologie Verlags Union.

Glaser, B. G., Strauss, A. L. (2005). *Grounded Theory. Strategien qualitativer Forschung.* Bern: Hans Huber.

Gläser, E. (2002). *Arbeitslosigkeit aus der Perspektive von Kindern. Eine Studie zur didaktischen Relevanz ihrer Alltagstheorien.* Bad Heilbrunn: Klinkhardt.

Gropengießer, H. (2008). Qualitative Inhaltsanalyse in der fachdidaktischen Lehr-Lernforschung. In P. Mayring & M. Gläser-Zikuda (Hrsg.), *Die Praxis der Qualitativen Inhaltsanalyse.* Weinheim: Beltz, 172-189.

Haerle, F. C. (2006). *Personal Epistemologies of 4th Graders. Their Beliefs about Knowledge and Knowing.* BzDR-Reihe. Oldenburg: Didaktisches Zentrum (diz).

Helmke, A. (2005). *Unterrichtsqualität – erfassen, bewerten, verbessern.* Seelze: Kallmeyersche Verlagsbuchhandlung.

Helmke, A. (2009). *Unterrichtsqualität und Lehrerprofessionalität. Diagnose, Evaluation und Verbesserung des Unterrichts.* Seelze: Kallmeyersche Verlagsbuchhandlung.

Hoffmann, E. (1999). *Erwerbslosigkeit – eine offene Unterrichtshilfe.* Saarbrücken: Kooperationsstelle Hochschule und Arbeitswelt/Arbeitskammer des Saarlandes.

Kaiser, A. (1996). *Lernvoraussetzungen von Mädchen und Jungen für sozialwissenschaftlichen Sachunterricht.* Oldenburg: Zentrum für pädagogische Berufspraxis (ZpB).

Kattmann, U., Duit, R., Gropengießer, H. & Komorek, M. (1997). Das Modell der Didaktischen Rekonstruktion – Ein Rahmen für naturwissenschaftsdidaktische Forschung und Entwicklung. *Zeitschrift für Erziehungswissenschaft, 3* (3), 3-18.

Klafki, W. (1985). *Neue Studien zur Bildungstheorie und Didaktik. Beiträge zur kritisch-konstruktiven Didaktik.* Weinheim: Beltz.

Klafki, W. (1992). Allgemeinbildung in der Grundschule und der Bildungsauftrag des Sachunterrichts. In R. Lauterbach, W. Köhnlein, K. Spreckelsen & E. Klewitz (Hrsg.), *Brennpunkte des Sachunterrichts.* Vorträge zur Gründungstagung der Gesellschaft für Didaktik des Sachunterrichts e.V. vom 19. bis 21. März 1992 in Berlin. Kiel: IPN, 11-31.

Komorek, M., Fischer, A. & Moschner, B. (2013, in diesem Band). Fachdidaktische Strukturierung als Grundlage für Unterrichtsdesigns. In M. Komorek & S. Prediger (Hrsg.) *Der lange Weg zum Unterrichtsdesign. Zur Begründung und Umsetzung fachdidaktischer Forschungs- und Ent-wicklungsprogramme.* Münster u.a.: Waxmann, 43-62.

Niedersächsisches Kultusministerium (2006). Kerncurriculum für die Grundschule Schuljahrgänge 1-4. Sachunterricht. Hannover: MK.

Meuser, M. & Nagel, U. (1991). ExpertInneninterviews – vielfach erprobt, wenig bedacht. In D. Graz & K. Kraimer(Hrsg.), *Qualitativ-empirische Sozialforschung. Konzepte, Methoden, Analysen.* Opladen: Westdeutscher, 441-471.

Meuser, M. & Nagel, U. (2010). Experteninterviews – wissenssoziologische Voraussetzungen und methodische Durchführung. In B. Friebertshäuser, A. Langer & A. Prengel (Hrsg.), *Handbuch Qualitative Forschungsmethoden in der Erziehungswissenschaft.* Weinheim: Juventa, 457-471.

Meyer, H. (1987). *Unterrichtsmethoden. Theorieband.* Berlin: Cornelsen Scriptor.

Meyer, H. (2004). *Was ist guter Unterricht?* Berlin: Cornelsen Scriptor.

Meyer, H. (2010). *Fachdidaktische Strukturierung aus allgemeindidaktischer Sicht.* Unveröffentlichtes Manuskript, Oldenburg.

Miller, S. (2008). Kinder in Armut – reichen allgemeine pädagogische Überlegungen zum Umgang mit Heterogenität in Schulen und Unterricht aus? In H. Kiper et al. (Hrsg.), *Lernarrangements für heterogene Gruppen. Lernprozesse professionell gestalten.* Bad Heilbrunn: Klinkhardt, 43-63.

Moll, A. (2001). *Was Kinder denken. Zum Gesellschaftsverständnis von Schulkindern.* Schwalbach.: Wochenschau.

R+V Versicherung AG (2009). *Die Ängste der Deutschen 2009.* Online unter: http://www.ruv.de/de/presse/download/pdf/aengste-der-deutschen-2009/20090903-aengste-der deutschen-2009-grafik.pdf [letzter Zugriff 15.3.2013].

Novak, J. D. & Gowin, B. D. (1984). *Learning how to learn.*Cambridge: Cambridge University Press.

Pfeiffer, S. (2004). Nachdenklichkeit und Orientierung fördern durch Philosophieren im Sachunterricht. In A. Kaiser & D. Pech (Hrsg.), *Basiswissen Sachunterricht. Band 3: Integrative Dimensionen für den Sachunterricht. Neuere Zugangsweisen.* Baltmannsweiler: Schneider Hohengehren, 39-48.

Rosenthal, G. (2008). *Interpretative Sozialforschung. Eine Einführung.* Weinheim: Juventa.

Scheele, B. & Groeben, N. (1988). *Dialog-Konsens-Methoden zur Rekonstruktion subjektiver Theorien. Die Heidelberger Struktur-Lege-Technik (SLT), konsensuale Ziel-Mittel-Argumentation und kommunikative Flußdiagramm-Beschreibung von Handlungen.* Tübingen: Francke.

Stern, E. (2003). Kompetenzerwerb in anspruchsvollen Inhaltsgebieten bei Grundschulkindern. In D. Cech, Diethard & H.-J. Schwier (Hrsg.), *Lernwege und Aneignungsformen im Sachunterricht.* Bad Heilbrunn: Klinkhardt, 37-58.

Strauss, A. L. (1998). *Grundlagen qualitativer Sozialforschung.* München: Fink.

Van Deth, J.W., Abendschön, S., Rathke, J. & Vollmar, M. (2007). *Kinder und Politik. Politische Einstellungen von jungen Kindern im ersten Grundschuljahr.* Wiesbaden: VS Verlag für Sozialwissenschaften.

Wagner, F. (2001). *Implizite sprachliche Diskriminierung als Sprechakt. Lexikalische Indikatoren impliziter Diskriminierung in Medientexten.* Studien zur deutschen Sprache, 20. Tübingen: Gunter Narr.

Wagner, P. (2010). Vielfalt respektieren, Ausgrenzung widerstehen – aber wie? Anforderungen an pädagogische Fachkräfte. In P. Wagner (Hrsg.), *Handbuch Kinderwelten. Vielfalt als Chance – Grundlagen einer vorurteilsbewussten Bildung und Erziehung.* Freiburg im Breisgau: Herder, 203-219.

World Vision Deutschland e.V. (2010). *Kinder in Deutschland 2010. 2. World Vision Kinderstudie.* Frankfurt a. M.: Fischer.

Manuela Hillje

Fachdidaktisches Wissen und die didaktische Strukturierung von Mathematikunterricht

Fallanalysen zur kognitiven Aktivierung

1. Einleitung

Im Einführungskapitel zum Programm ProfaS wird dargestellt, dass bei der Konstruktion hochwertiger Unterrichtsdesigns sowohl die Schülerinnen- und Schülersicht als auch die Lehrkräfte und die zu lernende Sache miteinander in Beziehung gesetzt werden sollten. Es gibt in der Mathematikdidaktik bereits viele Studien, die den Zusammenhang zwischen dem professionellen Wissen der Lehrerinnen und Lehrer, ihrem Unterricht und dem Lernen der Schülerinnen und Schüler untersuchen. Zu den größeren Studien zählen beispielsweise die TIMSS-Video-Studie (Hiebert, Stigler & Manaster 1999), das COACTIV-Forschungsprogramm (Kunter et al. 2011), TEDS-M (Blömeke, Kaiser & Lehmann 2010), die Studien der sogenannten Michigan Group (Ball & Bass 2009) und das sogenannte Pythagoras-Projekt (Klieme, Lipowsky, Rakoczy & Ratzka 2006). In COACTIV und TEDS-M konnte gezeigt werden, dass Gymnasiallehrerinnen und -lehrer über deutlich mehr fachdidaktisches Wissen und mathematisches Fachwissen im Sinne von Shulman (1986) verfügen als Lehrende an anderen Schulformen (Blömeke et al. 2010, Krauss et al. 2008). Dabei wirkt sich hohes fachdidaktisches Wissen positiv auf die Leistungen der Schülerinnen und Schüler und auch auf die kognitive Herausforderung des Unterrichts aus, wie bei COACTIV und in Studien der Michigan Group bestätigt werden konnte (Kunter et al. 2011, Hill, Rowan & Ball 2005).

Dennoch weisen Kersting, Givvin, Thompson, Santagata & Stigler (2012) darauf hin, dass die Forschung zum Zusammenhang zwischen dem Wissen von Lehrkräften, dem Unterricht und der Lernendenleistung noch ganz am Anfang steht. Dies kann beispielsweise damit begründet werden, dass im Rahmen der bisher genannten Studien nicht untersucht wurde, wie diese Zusammenhänge entstehen. Es wurde bisher nur das theoretische Wissen der Lehrerinnen und Lehrer, aufgefasst als mentale Strukturen, die entweder explizit oder implizit vorliegen können, erhoben. Es wurde aber nicht die Umsetzung des vorhandenen Wissens in Handlungen in den Blick genommen. Dabei wird von vielen Autorinnen und Autoren der Übergang zwischen dem Wissen und dem Handeln der Lehrpersonen als problematisch angesehen (siehe z.B. Bromme 1992, Wahl 2001). Beispielsweise ist es möglich, dass eine Lehrkraft das Potenzial einer Aufgabe aufgrund seines vorhandenen fachdidaktischen Wissens über die Qualität von Aufgaben durchaus erkennt. Es gelingt ihm deshalb aber nicht unbedingt, das Potenzial der Aufgabe im Unterricht auch umzusetzten. In der hier vorgestellten Studie werden daher die Zusammenhänge zwischen dem fachdidaktischen Wissen und dem Handeln der Lehrpersonen anhand detaillierter Fallanalysen untersucht.

2. Empirische Untersuchung zum fachdidaktischen Wissen

Die Studie beschäftigt sich mit der Frage, wie Lehrerinnen und Lehrer ihr professionelles Wissen bei der didaktischen Strukturierung ihres eigenen Unterrichts nutzen (siehe Hillje, in Vorbereitung). Es werden hier neben der Unterrichtsdurchführung auch die Planung und Reflexion des Unterrichts in den Blick genommen, da diese drei Phasen für die *didaktische Strukturierung* des Unterrichts maßgeblich sind (siehe z.B. Kattmann 2007). Dabei liegt dieser Studie eine Adaption des Modells zur Rekonstruktion fachdidaktischer Prozesse zugrunde (siehe Komorek, Fischer & Moschner in diesem Band).

Abb. 1 gibt einen Überblick über die im Rahmen dieser Arbeit verwendeten Erhebungsmethoden. Diese sollten das Wissen der Lehrerinnen und Lehrer handlungsnah und umfassend erheben. Um im Rahmen dieser Fallstudien eine möglichst große Variationsbreite zu erhalten, wurden fünf ganz unterschiedliche Lehrerinnen und Lehrer ausgewählt (siehe Tab. 1). Sie konzipierten eine kleine Unterrichtsreihe von maximal drei Stunden zu einem von ihnen selbst gewählten Thema aus der Geometrie. Da COACTIV zeigen konnte, dass das kognitive Aktivierungspotenzial der im deutschen Mathematikunterricht eingesetzten Aufgaben eher niedrig ist (Kunter et al. 2011), wurden den Lehrkräften ein oder zwei zum Thema passende Aufgaben vorgegeben, die nach Aspekten der kognitiven Aktivierung ausgewählt wurden. Durch die Auseinandersetzung mit den eher ungewohnten Aufgabentypen sollten die Lehrerinnen und Lehrer zum Nachdenken über ihre Unterrichtsplanungen angeregt werden. Außerdem können anhand des erhöhten kognitiven Aktivierungspotenzials der Aufgaben wichtige Rückschlüsse auf das fachdidaktische Wissen der Lehrerinnen und Lehrer gezogen werden, indem analysiert wird, ob die Lehrkräfte das erhöhte Potenzial erkennen und ob sie das erkannte Potenzial auch im Unterricht umsetzen.

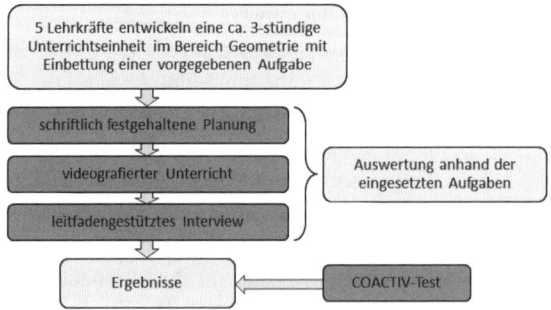

Abb. 1: Übersicht über das methodische Design

Tab. 1: Überblick über die Stichprobe

	Schulform	Berufserfahrung	Ausbildung
Lehrer 1	Hauptschule	7 Jahre	Klassisches Lehramtsstudium
Lehrerin 2	Hauptschule	7 Jahre	Quereinsteigerin, Mathematik fachfremd
Lehrer 3	Gymnasium	1,5 Jahre	Quereinsteiger, kein Referendariat
Lehrer 4	Gymnasium	20 Jahre	Klassisches Lehramtsstudium
Lehrer 5	Gymnasium	2 Jahre	Klassisches Lehramtsstudium

Die Lehrpersonen hielten ihre Unterrichtsplanung nach einem vorgegebenen Fragenkatalog schriftlich fest und der durchgeführte Unterricht wurde videografiert. Im Anschluss an die drei Unterrichtsstunden diente ein reflektierendes, leitfadengestütztes Interview dazu, Gedanken und Begründungen der Lehrerinnen und Lehrer zur didaktischen Strukturierung zu erfassen. Dabei wurden den Lehrpersonen alle im Unterricht eingesetzten Aufgaben nacheinander vorgelegt, so dass der Unterricht anhand der Aufgaben rekonstruiert werden konnte. Die Aufgaben dienten damit als eine Art *stimulated recall*.

Im Rahmen der Datenauswertung wurden alle eingesetzten Aufgaben auf Grundlage vorhandener Aufgabenklassifikationssysteme (Jordan et al. 2006, Neubrand 2002) analysiert, um einzuschätzen, welches Potenzial unabhängig vom Unterricht der Lehrpersonen in den Aufgaben steckt. Dies konnte dann mit dem Einsatz der Aufgaben im Unterricht und den Aussagen der Lehrerinnen und Lehrer in der Planung und im Interview in Beziehung gesetzt werden. Hierzu wurden sowohl der Unterricht als auch die schriftliche Unterrichtsplanung und das Interview mithilfe einer strukturierenden, qualitativen Inhaltsanalyse (Mayring 2010) ausgewertet. Dabei lag der Fokus auf dem fachdidaktischen Wissen, welches sich in den oben beschriebenen Studien als erklärungsreicher Faktor herausgestellt hat. Die Kategorien zum fachdidaktischen Wissen zeigen allerdings lediglich die Situationen an, in denen sich fachdidaktisches Wissen zeigen kann, beispielsweise in der Reaktion auf Antworten der Lernenden. Zur Einschätzung der Qualität der Handlungen und der Umsetzung des fachdidaktischen Wissens der Lehrpersonen sind weitere Kategorien nötig, die insbesondere die Qualität des Unterrichts als Resultat der Handlungen der Lehrerinnen und Lehrer in den Blick nehmen. Hierzu dienen ergänzende Kategorien zur kognitiven Aktivierung als einer wichtigen Dimension von Unterrichtsqualität (Klieme et al. 2006), die insbesondere eine Beschreibung des Übergangs vom Wissen zum Handeln ermöglichen. Auch hier liegt der Fokus wieder auf den eingesetzen Aufgaben, denn das Vorkommen von Aufgaben mit angemessenem kognitiven Potenzial ist eng mit der kognitiven Aktivierung der Schülerinnen und Schüler, und somit auch mit den möglichen Lerngelegenheiten, verbunden (Jordan et al. 2006).

Ergänzend zu den qualitativen Erhebungen und Analysen bearbeiteten die Lehrpersonen auch den COACTIV-Test, um die qualitativ gewonnene Einschätzung des fachdidaktischen Wissens der Lehrerinnen und Lehrer mit den Ergebnissen eines vielfach erprobten Tests vergleichen zu können. Zusätzlich wird im COACTIV-Test das mathematische Fachwissen der Lehrerinnen und Lehrer erhoben.

Im Folgenden werden die zugrundeliegenden Konzepte des fachdidaktischen Wissens, des mathematischen Fachwissens sowie der kognitiven Aktivierung erläutert, die im Rahmen des Modells zur Rekonstruktion fachdidaktischer Prozesse (siehe Komorek et al. in diesem Band) einerseits als Grundlage für die Planung der empirischen Studie dienten. Andererseits wurde durch die Klärung dieser domänenspezifischen fachdidaktischen Konzeptionen ein Kategorienssystem für die Auswertung der erhobenen Daten erarbeitet. Hier wird die Wechselwirkung der unteren Ecken des Dreiecks (siehe Abb. 2 in Komorek et al. in diesem Band) deutlich. Abschließend werden die hieraus gezogenen Empfehlungen für die Lehrerbildung sowie Konsequenzen für die Entwicklung von Unterrichtsdesigns vorgestellt.

3. Klärung domänenspezifischer fachdidaktischer Konzeptionen

Shulman (1986) führte unter anderem die Begriffe *pedagogicalknowledge* (allgemeines pädagogisches Wissen), *contentknowledge* (Fachwissen) und *pedagogicalcontentknowledge* (fachdidaktisches Wissen) ein. Diese werden heute allgemein als die Kernkategorien des professionellen Wissens von Lehrerinnen und Lehrern akzeptiert (z.B. Kunter et al. 2011). Die Theorie von Shulman betont vor allem die Bedeutung eines breiten, also nicht nur methodischen fachdidaktischen Wissens und eines reflektierten Fachwissens, sie ist aber fachunabhängig formuliert und muss noch für die jeweilige Domäne − hier die Mathematik − spezifiziert werden.

3.1 Fachdidaktisches Wissen

Shulman versteht unter *pedagogicalcontentknowledge* im Wesentlichen Wissen über das Vermitteln von Inhalten im Gegensatz zum bloßen Verstehen dieser Inhalte. Dabei betont er einerseits Wissen über verschiedene Möglichkeiten des Verständlichmachens der Inhalte, andererseits stellt er die Bedeutung des Wissens über Konzepte und Fehlvorstellungen der Lernenden heraus (Shulman 1986). Aufbauend auf Shulmans Konzeption des fachdidaktischen Wissens haben die drei großen Arbeitsgruppen COACTIV, die Michigan-Group und TEDS-M jeweils eigene Konzeptionen des fachdidaktischen Wissens erarbeitet (Kunter et al. 2011, Ball & Bass 2009, Blömeke et al. 2010). Auch wenn diese Konzeptionen auf den ersten Blick ganz unterschiedlich aufgebaut zu sein scheinen, zeigen sich viele Gemeinsamkeiten. Insbesondere lassen sich in allen Konzeptionen die einzelnen Komponenten des fachdidaktischen Wissens in die miteinander wechselwirkenden Ecken eines sogenannten „didaktischen Dreiecks" – Lernende, Lehrende und Gegenstand – unterteilen (siehe Krauss et al. 2008). Diese Einteilung diente im Rahmen der Studie als Grobstruktur für die Erarbeitung der Kategorien zum fachdidaktischen Wissen (siehe Hillje, in Vorbereitung).

Tab. 2 zeigt den Vergleich der verschiedenen Konzeptionen und die Zuordnung der einzelnen Komponenten des fachdidaktischen Wissens der verschiedenen Arbeitsgruppen zu den Ecken des didaktischen Dreiecks. Die einzelnen Spalten machen die überwiegend inhaltliche Übereinstimmung innerhalb der Komponenten der drei Arbeitsgruppen deutlich. In einigen Fällen sind aber einzelne Aspekte einer anderen Ecke des didaktischen Dreiecks zuzuordnen als die anderen Teilaspekte der entsprechenden Unterkategorie. Dies zeigen die entsprechend verschobenen Tabellenspalten. Auf Grundlage dieses Vergleichs der Konzeptionen, die sich gegenseitig auch ergänzen, wurden die Kategorien für die Auswertung der Daten der empirischen Studie herausgearbeitet.

Tab. 2: Vergleich und Zuordnung der einzelnen Aspekte in den Konzeptionen von COACTIV, TEDS-M und der Michigan Group zu den Komponenten des didaktischen Dreiecks

	Schülerinnen- und schülerbezogenes Wissen	Wissen zum Verständlichmachen mathematischer Inhalte	Inhaltsbezogenes Wissen
COACTIV	*mathematikbezogene Kognitionen der Lernenden* Fehlkonzeptionen, typische Fehler, Strategien	*Verständlichmachen von mathematischen Inhalten* multiple Repräsentationsformen und Erklärungsmöglichkeiten	*Potential von Mathematikaufgaben* kognitive Anforderungen und implizite Wissensvoraussetzungen, didaktische Sequenzierung und langfristige curriculare Anordnung von Stoffen
Michigan-Group	*Knowledge of Content and Students* verbreitete Konzepte und Fehlvorstellungen von Lernenden, mögliche Lösungen und den Schwierigkeitsgrad einschätzen	*Knowledge of Content and Teaching* math. Inhalte in Reihenfolge für den Unterricht bringen, Beispiele auswählen, geeignete Repräsentationsformen, instruktionelle Entscheidungen	*Knowledge of Content and Curriculum* Bildungsziele / Standards / Staatliche Vorgaben Klassenstufen, in denen bestimmte Inhalte normalerweise unterrichtet werden
TEDS-M	*Lernprozessbezogene Anforderungen* Schülerinnen- und Schülerantworten bezüglich kognitiver Niveaus, Komplexität der Struktur sowie Fehler und Fehlermuster einordnen Rückmeldungen geben, Interventionsstrategien anwenden	*Lehrbezogene Anforderungen*	
		Unterrichtsplanerische Komponente fachliche Inhalte auswählen, begründen, angemessen vereinfachen und unter Gebrauch verschiedener Repräsentationsformen aufbereiten	*Curriculare Komponente* Wissen über den Kompetenzaufbau über die Schuljahre hinweg

3.2 Fachwissen

Nach Shulman sollten Lehrerinnen und Lehrer neben Faktenwissen vor allem über Wissen über die Strukturen des Faches verfügen. Dabei betont Shulman vor allem die Argumentations- und Begründungskompetenz für die Zusammenhänge innerhalb eines Faches (Shulman 1986). Damit weist Shulman trotz seiner fachunabhängigen Sichtweise bereits auf wichtige Aspekte gerade des mathematischen Fachwissens hin, wie sie später auch in den Konzeptionen des Fachwissens der drei Arbeitsgruppen, COACTIV, TEDS-M und Michigan Group, berücksichtigt werden. Während in den Arbeitsgruppen COACTIV und TEDS-M das zum Unterrichten benötigte Fachwissen als tiefes Verständnis der mathematischen Fachinhalte des Curriculums der Sekundarstufe oder auch als ‚Elementarmathematik vom höheren Standpunkt' nach Felix Klein, beschrieben wird (Kunter et al 2011, Blömeke et al. 2010), entwickelte die Michigan-Group eine ausführliche Konzeption zum *Specialized Content Knowledge* (Ball & Bass 2009). Dieses beinhaltet mathematisches Wissen und mathematische Fähigkeiten, die ausschließlich zum Unterrichten von Mathematik benötigt werden.

Die Konzeptionen der drei Arbeitsgruppen nehmen eine explizite Trennung zwischen fachdidaktischem Wissen und mathematischem Fachwissen vor. Diese ist zwar empirisch möglich, es besteht jedoch Konsens darüber, dass diese beiden Facetten des Professionswissens stark zusammenhängen (siehe Krass et al. 2008, Lindmeier 2011). Dennoch wurde in der vorliegenden Studie die Trennung zwischen fachdidaktischem Wissen und mathematischem Fachwissen beibehalten, um die komplexen Zusammenhänge im Rahmen einer detaillierten Fallstudie näher untersuchen zu können. Das Fachwissen der Lehrerinnen und Lehrer ließ sich anhand der erhobenen qualitativen Daten kaum erfassen. Dafür steht aber der ensprechende Abschnitt im COACTIV-Test zur Verfügung. Daher lag der Fokus der qualitativen Auswertungen vor allem auf dem fachdidaktischen Wissen in Verbindung mit Kategorien zur kognitiven Aktivierung (siehe Hillje, in Vorbereitung).

3.3 Kognitive Aktivierung

In der TIMSS-Video-Studie wurden, basierend auf umfangreichen Analysen von Mathematikunterricht, drei Dimensionen von Unterrichtsqualität herausgearbeitet, die für die Leistungsentwicklung der Schülerinnen und Schüler im Sinne eines konzeptuellen Verständnisses sowie für die Motivation der Lernenden förderlich sind:

1. strukturierende, klare und störungspräventive Unterrichtsführung mit viel effektiv genutzter Lernzeit (time on task);
2. unterstützendes, schülerinnen- und schülerorientiertes Sozialklima mit individueller Bezugsnormorientierung, angemessenem Lerntempo und angemessenem Leistungsdruck;
3. kognitive Aktivierung der Lernenden, die z.B. durch offene Aufgaben und einen diskursiven Umgang mit Fehlern gekennzeichnet ist (Klieme et al. 2006).

Während die ersten beiden Dimensionen thematisch den Erziehungswissenschaften zuzuordnen sind, ist aus Sicht der Mathematikdidaktik vor allem die Dimension der kognitiven Aktivierung von Bedeutung. Dabei gibt es aber bisher keine einheitliche Begriffsbestimmung. Die kognitive Aktivierung der Schülerinnen und Schüler kann aber beispielsweise anhand von Merkmalen der im Unterricht eingesetzten Aufgaben oder anhand beobachteter Unterrichtsmerkmale eingeschätzt werden (Leuders & Holzäpfel 2011).

In der COACTIV-Studie wurden vor allem die Merkmale der eingesetzten Aufgaben analysiert. Hierzu wurden zu verschiedenen Aspekten Kennzeichen kognitiv aktivierender Aufgaben erarbeitet:

4. *Mathematische Stoffgebiete* als inhaltlicher Rahmen, insbesondere stoffliche Breite und Grad der Vernetzung zu zurückliegenden Inhalten, also der curriculare Zusammenhang des in der Aufgabe benötigten mathematischen Wissens.

5. *Typen mathematischen Denkens* als kognitiver Rahmen, insbesondere die Unterscheidung, ob prozedurales oder begriffliches Denken überwiegt oder ob eher der Abruf von Faktenwissen erforderlich ist.

6. *Kognitive Elemente des Modellierungskreislaufs*, insbesondere die Notwendigkeit inner- und außermathematischer Modellierung, die Aktivierung mathematischer Grundvorstellungen und die Erfordernis mit mathematischen Texten umzugehen, mathematische Darstellungen zu gebrauchen und mathematisch zu argumentieren.

7. *Lösungsraum und Repräsentationsmodi*, insbesondere die Anzahl der eingeforderten Lösungswege (siehe Kunter et al. 2011).

Mit diesen Kennzeichen kognitiv aktivierender Aufgaben lassen sich Aussagen über das Potenzial der Aufgaben zur kognitiven Aktivierung treffen. Allein vom Potenzial der Aufgaben zur kognitiven Aktivierung kann aber nicht direkt auf die kognitive Aktivierung der Schülerinnen und Schüler im Unterricht geschlossen werden, da das Potenzial von Aufgabenstellungen bei der tatsächlichen Realisierung im Unterricht nicht immer genutzt wird (siehe z.B. Neubrand 2006). Die genannten Kennzeichen kognitiv aktivierender Aufgaben wurden daher im Rahmen dieser Arbeit vor allem dazu genutzt, anhand von Unterrichtsbeobachtungen das Potenzial der Aufgaben mit der Implementierung der Aufgaben im Unterricht zu vergleichen. Allerdings sind im Unterricht weitere Aspekte zu berücksichtigen, durch die sich die kognitive Aktivität der Lernenden bei der Bearbeitung der Aufgaben zeigen kann. Deshalb wurden die Kategorien zu den Kennzeichen kognitiv aktivierender Aufgaben durch Kategorien ergänzt, die zur Einschätzung der kognitiven Aktivierung im beobachteten Unterricht dienen. Hierzu zählt beispielsweise der Grad der Selbstständigkeit der Lernenden bei der Aufgabenbearbeitung, metakognitive Aktivitäten und ein konstruktiver Umgang mit Antworten der Lernenden, insbesondere mit deren Fehlern (Kunter et al. 2011, Hugener 2008).

4.   Ergebnisse

4.1 Vergleich der qualitativen Analysen

Die Analysen im Rahmen dieser Studie ermöglichen für jede Lehrperson eine detaillierte Beschreibung der didaktischen Strukturierung des Unterrichts (siehe Hillje, in Vorbereitung). Dabei konnten für jede einzelne Lehrperson feste Strukturen und Handlungsmuster (siehe Tenorth 2006) herausgearbeitet werden, die sich durchgängig durch den Unterricht ziehen, auch wenn die Lehrerinnen und Lehrer zumindest punktuell von diesen Mustern abweichen.

Der Lehrer 1 baut viele Hilfestellungen schon in die Aufgabenformulierung ein und lässt die Lernenden dann scheinbar selbstständig arbeiten. Er greift in Interaktion mit den Lernenden stark lenkend ein. Die von ihm gewählten Aufgaben ermöglichen zwar verschiedene Denkarten, das prozedurale Denken und die Aktivierung von Faktenwissen stehen jedoch im Unterricht stark im Vordergrund. Das Anforderungsniveau der Aufgaben ist insgesamt sehr niedrig, aber passend zum Leistungsstand der Schülerinnen und Schü-

ler. Lehrer 1 stellt zwar viele Verbindungen zum Vorwissen und auch zu anderen Stoffgebieten her, diese bleiben aber teilweise sehr oberflächlich, da z.B. die Konzepte Flächeninhalt und Umfang nicht miteinander verbunden, sondern nebeneinander verwendet werden, obwohl der Lehrer die Verknüpfung dieser beiden Konzepte als Ziel des Unterrichts
benennt.

Die Lehrerin 2 lenkt die Lernenden überwiegend in eine von ihr vorgegebene Richtung
und bemüht sich meistens scheinbar nicht, die Gedankengänge der Lernenden nachzuvoll-
ziehen. Die selbst gewählten Aufgaben erfordern alle ausschließlich prozedurales Denken
und auch die beiden vorgegebenen Aufgaben, die vor allem begriffliches Denken ermöglichen, werden auf einer rein prozeduralen Ebene im Unterricht thematisiert. Insgesamt
steht das prozedurale Denken damit sehr stark im Vordergrund. Die vielfältig hergestellten
Verbindungen zum Vorwissen und auch zu anderen Stoffgebieten bleiben bei der Lehrerin 2 ähnlich wie beim Lehrer 1 sehr oberflächlich, da die Konzepte Flächeninhalt und
Umfang nicht miteinander verbunden, sondern nebeneinander verwendet werden.

Der Lehrer 3 lässt die Lernenden kognitiv selbstständig und über mehrere Aufgaben
hinweg die Idee eines Näherungsverfahrens für den Flächeninhalt eines Kreises entwickeln. Dabei gibt Lehrer 3 nur sehr selten, dafür aber stark lenkende Impulse. Dagegen
zeigt er bei den kurzen Wiederholungsphasen zu Beginn der Stunden und bei der abschließenden Herleitung der Kreisfläche ein kleinschrittiges fragend-entwickelndes Unterrichtsgespräch. Ein zentrales Element des Unterrichts stellt das Vorstellen verschiedener
Lösungswege und der Wechsel von Repräsentationsformen dar. Allerdings werden die
Lösungswege nicht immer miteinander in Beziehung gesetzt, sondern ‚nebeneinander‘
betrachtet. Lehrer 3 stellt starke Verbindungen auf einer Tiefenstruktur zwischen den
Aufgaben her, da die entwickelten Strategien in den folgenden Aufgaben wieder angewendet werden können. Es wechseln sich verfahrensbetonte und verständnisbetonte Unterrichtsphasen ab. Dabei steht jeweils das prozedurale Denken im Vordergrund und wird
nur kurzzeitig im Anschluss an die Prozeduren durch begriffliches Denken ergänzt.

Der Lehrer 4 lässt die Lernenden überwiegend selbstständig verschiedene Beweisideen
zum Satz des Pythagoras bearbeiten und lenkt auch in der Bearbeitung eines anwendungsbezogenen Arbeitsblattes höchstens leicht. Dabei werden die Schülerinnen und Schüler
immer wieder zur Präsentation ihrer Lösungswege und zum Vergleich zwischen verschiedenen möglichen Lösungsansätzen angeregt. Hierdurch werden vielfältige Vernetzungen
ermöglicht. Insgesamt ist das Verhältnis zwischen begrifflich geprägten Begründungsauf-
gaben sowie Anwendungsaufgaben, die eher prozedurales Wissen erfordern, in den beobachteten Stunden sehr ausgeglichen. Lehrer 4 fordert im Unterricht viele Beründungen
ein, es werden dabei aber durchweg nicht alle nötigen Begründungsschritte angesprochen.
Diese scheint der Lehrer aufgrund des Leistungsniveaus der Lernenden aber bewusst aus-
zulassen. Bei der Bearbeitung der spontan ausgewählten Beweise und Anwendungsaufgaben aus dem Buch weicht der Lehrer 4 allerdings leicht von diesem Muster ab, da vor allem kaum Begründungen angesprochen und wenige Verbindungen hergestellt werden.

Der Lehrer 5 fördert vor allem die gegenseitige Unterstützung der Lernenden, allerdings führt diese nicht immer zu kognitiver Selbstständigkeit. Auch hat er sich im Vorfeld
des Unterrichts mehrfach umfangreiche, passende Hilfestellungen überlegt, womit er die

Gedankengänge der Lernenden leicht bis stark lenkt. Er lässt die Lernenden mehrfach Lösungsvorschläge präsentieren und vergleichen und stellt die Inhalte häufig auf mehreren Repräsentationsebenen dar. Zentral im Unterricht ist aber, dass der Lehrer 5 zwar immer wieder Begründungen einfordert, diese aber auf einer sehr oberflächlichen Ebene vom Lehrer akzeptiert werden. Dies führt dazu, dass die gewählten Aufgaben, die vor allem begriffliches Denken erlauben, überwiegend auf einer rein prozeduralen Ebene bearbeitet werden. Das prozedurale Wissen steht stark im Vordergrund, wird aber mehrals zu Beginn der Aufgabenbearbeitung bei der Sammlung von Lösungsvorschlägen durch begriffliches Denken ergänzt. Gegen Ende des Unterrichts gerät der Lehrer 5 anscheinend unter Zeitdruck und weicht von diesem Muster ab, da er insbesondere stärkere Hilfestellungen anbietet.

Es bestätigen sich die bei Kleinknecht (2010) zusammengefassten Befunde verschiedener Studien, die zeigen, dass Hauptschullehrkräfte eher die Differenzierung und authentische Situationen bei der Planung von Unterricht fokussieren und den Unterricht verstärkt lenken. Aspekte kognitiver Aktivierung werden im Hauptschulunterricht deutlich seltener berückichtigt als an anderen Schulformen (Kleinknecht 2010). Außerdem wird deutlich, dass sich der von Hiebert und Lefevre (1986) beschriebene Fokus auf das prozedurale Denken und die Vernachlässigung begrifflichen Denkens im Unterricht der meisten beobachteten Lehrpersonen (außer Lehrer 4) wiederfinden lässt.

Des Weiteren zeigt der Vergleich der Handlungsschemata der im Rahmen dieser Arbeit beobachteten Lehrkräfte, dass zwar jede Lehrperson für sich Muster entwickelt hat, aber kaum Gemeinsamkeiten in den Mustern dieser 5 Lehrerinnen und Lehrer auftreten. Es ist insbesondere zu vermuten, dass sich bei der Betrachtung eines anderen Stoffgebietes auch andere Handlungsmuster der Lehrerinnen und Lehrer zeigen können. Dies unterstreicht das Problem, dass es sehr schwer ist, ein einheitliches Maß für die Expertise von Lehrpersonen zu finden.

Die qualitativen Analysen zeigen darüber hinaus, dass dem Lehrer 4 die Umsetzung seines Wissens in Unterrichtshandlungen und auch die Verknüpfung der drei Komponenten des fachdidaktischen Wissens deutlich besser gelingt als den anderen Lehrpersonen. Dies spiegelt sich auch in der Unterrichtsqualität in der Dimension der kognitiven Aktivierung wieder. Der Unterricht der Lehrer 3 und 5 enthält zwar ebenfalls viele Elemente kognitiver Aktivierung, es zeigen sich aber teilweise auch Mängel in der Unterrichtsqualität. Die Lehrer 3 und 5 stellen bei der didaktischen Strukturierung weniger Verknüpfungen zwischen den drei Komponenten des fachdidaktischen Wissens her als der Lehrer 4. Insgesamt gelingt ihnen die Umsetzung des Wissens nur teilweise. Die Lehrer 1 und 2 zeigen dagegen keine Verknüpfungen der drei Komponenten des fachdidaktischen Wissens, Defizite im vorhandenen fachdidaktischen Wissen und große Mängel in der Umsetzung. Es bestätigen sich hier die Ergebnisse von Lindmeier (2011), die zeigen konnte, dass sich die aktionsbezogenen Komponenten des fachdidaktischen Wissens, die vor allem im Unterricht umgesetzt werden, stark von den reflektiven Kompetenzen und dem Basiswissen, welche vor allem in der Unterrichtsplanung und in der Reflexion von Unterricht aktiviert werden, unterscheiden.

Zusammenfassend deuten die Ergebnisse der vorliegenden Untersuchung darauf hin, dass die Unterrichtsqualität in der Dimension der kognitiven Aktivierung umso höher ist, je mehr fachdidaktisches Wissen die Lehrpersonen in Unterrichtshandlungen umsetzen können. Außerdem scheint insbesondere die Verknüpfung der einzelnen Wissensfacetten, aber auch die Fähigkeit zur Artikulation des vorhandenen Wissens, die Unterrichtsqualität zu beeinflussen. Aufgrund der kleinen Stichprobe im Rahmen dieser Arbeit können diese Ergebnisse aber lediglich als begründete Hypothesen gewertet werden, die es in umfangreicheren Untersuchungen zu überprüfen gilt. Beispielsweise konnten auch Kersting et al. (2012) in einer methodisch ganz anderes angelegten Studie zeigen, dass vor allem die Umsetzung des vorhandenen Wissens zu höherer Unterrichtsqualität führt.

4.2   Vergleich der COACTIV-Testergebnisse

In Abb. 2 sind die Ergebnisse des COACTIV-Tests im Testteil zum fachdidaktischen Wissen (vertikale Achse) und im Testteil zum mathematischen Fachwissen (horizontale Achse) der teilnehmenden Lehrpersonen im Vergleich dargestellt.

Die Ergebnisse der 5 Lehrerkräfte sind konform mit den Ergebnissen der COACTIV-Studie (siehe Krauss et al. 2008). So verfügen die Gymnasiallehrer über deutlich mehr Fachwissen, aber auch über mehr fachdidaktisches Wissen als die Lehrpersonen an der Hauptschule. Lehrerin 2 scheint zu der im Rahmen der COACTIV-Studie nicht unerheblichen Anzahl an nicht gymnasialen Lehrerinnen und Lehrern zu gehören, die bei sehr niedrigem Fachwissen über vergleichsweise hohes fachdidaktisches Wissen verfügen. Die Ergebnisse der restlichen Lehrer spiegeln den starken Zusammenhang zwischen dem fachdidaktischen Wissen und dem mathematischen Fachwissen wieder, wie er sich auch bei COACTIV zeigte (siehe Krauss et al. 2008). Es ist damit im Rahmen dieser Studie gelungen, trotz der relativ zufälligen Auswahl der Stichprobe, alle drei im Rahmen der COACTIV-Studie ermittelten ‚Lehrertypen' (Kunter et al. 2011) zu erfassen und jeweils detailliert die Nutzung des fachdidaktischen Wissens zu untersuchen.

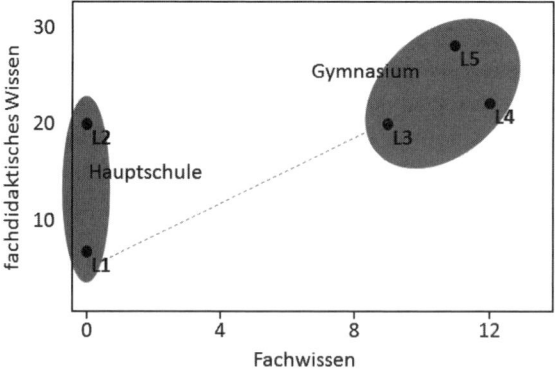

Abb. 2: Vergleich der COACTIV-Testergebnisse der 5 Lehrpersonen

Ein Vergleich mit den qualitativen Analysen zeigt, dass sich die im Rahmen der COACTIV-Studie festgestellte Korrelation zwischen dem fachdidaktischen Wissen und der kognitiven Herausforderung des Unterrichts nur bedingt bestätigt. Die Lehrpersonen 2, 3 und 4 erzielten ungefähr dieselbe Punktzahl im fachdidaktischen Wissenstest, in der kognitiven Herausforderung des Unterrichts unterscheiden sie sich aber stark. Die Unterrichtsqualität scheint demnach nicht allein vom vorhandenen Wissen, sondern vor allem von der Umsetzung dieses Wissens bei der didaktischen Strukturierung von Unterricht abzuhängen (siehe auch Kersting et al. 2012).

Der Einfluss des Fachwissens auf die kognitive Aktivierung konnte im Rahmen der qualitativen Analysen kaum untersucht werden. Allerdings zeigen die Vergleiche der COACTIV-Testergebnisse, dass die Lehrkräfte, die kaum kognitiv herausfordernde Elemente in ihrem Unterricht einbauen, auch über sehr wenig mathematisches Fachwissen verfügen, während die Lehrpersonen mit hohem Fachwissen überwiegend viele Elemente kognitiver Aktivierung im Unterricht zeigen (Lehrer 5 allerdings nur teilweise). Besonders deutlich wird dies beim Vergleich der Lehrerpersonen 2, 3 und 4, die fast dieselbe Punktzahl im fachdidaktischen Wissen erreicht haben, sich aber sehr stark im Fachwissen unterscheiden. Die Abstände in den Punktzahlen zum Fachwissen dieser drei Lehrpersonen spiegeln relativ gut die Unterschiede in der kognitiven Aktivierung wieder. Hieraus kann auf eine hohe Bedeutung des Fachwissens für die kognitive Aktivierung geschlossen werden. Allerdings könnten diese Unterschiede auch durch die Fähigkeit zur Umsetzung des fachdidaktischen Wissens erklärt werden. Insbesondere die Ergebnisse der Lehrer 1 und 5 unterstützen die zweite vorgeschlagene Deutung. Auch im Rahmen von COACTIV konnten keine signifikanten Zusammenhänge zwischen dem Fachwissen und der Unterrichtsqualität gefunden werden (Baumert et al. 2011). Es gilt daher, diese Zusammenhänge anhand größerer Stichproben weiter zu untersuchen.

5. Konsequenzen für die Lehrerbildung und die Entwicklung von Unterrichtsdesigns

Da die Ergebnisse dieser Studie aus den Analysen von nur 5 Lehrerinnen und Lehrern abgeleitet werden, sind sie kaum verallgemeinerbar. Es lassen sich aber anhand der detaillierten Analysen begründete Hypothesen aufstellen, die vor allem in Verbindung mit den Ergebnissen der COACTIV-Studie und auch den Ergebnissen weiterer Studien geeignet sind, Empfehlungen für die Lehrerbildung zu formulieren, wie sie als letzter Schritt im Modell für die Rekonstruktion fachdidaktischer Prozesse gefordert sind. Die Gültigkeit dieser Empfehlungen sollte aber in weiteren Untersuchungen noch näher geprüft werden (siehe Hillje in Vorbereitung).

Die Ergebnisse der COACTIV-Studie belegen einen Zusammenhang zwischen dem fachdidaktischen Wissen und der Unterrichtsqualität in der Dimension der kognitiven Aktivierung. Die Analysen dieser Arbeit zeigen ergänzend hierzu aber deutlich, dass die Unterrichtsqualität nicht allein vom vorhandenen Wissen, sondern vor allem von der Umsetzung dieses Wissens bei der didaktischen Strukturierung von Unterricht abzuhängen scheint. Deshalb wird für die Lehrerbildung empfohlen, nicht nur den Aufbau des Wissens, sondern auch die Umsetzung des Wissens in Handlungen in den Blick zu nehmen. Beispielsweise kann der Lehrer 4 sein Wissen größtenteils sehr gut in Unterrichtshandlungen umsetzen, er ist aber im Vergleich zu den anderen Lehrpersonen vor allem auch in der Lage, sein Wissen zu artikulieren und zu reflektieren. Dies lässt darauf schließen, dass im Rahmen der Lehrerbildung vor allem die Artikulation von Wissen und die Reflexion der Umsetzung des Wissens trainiert und gefördert werden sollten, so dass die Nutzung des Wissens bei der didaktischen Strukturierung explizit gemacht werden kann. So können die (angehenden) Lehrerinnen und Lehrer möglicherweise selbst Defizite in der Umsetzung des Wissens besser erkennen und in späteren Situationen bewusster ihr vorhandenes Wissen einsetzen.

Des Weiteren zeigen die Ergebnisse dieser Studie, dass die Umsetzung des Wissens scheinbar mit der Fähigkeit zur Verknüpfung der drei Komponenten des fachdidaktischen Wissens zusammenhängt. Aus diesem Grund sollten auch diese Verknüpfungen im Sinne des didaktischen Dreiecks bei der didaktischen Strukturierung bewusst hergestellt werden.

Damit angehende Lehrerinnen und Lehrer einerseits das Bewusstmachen des vorhandenen Wissens und andererseits die bewusste Verknüpfung ihres Wissens trainieren können, ist insbesondere das eigene Planen und Durchführen von Unterricht in Verbindung mit einer entsprechenden Reflexion nötig. Dies könnte beispielsweise durch eine verstärkte Verknüpfung zwischen Theorie und Praxis ermöglicht werden, wie sie z.B. mit der derzeit laufenden Einführung von Praxissemestern (z.B. GHR 300 in Niedersachsen) oder dem Projekt OLAW zur Verzahnung von 1. und 2. Phase der Lehramtsausbildung (siehe Fischer, Niesel & Sjuts 2011) bereits umgesetzt wird. Es ist aber insbesondere nötig, die Umsetzung des Wissens auch über das Referendariat hinaus zu trainieren. Hierzu sind permanente Fortbildungen und auch gegenseitige, fachbezogene Coachings nötig, wie sie z.B. Kreis und Staub (2009) vorschlagen.

Die Bedeutung des Fachwissens für die kognitive Aktivierung konnte weder bei COACTIV noch im Rahmen dieser Studie direkt gezeigt werden. Die Ergebnisse der COACTIV-Studie lassen aber auf die Bedeutung von Fachwissen vor allem für die Entwicklung von fachdidaktischem Wissen schließen. Dies wirkt sich wiederum positiv auf die Unterrichtsqualität aus. Diese Befunde werden durch die qualitativen Analysen im Rahmen dieser Arbeit gestützt. Des Weiteren weisen Kersting et al. (2012) darauf hin, dass vor allem die Verknüpfung des Fachwissens mit pädagogischen Konzepten und mit Elementen des fachdidaktischen Wissens zu höherem Wissen führen. Dies wurde schon von Shulman (1986) betont (siehe Kersting et al. 2012). Deshalb sollte auch in der Lehrerbildung für alle Lehrämter ein gewisses Maß an mathematischem Fachwissen vermittelt werden. Insbesondere sollten dabei Verbindungen mit fachdidaktischen und pädagogischen Konzepten hergestellt werden.

Für die Entwicklung von Unterrichtsdesigns bestätigen die Ergebnisse dieser Studie, dass vor allem kognitiv aktivierende Aufgaben bei der Strukturierung der Unterrichsdesigns eine zentrale Rolle spielen sollten, da das kognitive Aktivierungspotenzial der Aufgaben eine wichtige Vorraussetzung für einen kognitiv aktivierenden Unterricht darstellt. Dennoch weisen die Ergebnisse darauf hin, dass die Qualität der Umsetzung vorgegebener Unterrichtsdesigns von den Fähigkeiten der Lehrpersonen abhängt. Dies kann beispielsweise damit begründet werden, dass nur einige der untersuchten Lehrerinnen und Lehrer das erhöhte kognitive Aktivierungspotenzial der vorgegebenen Aufgaben erkannten (L3, L4 und L5) und dass es nur Zweien gelungen ist, das Potenzial der Aufgabe auch im Unterricht umzusetzen. Dies lässt darauf schließen, dass auch eine detaillierte Erläuterung des Potenzials der Aufgaben des Unterrichtsdesigns nicht notwendigerweise dazu führt, dass die Aufgaben auch im Sinne des „Designers" im Unterricht eingesetzt werden. Es ist daher für die Umsetzung der Qualität von Unterrichtsdesigns unbedingt nötig, Verfahren zu entwickeln und empirisch zu untersuchen, die die Lehrerinnen und Lehrer bei der Nutzung des Potenzials der Aufgaben unterstützen. Dabei sind vor allem die verschiedenen Persönlichkeiten, die sich durch stark voneinander abweichende, feste Handlungsmuster auszeichnen, zu berücksichtigen.

Literatur

Ball, D. L. & Bass, H. (2009). With an Eye on the Mathematical Horizion: Knowing Mathematics for Teaching to Learners' Mathematical Futures. In M. Neubrand (Hrsg.), *Beiträge zum Mathematikunterricht 2009*. Münster: Waxmann.

Baumert, J., Kunter, M., Blum, W., Brunner, M., Voss, T., Jordan, A., Klusmann, U., Krauss, S., Neubrand, M. & Tsai, Y. (2011). Teachers' Mathematical Knowledge, Cognitive Activation in the Classroom, and Student Progress. *American Educational Research Journal, 47* (1), 133-180.

Blömeke, S., Kaiser, G. & Lehmann, R. (2010). *TEDS-M 2008: Professionelle Kompetenz und Lerngelegenheiten angehender Mathematiklehrkräfte für die Sekundarstufe I im internationalen Vergleich*. Münster u.a.: Waxmann.

Bromme, R. (1992). *Der Lehrer als Experte*. Bern: Huber.

Fischer, A., Niesel, V. & Sjuts, J. (2011). *Lehr-Lern-Labore und ihre Bedeutung für Schule und Lehrerbildung. Eine Bestandsaufnahme im Verbundprojekt OLAW*. Oldenburg: diz.

Hiebert, J. & Lefevre, P. (1986). Conceptual and procedural knowledge in mathematics: An introductory analysis. In J. Hiebert (Hrsg.), *Conceptual and procedural knowledge: The Case of mathematics*. Hillsdale, NJ: Lawrence Erlbaum.

Hiebert, J., Stigler, J. & Manaster, A. (1999). Mathematical Features of Lessons in the TIMSS Video Study. *ZDM, 99* (6), 196-201.

Hill, H. C., Rowan, B. & Ball, D. L. (2005). Effects of teachers' mathematical knowledge for teaching on student achievement. *American Educational Research Journal, 42* (2), 371.

Hillje, M. (i.V. für 2013). *Fachdidaktisches Wissen von Lehrerinnen und Lehrern und die didaktische Strukturierung von Mathematikunterricht* (Arbeitstitel). Dissertation: Carl-von-Ossietzky-Universität Oldenburg.

Hugener, I. (2008). *Inszenierungsmuster im Unterricht und Lernqualität*. Münster: Waxmann.

Jordan, A., Ross, N., Krauss, S., Baumert, J., Blum, W., Neubrand, M. & Kunter, M. (2006). *Klassifikationsschema für Mathematikaufgaben: Dokumentation der Aufgabenkategorisierung im COACTIV-Projekt*. Berlin: Max-Planck-Inst. für Bildungsforschung.

Kattmann, U. (2007). Didaktische Rekonstruktion – Eine praktische Theorie. In D. Krüger & H. Vogel (Hrsg.), *Theorien in der biologiedidaktischen Forschung*. Berlin, Heidelberg: Springer, 93-104.

Kersting, N. B., Givvin, K. B., Thompson, B. J., Santagata, R. & Stigler, J. W. (2012). Measuring Usable Knowledge Teachers' Analyses of Mathematics Classroom Videos Predict Teaching Quality and Student Learning. *American Educational Research Journal, 49* (3), 568-589.

Kleinknecht, M. (2010). Aufgabenkultur im Unterricht – eine empirisch-didaktische Video- und Interviewstudie an Hauptschulen. Baltmannsweiler: Schneider Verlag Hohengehren.

Klieme, E., Lipowsky, F., Rakoczy, K. & Ratzka, N. (2006). Qualitätsdimensionen und Wirksamkeit von Mathematikunterricht. In M. Prenzel & L. Allolio-Näcke (Hrsg.), *Untersuchungen zur Bildungsqualität von Schule – Abschlussbericht des DFG-Schwerpunktprogramms*. Münster u.a.: Waxmann, 127-146.

Komorek, M., Fischer, A. & Moschner, B. (2013, in diesem Band). Fachdidaktische Strukturierung als Grundlage für Unterrichtsdesigns. In M. Komorek & S. Prediger (Hrsg.), *Der lange Weg zum Unterrichtsdesign. Zur Begründung und Umsetzung fachdidaktischer Forschungs- und Entwicklungsprogramme*. Münster u.a.: Waxmann, 43-62.

Krauss, S., Neubrand, M., Blum, W., Baumert, J., Brunner, M., Kunter, M. & Jordan, A. (2008). Die Untersuchung des professionellen Wissens deutscher Mathematik-Lehrerinnen und -Lehrer im Rahmen der COACTIV-Studie. *Journal für Mathematik-Didaktik, 29* (3/4), 223–258.

Kreis, A. & Staub, F. C. (2009). Kollegiales Unterrichtscoaching. Ein Ansatz zur kooperativen und fachspezifischen Unterrichtsentwicklung im Kollegium. In K. Maag-Merki (Hrsg.), *Kooperation und Netzwerkbildung. Strategien zur Qualitätsentwicklung in Schulen*. Seelze-Velber: Klett+Kallmeyer, 26-39.

Kunter, M., Baumert, J., Blum, W., Klusmann, U., Krauss, S. & Neubrand, M. (2011). *Professionelle Kompetenz von Lehrkräften: Ergebnisse des Forschungsprogramms COACTIV*. Münster u.a.: Waxmann.

Leuders, T. & Holzäpfel, L. (2011). Kognitive Aktivierung im Mathematikunterricht. *Unterrichtswissenschaft, (3)*, 213-230.

Lindmeier, A. (2011). *Modeling and Measuring Knowledge and Competencies of Teachers*. Münster u.a.: Waxmann.

Mayring, P. (2010). *Qualitative Inhaltsanalyse. Grundlagen und Techniken* (11. aktualisierte und überarbeitete Auflage). Weinheim: Beltz.

Neubrand, J. (2002). *Eine Klassifikation mathematischer Aufgaben zur Analyse von Unterrichtssituationen: Selbsttätiges Arbeiten in Schülerarbeitsphasen in den Stunden der TIMSS-Video-Studie*. Hildesheim: Franzbecker.

Neubrand, J. (2006). The TIMSS 1995 and 1999 video studies. In F. K. S. Leung, K.-D. Graf & F. J. Lopez-Real (Hrsg.), *Mathematics Education in Different Cultural Traditions. A Comparative Study of East Asia and the West. The 13th ICMI Study*. (New ICMI Study Series, Vol. 9). Berlin: Springer, 291-318.

Shulman, L. S. (1986). Those who understand: Knowledge growth in teaching. *Educational researcher, 15* (2), 4-14.

Tenorth, H. E. (2006). Professionalität im Lehrerberuf. *Zeitschrift für Erziehungswissenschaft, 9* (4), 580-597.

Wahl, D. (2001). Nachhaltige Wege vom Wissen zum Handeln. *Beiträge zur Lehrerbildung, 19* (2), 157-174.

Anja Kizil & Ulrich Kattmann

Ein neues Design fürs Experimentieren

Eine empirische Untersuchung

Traditionell hat das Experimentieren im Biologieunterricht einen hohen Stellenwert. Es repräsentiert eine wichtige naturwissenschaftliche Arbeitsweise, die in vielfältiger Weise naturwissenschaftliches Denken erfordert. Lernende sollen dabei unter anderem einen Einblick bekommen, wie biologische Erkenntnisse gewonnen werden und auf welchen Voraussetzungen sie beruhen. Dies ermöglicht ein Urteilen über Geltung, Tragweite und Grenzen biologisch bestimmter Aussagen und ein Verständnis des biologischen bzw. naturwissenschaftlichen Modus der Welterschließung (Gropengießer 2008a).

In der hier vorgestellten Untersuchung soll erforscht werden, wie Biologielehrkräfte ihren experimentellen Unterricht gestalten und warum sie dies so tun. Entsprechend werden die Gestaltung des Unterrichts und die damit verbundenen Lehrervorstellungen zum Experimentieren analysiert. Die Untersuchung lässt sich also der Lehrervorstellungsforschung zuordnen und ist qualitativ angelegt.

Erste Ergebnisse der Untersuchung zeigen, dass im Unterricht stärker an Schülervorstellungen zum Experimentieren anzuschließen ist, sodass bei der Planung von Experimenten sowohl der zu beobachtende Effekt (die zu messende Größe) wie auch die Formulierung von Prognosen stärker beachtet werden sollten. Ihnen kommt eine entscheidende Funktion für die zutreffende Auswertung der Ergebnisse zu.

1. Theoretischer Hintergrund

1.1 Lehrervorstellungen

Lehrkräfte bestimmen mit ihren Unterrichtsentscheidungen ganz erheblich die Lehr- und Lernprozesse im Unterricht. Bei diesen Entscheidungen werden die Lehrkräfte insbesondere von ihren Vorstellungen geleitet. Die Kenntnis von Lehrervorstellungen ist daher für alle Untersuchungen wichtig, in denen es um die Analyse von Lehr- und Lernprozessen geht.

Die Vorstellungen von Lehrkräften werden außer durch das *Wissen* der Lehrkräfte insbesondere auch durch ihre *Einstellungen* und ihre *Erfahrungen in der eigenen Unterrichtspraxis* persönlich geprägt (Fischler 2001a, Gropengießer 2008b). Im Folgenden wird das Wissen der Lehrkräfte genauer in den Blick genommen, bevor einige allgemeine Merkmale von Lehrervorstellungen aufgezeigt werden, die zu berücksichtigen sind, wenn

Lehrervorstellungen untersucht werden. Zur Beschreibung und Bedeutung der Einstellungen und der Erfahrungen von Lehrkräften sei hier auf die Artikel von Annette Upmeier zu Belzen (2007) und Jan van Driel, Douwe Beijaard und Nico Verloop (2001) verwiesen. Nach Georg H. Neuweg (2011) ist bei dem Wissen der Lehrkräfte zwischen drei Bedeutungen zu unterscheiden:

- *Wissen 1*: Das insbesondere in der Ausbildung anzueignende Professionswissen von Lehrkräften (Wissen im objektiven Sinne, „Wissen im Buch").
- *Wissen 2*: Die kognitiven Strukturen von Lehrkräften (Wissen im subjektiven Sinne, „Wissen im Kopf"). Sie gelten als Ergebnis von Lernen einerseits, als Erzeugungsgrundlage für kompetentes Verhalten andererseits.
- *Wissen 3*: Das Können der Lehrkräfte. Dass beispielsweise eine Lehrkraft eine Klasse zu führen *weiß*, bedeutet dann, dass sie sie führen *kann*.[1]

In Abb. 1 werden die drei Bedeutungskomplexe in Beziehung gesetzt. Es wird angenommen (insbesondere in der universitären Lehrerbildung), dass über die Vermittlung expliziten Professionswissens (Wissen 1) die kognitiven Strukturen angehender Lehrkräfte (Wissen 2) in einer wünschenswerten Weise beeinflusst werden können. Diese wiederum gelten als Erzeugungsgrundlage für kompetentes Handeln. Im beobachtbaren Handeln der Lehrkraft schließlich manifestiert sich ihr Können (Wissen 3), das entsprechend aus konkreten Handlungsepisoden rekonstruiert werden kann.

Bei Wissen 2 ist zwischen explizitem und implizitem Wissen zu unterscheiden. Das Wissen der Lehrkräfte ist in hohem Maße implizit, es ist inkorporiert und daher nicht verbalisierbar. So formulierte beispielsweise Lee S. Shulman (1987):

> „Teachers themselves have difficulty in articulating what they know and how they know it."

Ralf Bohnsack, der die von ihm vertretene Dokumentarische Methode auf den theoretischen Ansätzen der Wissenssoziologie von Karl Mannheim aufbaut, spricht hier von reflexivem oder theoretischem Wissen einerseits (≙ explizites Wissen) und handlungspraktischem, handlungsleitendem oder inkorporiertem Wissen andererseits (≙ implizites Wissen), welches Mannheim auch als atheoretisches Wissen bezeichnet.

In Anlehnung an Kurt Reusser, Christine Pauli und Anneliese Elmer (2011) lassen sich einige Merkmale nennen, die den Vorstellungen von Lehrkräften zugeschrieben werden können:

- intentionaler Gegenstandsbezug und innere Ordnung,
- affektive Aufladung und Wertbindung,
- individuell verinnerlichter (kollektiver) Habitus,
- Stabilität und Resistenz gegenüber Umstrukturierungen,
- schwierige Zugänglichkeit.

---

1 Beim Lehrerwissen in diesem Sinne handelt es sich aber nicht um das Wissen der Lehrkraft, sondern um das Wissen des Forschers, der die Logik des Handelns von außen rekonstruiert.

LERNEN   WISSEN   HANDELN

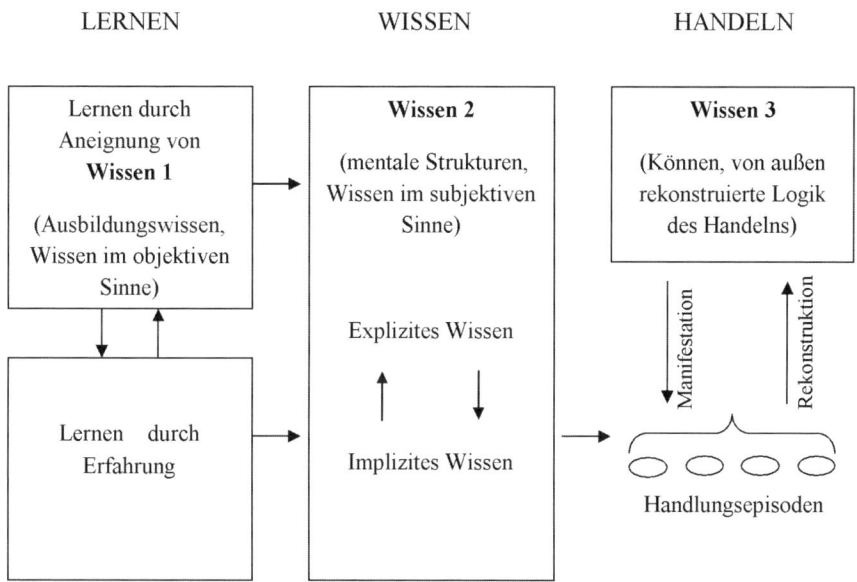

Abb. 1: Konzepte des Lehrerwissens (Neuweg 2011)

Die Unterscheidung von explizitem und implizitem Wissen der Lehrkräfte und die damit verbundene Tatsache, dass Lehrervorstellungen zum Teil schwer zugänglich sind, sind für die Erhebung und die Auswertung von Lehrervorstellungen von Bedeutung und ziehen besondere methodische Entscheidungen bei der Datenerhebung und -auswertung nach sich (s. Abschnitt 4).

1.2   Erkenntnisgewinnung durch Experimentieren

Der Prozess naturwissenschaftlicher Erkenntnisgewinnung kann als komplexer Problemlöseprozess beschrieben werden (Mayer 2007). Der Problemlöseprozess wird dabei als Finden und Beschreiten eines Weges von einem Ausgangszustand zu einem Zielzustand aufgefasst, wobei der Weg nicht von vornherein bekannt ist.

Nach dem „Scientific Discovery as Dual Search"-Modell (SDDS-Modell) von David Klahr & Kevin Dunbar (1988) lässt sich der Problemlöseprozess als Suche in zwei Problemräumen beschreiben, der Suche im Hypothesen-Suchraum und der Suche im Experimentier-Suchraum, hinzu kommt die Analyse von Evidenzen. Naturwissenschaftliche Erkenntnisgewinnung beginnt nach dieser Modellvorstellung mit der Suche im Hypothesen-Suchraum, mit dem Ziel, eine überprüfbare Hypothese sowie eine Vorhersage im Hinblick auf das zu lösende Problem zu entwickeln. Es wird dabei von einem eingeschränkten domänenspezifischen Wissen ausgegangen. Es folgt das Testen der Hypothesen, dessen wichtiger Teilaspekt die Suche im Experimentier-Suchraum ist, um experimentelle Ergebnisse generieren zu können, die geeignet sind, die formulierten Vorhersagen zu überprüfen. Abschließend findet die Analyse von Evidenzen statt, die darüber entscheidet, ob die aufgestellte Hypothese bzw. Vorhersage akzeptiert, verworfen oder weiter geprüft werden muss.

An dieser Stelle sei darauf hingewiesen, dass es *die eine* naturwissenschaftliche Methode und Vorgehensweise, die in jedem Fall erfolgreich zu einer Erkenntnis führt, nicht geben kann. So formulieren beispielsweise Norman G. Lederman et al. (2002):

> „One of the most widely held misconceptions about science is the existence of the scientific method. [...] The myth of the scientific method is regularly manifested in the belief that there is a recipelike stepwise procedure that all scientists follow when they do science. [...] There is no single scientific method that would guarantee the development of infallible knowledge."

Auf dem Weg zu naturwissenschaftlicher Erkenntnis nimmt das Experiment eine wesentliche Rolle ein. Das Experiment wird häufig als eine gezielte „Frage an die Natur" oder als „Fortführung von Beobachtungen unter künstlich veränderten Bedingungen" bezeichnet. Beim Experimentieren wird zielgerichtet in die Bedingungen von Abläufen eingegriffen, um Ursache-Wirkungs-Beziehungen zu untersuchen. Die drei wichtigsten Kennzeichen eines Experiments sind die Beobachtung der Messgröße, die Isolation der Einflussgröße und die systematische Variation der Einflussgröße (Gropengießer 2008a). Als experimentelle Methode wird die Folgerung experimentell prüfbarer Aussagen aus Hypothesen sowie die Durchführung der Experimente und die Deutung der Ergebnisse bezeichnet (Pfeifer 2002). Sie dient also der Bestätigung (auf Zeit) bzw. Falsifikation von Hypothesen mittels Experimenten.[2]

Nach Derek Hodson (1993) sind mit dem Experimentieren im naturwissenschaftlichen Unterricht drei Ziele verbunden: (1) Lernen der Naturwissenschaften, (2) Lernen über die Naturwissenschaften und (3) Lernen, wie man naturwissenschaftlich arbeitet. Das Experimentieren im Unterricht erlaubt es aber auch, eine Reihe von Kompetenzen einzuüben, die über das Fachliche hinausgehen. Zu ihnen zählen beispielsweise soziale Kompetenzen, wie z. B. mit anderen im Team fruchtbar zusammenzuarbeiten.

2.   Stand der Forschung

Im Folgenden werden einige empirische Ergebnisse aus der Forschung zum Experimentieren dargestellt. Diese beziehen sich auf die Ebenen der Lernenden, des Unterrichts und der Lehrkräfte.

Schülervorstellungen zum Experimentieren. Eine Reihe von Untersuchungen hat sich mit der Frage befasst, über welche Vorstellungen Lernende zum Experimentieren verfügen. Dabei zeigt sich in Untersuchungen mit Lernenden der siebten und achten Jahrgangsstufe, dass diese sich das Experimentieren nicht als zielgerichtetes Handeln vorstellen.

---

2   Hypothesen zu testen kann nur als eine von mehreren experimentellen Strategien verstanden werden (Höttecke 2013). Friedrich Steinle (2004, 2005) bspw. unterscheidet von dieser experimentellen Arbeitsweise, die er als theoriegeleitetes Experimentieren bezeichnet, das explorative Experimentieren.

Vielmehr sind sie der Ansicht, Experimentieren bedeute etwas auszuprobieren, etwas (zufällig) herauszufinden und Entdeckungen zu machen (Carey, Evans, Honda, Jay & Unger 1989, Meyer & Carlisle 1996, vgl. Lunetta, Hofstein & Clough 2007). Leona Schauble und Kollegen haben in ihrer Untersuchung mit Lernenden der fünften und sechsten Jahrgangsstufe zudem festgestellt, dass diese beim Experimentieren unter anderem wie Ingenieure vorgehen. Insbesondere denken sie, das Ziel von Experimenten bestehe darin, Effekte zu erzeugen, anstatt Hypothesen zu prüfen und Ursache-Wirkungs-Beziehungen zu klären. Diese Vorstellung und das damit verbundene Vorgehen beim Experimentieren wurde von den genannten Autoren als „Ingenieurmodus" (engineering model) bezeichnet (Schauble, Klopfer & Raghaven 1991).

Neben den Erkenntnissen über Schülervorstellungen zum Experimentieren liegen zahlreiche Befunde zu Schwierigkeiten von Lernenden beim Experimentieren vor. An dieser Stelle sei auf die Übersichtsstudie von Ton de Jong und Wouter van Joolingen (1998) und auf den Artikel von Marcus Hammann (2004) verwiesen. In beiden Fällen werden Schwierigkeiten von Lernenden beim Experimentieren identifiziert und diese den Bereichen der Hypothesenbildung, Experimenteplanung und Datenauswertung zugeordnet.

Vor dem Hintergrund dieser Befunde fordern Hammann et al., die Schwierigkeiten der Lernenden beim Experimentieren im Unterricht zu beachten und diese durch die theoriegeleitete Förderung experimenteller Kompetenzen zu überwinden. Ebenso sollen die Vorstellungen der Lernenden zum Experimentieren verändert werden, damit die Lernenden „lernen, wie Naturwissenschaftler und nicht wie Ingenieure zu experimentieren" (Hammann, Phan, Ehmer & Bayrhuber 2006).

Experimentieren im Unterricht. Unterrichtsbeobachtungen zur Frage, wie das Experimentieren im naturwissenschaftlichen Unterricht abläuft, zeigen, dass die Lernenden oftmals von der Lehrperson vorgegebene Anleitungen abarbeiten, ohne über Sinn und Zweck der Aktivitäten nachzudenken. Es wird relativ wenig Zeit auf die Begründung eines Experiments und seine Planung verwendet. Auch die Interpretation und Diskussion der Ergebnisse erhalten wenig Raum. Dagegen nehmen viele manuelle Nebenaktivitäten große Zeitanteile ein, die wenig mit dem Verständnis des Experiments zu tun haben (Euler 2002, Mayer 2004). Nach Manfred Prenzel und Ilka Parchmann (2003) beschränkt sich das Experimentieren unter diesen Umständen auf ein oberflächliches Arbeiten, bei dem die geistige Beteiligung und das naturwissenschaftliche Denken vernachlässigt werden. Auch Jürgen Mayer (2004) sieht hier das Problem, dass das naturwissenschaftliche Arbeiten zu sehr auf der Ebene manueller Arbeitstechniken verbleibt und zu wenig die naturwissenschaftliche Denkweise schult. So überrascht es nicht, dass die großen Schulleistungsstudien TIMSS und PISA deutschen Probanden Defizite im Bereich naturwissenschaftlicher Arbeits- und Denkweisen bescheinigt haben und dass viele Schülerinnen und Schüler das Experiment in seiner Erkenntnis stiftenden Funktion nicht erkennen.

Vor diesem Hintergrund gilt es, in durchdacht geplanten und sinnvoll in den Unterricht eingebetteten Experimentalphasen eine Aktivierung der Schülerinnen und Schüler sowohl auf manueller (hands-on) als auch auf geistiger Ebene (minds-on) anzustreben und dabei die Phasen vor dem Experiment (Planung) und nach dem Experiment (Auswertung) stärker aufeinander zu beziehen als bisher. Ein in Deutschland gängiges Unterrichtsverfahren, das eine solche Einbettung von Experimenten in das Unterrichtsgeschehen vorsieht und dabei Experimente in vor- und nachbereitende kognitive Aktivitäten einbindet, stellt zum Beispiel das forschend-entwickelnde Unterrichtsverfahren nach Helmut Schmidkunz und Heinz Lindemann (2003) dar. Es ist in der folgenden Tab.1 skizziert. Auf die in diesem Vorgehen genannten Schritte wird im Folgenden im Hinblick auf unsere Ergebnisse Bezug genommen.

Lehrervorstellungen zum Experimentieren. Bisherige empirische Arbeiten im Bereich Lehrervorstellungen zum Experimentieren konzentrieren sich auf die Ziele, die Lehrende mit dem Experimentieren verbinden (Welzel et al. 1998, Swain, Monk & Sally 2000). So konnten beispielsweise Manuela Welzel und andere bei einer europäischen Umfrage folgende Hauptzielkategorien der Lehrkräfte identifizieren. Beim Experimentieren sollen die Lernenden:

- Theorie und Praxis miteinander verbinden;
- experimentelle Fähigkeiten erwerben;
- Methoden wissenschaftlichen Denkens kennenlernen;
- motiviert werden;
- in ihrer Persönlichkeitsentwicklung gefördert werden;
- in ihren sozialen Fähigkeiten unterstützt werden.

Offen geblieben ist bislang, wie Lehrkräfte ihren experimentellen Unterricht konkret gestalten, um solche Ziele wie die oben aufgeführten zu erreichen. Vor dem Hintergrund, dass deutsche Schülerinnen und Schüler Defizite im Bereich naturwissenschaftlicher Arbeits- und Denkweisen haben, ist es von besonderem Interesse zu untersuchen, wie Lehrkräfte ihren experimentellen Unterricht gestalten, wenn dieser das *naturwissenschaftliche Denken* fördern soll, und wie sie diesen Unterricht begründen. Diese Fragen verfolgt unsere Studie.

Tab. 1: Das forschend-entwickelnde Unterrichtsverfahren (Schmidkunz & Lindemann 2003)

| **Forschend-entwickelndes Unterrichtsverfahren** | **1. Problemgewinnung:**
a. Problemgrund
b. Problemerfassung
c. Problemformulierung
2. Überlegungen zur Problemlösung:
a. Analyse des Problems: Vorwissen; Hypothesen
b. Lösungsvorschläge
c. Entscheidung für einen Lösungsvorschlag
3. Durchführung eines Lösevorschlages:
a. Planung des Lösevorhabens
b. Praktische Durchführung des Lösevorhabens
c. Diskussion der Ergebnisse
4. Abstraktion der gewonnenen Erkenntnisse:
Ikonische, verbale, symbolhafte Abstraktion
5. Wissenssicherung:
Anwendungsbeispiele, Wiederholung, Lernzielkontrolle |

3.   Fragestellung und Ziel der Untersuchung

Es wird der zentralen Frage nachgegangen, über welche Vorstellungen Biologielehrkräfte zum Experimentieren im Biologieunterricht verfügen. Erfasst werden soll, *wie* Lehrkräfte ihren experimentellen Unterricht gestalten und *warum* sie ihn auf diese Art und Weise gestalten.

Das Ziel der Erforschung der Lehrervorstellungen ist es, einen Beitrag zur Verbesserung der fachdidaktischen Lehrerbildung zu leisten, indem die Stärken und Schwächen in den ermittelten Lehrervorstellungen berücksichtigt werden. Dafür erweist sich das Modell der didaktischen Rekonstruktion für die Lehrerbildung (ERTE-Modell, van Dijk & Kattmann 2007) als ein fruchtbarer Forschungsrahmen (Abb. 2). Das Modell der didaktischen Rekonstruktion verlangt, sowohl die Vorstellungen von Lernenden wie auch von Lehrenden ernst zu nehmen und sie daher bei Vorschlägen für den Unterricht und für die Lehrerbildung als Lernvoraussetzungen anzusehen. Sie sind nicht zu umgehen oder einfach durch Belehrung zu ersetzen; es ist zu prüfen, inwieweit sie Ausgangspunkte und Mittel zum Lernen sein können.

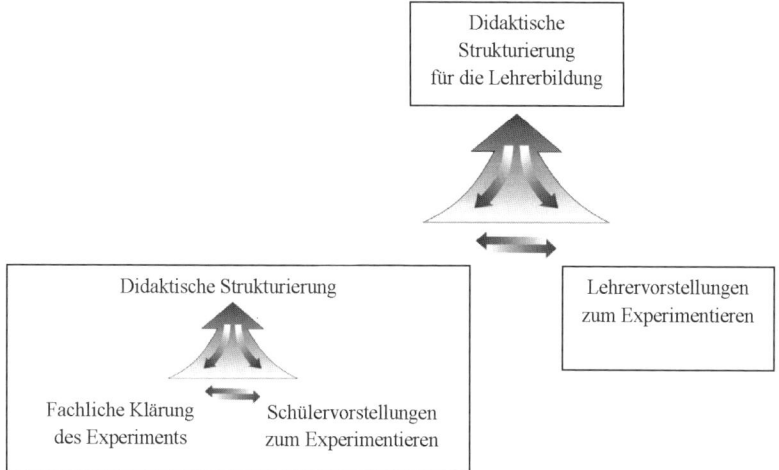

Abb. 2: Modell der Didaktischen Rekonstruktion für Lehrerbildung (van Dijk & Kattmann 2007)

Das ERTE-Modell wurde mit dem Ziel entwickelt, die fachdidaktische Lehrerbildung zu verbessern. Ihm liegt die Annahme zugrunde, dass die Inhalte der Lehrerbildung für das Lehren rekonstruiert werden müssen. Es umfasst folgende Untersuchungsschritte, die sich immer gegenseitig beeinflussen: Lehrervorstellungen werden erfasst und mit den entsprechenden Ergebnissen der fachlichen Klärung und der Literatur zu Schülervorstellungen und Unterrichtsstrukturierungen in Beziehung gesetzt. Hierbei erweist es sich als hilfreich, nach Gemeinsamkeiten, Eigenheiten, Begrenztheiten und Unterschieden zu suchen (Gropengießer 2007). Auf dieser Grundlage werden dann Vorschläge zur Verbesserung der Lehreraus- und -fortbildung entwickelt.

4.   Methoden

In der Studie sollen Unterrichtsphasen untersucht werden, in denen Lehrkräfte ihre Vorstellungen zum experimentellen Unterricht umsetzen. Zwölf Lehrkräfte von Integrierten Gesamtschulen und Gymnasien mit einer Unterrichtserfahrung von mindestens fünf Jahren wurden daher gebeten, experimentellen Biologieunterricht in der Sekundarstufe I mit dem Ziel zu gestalten, den Lernenden durch das Experimentieren das Vorgehen bei der *naturwissenschaftlichen Erkenntnisgewinnung* zu vermitteln. Dazu sollten die Lernenden *Experimente* durchführen. Die Auswahl des Experiments sowie die konkrete Unterrichtsplanung und -durchführung blieb der jeweiligen Lehrkraft überlassen. Es kamen verschiedene Methoden der Datenerhebung zum Einsatz:

–   Zunächst wurden die entsprechenden Unterrichtsstunden von der Hinführung zum Experiment bis einschließlich seiner Auswertung in Anwesenheit der Forschenden *videografiert* (Lehrerkamera und Überblickskamera).

–   Im Anschluss an die Auswertung des Experiments wurden die Schülerinnen und Schüler anhand eines *Fragebogens* schriftlich befragt. Mit dem Fragebogen sollten einerseits die Meinungen der Schülerinnen und Schüler zum Experimentieren im Biologieunterricht und ihre Wünsche für den kommenden experimentellen Biologieunterricht erfasst werden. Andererseits sollten die Schülerinnen und Schüler ein Feedback zum gefilmten Unterricht geben und zwei offene, inhaltliche Fragen zum durchgeführten Experiment beantworten.

–   Im Anschluss an die Unterrichtsaufnahmen wurde mit den Lehrkräften jeweils ein *Interview* durchgeführt. Hier wurden sie zum einen zu dem von ihnen gehaltenen Unterricht befragt. Um dabei möglichst *handlungswirksame* Vorstellungen zu erheben, wurden den Lehrkräften Videoausschnitte aus ihrem Unterricht vorgespielt und sie dabei unter anderem zu ihren Intentionen befragt („stimulated recall", vgl. Fischler 2001b). Die Auswahl der Videoausschnitte erfolgte anhand der beobachteten und für experimentellen Unterricht typischen Unterrichtsphasen wie beispielsweise Problemgewinnung, Überlegungen zur Problemlösung, Formulierung von Hypothesen, Durchführung eines Experiments, Datenauswertung und Schlussfolgerungen ziehen. Zum anderen wurden die Lehrkräfte im Interview anhand eines Leitfadens allgemein zum Experimentieren im Biologieunterricht befragt.

Die gefilmten Unterrichtsstunden wie auch die Interviews wurden vollständig transkribiert. Die Auswertung der Unterrichtsaufnahmen zielt darauf ab, die Unterrichtsabläufe zu beschreiben und die Lehr- und Lernprozesse zu rekonstruieren. Im Unterricht sind es vor allem sprachliche Äußerungen von Lehrkräften und Lernenden, die Lernprozesse auslösen und sichtbar machen. Somit ist der Wissenserwerb eng verbunden mit der Kommunikation im Unterricht. Daher erscheint es sinnvoll, für die Auswertung der Unterrichtsvideos vor allem *gesprächsanalytischen Ansätzen* zu folgen und sich an einem entsprechenden von Arnulf Deppermann (2008) dargestellten Vorgehen zu orientieren.

Bei der Auswertung der Interviews wird das Ziel verfolgt, die Vorstellungen der Lehrkräfte zu rekonstruieren. Dabei ist zu beachten, dass das Wissen der Lehrkräfte in hohem

Maße implizit ist und daher von ihnen nicht expliziert werden kann. Aus diesem Grund wurde die *Dokumentarische Methode* (Nohl 2012) herangezogen. Hierbei sollen über die *sprachlichen Äußerungen* der Lehrkräfte *über die eigene Unterrichtspraxis* die Vorstellungen entschlüsselt werden (*Was* wird gesagt und *wie* wird es gesagt? *Warum* wird es gesagt?).

5. Ausgewählte Ergebnisse

Die an der Studie beteiligten Lehrkräfte organisieren den experimentellen Unterricht auf drei verschiedene Weisen:

(I)   *hypothesengeleitet:* Bei diesem Vorgehen werden aufgrund beobachteter Phänomene Fragestellungen formuliert. Es werden Hypothesen aufgestellt, die mit Experimenten geprüft werden sollen. Die Experimente werden entweder von der Lehrkraft vorgegeben oder von den Lernenden selbst geplant. Nach der Durchführung der Experimente erfolgt ihre Auswertung, um anschließend die eingangs formulierten Hypothesen zu klären (vorläufige Bestätigung oder Falsifikation).

(II)   *fragegeleitet:* In diesem Fall wird eine Frage formuliert, die mithilfe eines Experiments beantwortet werden soll. Das Experiment wird nach Anleitung durchgeführt und ausgewertet, um anschließend die Frage zu beantworten.

(III)   *effektgeleitet*: Hier werden Experimente nach Anleitung durchgeführt und anschließend ausgewertet. Die in den Experimenten erzeugten und beobachteten Effekte sollen die Lernenden anregen, über mögliche Ursachen der Effekte nachzudenken.

Im Folgenden werden zwei Fälle aus dem fragegeleiteten und effektgeleiteten Vorgehen etwas genauer erläutert, um die Bedeutung von Effekten und Prognosen für die Erkenntnisgewinnung zu zeigen.

5.1 Wie können Effekte zur Erkenntnisgewinnung genutzt werden?

Der beobachtete Unterricht einer 7. Klasse (Gymnasium) zum Thema „Atmung des Menschen" wurde von der Lehrkraft so strukturiert, dass auf die Durchführung eines Schülerexperiments nach schriftlicher Anleitung die Auswertung des Experiments erfolgte. Im Experiment haben die Schülerinnen und Schüler ihre Atemzüge pro Minute in Ruhe sowie nach 15 schnellen Kniebeugen gezählt. Die Ergebnisse wurden gesammelt, verglichen und anschließend geklärt. Im Interview erklärte die Lehrkraft, dass auf eine Hypothesenformulierung im beobachteten Unterricht bewusst verzichtet wurde:

> Wir haben hier nicht Hypothesen vorab geklärt. Das ist gerne der didaktische Weg, aber oft auch ein bisschen hölzern, weil die Schüler sagen „Her mit dem Zeug!".

Die Lehrkraft hält das Aufstellen und Durchdenken von Hypothesen als motivationshemmend. Für ihre Schülerinnen und Schüler scheint die Formulierung von Hypothesen nicht das naheliegende Vorgehen bei der Lösung eines Problems zu sein, sie sind vielmehr an der Durchführung eines Experiments einschließlich der Beobachtung interessiert. Daher plant und gestaltet die Lehrkraft den Unterricht so, dass das Experiment nicht zur Klärung von Hypothesen dienen soll. Der Erkenntnisgewinn soll im Unterricht dadurch erfolgen, dass der im Experiment erzeugte und beobachtete Effekt die Schülerinnen und Schüler zu einer Auswertung und Erklärung motiviert:

> Dann ist bei den Schülern eine Freude da, zu sagen „Wahnsinn! Was ist denn da passiert?". So kommen die Schüler dann ins Erklären über den Effekt, also der, woran sich dann hoffentlich eine Erkenntnis anschließt. Und so müssen die Versuche aussehen, dass es einen Effekt gibt!

Die Lehrkraft will folglich den *Effekt als Mittel zur Erkenntnisgewinnung* nutzen. Dabei sollen die Lernenden von der Beobachtung des Effekts zum Nachdenken über die Ursachen und damit zu einer naturwissenschaftlichen Erkenntnis kommen. Wie oben bereits aufgeführt, ist hier zu beachten, dass die Vorstellungen der Lehrkräfte wie auch der Lernenden ernst genommen und als Lernvoraussetzungen und Ausgangspunkte betrachtet werden, von denen auszugehen ist, wenn Vorschläge für die Unterrichtspraxis und die Lehrerbildung gemacht werden.

In der Beschreibung der Ausgangslage wurde der Effekt im Zusammenhang mit dem Ingenieurmodus der Lernenden thematisiert. Das Vorgehen der Lehrkraft weist darauf hin, dass der Ingenieurmodus nicht vorwiegend als Hindernis für die naturwissenschaftliche Erkenntnisgewinnung betrachtet und abgewertet werden sollte. Die Absicht der Lernenden, beim Experimentieren einen Effekt zu erzeugen, soll vielmehr genutzt werden, um nach den Ursachen des Effekts zu fragen. Abweichend von den üblichen Vorschlägen zum Experimentieren soll folglich der Ingenieurmodus für die naturwissenschaftliche Erkenntnisgewinnung selbst genutzt werden.

Im Folgenden wird gezeigt, dass das Augenmerk auf den Effekt – wie es für den Ingenieurmodus kennzeichnend ist – auch das problemorientierte und hypothesengeleitete Experimentieren zur naturwissenschaftlichen Erkenntnisgewinnung erheblich verbessern kann.

5.2   Die Formulierung von Prognosen hilft bei der Auswertung der Ergebnisse

Im beobachteten Unterricht einer 5. Klasse (Gymnasium) sollte eine von der Lehrkraft vorgegebene Fragestellung mithilfe eines entsprechenden Demonstrationsexperiments beantwortet werden: Welche Isolierung schützt am besten vor Wärmeverlust: Fett, Fell oder Federn?

Das Experiment wurde von Schülerinnen und Schülern nach schriftlicher Versuchsanleitung durchgeführt. Nach der Durchführung und Beobachtung sowie der Erstellung von Temperatur-Zeit-Diagrammen kam es zu folgendem Unterrichtsgespräch:

| Lehrkraft: | Kommen wir zur Auswertung. Hier ist unsere Fragestellung (verweist auf die Tafel). Wir haben ein Experiment gemacht und jetzt wollen wir eine Antwort auf die Frage haben. Also, welche Isolierung schützt jetzt am besten vor Wärmeverlust? |

(Zwei Schülermeldungen)

Schüler 1:	Federn.
Lehrkraft:	Mit Begründung, bitte!
Schüler 1:	Federn schützen am besten vor Wärmeverlust, weil, es kann sein, weil die dichter aneinander liegen.
Lehrkraft:	Aha.
Schüler 2:	Die Federn. Also, wenn sich ein Vogel aufplustert, dann bildet sich da so eine kleine Luftschicht. Und die wird von der Körperwärme halt warm gemacht. Das ist dann sowas wie ein isolierendes Luftpolster.
Lehrkraft:	Bezieht mal eure Begründung auf die Ergebnisse des Experimentes! Nicht auf irgendwelche Vögel oder sonst irgendwas. Wir haben ein Experiment gemacht und diese Beobachtungen, die sagen etwas, die können wir auswerten.

(Stille)

| Lehrkraft: | Also, auf den Punkt bringen! Welche dieser drei Isolierungen schützt jetzt am besten vor Wärmeverlust? |

(Fünf Schülermeldungen)

Schüler 3:	Federn.
Lehrkraft:	Kannst du genau begründen?
Schüler 3:	Die Federn, weil, also das Fett fällt schon mal ganz raus. Das isoliert auch, aber nicht ganz gut. Es ist knapp zwischen Federn und Fell. Aber zum Schluss fällt die Temperatur des Fells etwas ab.
Lehrkraft:	Okay.

Offensichtlich hatte der Großteil der Schülerinnen und Schüler Schwierigkeiten damit, die experimentell gewonnenen Daten zur Beantwortung der Fragestellung heranzuziehen und mit diesen zu argumentieren. Diese Schwierigkeiten können darauf zurückzuführen sein, dass im Unterricht nicht besprochen wurde, warum das gewählte Experiment sinnvoll ist, um die Fragestellung zu beantworten. Auf diese Weise führten die Schülerinnen und Schüler zwar das Experiment nach Anleitung durch und erfassten die Effekte, in diesem Fall den jeweiligen Temperaturabfall innerhalb derselben Zeit pro Experimentalansatz und Kontrollansatz, allerdings war ihnen nicht bewusst, wie diese Effekte ihnen bei der Beantwortung der Fragestellung helfen.

Für die zutreffende Auswertung des Experiments ist es aber notwendig, dass sich die Schülerinnen und Schüler darüber im Klaren sind, wie die beobachteten Effekte ihnen eine Antwort auf die Fragestellung liefern. Dies kann im Unterricht erreicht werden, indem vor der Durchführung des Experiments geklärt wird:

1. Warum die Temperatur gemessen werden soll und
2. Welcher Effekt erwartet wird. Diese Erwartung ist als konkrete *Prognose* zu formulieren, die direkt auf den Effekt bezogen ist und daher empirisch überprüfbar ist: *Das beste Isolationsmaterial führt zum geringsten Temperaturabfall.*

Auf diese Weise kann den Lernenden der Zusammenhang zwischen der Fragestellung und dem Experiment bewusst werden und das Experiment anhand des Vergleichs der erhobe-

nen Daten mit der Prognose zutreffend ausgewertet werden. Der beobachtete Unterrichtsverlauf kann durch diese beiden Elemente erweitert werden (Abb. 3).

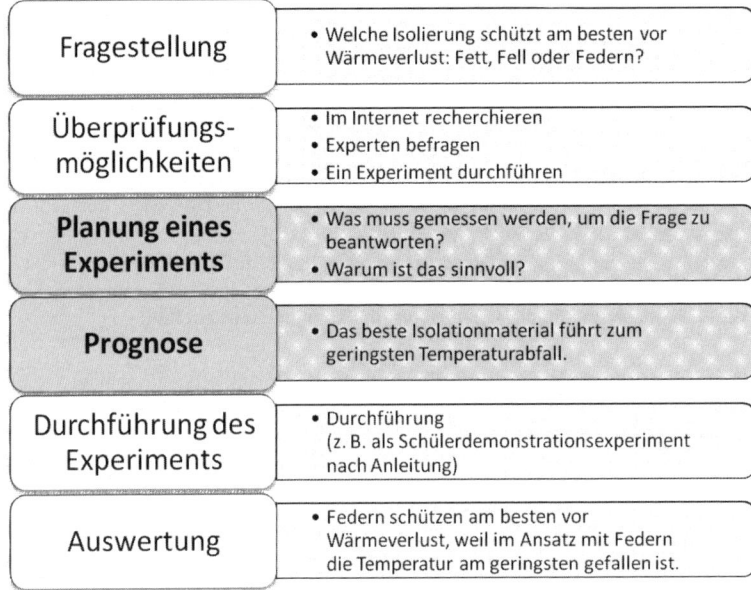

Abb. 3: Erweitertes Unterrichtsdesign

Folglich ist das Formulieren von Prognosen von ausschlaggebender Bedeutung für die
zutreffende Auswertung von Experimenten.

Die gezogenen Schlussfolgerungen für das Experimentieren gelten gleichermaßen für
das naturwissenschaftlich hypothesengeleitete Vorgehen. In diesem Fall sind die Prognosen aus den Hypothesen herzuleiten und entsprechend nach der Hypothesenformulierung
in das Vorgehen einzufügen. Im gängigen Unterrichtsverfahren nach Schmidkunz und
Lindemann (Tab. 1) werden Prognosen nicht explizit angegeben, wenngleich die Schritte
2b und 2c prognostische Ansätze aufweisen. Das nur implizite Behandeln von Prognosen
verhindert, dass Lehrenden und Lernenden die Hilfen gegeben werden, Experimente angemessen auszuwerten. Die Lehrkraft stellt im dargestellten Unterricht nicht die entsprechende Frage und die Lernenden beziehen ihre Schlussfolgerungen nicht auf die Ver-
suchsergebnisse. Konkret auf die zu beobachtenden Effekte bezogene Prognosen sind die
Brücken zwischen Versuchsergebnissen und Auswertung sowie zwischen Auswertung
und Fragestellung des Experiments. Andere Unterrichtsansätze zum Experimentieren betonen daher die Formulierung von Prognosen bzw. aus Hypothesen abgeleitete und empirisch überprüfbare Folgeaussagen. Dazu zählen beispielsweise die experimentelle Methode nach Gerhard Dietrich und Kollegen (1976) und das von Richard White und Richard
Gunstone (1992) entwickelte POE-Schema (predict-observe-explain).

Aus dem dargestellten Unterrichtsgespräch lässt sich weiter feststellen: Die von der Lehrkraft vorgegebene Fragestellung: „Welche Isolierung schützt am besten vor Wärmeverlust?" ist keine naturwissenschaftliche Frage im engeren Sinne, sondern eine *ingenieurwissenschaftliche*. Es geht mit ihr ja nicht darum, *wie* das Material isoliert, d. h. welche Materialeigenschaften zum Isoliereffekt führen (naturwissenschaftliche Frage nach den Ursachen), sondern nur, *welches* Material den größten Effekt hat. Interessanterweise beantworten einige Schüler die Frage der Lehrkraft jedoch mit Vermutungen über naturwissenschaftliche Ursachen, die sie aus ihrem – vom Experiment unabhängigen – Wissen herleiten (Luft zwischen den Federn, Aufplustern). Sie kommen hier also selbstständig vom Effekt her zum Nachdenken über Erklärungen, d. h. zu Vermutungen über die Ursachen des beobachteten Effekts (vgl. Abschnitt 5.1). Es bietet sich daher an, anschließend die Hypothesen der Lernenden mit nachfolgenden Experimenten zu klären. Die Fragen im erweiterten Design zum Experimentieren (Abb. 3): „Was soll gemessen werden?" (Beachten des Effekts) und „Welcher Effekt wird erwartet?" (Formulierung von Prognosen) sind dabei zu berücksichtigen, damit die Ergebnisse sicher auf die Hypothesen bezogen werden.

5.3 Zusammenfassung

Neben dem Naturwissenschaftsmodus kann auch der Ingenieurmodus ein sinnvolles Mittel für die naturwissenschaftliche Erkenntnisgewinnung im Unterricht sein. Eine Orientierung am Effekt kann genutzt werden, um nach den Ursachen des Effekts zu fragen, sodass die Lernenden dann zu einer Erkenntnis über naturwissenschaftliche Ursachen gelangen können.

Prognosen, die sich konkret auf ein durchzuführendes Experiment beziehen, indem sie den zu beobachtenden Effekt aufgreifen, sind von ausschlaggebender Bedeutung für die zutreffende Auswertung eines Experiments und können somit Lernende bei der Erkenntnisgewinnung im Unterricht entscheidend unterstützen.

Eine weitere Forschungsarbeit im Promotionsprogramm ProfaS von Marie-Ann Mowka untersucht das Planungshandeln von Chemielehrkräften und die damit verbundenen Lehrervorstellungen zum Experimentieren. Mowka verweist auf Basis ihrer Daten ebenfalls auf die Bedeutung von experimentell überprüfbaren Folgeaussagen (Prognosen).

Literatur

Carey, S., Evans, R., Honda, M., Jay, E. & Unger, C. (1989). 'An experiment is when you try it and see if it works': a study of grade 7 students' understanding of the construction of scientific knowledge. *International Journal of Science Education, 11* (5), 514-529.

Deppermann, A. (2008). *Gespräche analysieren. Eine Einführung.* Wiesbaden: VS Verlag.

Dietrich, G. u. a. (1976). *Methodik Biologieunterricht.* Berlin: Volk und Wissen.

Euler, M. (2002). Lernen durch Experimentieren. In U. Ringelband, M. Prenzel & M. Euler (Hrsg.), *Lernort Labor. Initiativen zur naturwissenschaftlichen Bildung zwischen Schule, Forschung und Wirtschaft. Bericht über einen Workshop.* Kiel: IPN, 13-24.

Fischler, H. (2001a). Lehrerhandeln und Lehrervorstellungen bei Anfängern: Untersuchungen zu einem gestörten Verhältnis. In S. v. Aufschnaiter & M. Welzel (Hrsg.), *Nutzung von Videodaten zur Untersuchung von Lehr-Lern-Prozessen. Aktuelle Methoden empirischer pädagogischer Forschung.* Münster: Waxmann, 173-184.

Fischler, H. (2001b). Verfahren zur Erfassung von Lehrer-Vorstellungen zum Lehren und Lernen in den Naturwissenschaften. *Zeitschrift für Didaktik der Naturwissenschaften, 7*, 105-120.

Gropengießer, H. (2007). *Didaktische Rekonstruktion des Sehens. Wissenschaftliche Theorien und die Sicht der Schüler in der Perspektive der Vermittlung. Beiträge zur Didaktischen Rekonstruktion 1.* Oldenburg: Didaktisches Zentrum der Universität.

Gropengießer, H. (2008a). Erkunden und Erkennen. In H. Gropengießer & U. Kattmann (Hrsg.), *Fachdidaktik Biologie.* Köln: Aulis, 239-270.

Gropengießer, H. (2008b). Biologielehrerinnen und Biologielehrer. In H. Gropengießer & U. Kattmann (Hrsg.), *Fachdidaktik Biologie.* Köln: Aulis, 171-178.

Hammann, M. (2004). Kompetenzentwicklungsmodelle. Merkmale und ihre Bedeutung – dargestellt anhand von Kompetenzen beim Experimentieren. *MNU, 57*(4), 196-203.

Hammann, M., Phan, T. T. H., Ehmer, M. & Bayrhuber, H. (2006). Fehlerfrei Experimentieren. *MNU 59*(5), 292-299.

Hodson, D. (1993). Re-thinking old ways: Towards a more critical approach to practical work in school science. *Studies in Science Education, 22,* 85-142.

Höttecke, D. (2013). Forschend-entdeckenden Unterricht authentisch gestalten. Ein Problemaufriss. In: S. Bernholt (Hrsg.), *Inquiry-based Learning – Forschendes Lernen. Gesellschaft für Didaktik der Chemie und Physik – Jahrestagung in Hannover 2012.* Kiel: IPN, 32-45. Online unter: http://www.gdcp.de/images/tagungsbaende/GDCP_Band33.pdf [letzter Zugriff 02.04.2013].

Jong, T. d. & Joolingen, W. v. (1998). Scientific Discovery Learning with Computer Simulations of Conceptual Domains. *Review of Educational Research, 68* (2), 179–201.

Klahr, D. & Dunbar, K. (1988). Dual Space Search During Scientific Reasoning. *Cognitive Science, 12* (1), 1-48.

Lederman, N. G., Abd-El-Khalick, F., Bell, R. L. & Schwartz, R. S. (2002). Views of Nature of Science Questionnaire: Toward Valid and meaningful Assessment of Learners' Conceptions of Nature of Science. *Journal of Research in Science Teaching, 39* (6), 497-521.

Lunetta, V. N., Hofstein, A. & Clough, M. (2007). Learning and teaching in the school science laboratory: an analysis of research, theory and practice. In N. Lederman & S. Abel (Hrsg.), *Handbook of research on science education.* Mahwah, NJ: Lawrence Erlbaum, 393-441.

Mayer, J. (2004). Qualitätsentwicklung im Biologieunterricht. *MNU, 57* (2), 92-99.

Mayer, J. (2007). Erkenntnisgewinnung als wissenschaftliches Problemlösen. In D. Krüger & H. Vogt (Hrsg.), *Theorien in der biologiedidaktischen Forschung. Ein Handbuch für Lehramtsstudenten und Doktoranden.* Berlin: Springer, 177-186.

Meyer, K. & Carlisle, R. (1996). Children as experimenters. *International Journal of Science Education, 18* (2), 231-248.

Neuweg, G. H. (2011). Das Wissen der Wissensvermittler. Problemstellungen, Befunde und Perspektiven der Forschung zum Lehrerwissen. In E. Terhart, H. Bennewitz & M. Rothland (Hrsg.), *Handbuch der Forschung zum Lehrerberuf.* München: Waxmann, 451-477.

Nohl, A. (2012). *Interview und dokumentarische Methode: Anleitungen für die Forschungspraxis.* Wiesbaden: VS Verlag.

Pfeifer, P. (2002). Erkenntniswege in der Chemie und im Chemieunterricht. In P. Pfeifer, B. Lutz & H. J. Bader (Hrsg.), *Konkrete Fachdidaktik Chemie.* München: Oldenbourg, 90-106.

Prenzel, M. & Parchmann, I. (2003). Kompetenz entwickeln. Vom naturwissenschaftlichen Arbeiten zum naturwissenschaftlichen Denken. *Naturwissenschaften im Unterricht – Chemie, 14* (76/77), 15-19.

Reusser, K., Pauli, C. & Elmer, A. (2011). Berufsbezogene Überzeugungen von Lehrerinnen und Lehrern. In E. Terhart, H. Bennewitz & M. Rothland (Hrsg.), *Handbuch der Forschung zum Lehrerberuf*. München: Waxmann, 478-495.

Schauble, L., Klopfer, L. & Raghavan, K. (1991). Students' transition from an engineering model to a science model of experimentation. *Journal of Research in Science Teaching, 28,* 859-882.

Schmidkunz, H. & Lindemann, H. (2003). *Das Forschend-Entwickelnde Unterrichtsverfahren. Problemlösen im naturwissenschaftlichen Unterricht*. Hohenwarsleben: Westarp Wissenschaften.

Shulman, L. S. (1987). Knowledge and Teaching: Foundations of the New Reform. *Havard Educational Review, 57,* 1-22.

Steinle, F. (2004). Exploratives Experimentieren. Charles Dufay und die Entdeckung der zwei Elektrizitäten. *Physik Journal, 3* (6), 47-52.

Steinle, F. (2005). Explorative Experimente. Ampere, Faraday und die Ursprünge der Elektrodynamik. Stuttgart: Franz Steiner Verlag.

Swain, J., Monk, M. & Sally, J. (2000). Developments in Science Teachers' Attitudes to Aims for Practical Work: continuity and change. *Teacher Development, 4* (2), 281-292.

Upmeier zu Belzen, A. (2007). Einstellungen im Kontext Biologieunterricht. In D. Krüger & H. Vogt (Hrsg.), *Theorien in der biologiedidaktischen Forschung. Ein Handbuch für Lehramtsstudenten und Doktoranden*. Berlin: Springer, 21-31.

Van Dijk, E. & Kattmann, U. (2007). A research model for the study of science teachers' PCK and improving teacher education. *Teaching and Teacher Education, 23* (6), 885-987.

Van Driel, J., Beijaard, D. & Verloop, N. (2001). Professional Development and Reform in Science Education: The Role of Teachers' Practical Knowledge. *Journal of Research in Science Teaching, 38* (2), 137–158.

Welzel, M., Haller, K., Bandiera, M., Hammelev, D., Koumaras, P., Niedderer, H., Paulsen, A., Robinault, K. & Aufschnaiter, S. v. (1998). Ziele, die Lehrende mit dem Experimentieren in der naturwissenschaftlichen Ausbildung verbinden – Ergebnisse einer europäischen Umfrage. *Zeitschrift für Didaktik der Naturwissenschaften, 4* (1), 29-44.

White, R. & Gunstone, R. (1992). *Probing Understanding*. London: The Falmer Press

Alexander Meyer

Diagnose und Förderung algebraischen Denkens

Didaktische Rekonstruktion unterrichtspraktischer
Indikatoren für unterrichtliche Diagnose und Förderung

1.   Einführung

Fachdidaktische Entwicklungsforschung zielt auf die Rekonstruktion von Unterrichtsstrukturierungen zu einem Lerngegenstand (Gravemeijer & Cobb 2006, Duit, Gropengießer, Kattmann, Komorek & Parchmann 2012). So soll Unterricht zu einem Lerngegenstand an den individuellen Vorstellungen und Vorerfahrungen von Schülerinnen und
Schülern ausgerichtet werden. In der Praxis kann eine Unterrichtsstrukturierung Lehrerinnen und Lehrern helfen, relevante Phänomene des Lehrens und Lehrens zu einem Lerngegenstand wahrzunehmen und im eigenen Unterricht zu berücksichtigen. Entwicklungsforschung muss jedoch auch das Praxiswissen der Lehrerinnen und Lehrer zum Lerngegenstand ernst nehmen, denn Lehrerinnen und Lehrer können bereits ein Wissen darüber haben, welche Herausforderungen ein Lerngegenstand mitbringt. Es muss bei der Gewinnung von Unterrichtsstrukturierungen deshalb auch darum gehen, Praxiswissen von Lehrkräften einzubeziehen. In der Entwicklungsforschung müssen deshalb Strukturierungen
gefunden werden, welche die Praxiserfahrungen von Lehrerinnen und Lehrern berücksichtigen, zugleich aber unterstützende fachdidaktische Entwicklungsarbeit leisten, die Lehrerinnen und Lehrer bei ihren Praxiserfahrungen abholt.

Diagnose und Förderung sind ein zentrales Fundament lernwirksamen Unterrichts.
Mithilfe von Diagnose können Lehrerinnen und Lehrer die verschiedenen Vorerfahrungen
und Vorstellungen ihrer Schülerinnen und Schüler zu einem Lerngegenstand ermitteln.
Darauf aufbauend können sie dann das Lernen auf die Bedürfnisse ihrer Schülerinnen und
Schüler abstimmen. Eine Diagnose braucht jedoch ein geeignetes Modell, mit dessen Hilfe
anhand von Schüleräußerungen auf zugrunde liegende Vorstellungen geschlossen werden
kann (Kleber 1992, Wember 1998). Ein solches Modell gibt Indikatoren an, die es erlauben, ein Schülerdokument auf zugrunde liegende Denkprozesse zu analysieren. Die bisher
vorhandenen Konzepte von Diagnose im Mathematikunterricht geben Lehrerinnen und
Lehrern keine oder nur einseitige Indikatoren an die Hand. Vielmehr wird es Lehrerinnen
und Lehrern überlassen, eigenständig geeignete Indikatoren für die Analyse von Schülerdokumenten zu finden. Exemplarisch können hierfür die Selbst- und Partnerdiagnose
stehen (Beispiele hierzu bei Reiff 2006 und bei Sinus Transfer: Abel & Brandt 2006). Dies
kann dazu führen, dass ein unangemessener Zusammenhang zwischen einer Schüleräußerung und dem zugrunde liegenden Schülerverständnis hergestellt wird, beispielsweise in-

dem anhand der Anzahl von richtig gelösten Aufgaben auf das Verständnis geschlossen
wird (dazu genauer Keller 2011). Bei anderen Verfahren sind Indikatoren gegeben; diese
erlauben aber nur einen beschränkten Blick auf das Schülerverständnis. Ein Beispiel hierfür sind Fehleranalysen, d.h. die systematische Analyse der Fehlermuster in Aufgabenlö-
sungen von Schülerinnen und Schülern (z.B. Scherer, Moser-Opitz & Padberg 2010). Anhand typischer Fehler, die Schülerinnen und Schüler zu einem Gegenstand machen, wird
auf das Verständnis eines Gegenstands geschlossen. Die Schülerfehler sind dann Indikatoren für das Schülerverständnis. Den Fehleranalysen liegen empirische Studien zugrunde,
die zuvor die Hintergründe der typischen Fehler im Schülerverständnis aufgeklärt haben.
Auf diese Weise erlauben es Fehleranalysen, indikatorgeleitet (d.h. geleitet durch Schülerfehler) Schülerdokumente daraufhin zu analysieren, welches Verständnis eine Schülerin
oder ein Schüler haben muss. Fehleranalysen erlauben jedoch nur eine einseitige Diagnose, da sie nicht aufzeigen können, welche Ressourcen diese Schülerinnen und Schüler
mitbringen, um ihre Schwierigkeiten zu überwinden. Selter und Spiegel (2001) argumentieren, dass eine Defizitorientierung dem Denken von Schülerinnen und Schülern nicht
gerecht wird, stattdessen müsse der Blick auf die Ressourcen gerichtet werden, die mitge-
bracht werden.

In diesem Aufsatz soll die Entwicklungsforschung aus dem Promotionsprojekt des Autors vorgestellt werden, die versucht, eine prototypische Unterrichtsstrukturierung für die
Diagnose und Förderung in Algebra zu gewinnen. Zu diesem Zweck wurden im Projekt
Indikatoren rekonstruiert, welche die diagnostische Analyse von Schülerdokumenten in
der Unterrichtspraxis anleiten und Ausgangspunkt für die Konstruktion von Lernaufgaben
sein können. Auf diese Weise können Indikatoren zur Diagnose die Unterrichtspraxis von
Lehrerinnen und Lehrern bereichern. In diesem Aufsatz wird die Studie vorgestellt, in der
in iterativen Schritten eine empirische Rekonstruktion von Indikatoren für eine Diagnose
von algebraischem Denken vorgenommen wurde.

2. Aspekte der Forschung und Unterrichtspraxis zur Diagnose im Mathematikunterricht

2.1 Indikatorgeleitete Diagnose und Förderung in Mathematik

Lehrerinnen und Lehrer stehen vor der Herausforderung, ihren Schülerinnen und Schülern
im Mathematikunterricht eine unterstützende Lernumgebung bereitzustellen. Mathematiklernen kann beispielsweise durch geeignete Lernaufgaben unterstützt werden, die den
Lernprozess zu einem Gegenstand durch geeignete Teilaufgaben anleiten. Dabei strukturieren die Teilaufgaben Lernschritte mit Blick auf die angenommenen Herausforderungen
der Schülerinnen und Schüler mit diesem Gegenstand. Auf diese Weise können Lernaufgaben ein Gerüst („Scaffolding") bereitstellen, das die Lernprozesse der Schülerinnen und
Schüler unterstützt (Leisen 2010, Steiner 2010). Um solche Lernaufgaben zu planen,
brauchen Lehrerinnen und Lehrer zum einen eine genaue Kenntnis der Herausforderungen, die ein Gegenstand an Schülerinnen und Schüler stellt. Zum anderen brauchen sie

eine genaue Kenntnis, durch welche Unterstützungsmaßnahmen diese Herausforderungen bewältigt werden können. Jede Schülerin und jeder Schüler steht bei einem Lerngegenstand jedoch vor individuellen Herausforderungen; gleichermaßen haben sie jeweils individuelle Ressourcen, um diese Herausforderungen zu bewältigen. Es ist die Aufgabe von Lehrerinnen und Lehrern, die individuellen Herausforderungen und Ressourcen der Schülerinnen und Schüler zu orchestrieren, indem zu einem Lerngegenstand möglichst individuell passende Lern- und Unterstützungsangebote bereitgestellt werden.

Eine unterrichtliche Diagnostik setzt an der Schnittstelle zwischen dem aktuellen Lernstand von Schülerinnen und Schülern und der Planung zukünftiger Lernprozesse an. Diagnose (bzw. Diagnostik) wird hier im weitesten Sinne als die Erhebung von Vorstellungen und Ressourcen von Schülerinnen und Schülern zu einem Lerngegenstand, mit dem Ziel, Lernen zu diesem Gegenstand durch Unterstützungsmaßnahmen zu verbessern (z.B. indem passende Lernaufgaben bereitgestellt werden), verstanden. Scherer, Moser-Opitz & Padberg (2010) argumentieren, dass Diagnose zentral für individualisierten und fördernden Mathematikunterricht ist. Der Prozess der Diagnose, der auf eine Förderung von Schülerinnen und Schülern abzielt, ist dann ein Lehr-Lern-Prozess: Lehrerinnen und Lehrer holen sich Rückmeldungen der Schülerinnen und Schüler über deren aktuelles Verständnis ein; diese Rückmeldungen nutzen sie dann, um auf das mathematische Denken der Schülerinnen und Schüler so Einfluss zu nehmen, dass ein gewünschtes Verständnis dieses Gegenstandes aufgebaut werden kann. Diese Konzeption von Diagnose entspricht weitgehend der Diagnoseform, für welche Schrader & Helmke (1987) eine besondere Lernwirksamkeit nachgewiesen haben.

Eine Rückmeldung liegt immer in Form einer (mündlichen oder schriftlichen) Schüleräußerung zu einem Lerngegenstand vor. Diese Schüleräußerung muss daraufhin befragt werden, was sie über das Verstehen der jeweiligen Schülerin/des jeweiligen Schülers aussagt. Hierfür braucht es Indikatoren, die aufzeigen können, welcher Teil einer Schüleräußerung auf ein Verstehen vom Gegenstand hindeutet: „[F]ür das zu beurteilende und nicht direkt beobachtbare Merkmal (z.B. die Intelligenz eines Schülers) [gibt es] eine Reihe von beobachtbaren Indikatoren (proximalen Merkmalen), mit deren Hilfe auf das zu beurteilende Merkmal geschlossen werden kann" (Helmke, Hosenfeld & Schrader 2004, S. 129). Entlang dieser Indikatoren kann eine Förderung geplant werden, die ein adäquates Verständnis des Lerngegenstandes anbahnen soll. Die Bereiche Diagnose und Förderung werden demnach durch geeignete Indikatoren miteinander verbunden.

Das Problem, geeignete Indikatoren für die Diagnose und Förderung zu gewinnen, ist insbesondere im Algebraunterricht virulent. Verschiedene Studien seit den 1980er Jahren zeigen, dass Schülerinnen und Schüler viele Vorstellungen mitbringen, die zu nicht konventionsgemäßen Zugängen zur Algebra führen (z.B. Küchemann 1981, Tietze 1988, Zwetzschler & Prediger in diesem Band). Der Lerngegenstand Algebra bzw. algebraisches Denken ist derart komplex, dass bisher kein empirisch validiertes Modell existiert, welches Lehrerinnen und Lehrern Indikatoren für die Diagnose an die Hand geben könnte. Eine Diagnose und Förderung kann im Mathematikunterricht durch Aufgaben strukturiert werden.

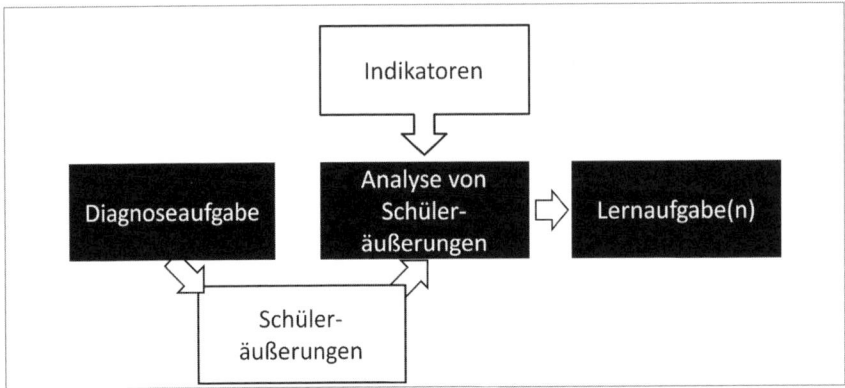

Abb. 1: Modell von unterrichtlicher Diagnose

Somit kann Diagnose durch die Analyse von Schüleräußerungen zu einer Diagnoseaufgabe konzipiert werden; Förderung kann durch Lernaufgaben konzipiert werden, die an diese Diagnose anknüpfen. Diagnose und Förderung werden dann durch Indikatoren miteinander verbunden (Abb. 1, genauer in Meyer 2013). Eine Entwicklungsforschung, die
Indikatoren für die Diagnose und Förderung algebraischen Denkens rekonstruiert, kann
die Diagnosepraxis von Lehrerinnen und Lehrern bereichern.

2.2 Konzeption von Diagnostik entlang der didaktischen Rekonstruktion

Die drei vertikalen Bereiche (Diagnoseaufgabe und Schüleräußerungen bilden einen Bereich) des oben gezeigten Modells unterrichtlicher Diagnostik (Abb. 1) können den drei
Ecken des Modells der didaktischen Rekonstruktion zugeordnet werden (vgl. Kattmann,
Duit, Gropengießer & Komorek 1997). Die Schüleräußerungen zu einer Diagnoseaufgabe
entsprechen den Lernerperspektiven; die Indikatoren entsprechen der fachlichen Klärung.
Die Schüleräußerungen und Indikatoren greifen bei der Analyse von Schülerdokumenten
so ineinander, dass eine didaktische Strukturierung in Form von Lernaufgaben entstehen
kann. Zwar ist das Modell der didaktischen Rekonstruktion im eigentlichen Sinne als ein
Forschungsmodell zu verstehen, Kattmann (2004) zeigt jedoch, dass das Vorgehen der
didaktischen Rekonstruktion auch der Unterrichtsreflexion dienen kann.

Das Design der hier vorgestellten Forschungsstudie wurde einerseits an die Schritte
der didaktischen Rekonstruktion und andererseits an das Design des Modells unterrichtlicher Diagnostik angelehnt (Abb. 1). Während sich das Modell unterrichtlicher Diagnostik
an das ProDid-Dreieck anlehnt, musste in der hier vorgestellten Studie eine andere Zuordnung zum ProDid-Forschungsrahmen vorgenommen werden. Dies hängt damit zusammen, dass es das Ziel der hier vorgestellten Studie war, zunächst überhaupt Indikatoren zu
gewinnen, die im Unterricht als fachliche Klärung wirken können. Deshalb wurden in der
Studie zunächst Aufgaben entwickelt, die als Diagnoseaufgaben Einblick in einen Teilbereich algebraischen Denkens geben können (fachliche Klärung). Entsprechend wurde in
der Klärung der Lernerperspektiven das algebraische Denken von Schülerinnen und Schü-

lern herausgearbeitet, das in den Schülerdokumenten zu den Diagnoseaufgaben zutage tritt (vgl. Abb. 2, auch Kattmann & Gropengießer 1996, S. 196). Auf dieser Grundlage wurden Indikatoren gewonnen ('Didaktische Strukturierung'), welche in der Unterrichtspraxis als Grundlage für die Analyse von Schülerdokumenten dienen können. Damit dient das Modell der didaktischen Rekonstruktion einerseits der Grundlegung der Forschungsstudie, die das ProDid-Modell vorgibt (vgl. Abb. 2), weil die validen Indikatoren für die Diagnose algebraischen Denkens entlang der Schritte zur Gewinnung einer didaktischen Strukturierung rekonstruiert werden. Andererseits liegt sie auch der unterrichtspraktischen Diagnose und Förderung zugrunde (Abb. 1).

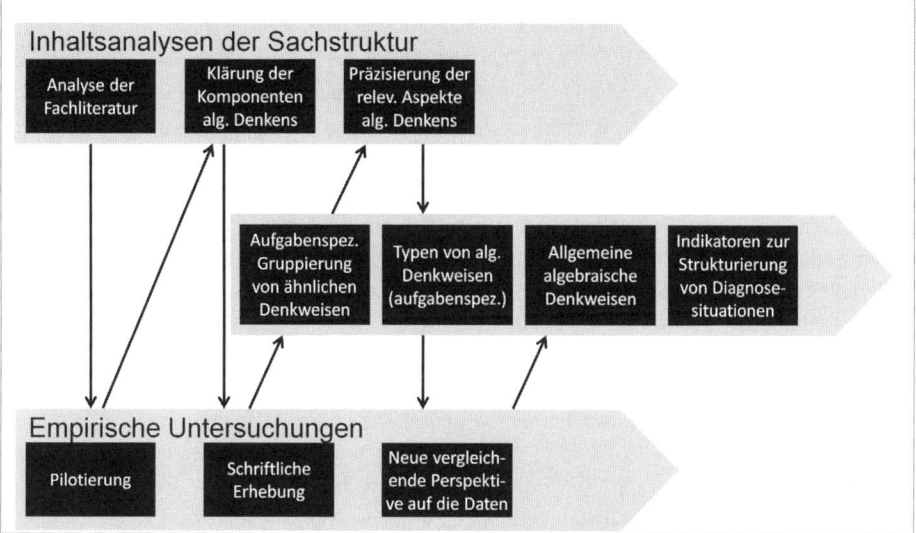

Abb. 2: Forschungsprozess in Anlehnung an die didaktische Rekonstruktion

Die hier vorgestellte Studie beruht auf dem iterativen Forschungsprozess der didaktischen Rekonstruktion und zielt auf die Rekonstruktion von Indikatoren, mit deren Hilfe Lehrerinnen und Lehrer ihre Schülerinnen und Schüler diagnostizieren und fördern können. Der Aufsatz adressiert hiervon einen Teilaspekt, nämlich die Frage: Wie kann empirische Forschung zum algebraischen Denken die diagnostische Praxis von Lehrerinnen und Lehrern anleiten? Diese Frage soll im Folgenden exemplarisch anhand der o.g. Studie beantwortet werden.

3.   Design der Studie zur Gewinnung von Indikatoren für die Diagnose algebraischen Denkens

3.1   Rahmung der Studie durch Diagnoseaufgaben

Es wurde bereits darauf hingewiesen, dass Lernprozesse im Mathematikunterricht durch Aufgaben strukturiert werden können. In der hier beschriebenen Studie wird angenommen, dass eine unterrichtliche Diagnose und Förderung idealerweise mithilfe von Aufgaben vorzunehmen ist. Deshalb wurden Diagnoseaufgaben entwickelt, die der Datengewinnung zugrunde gelegt wurden. An die Diagnoseaufgaben waren zwei Anforderungen zu stellen.

Erstens spiegeln die Diagnoseaufgaben die fachliche Klärung der Studie wider. Die fachliche Klärung von Forschungsarbeiten zum algebraischen Denken ergibt, dass der Umgang mit Mustern und Strukturen ein zentraler Bestandteil von algebraischem Denken ist. Des Weiteren ist der Umgang mit algebraischer Symbolsprache durch zwei Zugänge bedingt: Schülerinnen und Schüler müssen algebraische Ausdrücke einerseits interpretieren können, d.h. Ausdrücke daraufhin lesen, was sie über einen gegebenen mathematischen Sachverhalt aussagen. Schülerinnen und Schüler müssen algebraische Ausdrücke andererseits jedoch auch erstellen können, d.h. eine gegebene mathematische Situation durch algebraische Ausdrücke beschreiben können.

Die zweite Anforderung an die Diagnoseaufgaben ist deren Eignung für die unterrichtliche Diagnosepraxis. Aufgrund dieser zweiten Anforderung sind die Aufgaben als offene Problemaufgaben konzipiert. Schülerbearbeitungen derartiger Aufgaben sind geeignet, um Einblick in das individuelle mathematische Denken von Schülerinnen und Schülern zu geben (Büchter & Leuders 2009). Unter Problemaufgaben (oder kurz: Problem) werden hier Aufgaben verstanden, in denen kein Weg zwischen Ausgangslage und zu erzielendem Ergebnis vorgegeben ist. Die Aufgaben wurden so gestaltet, dass sie gewisse fachliche Merkmale aufweisen, aber auch das Schülerdenken herausfordern sollen. Leitend waren Überlegungen von Mason & Johnston-Wilder (2006), welche Aufgabenmerkmale zu wünschenswerten Schüleraktivitäten führen:

–   Die Aufgaben fordern zu einer Verwendung algebraischer Symbolsprache heraus. Entweder müssen die Schülerinnen und Schüler einen vorgegebenen algebraischen Ausdruck lesen und interpretieren, um Schlussfolgerungen zu ziehen, oder sie müssen einen algebraischen Ausdruck geeignet konstruieren, um mit diesem Ausdruck Fortschritt im Problemlöseprozess zu erzielen.

–   Die Aufgaben fordern zu einem ausführlichen Erklären des eigenen Denkens heraus. Dies wird durch fiktive soziale Situationen erreicht (‚Hannah hat ein Problem. Helfe ihr.') oder durch Aufforderungen, das eigene Vorgehen genau zu erläutern. Zusätzlich erfordern einige der Problemaufgaben, dass sich Schülerinnen und Schüler zunächst erste Notizen machen müssen, um das Problem genauer zu verstehen. In diesen Notizen machen Schülerinnen und Schüler ebenfalls ihr Vorgehen explizit.

– Die Aufgaben erlauben einen einfachen Zugang, z.B. indem Zahlen probiert werden. Das Phänomen, welches dem Problem der Aufgabe zugrunde liegt, muss jedoch genau exploriert und (durch Generalisierung) zugänglich gemacht werden (durch generische Beispiele oder algebraische Symbolsprache).

Entsprechend der fachlichen Klärung fordern die in der Studie zugrunde gelegten Aufgaben algebraisches Denken im Bereich des Umgehens mit Mustern und Strukturen heraus. Diese Muster können den Schülerinnen und Schülern zugänglich werden, indem Bezüge innerhalb von algebraischen Ausdrücken hergestellt werden. Diese Bezüge können direkt zwischen den algebraischen Symbolen gesehen werden. Es ist jedoch auch möglich, zunächst mithilfe generischer oder prototypischer Zahlbeispiele Zugang zur Aufgabe zu finden. Der Kern des Problems wird so jedoch nur schwer zugänglich. Hierfür braucht es dann in der Regel algebraische Symbolsprache. Somit bieten die Aufgaben differenzierende Zugänge, was deren diagnostisches Potential erhöht. Die in der Studie zugrunde gelegten Aufgaben können also helfen, Einblick zu geben, welche Ressourcen Schülerinnen und Schüler für den Umgang mit Mustern und Strukturen mitbringen und wie sie sich diese Muster und Strukturen durch algebraische Symbolsprache zugänglich machen können. Durch eine Pilotierung wurde sichergestellt, dass die Aufgaben den gewünschten Anforderungen entsprechen.

3.2   Durchführung der empirischen Studie

Die hier diskutierte Studie wurde in vier 10. Klassen an norddeutschen Gymnasien mit insgesamt 86 Schülerinnen und Schülern durchgeführt. Die 10. Klasse markiert den Übergang zur Oberstufe, so dass hier ein besonderer Bedarf für die Diagnose algebraischen Denkens besteht. Die vier Gymnasien haben unterschiedliche sozioökonomische Zusammensetzungen der Schülerschaft. Die sechs Diagnoseaufgaben, die die oben gezeigten Merkmale erfüllen, wurden zu drei verschiedenen Diagnoseinstrumenten mit je zwei bis drei Aufgaben zusammengestellt. Diese Diagnoseinstrumente dienten dem ersten Schritt der Datenerhebung. In diesem Schritt wurden die Instrumente den Schülerinnen und Schülern der Klasse vorgelegt, welche in Einzelarbeit bearbeitet werden sollten. Eventuell nötige Hilfestellungen wurden vom anwesenden Forscher gegeben (Autor dieses Aufsatzes). Etwa 2-3 Wochen später wurden mit sechs Schülerinnen und Schülern Interviews geführt. Diesen Interviews lag eine Diagnoseaufgabe zugrunde, welche die Probanden nicht in ihrem Diagnoseinstrument bearbeitet hatten, die aber Bestandteil anderer Diagnoseinstrumente in der schriftlichen Erhebung war. Die Daten aus diesen Interviews dienen der Absicherung und Präzisierung der Ergebnisse aus den schriftlichen Daten.

3.3   Methodik der vorliegenden Studie

Um Indikatoren für die Diagnose algebraischen Denkens zu gewinnen, sind ein Forschungsdesign und eine Auswertungsmethode notwendig, die die Rekonstruktion einer überschaubaren Anzahl von Wegen erlaubt, auf denen Schülerinnen und Schüler die ihnen vorgelegten Diagnoseaufgaben bearbeiten. Zugleich muss es dieses Verfahren erlauben, anhand dieser rekonstruierten Wege das algebraische Denken herauszuarbeiten. Diese Anforderungen an die Auswertungsmethodik werden durch das Verfahren der Typenbildung eingelöst. Die Auswertungsmethode der Typenbildung hat zum Ziel, durch Vergleich und Kontrastierung Strukturen im empirischen Material zu rekonstruieren (vgl. Kelle & Kluge 2010, S. 10). Die Typenbildung erlaubt darüber hinaus, das Typische in beschränkten sozialen Handlungsräumen (wie etwa im Mathematikunterricht) herauszuarbeiten und dadurch „eine komplexe soziale Realität auf eine beschränkte Anzahl von Gruppen bzw. Begriffen [zu reduzieren][...], um sie [...] begreifbar zu machen" (Kelle & Kluge 2010, S. 10f.). Zugleich hat die Typenbildung eine theoriebildende Funktion: Sie soll Hypothesen über den beschriebenen sozialen Raum ermöglichen: „[Zusammenhänge können][...] mit Hilfe allgemeiner Hypothesen erklärt werden, so dass Typologien auch als ‚Heuristiken der Theoriebildung' dienen können: Indem sie die zentralen Ähnlichkeiten und Unterschiede im Datenmaterial deutlich machen, regen sie die Formulierung von Hypothesen über allgemeine kausale Beziehungen und Sinnzusammenhänge an" (Kelle & Kluge 2010, S. 11). In der hier diskutierten Studie wurde wie folgt vorgegangen:

1. *Analyse entlang der einzelnen Aufgaben:* Das empirische Material wurde aufgabenbezogen (d.h. alle Schülerlösungen zu einer Aufgabe) betrachtet und anhand der Bearbeitungsschritte, die in den Schülerdokumenten zutage treten, kategorisiert.
2. *Synoptische Analyse:* Im ersten Schritt entstand ein verdichtetes und anhand der Bearbeitungsschritte in Gruppen angeordnetes reichhaltiges Material. Diese Materialgruppen wurden in einem zweiten Schritt inhaltsanalytisch vergleichend analysiert, um dahinterliegende Sinnkonstruktionen der Schülerinnen und Schüler zu rekonstruieren. So entstanden Idealtypen, die typische algebraische Denkweisen spezifisch für die jeweiligen Diagnoseaufgaben beschreiben.
3. *Synthese und erneutes Vergleichen und Kontrastieren:* Im dritten Schritt der Analyse wurden die idealtypischen algebraischen Denkmuster, die für die jeweiligen Aufgaben in Schritt 2 herausgearbeitet wurden, über die Aufgaben hinweg nochmals vergleichend inhaltsanalytisch analysiert. Auf diese Weise wurden die bisher aufgabenspezifischen algebraischen Denkmuster in allgemeine algebraische Denkmuster überführt.

4. Ergebnisse

4.1 Typen algebraischen Denkens in arithmetisch-algebraischen Problemaufgaben

Im Folgenden werden fünf Typen vorgestellt, die anhand der Daten in der hier diskutierten Studie rekonstruiert wurden (Typen entnommen aus Meyer 2013). Diese Typen stützen als Indikatoren eine didaktische Strukturierung im Sinne der didaktischen Rekonstruktion: Indem die Typen Lehrerinnen und Lehrer bei der Analyse von Schülerdokumenten unterstützen und ihnen zugleich Hinweise für die Gestaltung von Lernaufgaben geben, entsteht in Kombination mit der Unterrichtserfahrung der Lehrerinnen und Lehrer eine praxisnahe

didaktische Strukturierung. Diese praxisnahe didaktische Strukturierung muss von den
Lehrerinnen und Lehrern aufgrund der Analyseergebnisse der Schülerdokumente für jede
Lerngruppe individuell geschaffen werden. In Abschnitt 4.2 wird prototypisch aufgezeigt,
wie dieser Prozess der Diagnose und eine auf ihr aufbauende Förderung mithilfe der hier
gezeigten Typen im Unterricht umgesetzt werden könnte.

Vollständiges Strukturieren: Beim Denkmuster des vollständigen Strukturierens benutzen Schülerinnen und Schüler die algebraische Symbolsprache, um ein vorliegendes
Problem darzustellen. Diese Darstellung erscheint präzise und kohärent, da sie meist alle
relevanten Beziehungen des Problems in sich vereint. So wird das Problem in seiner Be-
schaffenheit für regelgeleitetes Operieren zugänglich. Ein Beispiel für vollständiges Strukturieren ist in Abbildung 3 zu sehen. Dort wird auf der linken Seite zunächst schrittweise
das zweite Zahlendreieck gelöst, indem die gegebenen Regeln in arithmetische Ausdrücke
übersetzt werden. Rechts daneben werden die arithmetischen Ausdrücke dann genutzt, um
das dritte Zahlendreieck mithilfe algebraischer Ausdrücke zu beschreiben. Dabei werden
die relevanten Aspekte des Problems erfasst. Durch regelgeleitetes Umformen wird im
Anschluss der Widerspruch im dritten Zahlendreieck aufgedeckt. Dies zeigt, dass in diesem Typus algebraische Darstellungen einerseits regelgeleitet umgeformt, andererseits mit
Blick auf das Problem interpretiert werden können. So können die regelgeleiteten Umformungen Schülerinnen und Schüler dazu führen, neue Aspekte eines Problems zu erkennen. Im Beispiel ist die Schülerin etwa in der Lage, die Unlösbarkeit des dritten Zahlendreiecks zu erkennen, auch wenn ihr die Worte fehlen, um dies mathematisch zu benennen
(„aus einem unerklärlichen Grund").

Algebraisches Strukturieren zur Explorierung: Bei diesem Denkmuster benutzen
Schülerinnen und Schüler Zahlen, um zu explorieren, wie ein gegebenes algebraisches
Problem beschaffen ist. Dies geschieht sehr nah am eigentlichen Problem. Beispielsweise
können Schülerinnen und Schüler in der Aufgabe ,Zahlendreieck' das gegebene dritte
Zahlendreieck nachzeichnen und anhand dieser neu gezeichneten Zahlendreiecke bestimmte Zahlen probieren. Zentral scheint beim Verwenden von Zahlen, dass die Struktur
des gegebenen Problems sichtbar bleibt. Die Zahlen, die probiert werden, entfalten als
generische Beispiele ihre Wirkung. In den generischen Beispielen stehen bestimmte Zahlen als Stellvertreter für allgemeine Zahlen, so dass sie den Charakter von Variablen haben. Solcherart generisch verwendete Zahlen erlauben es den Schülerinnen und Schülern,
Beziehungen und Regelmäßigkeiten zu sehen: Ein in verschiedenen probierten Zahlen
wiederkehrendes Muster erlaubt es, allgemeine Aussagen zu treffen.

Schülerinnen und Schüler, die mit Zahlbeispielen auf diese Weise arbeiten, haben Ressourcen für das Erkennen von Mustern und Strukturen. Geschickt genutzte Zahlbeispiele,
etwa in Verbindung mit einem arithmetischen oder algebraischen Ausdruck, der das Problem geeignet repräsentiert, können offenbar zum Arbeiten mit Mustern und Strukturen
hinführen. In Abbildung 4 ist eine Schülerlösung zu sehen, in welcher einerseits algebraische Zugänge versucht, andererseits aber auch auf systematische Weise Zahlen probiert
werden. Es sind vier gezeichnete Zahlendreiecke zu sehen, in denen alle möglichen Auf-
teilungen von 9 in natürliche Summanden (1 und 8, 2 und 7 usw.) ausprobiert werden.
Anhand dieser Zahlen sowie vorheriger algebraischer Berechnungen wird geschlussfol-

gert, dass das dritte Zahlendreieck nicht lösbar ist. Insgesamt scheinen die Schülerinnen und Schüler in diesem Typus davon zu profitieren, dass sie sich mathematische Sachverhalte mithilfe von Zahlen besser bzw. auf natürliche und gewohnte Weise vorstellen können. Dieses Arbeiten mit Zahlen könnte außerhalb von arithmetischen Problemstellungen weniger wirkungsvoll sein.

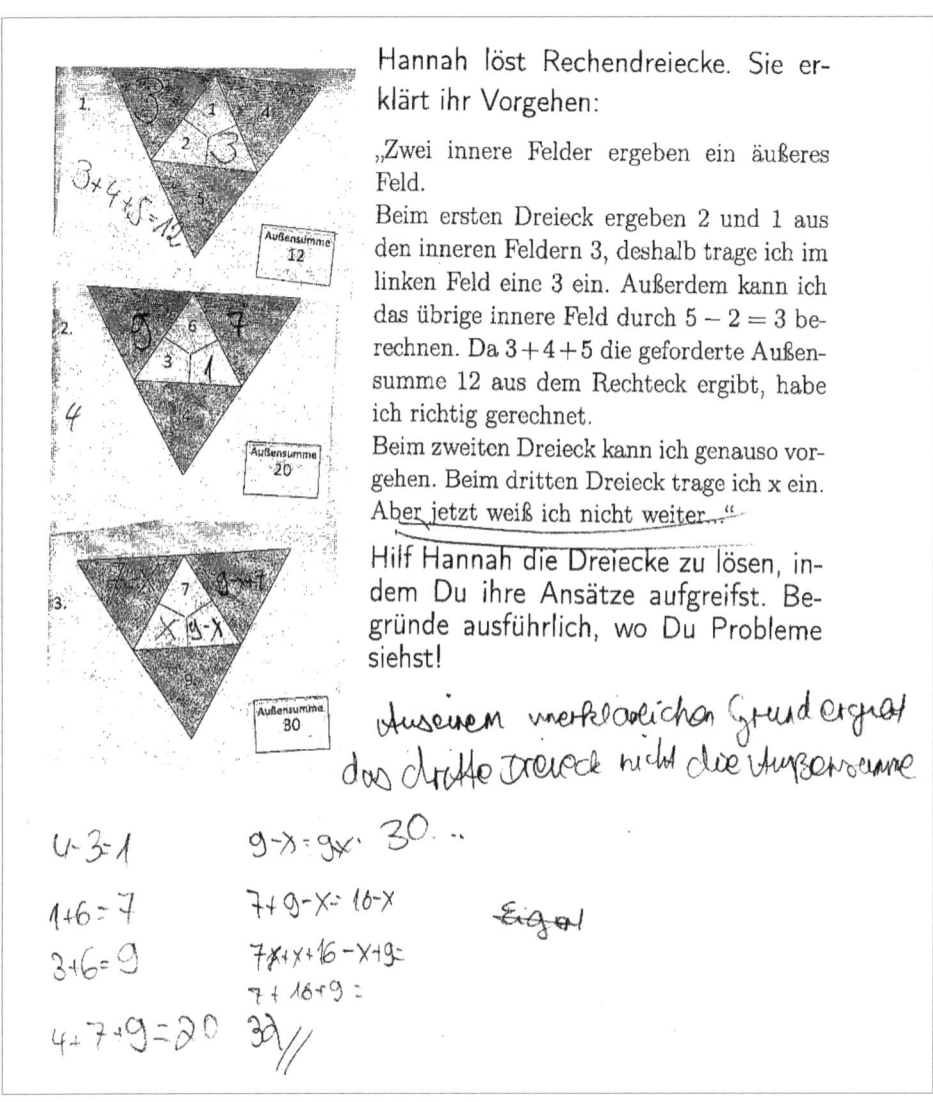

Abb. 3: Beispiel für eine Schülerlösung vom Typus „vollständiges Strukturieren"

Unsystematisches Zahlprobieren: Beim Denkmuster des unsystematischen Zahlprobierens benutzen Schülerinnen und Schüler Zahlen, um mit einem gegebenen Problem umzugehen. Durch Zahlen wird das vorliegende Problem vereinfacht: Entweder werden Zahlen in einen gegebenen algebraischen Ausdruck eingesetzt, um arithmetisch rechnen zu können, oder um ein gegebenes Problem zu betrachten (probierte Zahlen können zeigen, wie ein Problem im Einzelfall „funktioniert"). Die Zahl*ergebnisse*, die durch das Zahlprobieren in der Regel entstehen, werden mit Blick auf das Problem interpretiert, d.h. daraufhin befragt, was sie über das vorliegende Problem aussagen. Mitunter werden auf dieser Basis generalisierende Aussagen getroffen, die nicht immer mathematisch gerechtfertigt sind, etwa wenn übergeneralisiert wird.

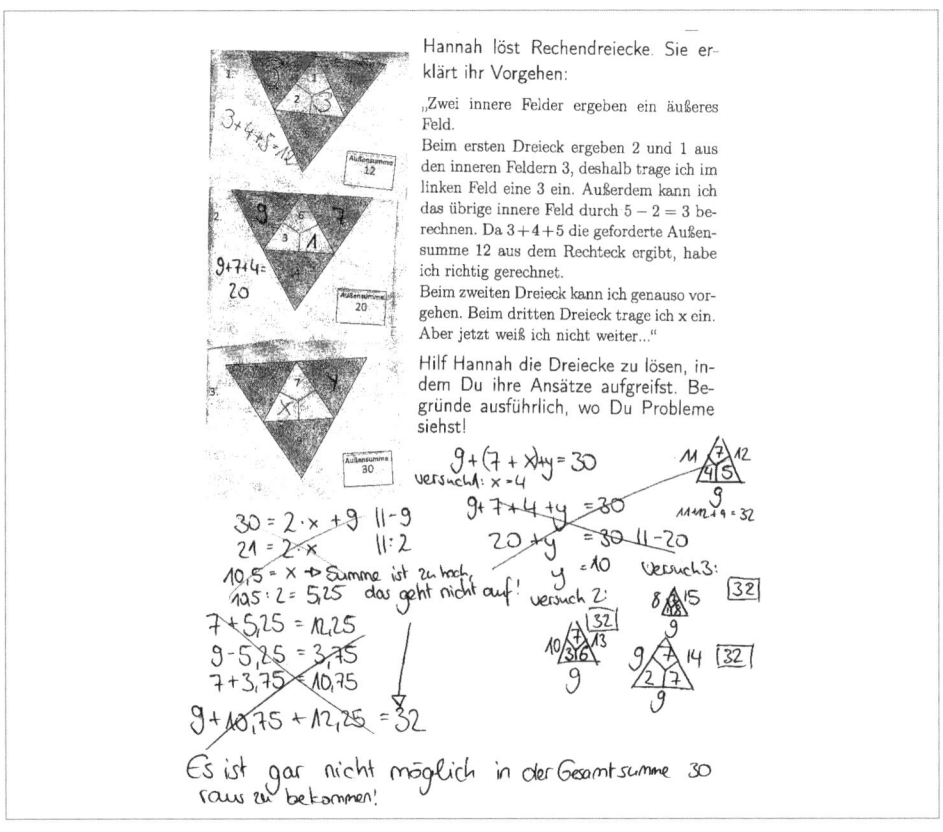

Abb. 4: Beispiel für Schülerlösung vom Typus „algebraisches Strukturieren zur Explorierung"

Da das Zahlprobieren nicht auf prototypischen oder generischen Zahlen aufbaut, können keine Regelmäßigkeiten, Muster oder Strukturen in den Blick genommen werden. Dies steht im deutlichen Unterschied zum Denkmuster des *algebraischen Strukturierens zur Explorierung*. So wird etwa in Abbildung 4 deutlich, dass die probierten Zahlen nur deshalb zu einer Erkenntnis führen, weil sie ermöglichen zu erkennen, dass die Außensumme und gewisse Elemente von Zahlendreiecken trotz verschiedener Zahlen gleich bleiben. Unsystematisch probierte Zahlen bieten hingegen keine Ressource, um für die

Relationen, die vielleicht zwischen mathematischen Objekten bestehen (und die vielleicht sogar in den ursprünglich gegebenen (algebraischen) Ausdrücken des Problems dargestellt sind), sensibel zu werden.

Algebraisches Operieren mit Fokus auf Termumformungen: Beim Denkmuster algebraische Strukturierung mit Fokus auf Termumformung wird, ähnlich wie im Denkmuster des vollständigen Strukturierens, das vorliegende Problem mithilfe von algebraischer Symbolsprache dargestellt. Dabei werden meist alle relevanten Beziehungen, die ein Problem ausmachen, repräsentiert. Im Gegensatz zum Denkmuster des vollständigen Strukturierens wird zwar regelgeleitet mit den so entstehenden algebraischen Ausdrücken operiert, eine inhaltliche Interpretation der (Zwischen-)Ergebnisse von solchen Umformungen ist jedoch nicht erkennbar. Dies würde etwa im Beispiel in Abbildung 3 dazu führen, dass Schülerinnen und Schüler den Wegfall von x im algebraischen Ausdruck nicht deuten können. Ein Fall, der in der Studie vielfach aufgetreten ist. Stattdessen brechen diese Schülerinnen und Schüler an dieser Stelle ab oder führen weitere Umformungen durch, die nicht zielführend sind. In diesem Typus wird eine reflexive Beurteilung der Umformungsschritte nur mit Blick auf das Umformen selbst, nicht aber in Bezug auf das Ursprungsproblem vorgenommen. Wenn Umformen nicht zum Erfolg führt, wird nicht überprüft, ob dies etwas über das ursprüngliche Problem aussagt. Stattdessen werden andere Umformungsschritte versucht.

Im Unterschied zum Denkmuster ‚vollständiges Strukturieren‘ ist algebraische Symbolsprache hier kein geeignetes Mittel, um symbolsprachlich repräsentierte Probleme zu bearbeiten oder mathematische Sachverhalte zu durchdringen. Zu diesem Denkmuster findet sich in den Interviews dieser Studie keine Entsprechung, was möglicherweise darauf zurückzuführen ist, dass im Interview naturgemäß weniger Anlässe für schriftliches regelgeleitetes Umformen bestehen. Es muss deshalb in weiteren Studien herausgearbeitet werden, inwiefern dieses Denkmuster die Problemlöseaktivitäten von Schülerinnen und Schülern strukturiert. Denkbar ist, dass dieses Denkmuster in das Denkmuster des vollständigen Strukturierens durch entsprechende Fördermaßnahmen überführt werden könnte. Zusammenfassend zeigt dieses Denkmuster in Kontrastierung zum Denkmuster ‚vollständiges Strukturieren‘ auf, welche zentrale Rolle das inhaltliche Interpretieren von symbolischen algebraischen Ausdrücken beim Arbeiten mit Mustern und Strukturen hat.

Nicht konventionsgemäßes algebraisches Strukturieren: Beim Denkmuster des nicht kon-ventionsgemäßen algebraischen Strukturierens versuchen Schülerinnen und Schüler Zugang zu algebraischen Problemaufgaben zu finden, indem sie zunächst eine algebraische Darstellung konstruieren. Die so gewonnenen algebraischen Darstellungen entsprechen nicht den Konventionen der Algebra bzw. werden von den Schülerinnen und Schülern auf eine Weise gedeutet, die nicht den Konventionen der Algebra entspricht. Dies schließt nicht aus, dass die den algebraischen Darstellungen zugrunde liegenden Ideen mathematisch tragfähig (oder sogar kreativ) sind.

In diesem Denkmuster bestehen für Schülerinnen und Schüler jedoch schwierige Voraussetzungen, um ein Problem mithilfe algebraischer Symbolsprache zu lösen. Nicht konventionsgemäße algebraische Ausdrücke (oder deren unkonventionelle Deutung) lassen es offenbar nicht zu, Relationen zwischen den Elementen dieser Ausdrücke zu sehen, anhand derer Schülerinnen und Schüler auf das ursprüngliche Problem schlussfolgern können. Es erscheint plausibel, dass Schülerinnen und Schüler auf diese Wese nicht in der Lage sind, ein Problem mithilfe eines algebraischen Ausdrucks zu bearbeiten. Vor diesem Hintergrund überrascht es nicht, dass Schülerinnen und Schüler in der Studie stattdessen auf inhaltliche Interpretationen des Problems ausweichen.

4.2   Nutzung der Typen als Indikatoren für Diagnose und Förderung

In diesem Abschnitt soll der unterrichtspraktische Bezug der oben gezeigten Typen verdeutlicht werden. Dazu wird exemplarisch eine Schülerlösung mithilfe der gebildeten Typen analysiert. Auf Grundlage dieser Analyse soll dann gezeigt werden, welche Implikationen für eine Förderung des Schülers, auf den das Schülerdokument in Abbildung 4 zurück geht, zu ziehen sind. Der Prozess dieser indikatorgeleiteten Diagnose und Förderung zeigt auf, wie didaktische Strukturierungen, die im Rahmen didaktischer Rekonstruktionen entstehen, unterrichtspraktisch wirksam werden können.

In Abbildung 4 ist eine Schülerlösung zur Diagnoseaufgabe Zahlendreieck (vgl. dazu auch Abb. 3) zu sehen, die im Rahmen der hier vorgestellten Studie entstanden ist. Es zeigt sich, dass der Schüler versucht, die Aufgabe zunächst mithilfe von algebraischer Symbolsprache zu bearbeiten. Er schreibt „$30 = 2 \cdot x + 9$". Es wird deutlich, dass x abweichend vom gegebenen x benutzt wird und offenbar für eine Zahl in den oberen äußeren Dreiecksfeldern steht. Die so entstehende Zahl 5,25 wird benutzt, um die Zahlen in den äußeren oberen Feldern zu bestimmen (12,25 und 10,75). An dieser Stelle zeigt sich jedoch, dass der algebraische Ansatz unverbunden mit den folgenden arithmetischen Berechnungen ist: Die Umformung des Ausdrucks $30 = 2 \cdot x + 9$ führt somit nur scheinbar zu einer Lösung des Zahlendreiecks, indem 5,25 berechnet wird. Indem dieser Wert ermittelt wird, scheint der Schüler zu meinen, eine Lösung für das Zahlendreieck gefunden zu haben. Er berechnet entsprechend entlang der Regeln des Zahlendreiecks das dritte Dreieck (vgl. Mitte links), was jedoch zur Außensumme 32 führt. Dies ist in den einzelnen arithmetischen Berechnungen auf der linken Seite zu sehen. Tatsächlich führt jedoch jede Aufteilung von 9, also auch 5,25 und 3,75 zur Außensumme von 32, so dass 5,25 keine Lösung des Zahlendreiecks darstellt.

In der Schülerlösung zeigt sich jedoch auch, dass der Schüler Zahlen zur Explorierung einsetzen kann. Er hat die Ressourcen, um systematisch Zahlen zu probieren, so dass er zu Einsichten über das Problem kommen kann. Um diesen Schüler darin zu fördern, algebraische Symbolsprache zur Lösung des Problems angemessen zu verwenden, scheinen demnach zwei Bedingungen notwendig zu sein:

—   Der Schüler hat Schwierigkeiten, die Zusammenhänge der Zahlen im Zahlendreieck in einen algebraischen Ausdruck zu übersetzen. Sein Ausdruck $30 = 2 \cdot x + 9$ würde voraussetzen, dass die beiden oberen äußeren Felder den gleichen Zahlwert enthalten; dies ist jedoch im Allgemeinen nicht der Fall. Sein zweiter algebraischer Ausdruck $9 + (7 + x) + y = 30$ erfasst nicht alle Zusammenhänge im Zahlendreieck, da y z.B. 7 als Summanden enthalten müsste.

– Er besitzt Ressourcen, ein Problem systematisch durch Zahlen zu erfassen. Dies deutet
  auf das Denkmuster des algebraischen Strukturierens zur Explorierung hin.

Um den Schüler dafür zu sensibilisieren, alle relevanten Zusammenhänge in einen algebraischen Ausdruck zu überführen, könnte er aufgefordert werden, seine durch Zahlen bearbeiteten Zahlendreiecke zu betrachten. In diesen Zahlendreiecken könnte er die Veränderung der oberen äußeren Felder in Abhängigkeit der unteren inneren Felder betrachten,
da er für solche systematischen Betrachtungen vermutlich die notwendigen Ressourcen
mitbringt. Um die Betrachtungen zu erleichtern, könnte er aufgefordert werden, die Zahlen in den äußeren Feldern als Summe der benachbarten Felder darzustellen, ohne diese
Summe zu berechnen. Auf diese Weise könnte er sehen, dass 7 immer ein Summand in
den oberen äußeren Feldern ist. Die Zahlen, die sich entsprechend in jedem Dreieck ändern, könnte er dann vielleicht als Variablen wahrnehmen, und so zu einem inhaltlichen
Verständnis der Variablen im Zahlendreieck gelangen.

Die Indikatoren, die die Typen des algebraischen Denkens bereitstellen, erlauben nicht
nur die Diagnose des Schülerdenkens, indem Schülerdokumente mit ihrer Hilfe analysiert
und untersucht werden. Sie erlauben auch die Herleitung von Fördermaßnahmen, indem
die Ressourcen der Schülerinnen und Schüler für algebraisches Denken sichtbar werden.
Die individuelle Förderung, die anhand der indikatorgeleiteten Diagnose für diesen Schüler geplant werden kann, basiert auf Lernaufgaben. Es ist einzuschränken, dass die Förde-
rungen, die so geplant werden können, immer vorläufigen Charakter haben. Die Angemessenheit einer Diagnose, so argumentiert Wember (1998), muss sich am Erfolg der
Förderung messen. Nur wenn eine an einer Diagnose einer Schülerin/eines Schülers orientierte Lernaufgabe tatsächlich zu einem Lernerfolg führt, kann davon ausgegangen werden, dass die vorhergehende Diagnose angemessen gewesen ist.

Der Schüler, der die oben diskutierte Aufgabenlösung erstellt hat, braucht in algebraischen Problemaufgaben eine Förderung, die ihn bei seinen systematischen Betrachtungen
abholen kann. Von dort aus muss ihn die Lernaufgabe unterstützen, ein inhaltliches Verständnis von Variablen im gegebenen Problem zu entwickeln, d.h. ein Verständnis dafür,
wofür die Variable im gegebenen Problem stehen könnte. Die Hypothese ist, dass ihm dies
helfen könnte, das Problem geeignet durch einen algebraischen Ausdruck darzustellen.

5. Rückblick und Ausblick

Diagnose ist ein zentrales Mittel, um im täglichen Unterricht auf die individuellen Lernbedürfnisse der Schülerinnen und Schüler zu reagieren. Diese tägliche Praxis ist nicht
durch Diagnoseinstrumente zu leisten, die nur vereinzelt eingesetzt werden. Stattdessen
müssen sich Lehrerinnen und Lehrer zu jedem Zeitpunkt ihres Unterrichts bewusst machen, welcher Teil einer Schüleräußerung ein Indikator für ein Verständnis des Lerngegenstandes ist. So können sie in ihrem alltäglichen Unterricht individuelle Lernbedürfnisse
identifizieren und mit entsprechenden Lernaufgaben auf diese Bedürfnisse reagieren. Die
Entwicklung von Unterrichtsdesigns für die unterrichtliche Diagnose und Förderung muss

dieser Dynamik Rechnung tragen, indem sie Lehrerinnen und Lehrern Hilfsmittel an die Hand gibt, die sie in ihrer täglichen Diagnosepraxis unterstützen können.

Die hier vorgestellte Studie nutzt den Rahmen des ProDid-Modells, um Indikatoren zu rekonstruieren, anhand derer Lehrerinnen und Lehrer auf das algebraische Denken ihrer Schülerinnen und Schüler schließen können. Dazu wurde ein Teilbereich algebraischen Denkens in den Blick genommen, nämlich wie sich Schülerinnen und Schüler Muster und Strukturen mithilfe (selbst erstellter und vorgegebener) algebraischer Ausdrücke zugänglich machen können. Das iterative Vorgehen der Entwicklungsforschung wurde in dieser Studie mithilfe mehrerer iterativer Auswertungsschritte im Rahmen einer Typenbildung erzielt. Es konnten fünf typische algebraische Denkweisen identifiziert werden. Diese typischen Denkweisen sind zusammengenommen eine Indikatoren-Grundlage für eine prototypische didaktische Strukturierung, die die individuellen Diagnose- und Förderpraktiken von Lehrerinnen und Lehrern zum algebraischen Denken anleiten können. In diesem Sinne ist die hier gewonnene didaktische Strukturierung kein eigentliches Unterrichtsdesign (z.B. im Sinne Gravemeijer & Cobb 2006), sondern ein Hilfsmittel für Lehrerinnen und Lehrer in ihrer Umsetzung von Diagnose und Förderung im alltäglichen Unterricht zur elementaren Algebra.

Die hier vorgestellte Konzeption von Diagnose und Förderung algebraischen Denkens muss in der Zukunft mit Lehrerinnen und Lehrern in der Unterrichtspraxis erprobt werden. Dabei muss geklärt werden, ob Lehrerinnen und Lehrer mit den hier entwickelten Typen algebraischen Denkens tatsächlich unterrichtspraktische Indikatoren gewinnen, mit denen sie auf das algebraische Denken ihrer Schülerinnen und Schüler zurückschließen können. Dieses Problem besteht auf einer allgemeineren Ebene: Es ist unklar, auf welche Weisen eine didaktische Strukturierung für Unterricht durch Lehrerinnen und Lehrer rezipiert und in der Praxis umgesetzt wird. Hierauf bezieht sich indirekt auch Leuders (2011), wenn er darauf hinweist, dass Kompetenzmodelle aufgrund ihrer Abstraktheit und Praxisferne von Lehrerinnen und Lehrern nur schwer in die Praxis umgesetzt werden können. Diagnose und Förderung kann ein wichtiger Startpunkt sein, um die Frage der Implementation von Unterrichtsdesigns exemplarisch zu untersuchen, da Diagnose und Förderung wichtige Elemente lernwirksamen Unterrichts sind und zudem als wesentliche Elemente der Planung von differenzierendem Unterricht gelten können.

Literatur

Abel, M. & Brandt, W. (2006). *Kompetenzorientierte Diagnose. Aufgaben für den Mathematikunterricht.* Stuttgart (u.a.): Ernst Klett Schulbuchverlag.

Büchter, A. & Leuders, T. (2009). *Mathematikaufgaben selbst entwickeln. Lernen fördern – Leistung überprüfen* (4. Aufl.). Berlin: Cornelsen Scriptor.

Duit, R., Gropengießer, H., Kattmann, U., Komorek, M.& Parchmann, I. (2012). The Model of Educational Reconstruction – A Framework for Improving Teaching and Learning Science. In D. Jorde & J. Dillon (Hrsg.), *Science Education Research and Practice in Europe. Retrospective and Prospective.* Rotterdam, Boston, Taipeh: Sense Publishers, 13-38.

Gravemeijer, K. & Cobb, P. (2006). Design research from a learning design perspective. In J. Van den Akker, K. Gravemeijer, S. KcKennes & N. Nieveen (Hrsg.), *Educational Design Research.* Oxon: Routledge, 17-51.

Helmke, A., Hosenfeld, I. & Schrader, F.-W. (2004). Vergleichsarbeiten als Instrument zur Verbesserung der Diagnosekompetenz von Lehrkräften. In R. Arnold & C. Griese (Hrsg.), *Schulleitung und Schulentwicklung*. Hohengehren: Schneider Verlag Hohengehren, 119-144.

Kattmann, U. (2004). Unterrichtsreflexion im Rahmen der didaktischen Rekonstruktion. *Seminar – Lehrerbildung und Schule, 10* (3), 40-49.

Kattmann, U. & Gropengießer, H. (1996). Modellierung der didaktischen Rekonstruktion. In R. Duit & C. von Rhöneck (Hrsg.), *Lernen in den Naturwissenschaften*. Kiel: IPN, 180-204.

Kattmann, U., Duit, R., Gropengießer, H. & Komorek, M. (1997). Das Modell der Didaktischen Rekonstruktion – Ein Rahmen für naturwissenschaftliche Forschung und Entwicklung. *Zeitschrift für Didaktik der Naturwissenschaften, 3* (3), 3-18.

Kelle, U. & Kluge, S. (2010). *Vom Einzelfall zum Typus: Fallvergleich und Fallkontrastierung in der qualitativen Sozialforschung*. Wiesbaden: VS Verlag für Sozialwiss.

Keller, S. (2011). Beurteilungsraster und Kompetenzmodelle. In W. Sacher & F. Winter (Hrsg.), *Diagnose und Beurteilung von Schülerleistungen*. Baltmannsweiler: Schneider Verlag Hohengehren, 143-160.

Kleber, E. W. (1992). *Diagnostik in pädagogischen Handlungsfeldern*. München: Juventa.

Küchemann, D. (1981). Algebra. In K. Hart (Hrsg.), *Children's understanding of mathematics: 11-16*. London: Murray, 102-119.

Leisen, J. (2010). Lernaufgaben als Lernumgebung zur Steuerung von Lernprozessen. In H. Kiper, W. Meints, S. Peters, S. Schlump & S. Schmit (Hrsg.), *Lernaufgaben und Lernmaterialien im kompetenzorientierten Unterricht*. Stuttgart: Kohlhammer, 60-67.

Leuders, T. (2011). Kompetenzorientierung – eine Chance für die Weiterentwicklung des Mathematikunterrichts? In K. Eilerts, A. H. Hilligus, G. Kaiser & P. Bender (Hrsg.), *Kompetenzorientierung in Schule und Lehrerbildung*. Münster: LIT, 287-306.

Mason, J. & Johnston-Wilder, S. (2006). *Designing and Using Mathematical Tasks*. Milton keynes: Tarquin, The Open University.

Meyer, A. (i.V. für 2013). *Diagnose algebraischen Denkens. Rekonstruktion typischer Denkmuster zur Strukturierung von unterrichtlicher Diagnostik* (Arbeitstitel). Dissertation: Carl-von-Ossietzky-Universität Oldenburg.

Reiff, R. (2006). Selbst- und Partnerdiagnose im Mathematikunterricht. Gezielte Förderung mit Diagnosebögen. *Friedrich Jahresheft (Diagnostizieren und Fördern), 24*, 68-73.

Scherer, P., Moser-Opitz, E. & Padberg, F. (2010). *Fördern im Mathematikunterricht der Primarstufe*. Heidelberg: Spektrum Akademischer Verlag.

Schrader, F.-W. & Helmke, A. (1987). Diagnostische Kompetenz von Lehrern: Komponenten und Wirkungen. *Empirische Pädagogik, 1*, 27-52.

Selter, C. & Spiegel, H. (2001). Der kompetenzorientierte Blick auf Leistungen. *Die Grundschulzeitschrift, 15* (147), 20-21.

Steiner, G. (2010). Aufgaben(stellungen) als Katalysatoren für Lernprozesse. In H. Kiper, W. Meints, S. Peters, S. Schlump & S. Schmit (Hrsg.), *Lernaufgaben und Lernmaterialien im kompetenzorientierten Unterricht*. Stuttgart: Kohlhammer, 68-83.

Tietze, U.-P. (1988). Schülerfehler und Lernschwierigkeiten in Algebra und Arithmetik – Theoriebildung und empirische Ergebnisse aus einer Untersuchung. *Journal für Mathematikdidaktik, 9* (2/3), 163-204.

Wember, F. B. (1998). Zweimal Dialektik. Diagnose und Intervention, Wissen und Intuition. *Sonderpädagogik, 28* (2), 106-120.

Zwetzschler, L. & Prediger, S. (2013, in diesem Band). Der lange Weg zum Herstellen von Beziehungen: Fachdidaktische Entwicklungsforschung zur Gleichwertigkeit algebraischer Terme. In M. Komorek & S. Prediger (Hrsg.), *Der lange Weg zum Unterrichtsdesign. Zur Begründung und Umsetzung fachdidaktischer Forschungs- und Entwicklungsprogramme*. Münster u.a.: Waxmann, 141-156.

Dennis Nawrath & Michael Komorek

Strukturierung von Physikunterricht: die Rolle der Kontextorientierung für Prozesse der Designentwicklung in der Sekundarstufe I

1. Kontexte und ihre umstrittene Funktion im Physikunterricht

Studien belegen eine ausgeprägte Unbeliebtheit des Schulfachs Physik und ein geringes Interesse an seinen Themen (vgl. Hoffmann & Lehrke 1986, Häußler 1992, Schröder 2006), eine zu geringe mentale Beteiligung der Schülerinnen und Schüler, eine noch zu geringe Orientierung an ihren Lernprozessen (Fischer et al. 2003, Widodo & Duit 2005) sowie eine problematische Einbettung von Experimenten in den Unterricht (z.B. Tesch & Duit 2004). Zudem stehen Inhalte oft unverbunden nebeneinander (Fischer, Reyer, Wirz, Bos & Höllrich 2002, Fischer et al. 2003). Die Orientierung von Physikunterricht an Kontexten wird in der nationalen und internationalen fachdidaktischen Literatur als Möglichkeit diskutiert, diesen vielfältigen Problemen zu begegnen und den Physikunterricht (und den naturwissenschaftlichen Unterricht insgesamt) weiterzuentwickeln (Aikenhead 1994, Millar 2005, Lubben, Bennett, Hogarth & Robinson 2005, Bennett, Lubben & Hogarth 2007, Taasoobshirazi & Carr 2008, Muckenfuß 1995 und 2004, Müller 2006, Mikelskis-Seifert & Duit 2007). Es besteht dabei die Erwartung, dass der Aufbau trägen Wissens verhindert werden kann, indem Anwendungskontexte angeboten werden, Transferaufgaben die Vernetzung des Wissens unterstützen und indem Lernen situiert stattfinden soll (Stichwort: situated cognition, vgl. Greeno, Smith & Moore 1993).

Kontexte sollen dazu beitragen, dass Physikunterricht besser, lerneffektiver, interessanter und attraktiver wird. Umfangreiche Überlegungen zum Einfluss von Kontexten auf die Qualität von Physikunterricht liegen vor (vgl. z.B. Muckenfuß 2004, Labudde 2001, Millar 2005, Duit 2006). In einer ersten Annäherung an den Begriff des Kontextes im Physikunterricht ist an Anwendungskontexte zu denken. Dies können im Fall der mechanischen Kräfte z. B. einfache technische Geräte oder Maschinen wie Bagger oder Kräne sein; wenn es um optische Gesetze geht, kann als Kontext die Beobachtung von Sternen und Planeten herangezogen werden; oder wenn elektromagnetische Wellen das Thema sind, so kann die Frage nach dem ungestörten Empfang bei Handys den Kontext darstellen. Komplexere Kontexte sind ggf. andere Wissenschaften, etwa die Bedeutung physikalischer Gesetzmäßigkeiten für die molekularen Prozesse der Genetik (vgl. Sackmann & Merkel 2010, S. 11). Auch Alltagskontexte, z.B. auf welchem Untergrund man mit welchem Schuhwerk einen „gewischt" bekommt, oder in welchen Gefäßen sich Gegenstände schnell oder langsam abkühlen, können motivieren, sich mit den physikalischen Gegebenheiten auseinanderzusetzen. Nationale und internationale Studien belegen insbesondere einen positiv affektiven Einfluss von Kontexten auf die Haltung von Schülerinnen und Schülern gegenüber naturwissenschaftlichem Unterricht (vgl. Berger 2002, Lubben et al. 2005) und darauf, dass fachliche Inhalte und Untersuchungsmethoden als relevant für das eigene Leben, für Technik und Wissenschaft oder für die Gesellschaft angesehen werden.

1.1   Kontext als Mittel der Unterrichtsstrukturierung

Neben all den positiven Erwartungen ist der Begriff des Kontextes bzw. des kontextorientierten Physikunterrichts schillernd und vielschichtig. In der fachdidaktischen Literatur wird ein gewisses Spektrum von Aspekten und Zielen genannt, die mit Kontexten im Unterricht bzw. mit einer „Kontextorientierung" erreicht werden könnten. Schwierig bleibt bislang, eine weitläufig akzeptierte Definition von kontextorientiertem Unterricht zu finden. Whitelegg und Parry beschreiben kontextorientierten Unterricht folgendermaßen: „Context-based learning can have several meanings. At its broadest it means the social and cultural environment, in which the student, teacher, and institution are situated" (Whitelegg & Parry 1999, S. 68). Duit (2006, S. 90) benennt Aspekte, die eine Kontextorientierung des Physikunterrichts charakterisieren. Zunächst sieht er als das wesentliche Charakteristikum von „thematischen Kontexten" ihre Einbettung physikalischer Inhalte in „sinnstiftende" Kontexte (zum ersten Mal von Muckenfuß 1995 formuliert). Sinnstiftende Kontexte wiederum sind nach Duit lebensweltliche Fragestellungen aus Alltag, Technik und Gesellschaft. Der Aspekt der „Lernumgebung" gehört demgemäß ebenfalls zur Kontextorientierung und bezeichnet eine systematische Unterstützung physikalischen Lernens. Um kontextorientierten Physikunterricht erfolgreich zu gestalten, empfiehlt Duit die Einbettung „außerschulischer Kontexte" in den Physikunterricht (Duit 2006). Die Begriffe „Kontext" und „Kontextorientierung" bleiben allerdings auch in diesen Ausführungen unscharf, eine Handlungsanweisung, wie kontextorientierter Physikunterricht gestaltet oder entwickelt werden könnte, fehlt weitgehend. Gilbert (2006) beschreibt explizit vier Ziele kontextorientierten Unterrichts:

– Die Schülerinnen und Schüler müssen sich als Teil einer „Community of Practice" wahrnehmen, einer Gemeinschaft derjenigen, die im Kontext agieren.
– Die behandelten Kontexte müssen exemplarisch für Kontexte stehen, in denen naturwissenschaftliche Konzepte zentral sind.
– Kontexte sollen ein solches Verstehen fördern, das Zusammenhänge zwischen naturwissenschaftlichen Konzepten herstellt.
– Lernende sollen aufgrund ihres Vorwissens und der Unterstützung durch den Kontext größere Zusammenhänge kognitiv erschließen können (vgl. Gilbert 2006, S. 965f.).

Kontexte werden von Gilbert (2006) als „direct applications of concepts" bezeichnet und sollen naturwissenschaftliche Konzepte in Anwendungssituationen verdeutlichen. Er interpretiert sie als über den wissenschaftlichen Inhalt hinausgehende „social circumstances". Dies kennzeichnet die anglo-amerikanische Tradition der Science-Technology-Society-Ansätze (kurz STS-Ansätze). Aikenhead (1994, S. 52f.) sieht die Aufgabe von

Kontexten darin, im Unterricht Verbindungen zwischen naturwissenschaftlichen, technischen und gesellschaftlichen Fragestellungen herzustellen. Er formuliert allerdings nicht explizit, wie Inhalte und Methoden dafür ausgewählt werden müssen.

Für Muckenfuß (2004) sind Kontexte „... Themen oder thematische Aspektierungen eines fachlichen Teilgebietes, ... mit denen jeweils ein wohl definierter Bereich der wissenschaftlichen Ideenwelt erschließbar ist. Diese Kontexte greifen – wie andere Themen auch – Inhalte oder Probleme aus der Lebenswelt auf, die für die Adressaten unseres Unterrichts subjektiv möglichst bedeutungsvoll sind." (Muckenfuß 2004, S. 64). Nach Muckenfuß ist das Ziel einer Kontextorientierung, ein Teilgebiet der Physik sachlogisch zu erschließen. Die Struktur des Unterrichts muss durch eine „Sachlogik" bzw. durch die „Fachsystematik" bestimmt sein, nicht durch die Struktur des Kontextes.

Wilkinson (1999) hingegen sieht gerade in der Struktur des Kontextes die besondere Herausforderung, indem Anwendungs- und Alltagsbezüge die Strukturierung von Unterricht mitbestimmen. Zusätzlich sollte ein Übergriff zu technischen und gesellschaftlichen Fragestellungen stattfinden (Wilkinson 1999, S. 49). Bennett et al. (2007, S. 368) gehen weiter und bezeichnen Kontexte als „starting point for the development of scientific ideas. […] This contrasts with more traditional approaches that cover scientific ideas first, before looking at applications". Nach Bennet et al. haben Kontexte demnach strukturbildendes Potential.

1.2 Steigerung der Unterrichtsqualität mittels Kontextorientierung?

Lubben et al. (2005) analysierten 61 Studien aus den USA, United Kingdom, Kanada und den Niederlanden (vgl. Lubben et al. 2005, S. 3ff.). Sie resümieren, dass sowohl Mädchen als auch Jungen ein stärkeres Interesse an Naturwissenschaften haben, wenn sie kontext- bzw. STS-orientiert unterrichtet werden. Dieser Effekt sei auch bei lernschwächeren Schülerinnen und Schülern zu erkennen. Lernende, die kontext- oder STS-orientiert unterrichtet werden, erkennen zudem signifikant besser Zusammenhänge zwischen Naturwissenschaften, Technik und gesellschaftlichen Aspekten und zeigen ein signifikant besseres konzeptionelles Verständnis von Naturwissenschaften als die Mitlernenden, die nicht kontext- oder STS-orientiert unterrichtet wurden (Lubben et al. 2005).

Berger (2002) untersucht den Einfluss von Kontexten auf das Interesse und die Lernleistung von deutschen Oberstufenschülerinnen und -schülern. Dabei werden medizinische Kontexte in den Physikunterricht integriert und mit „herkömmlichem Unterricht", also parallel dazu stattfindendem Physikunterricht ohne Kontextorientierung, verglichen. Unterrichtsgegenstände sind in je zwei Physik-Grundkursen die Themen „Wellen" und „Röntgenstrahlung". Berger erkennt, dass das Interesse bei einer Kontextorientierung hochsignifikant zunimmt (vgl. Berger 2002, S. 125). Insbesondere die Schülerinnen werden durch den kontextorientierten Unterricht stark angesprochen. Bezüglich der Zunahme des Wissens bzw. der Lernleistung zeigt Bergers Studie, dass weder eine Leistungsverminderung noch eine Leistungssteigerung gemessen werden konnte.

Rennie & Parker (1996) haben in einer qualitativen Studie untersucht, inwiefern ein kontextorientierter Unterrichtsansatz einen höheren Lernzuwachs bei australischen Schülerin-

nen und Schülern einer High School bewirkt als ein Unterricht ohne Anwendungsbezug.
Unter einer Kontextorientierung verstehen die beiden Autoren das Einbringen von Beispielen und Anwendungen aus dem alltäglichen Leben in den Unterricht. Es wurden jeweils zwei Unterrichtskonzepte zu den Themen Kraft und Bewegung, basierend auf dem
damals neu eingeführten Western Australian Physics Syllabus, entwickelt. Rennie und
Parker (1996) fassen zusammen, dass „real-life contexts" einen positiven Einfluss auf den
Lernzuwachs der Schülerinnen und Schüler haben: „In sum, these findings suggest that
both girls' and boys' performance may be favoured when problems are written in 'real-
life' context" (Rennie & Parker 1996, S. 58).

Bezüglich des Einflusses von Kontexten auf den Lernzuwachs fassen Bennett et al.
(2007, S. 357) die Ergebnisse von zahlreichen Studien zusammen:

> „Just over half the studies report evidence that indicates context-based/STS approaches de-
> velop a level of scientific understanding that is comparable to that of conventional courses
> (u.a. Wierstra 1984, Wierstra & Wubbels 1994). Four studies indicate that context-
> based/STS approaches lead to a better understanding of science than in conventional cours-
> es. In the case of Tsai's (2000) study, students also demonstrated less frequent misunder-
> standings of ideas" (Bennet et al. 2007, S. 357).

Zwar stellt sich die Bewertung der Forschungsliteratur nicht als Konsens dar, denn z.B.
kommt die Reviewstudie von Taasoobshirazi und Carr (2008) zu dem Ergebnis, dass über
den Einfluss von Kontexten auf die Lernleistungen der Schülerinnen und Schüler bislang
keine abschließenden Ergebnisse vorliegen. Dies wird von Kuhn, Müller, Müller und Vogt
(2010) dadurch untermauert, dass sie einen Mangel an empirisch fundiert durchgeführten
Studien zum Lernen in kontextorientierten Lernumgebungen feststellen, jedenfalls an solchen, die Effektstärken untersucht haben. Aus Sicht der Autoren ist jedoch dann mit einer
Kontextorientierung im Physikunterricht ein hohes Potential verbunden, um intrinsisches
Interesse und Lernmotivation sowie fachliches Lernen zu fördern, wenn von Seiten der
Unterrichtstrukturierung entsprechende Verfahren entwickelt und empirisch untersucht
werden. Allein Kontexte im Unterricht anzusprechen, scheint nicht ausreichend zu sein.

1.3   Kontextorientierung als Thema für die Lehrerbildung

Ansätze, das Konzept der Kontextorientierung in die Lehreraus- und -fortbildung zu integrieren, existieren bereits seit den 1960er Jahren. Die Unterstützung der Lehrpersonen ist in
vielen Fällen aber nur singulär, d.h. im Rahmen von zeitlich begrenzten Programmen, und
führt zu keiner langfristigen Veränderung von Unterricht (Gräsel & Parchmann 2004). Der
Umgang von Lehrpersonen mit Kontexten im Physikunterricht ist bislang nicht hinreichend untersucht worden. Dies liegt u.a. daran, dass physikdidaktisch kaum ein Konsens
besteht, wie die „fachdidaktische Konzeption" Kontextorientierung zu verstehen, zu beschreiben und im Unterricht zu implementieren ist (vgl. Überblicksartikel von Kuhn et al.
2010, S. 22). Damit besteht aber auch kein allgemein akzeptiertes Wissen, wie Physikunterricht anhand von Kontexten effektiv gestaltet werden und bei den Lernleistungen der
Schülerinnen und Schüler zu positiven Effekten führen kann. Lehrpersonen sind erst mit

den so genannten Kontextprojekten chik, BiK und piko ins Blickfeld geraten, als Fragen der Implementation diskutiert worden sind (Parchmann et al. 2001). Fragen nach der Beschreibbarkeit von Prozessen, die bei Lehrpersonen bei der Planung und Umsetzung von kontextorientiertem Physikunterricht ablaufen, sind bisher kaum gestellt und untersucht worden. Daher ist es das Ziel einer Studie (Nawrath 2010, Nawrath, Komorek & Scheffer 2012), die diesem Artikel zugrunde liegt und die im Promotionsprogramm ProDid entstanden ist, folgende Forschungsfragen zu beantworten:

- Welche Sicht haben Physiklehrpersonen auf die Einbindung von Kontexten in den Physikunterricht? Welche Erfahrungen haben sie mit kontextorientiertem Physikunterricht gemacht?
- Wie strukturieren Lehrpersonen kontextorientierten Physikunterricht, wie entwickeln sie Unterrichtsdesigns und wie reflektieren sie kontextorientierten Physikunterricht?
- Welche Leitlinien für die Weiterentwicklung von Physikunterricht und Lehrerbildung können aus den empirischen Ergebnissen abgeleitet werden?

1.4 Arbeitskategorien für kontextorientierte Unterrichtsstrukturierung

Im Rahmen der hier beschriebenen Studie (Nawrath 2010) sind Arbeitskategorien (vgl. Abb. 1) entwickelt worden, um die Kommunikation mit Lehrpersonen zu erleichtern. Diese Kategorien beschreiben zwei zentrale Ansätze, Kontexte im naturwissenschaftlichen Unterricht zu nutzen und sind das Ergebnis einer Literaturanalyse.

Kontexte zur methodischen Anreicherung. Kontexte können eingesetzt werden, um den Unterricht „methodisch anzureichern". Das meint, dass relativ fachsystematischer Unterricht um Anwendungsbeispiele mit dem Ziel ergänzt wird, Lernenden den Nutzen der fachlichen Konzepte nahe zu bringen oder auch Situationen darzustellen, die naturwissenschaftlicher Betrachtung bedürfen. Ziel hierbei ist allerdings nicht, die Fachsystematik aufzubrechen und die inhaltliche Strukturierung zu verändern, sondern Interesse und Motivation durch die Vielfalt an Beispielen zu steigern.

Kontexte als Strukturelemente. Kontexte können außerdem als Elemente der Unterrichtsstrukturierung fungieren. Dann bestimmen sie die zentralen Fragestellungen, Konzepte, Prinzipien und Unterrichtsmethoden sowie die Segmentierung und Sequenzierung des Unterrichts. Ziel ist hierbei, durch den Bezug zu Anwendungen, Technik- oder Alltagssituationen und zu gesellschaftlichen Problemsituationen die bei den Schülerinnen und Schülern ablaufenden fachlichen Lernprozesse zu fördern. Physikalische Begriffe, Gesetze und Theorien werden bei der Behandlung konkreter Problemstellungen „mitgelernt"; das fachliche Wissen erhält seine Bedeutung durch den Nutzen, den es beim Lösen der Probleme hat. Die Auswahl von Kontexten ist nicht beliebig, sondern hat eine große Bedeutung, denn die Kontexte müssen exemplarisch, relevant und bedeutsam für das Lernen der Lernenden sein.

Beide Ansätze können am Beispiel eines „MP3-Players" verdeutlicht werden: In einem Physikunterricht, der durch fachliche Inhalte strukturiert ist, könnten z.B. die Kirchhoffschen Gesetze (Knoten- und Maschenregeln bei Schaltungen) sowie Reihen- und Parallel-

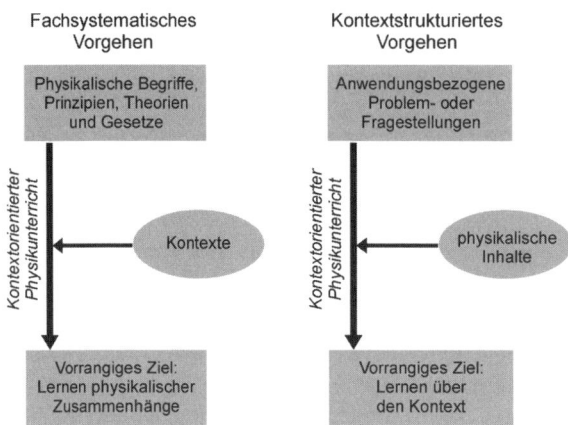

Abb. 1: Fachsystematische und kontextstrukturierte
Entwicklung von Unterrichtsdesigns

schaltungen thematisiert werden. Zur Anwendung der im Unterricht gewonnenen Kenntnisse könnte als methodische Anreicherung ein MP3-Player mit Hilfe von Solarzellen, die in Reihe und parallel geschaltet sind, betrieben werden. Der „Kontext" MP3-Player dient dann zur Vertiefung und methodischen Erweiterung eines fachsystematischen Physikunterrichts über Reihen- und Parallelschaltungen und stellt ein Anwendungsbeispiel dar.

In einem kontextstrukturierten Physikunterricht hingegen könnte der MP3-Player als Objekt im Vordergrund stehen und Fragen wie „Was ist das MP3-Format?" oder „Wie kann es gelingen, mit Hilfe von Solarzellen einen MP3-Player zu betreiben?" provozieren. Dies wäre ein problemorientierter Ansatz, der eine Nähe zu anwendungsbezogenen Alltagsfragen hat. Um sie zu beantworten, ist es unter anderem notwendig, sich mit Reihen- und Parallelschaltungen zu befassen. Der Unterricht ist durch eine konkrete auf den Kontext bezogene Fragestellung motiviert. Physikalische Begriffe, Prinzipien, Gesetze und Theorien (also physikalische Inhalte) helfen, dieses Problem zu bearbeiten und am Ende zu einer Lösung beizutragen.

Der Kontext MP3-Player ist also in beiden Strukturierungen identisch, er wird aber unterschiedlich instrumentalisiert. Im Falle des fachsystemischen Vorgehens haben Kontexte eine moderierende Funktion, die sich auf affektive Faktoren wie Interesse und Motivation, und auch auf die prototypische Bildung physikalischer Begriffe bezieht, wenn Bespiele zur Veranschaulichung der fachlichen Inhalte dienen. Weinert (1998) drückt dies folgendermaßen aus:

> „Neben einem wohl organisierten disziplinären Wissenserwerb bedarf es von Anfang an einer Nutzung des erworbenen Wissens in lebensnahen, transdisziplinären, sozialen und problemorientierten Kontexten. Die Förderung sowohl des situierten als auch des systematischen Lernens ist eine wesentliche Bedingung für den Erwerb intelligenten, flexibel nutzbaren Wissens. [...] Nur wer neben der sachlogischen Systematik des Wissens auch die situativen Kontexte seiner möglichen Anwendung mitgelernt hat, erhöht die Wahrscheinlichkeit, dass es in lebenspraktischen, variablen Kontexten kreativ angewandt wird" (Weinert 1998, zitiert bei Müller 2006, S. 111).

Im Falle des kontextstrukturierten Vorgehens dienen die fachlichen Inhalte als Instrumente für die Lösung von Problemen aus dem Kontext. Auch sind Strukturierungen vorstellbar, die beide Vorgehensweisen nacheinander realisieren oder sogar ineinander verschränken. In beiden Ansätzen muss eine Kontextualisierung als Gegenbewegung auch eine Dekontextualisierung umfassen, das Gelernte muss auch wieder vom Kontext gelöst und teilweise generalisiert werden. Denn nur Wissen, das in einem Kontext erworben wird, kann in seiner Erklärungsmächtigkeit nachvollzogen werden, und nur jenes Wissen, das sich von Kontext abstrahieren lässt, ist flexibel auf andere Situationen übertragbar.

2.   Entwicklung eines kontextorientierten Unterrichtsdesigns in einer Gruppe von Lehrpersonen

2.1   Das Projekt piko-OL

Als Teil des bundesweiten Programms piko „Physik im Kontext" ist piko-OL 2007 als offizielles Fortbildungsprojekt des Landes Niedersachsen gegründet worden. Rund 30 Physiklehrpersonen haben in Gruppen kontextorientierten Physikunterricht für die Haupt- und Realschule sowie für die Sekundarstufen I und II an Gymnasien geplant und erprobt (Nawrath 2010). In den meisten Fällen hatten die Lehrpersonen vor Beginn des Projekts kaum Erfahrungen mit einer Kontextorientierung im Physikunterricht. piko-OL versteht sich als Fortbildungs-, Unterrichtsentwicklungs- und Forschungsprojekt. Diese drei Aspekte sind eng miteinander verzahnt. Die Weiterentwicklung von Unterricht im Sinne einer Kontextorientierung ist gemeinsames Ziel der beteiligten Fachdidaktiker und Lehrpersonen. Beide Seiten arbeiten nach dem Konzept der symbiotischen Kooperationsgemeinschaft (vgl. Gräsel & Parchmann 2004) zusammen und bringen ihre jeweilige Expertise aus der Unterrichtspraxis bzw. aus der fachdidaktischen Forschung mit ein. Die Durchführung von Reflexionsgesprächen dient dabei der Fortbildung und der Begleitforschung gleichermaßen. In mehreren Gruppen sind Unterrichtsdesigns zu den Kontexten „Regenerative Energien", „Einfache mechanische Maschinen", „Kernenergie", der „Mensch als Energiewandler" (Nawrath et al. 2012) oder „Radio Frequency Identification und Transponder Technologie" entstanden. Außerdem sind „Lernaufgaben für die Haupt- und Realschule" zu verschiedenen Kontexten und Inhaltsbereichen veröffentlicht worden (z.B. Richter & Komorek 2012).

2.2   Professionalisierungsprozess in symbiotischer Kooperation – die Arbeit der Entwicklungsgruppe „piko-Energie"

Im Folgenden soll der Prozess der Designentwicklung an einem Fallbeispiel nachgezeichnet werden, denn ein Forschungsziel ist es zu klären, welche Prozesse Lehrpersonen beim Strukturieren kontextorientierten Physikunterrichts durchlaufen. Das Fallbeispiel ist eine Lehrendengruppe, die zum Kontext „Der Mensch als Energiewandler" ein Unterrichtsdesign entwickelt. Um die in einer solchen Gruppe ablaufenden Prozesse zu beschreiben, ist zunächst die Entscheidung zu treffen, welche Ebene der Interaktion beschrieben werden soll. Aus der Aktionsforschung und Forschung zu action research sind erprobte Methoden bekannt. Im vorliegenden Fall sind aber die sozialen Interaktionen nicht von Interesse, sondern das Aufkommen von Ideen zum Unterrichtsdesign, die Formulierung und

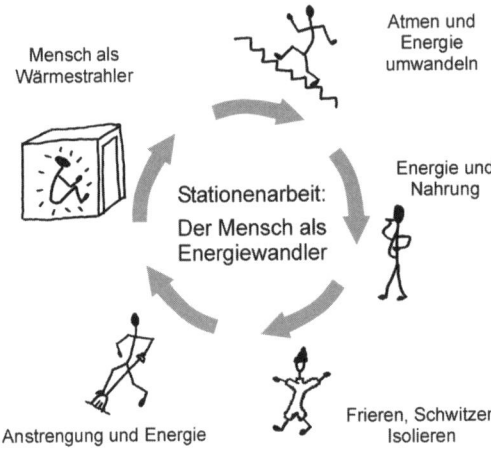

Nutzung von Argumenten bei seiner konkreten Planung, das Aushandeln von Bedeutung in Begriffen der Kontextorientierung, wie sie in Abschnitt 1 theoretisch umrissen worden sind.

Ein System von Beschreibungen, das es erlaubt Entscheidungsprozesse zu rekonstruieren, in die die Struktur des zu vermittelnden Inhalts, die Struktur des Kontextes sowie Überlegungen zu Lernendendenk- und Lernprozessen einfließen, ist standardmäßig nicht bekannt. Deswegen ist es die Herausforderung in der vorliegenden Studie (Nawrath 2010), die zu beobachtenden Prozesse in Kategorien der Kontextorientierung auszudrücken.

Abb. 2: Stationenlauf zu Prozessen der Energieumwandlung am menschlichen Körper

Der „Mensch als Energiewandler" ist ein Unterrichtsdesign für die Jahrgangsstufe 7/8 an Gymnasien, bei dem die Schülerinnen und Schüler exemplarisch Energiewandlungsprozesse des menschlichen Körpers kennenlernen. Der Umfang des Unterrichts auf Basis dieses Designs kann zwischen sechs und zwölf Unterrichtsstunden betragen. Ziel des Designs ist es, physikalische Prozesse am eigenen Körper erfahrbar zu machen und die Körperprozesse als Modelle für generelle Energieumwandlungsprozesse zu verstehen. Das Unterrichtskonzept ist bei Nawrath, Komorek und Scheffer (2012) dargestellt (vgl. Abb. 2, auch Nawrath 2010). Im Kern werden an verschiedenen Stationen physikalische Experimente als Modelle für die Energieumwandlungen im oder am menschlichen Körper angeboten. Die Experimente reichen von der Ganzkörperstyropor-Box, in der man den Temperaturanstieg feststellen kann, wenn man sich selbst darin befindet, über die Messung des Atemvolumens als Maß für den Energieumsatz beim Treppensteigen bis hin zur Verbrennung von Nahrungsmitteln, um über die Erwärmung von Wasser die Energiemenge dieser Nahrung zu bestimmen.

2.3 Methoden der Datengenerierung und Auswerteverfahren

Die Entwicklergruppe setzt sich aus drei Lehrerinnen und neun Lehrern von sechs Gymnasien und zwei Kooperativen Gesamtschulen zusammen. Im Folgenden werden die Prozesse, die in dieser Gruppe abgelaufen sind, nachgezeichnet, um den Weg der Erstellung des Unterrichtsdesigns zu demonstrieren; welche Entscheidungen zu treffen, welche Normen zu setzen und welche Erfahrungen einzubringen waren. Die komplexen Planungen und Erprobungen sind auf vielfältige Weise dokumentiert worden, um sie detailliert nachzeichnen zu können und die Daten zu triangulieren (vgl. Nawrath 2010). Zu den Datenquellen gehören:

Audioaufzeichnungen und Protokolle der Planungssitzungen. Die Planungsgespräche der Gruppe wurden während der Entwicklungsphase des Designs mit einem Diktiergerät aufgezeichnet. Nach den Sitzungen fertigten die Projektleiter Verlaufs- und Ergebnisprotokolle der Sitzungen an, die auch Entscheidungen und Argumentationen wiedergeben. Diese Protokolle wurden den Lehrpersonen per E-Mail zugesandt, so dass sie sie zur Vorbereitung und Nachbreitung auf die Planungssitzungen nutzen konnten. Zum Zwecke der Begleitforschung wurden diese Protokolle qualitativ ausgewertet. Der Fokus lag dabei auf der Argumentation bzgl. der Nutzung von Kontexten bei der Unterrichtsstrukturierung mit Blick auf inhaltliche, methodische und lerntheoretische Aspekte.

Planungsmaterialien. In und zwischen den Planungssitzungen wurden von den Gruppenmitgliedern Unterrichtsideen oder Arbeitsblätter erstellt, verschriftlicht und per E-Mail ausgetauscht.

Videoaufzeichnungen von Unterrichtsstunden. Videoaufzeichnungen der Unterrichtsstunden, ausgeführt von den Projektleitern, dienten dazu, Entscheidungsprozesse der Lehrpersonen von diesen im Nachhinein reflektieren zu lassen (künstliche Verzögerung im Sinne von Bauer (1998)). Der „Mensch als Energiewandler" wurde von mehreren Gruppenmitgliedern im regulären Unterricht erprobt. In der ersten Erprobung wurden alle zwölf Unterrichtsstunden videografiert.

Protokolle der Unterrichtsbegleitungen. Bei der Begleitung der Unterrichtserprobungen ließen die Projektleiter Unterrichtsprotokolle im Sinne von zeitlichen Verlaufsprotokollen der Unterrichtsstunden anfertigen, in denen sie bestimmte Unterrichtspassagen als Basis für die anschließenden Reflexionsgespräche markiert haben. Der Fokus lag dabei auf dem Umgang der Lehrperson mit den vorgesehenen Kontexten und den methodischen und strukturellen Entscheidungen der Lehrpersonen.

Planungsaufzeichnungen der Lehrpersonen. Die Lehrpersonen haben vor der Erprobung des Unterrichtsdesigns die Planungsaufzeichnungen weiter ausdifferenziert und auf ihre Lerngruppe hin adaptiert (konkreter Unterricht). Es war dabei beispielsweise wichtig, über welche experimentelle Ausstattung die Schule verfügt und wie bestimmte Aufgabenstellungen in der speziellen Lerngruppe zu formulieren sind. Auch diese Aufzeichnungen sind in die Reflexionsgespräche eingeflossen.

Unterrichtsbegleitende Lernendenbefragungen. Bei allen Unterrichtserprobungen führten die Projektleiter unterrichtsbegleitend Befragungen der Lernenden durch. Schröder (2006) und Fischler (2006) weisen auf die Wichtigkeit der Kenntnis von Lernendeneinschätzungen für die Planung und Durchführung von Physikunterricht hin; diese Ansicht wird hier geteilt. Auch wenn im engeren Sinne nicht die Qualität des Unterrichts daran geprüft werden kann, sind Befragungen der Lernenden eine Möglichkeit herauszufinden, welche Relevanz der Kontext für die Schülerinnen und Schüler hat und ob der Unterrichtsverlauf auf ihre Lernprozesse abgestimmt ist. Beim „Mensch als Energiewandler" stand im Vordergrund, inwieweit die befragten Schülerinnen und Schüler die beabsichtige Modellierung von Energiewandlungsprozessen beim Menschen nachvollziehen können.

Videobasierte Reflexionsgespräche. In Reflexionsgesprächen nach einzelnen Unterrichtsstunden wurden den Lehrpersonen ein bis zwei ca. fünfminütige Videoausschnitte aus ihrem Unterricht gezeigt. Diese Videoausschnitte wurden im Hinblick auf den Einsatz von Kontexten ausgewählt und haben als stimulated recall fungiert. Die Ergebnisse der Lernendenbefragungen sind ebenfalls in die Reflexionsgespräche eingeflossen. Neben diesem Feedback und der Reflexion des abgelaufenen Unterrichts sind auch die weitergehenden Planungen Gegenstand der Gespräche gewesen. Diese wurden aufgezeichnet. Bei den Reflexionsgesprächen handelte es sich um problemzentrierte Interviews im Sinne Lamneks (2005), die anhand eines individuellen auf die Situation angepassten Leitfadens geführt wurden. Dabei wurden methodische, inhaltliche, strukturelle sowie lerntheoretische und affektive Entscheidungen der Lehrpersonen gemeinsam mit diesen reflektiert. Alle Reflexionsgespräche wurden transkribiert.

Datenanalyse. Alle Daten wurden im Rahmen einer qualitativen Inhaltsanalyse bzw. einer Dokumentenanalyse ausgewertet, um Kategorien für die ablaufenden Prozesse in der Entwicklergruppe zu bilden. Diese Kategorien sollen es erlauben, Entscheidungs- und Bewertungsprozesse der Gruppe mit den Begrifflichkeiten von methodischer Anreicherung, Kontextorientierung und Kontextstrukturierung zu beschreiben. In einem iterativen Triangulationsprozess, der auf allen Datenquellen beruht, wurden die induktiv aus dem Datenmaterial gewonnenen Beschreibungskategorien stabilisiert oder, wo nötig, fallen gelassen.

2.4   Prozessorientierte Einzelfalldarstellung

Komplexe Planungsprozesse einer Gruppe zu beschreiben, ist eine schwierige Aufgabe, da es nicht nur um die Ebene der wörtlichen Aussagen geht, sondern immer auch um die dahinter liegenden Intentionen, die prinzipiell nicht direkt zu erfassen sind. Mit Hilfe der o.g. vielfältigen Datenquellen ist allerdings eine Triangulation möglich. Der über viele Sitzungen andauernde Planungsprozess (der auch Reflexionselemente enthält) lässt sich auf diese Weise in Planungsabschnitte unterteilen, die Entscheidungen in verschiedenen Feldern und deren Interdependenzen deutlich machen. Der Weg zum Unterrichtsdesign „Mensch als Energiewandler" kann damit detailliert dargestellt und anhand von Zitaten einzelner Lehrpersonen aus den Planungssitzungen verdeutlicht und erörtert werden. Der Planungsprozess der Gruppe „Mensch als Energiewandler" lässt sich in sechs Planungsphasen unterteilen (vgl. Nawrath 2010, S. 104ff.):

Phase 1: Physikalische Inhalte *und* Kontexte als Ausgangspunkte für ein Design

In der ersten von insgesamt acht Planungssitzungen zum Unterrichtsdesign „Mensch als Energiewandler" zeigt sich, dass es Vertreter beider Sichtweisen gibt: diejenigen, die unter einer Kontextorientierung eine methodische Anreicherung fachsystematischen Physikunterrichts verstehen, und diejenigen, die das kontextstrukturierte Vorgehen im Vordergrund (s.o.) sehen. Dies bereichert zwar einerseits den Planungsprozess, erschwert ihn jedoch zugleich, zumal der Planungsgruppe zu diesem frühen Zeitpunkt der Planungsarbeit noch nicht bewusst ist, dass beide Ausrichtungen existieren und worin diese sich unterscheiden. Lehrpersonen äußern, dass man Kontexte nicht „durch Fachsystematik unterwandern" soll, denn die Kontexte und nicht die fachlichen Inhalte sollen die Struktur des geplanten

Unterrichts bestimmen. Von den Kontexten ausgehend, sollen methodische Entscheidungen getroffen und Ziele des Unterrichts formuliert werden. Weitere Lehrpersonen unterstützen die „Kontext-Strukturierer" mit der Ansicht, dass man das physikalische Wissen fördert, wenn man zunächst Kontexte auswählt, da sie die Alltagsrelevanz unterstützen. Wichtig sei dabei, dass sich der Kontext durch die gesamte Unterrichtseinheit hindurch ziehe, damit die Strukturierung durchgängig ist.

Die „Fachsystematiker" hingegen argumentieren, dass sich der Unterricht durch die Auswahl physikalischer Inhalte klarer strukturieren lässt. Der Unterricht muss so nicht grundlegend verändert, sondern nur durch Kontexte ergänzt werden, die die physikalischen Inhalte veranschaulichen. Die Aushandlung zwischen diesen beiden Positionen kommt zu dem Ergebnis, beiden Seiten gerecht werden zu wollen, indem man sowohl einen Inhalts- als auch einen Kontextbereich auswählen will.

Auf Ebene der Designentwicklung bedeutet dies, dass die Planungsgruppe zunächst sachstrukturelle Grundentscheidungen in den Vordergrund stellt, bevor Aspekte der Lernenden herangezogen werden.

Einordnung: Obwohl den Gruppenmitgliedern die Begrifflichkeit nicht zur Verfügung steht, verschiedene Instrumentalisierungen von Kontexten zu benennen oder zu unterscheiden, vertreten sie Positionen, wie sie auch in der Literatur auszumachen sind (vgl. Abschnitt 1): Die Anreicherung von fachsystematischen Ansätzen durch Kontexte im Sinne methodischer Bereicherung soll dafür sorgen, dass zusammenhängendes fachliches Wissen aufgebaut wird. In der Gegenposition soll eine Strukturierung entlang des Kontextes die Sinnhaftigkeit des Wissens verdeutlichen. Verbindende Positionen (vgl. Kuhn et al. 2010, S. 22) tauchen in dieser Phase, die zur Ausschärfung von Positionen dient, nicht auf.

Phase 2: Auswahl von Makrokontext und Inhaltsbereich

Die Gruppe einigt sich auf einen Kompromiss, indem sowohl ein Inhaltsbereich, nämlich „Energie", als auch Makrokontext (vgl. Kuhn et al. 2010, S. 16), der „Mensch", vereinbart werden. Grund zur Auswahl des Kontextbereichs „Mensch" ist der Anreiz, im Unterrichtsdesign auf methodischer Ebene Experimente von Schülerinnen und Schülern einzusetzen, die Physik am eigenen Körper erfahrbar machen. Dadurch, so die Überlegung der Gruppe, soll das Interesse der Lernenden an physikalischen Fragestellungen geweckt werden. Der Kontextbereich „Mensch" als Anwendungsbereich für physikalische Zusammenhänge soll also insgesamt zu einer „methodischen Anreicherung" (s.o.) dienen.

Der Makrokontext „Mensch" erscheint den Gruppenmitgliedern jedoch noch zu abstrakt und zu weit gefasst, so dass er „enger" gefasst werden soll, um die Strukturierung des Unterrichtsdesigns zu erleichtern, indem man konkrete Problem- oder Fragestellung besser ankoppeln kann. Dies wird kontrovers diskutiert, indem Lehrpersonen mit dem Argument dagegenhalten, dass eine Einengung des Kontextbereichs die Gefahr birgt, dass sich der Unterricht von einem traditionellen Unterricht nicht unterscheidet. Hier wird auf die Chance hingedeutet, dass eine Strukturierung entlang der Besonderheiten des Kontextes eine Innovation für die Entwicklung des geplanten Unterrichts darstellen kann.

Einordnung: Auch in dieser Phase spiegeln sich fachdidaktische Argumentationen wider: Da Kontexte in erster Linie als bedeutsam für die Entwicklung von Interesse und

Lernmotivation gesehen werden, findet die Auswahl des Makrokontextes in dieser Gruppe danach statt, wie stark das Interesse der Schülerinnen und Schüler vermeintlich sein wird. Dies stimmt im Falle des Makrokontextes „Mensch" mit den Ergebnissen von Interessestudien überein, wonach der Bezug zum Menschen und zum menschlichen Körper ein hohes Interesse sowohl bei Jungen als auch bei Mädchen auslöst. In dieser Phase deutet sich an, dass der Makrokontext für konkrete Planungen in Mikrokontexte zerlegt werden muss.

Phase 3: Begriffliche Trennung von Inhalten und Kontexten, diskursive Festlegung auf den Kontext „Mensch als Energiewandler",

Um den Kontextbereich klarer zu formulieren, spricht die Gruppe fortan von dem *Oberkontext* „Der Mensch als physikalisches Subjekt und Objekt", der über eine Zeitdauer von einem ganzen oder mehreren Schuljahren tragen soll, und von *Unterkontexten*, die durch einzelne Unterrichtsreihen leiten könnten. Ein zu wählender Unterkontext soll nach Ansicht der Gruppe bei der konkreten Strukturierung von Unterricht helfen, wohingegen der Oberkontext eine methodische Ausrichtung an Experimenten von Lernenden nahe legt.

Im Folgenden werden von der Gruppe mehrere mögliche Unterkontexte diskutiert: „Mensch und Fortbewegung", „Mensch und Druck" oder „Kraft und Masse und deren Wahrnehmung durch den Menschen". Dabei wird nun erstmals auch nach physikalischen Inhalten gesucht, die zu den Kontexten passen. Eine zweite Teilgruppe diskutiert den Kontextbereich „Physik und Sport" mit dem Arbeitstitel „Höher, schneller, weiter", bei dem Menschen als physikalische Objekte im Wettkampf betrachtet werden sollen. Die Physik soll den Schülerinnen und Schülern subjektiv in Wettkämpfen erfahrbar gemacht werden. Der Lernendenwettkampf wird als geeignetes methodisches Mittel dieses kontextorientierten Unterrichts vorgeschlagen. Diese Lehrpersonen machen sich für eine Orientierung der Unterrichtsplanung an der physikalischen Sachstruktur stark.

Eine weitere Gruppe diskutiert den Kontext „Mensch als Energiewandler", bei dem u.a. der Aspekt der Nahrung eine Rolle spielt. In der Gruppe wird nach zentralen Fragen gesucht, die die Strukturierung unterstützen können: „Lässt sich durch Experimente der Energiegehalt von Nahrungsmitteln bestimmen?", „Wie viele Personen muss ich einladen, damit mein Haus im Winter warm bleibt?" Es wird zudem die Möglichkeit diskutiert, chemische und biologische Aspekte fächerübergreifend im Physikunterricht zu behandeln und dabei im Vergleich zur Physik und Sport-Gruppe deutlich kontextstrukturierter vorzugehen.

Entscheidend für das weitere Vorgehen ist die Verträglichkeit des gesuchten Kontextes mit physikalischen Inhalten des niedersächsischen Kerncurriculums. Bzgl. der Bedeutung des Kerncurriculums herrscht Uneinigkeit: Für einige der Lehrpersonen sind die Inhalte bindend, für andere stellt das Kerncurriculum lediglich einen Rahmen bereit, der durch weitere Inhaltsbereiche sinnvoll erweitert werden kann und sollte. Die Gruppe entscheidet sich aufgrund curricularer Vorgaben schließlich für den Kontext „Mensch als Energiewandler", um sowohl inhaltliche als auch methodische Ziele zu erreichen. Fachliche Inhalte wie „Temperatur und innere Energie", „Joule als Grundgröße", „Wärmefluss und Energieentwertung" werden als Inhalte des Kerncurriculum, (Klassenstufe 7/8) identifiziert.

Einordnung: In dieser Phase wird die didaktische Strukturierung vorwiegend von sachstrukturellen Überlegungen bestimmt, Überlegungen zu Sichtweisen der Lernenden und zu möglichen Lernwegen spielen noch keine Rolle, denn der Aspekt der Kontextorientierung dominiert die Aufmerksamkeit beansprucht. Zentrales Argument ist die Passung auf zwei Ebenen, nämlich zwischen Makrokontext und Mikrokontexten und zwischen Kontexten und Inhalten, wie sie z.B. das Curriculum als Norm setzt. Zu beobachten sind intensive Aushandlungsprozesse, die argumentativ die Spezifika sowohl des Inhaltsbereichs als auch des Kontextbereichs berühren.

Phase 4: Kontextstrukturierte vs. fachsystematisch strukturierte Unterrichtsstruktur

Obwohl eine Entscheidung für einen Inhaltsbereich und einen Kontext gefallen sind, ringt die Gruppe um die Frage, wie das Verhältnis von Kontext und Inhalt im Detail einzustellen ist, wie dieses Zitat belegt:

> „Ich würde mal vorschlagen, dass … eine Gruppe mal mit dem Kontext Mensch im Hinterkopf zu einem relativ frühen Stadium die physikalischen Fachbegriffe notiert, die man glaubt, daran festmachen zu können – im Zusammenhang mit Energie. Und die zweite Gruppe schreibt solche Begriffe auf, die irgendwie im weitesten Sinne mit dem Menschen und mit Energie was zu tun haben, aber nicht unbedingt per se physikalische Fachbegriffe sind und eventuell im Umgang so auch üblich sind und eventuell der Klärung durch Unterricht bedürfen. Das wären so zwei Begriffsinseln."

Denjenigen mit einem fachsystematischen Ansatz ist es wichtig, die physikalische Begriffe und Konzepte „sauber" zu fundieren, so dass Begrifflichkeiten wie Energie und Leistung von den Schülerinnen und Schülern unterschieden werden können. Dabei soll die Erfahrbarkeit von Physik eine zentrale Rolle spielen, weshalb Ergometer und „Dynamots" (Generator-Motor-Einheit) eingesetzt werden sollen. Die Gruppe nutzt das Kerncurriculum für die Jahrgänge 7-10 und identifiziert Begriffe wie Temperatur, innere Energie, potentielle und kinetische Energie als zentral. Der Kontext soll durch die Einführung einer so genannten „Menschenstärke" realisiert werden, die die Schülerinnen und Schüler definieren sollen und die ihnen zugleich eine Quantifizierung und eine Erfahrbarkeit physikalischer Messungen ermöglicht.

Die Gruppe der „Kontextstrukturierer" sucht zunächst Begriffe und Situationen, die sowohl mit dem Inhaltsbereich Energie als auch mit dem Kontext Mensch in Verbindung stehen und diskutiert dabei Begriffe wie Energiehaushalt, Energiebedarf, Energieentwertung, Energiewert, Energieumsatz, Grundumsatz, Mensch als Energiestrahler, Wärmebilder sowie Alltagsbegriffe wie das Kühlen, Heizen, Isolieren, Kleiden, Schwitzen, Arbeiten und Essen. Parallel finden aber auch Überlegungen dazu statt, ob die physikalischen Inhaltsbereiche des Kerncurriculums dadurch abgebildet werden können.

Die Gesamtgruppe entscheidet sich schließlich, dem Vorgehen der Kontextstrukturierer zu folgen, dennoch die Vermittlung physikalischer Inhaltsbereiche mitlaufen zu lassen. An dieser Stelle entstehen Ideen, wie mit der Kontextualisierung eine notwendige Dekontextualisierung verknüpft sein kann.

Einordnung: Auch in dieser Phase steht die Passung zwischen fachlichen Inhalten und Struktur des Kontextes im Vordergrund. Noch immer stehen sich die polaren Positionen der „Fachsystematiker" und der „Kontextstrukturierer" gegenüber, während bereits sehr im Detail nach Kompromisslösungen gesucht wird, wie die Struktur des Kontextes durchgehalten werden kann, ohne an Fachlichkeit zu verlieren. In dieser Spannungssituation kommen erstmals Ideen zu einer Dekontextualisierung auf, wobei Kontextualisierung und Dekontextualisierung als aufeinander folgende Sequenzen zu sehen sind, was die Anforderung reduziert, dass in jeder Phase des Unterrichts Fachlichkeit und Kontext gleichberechtigt sein müssen.

Phase 5: Entscheidungen über Unterrichtsziele und die Sachstruktur des Unterrichts

Nach der methodischen Entscheidung, einen Stationenlauf zu planen, steht seine konkrete Planung in dieser Phase im Vordergrund, indem sich jeweils eine Gruppe um eine Station kümmert. Jede Station, so wird vereinbart, soll eine Form der Energieumwandlung repräsentieren und dabei ein Lernendenexperiment beinhalten, das ein Modell für eine bestimmte Art der Energieumwandlung im oder am menschlichen Körper darstellt (vgl. Abb. 3). Weitere methodische Überlegungen betreffen die Frage, inwiefern der Mensch im Hinblick auf den Makrokontext „Der Mensch als physikalisches Subjekt und Objekt" als Messinstrument dienen kann oder darf. Dies wird als problematisch gesehen, wie folgende Aussage belegt:

> Lehrer: „Der Mensch als Energiewandler, bei dem ich jetzt Input und Output vergleiche, ist schulisch experimentell nicht in den Griff zu kriegen. Punkt, fertig, aus. Das war von vornherein klar. Sie können ein Energiediagramm, Input, Output, für den Menschen, kriegen Sie experimentell nicht in den Griff..."

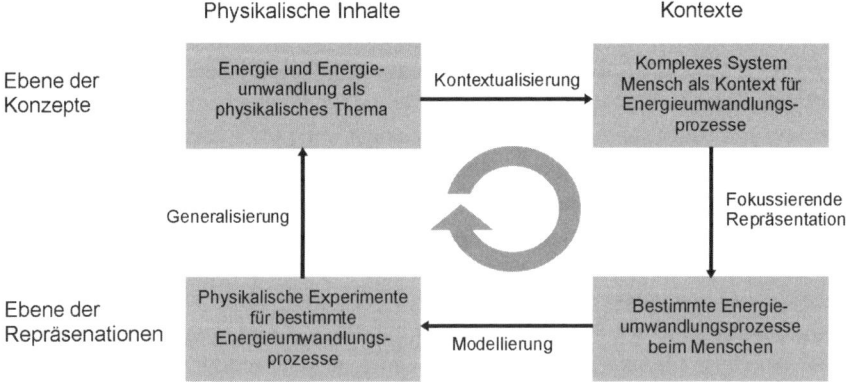

Abb. 3: Modellhafter Umgang mit Energieumwandlungen des menschlichen Körpers

Dieses Problem wird dadurch gelöst, dass im Wesentlichen qualitative Experimente durchgeführt werden sollen, die die Größenordnungen der Energieumsätze verdeutlichen. Später zeigt sich, dass mit den entwickelten Experimenten auch quantitativ gemessen werden kann (vgl. Nawrath et al. 2012). Folgende Ziele werden festgelegt:

– Die Schülerinnen und Schüler lernen Energieumwandlungsprozesse am Beispiel des menschlichen Körpers kennen und erfahren, wie sich Energieumwandlungen beim Menschen bemerkbar machen.

– Sie lernen, mit Modellen im Physikunterricht umzugehen und Energieumwandlungen modellhaft zu verstehen und stellen Verbindungen zwischen verschiedenen Energieumwandlungen am menschlichen Körper her.

– Die Schülerinnen und Schüler entwickeln eine Einschätzung bzgl. der Menge von Energie, die umgesetzt wird, und vergleichen sie mit ihrer eigenen Leistungsfähigkeit.

Einordnung: Schwerpunkt dieser Phase ist die Operationalisierung des Makrokontextes in Form von Mikrokontexten, in denen jeweils Experimente als Modelle für Umwandlungsprozesse am oder im menschlichen Körper stehen. Es wird eine komplexe Sachstruktur für den Unterricht entworfen, die zwischen Konzeptebene und Repräsentationsebene (Ebene der Experimente, die Modelle fungieren) unterscheidet.

Phase 6: Entwicklung des Stationenlaufs und die Lernstruktur des Unterrichts

Erst in dieser abschließenden Phase werden konkrete Experimente, die die Schulsammlungen meistens enthalten, oder auch neu zu konstruierende Experimentieraufbauten (Styroporbox) daraufhin diskutiert, inwiefern sie für bestimmte Energieumwandlungen im oder am menschlichen Körper stehen. Dabei tauchen immer wieder Fragen auf, die bei der üblichen Unterrichtsplanung nicht auftreten, wie etwa: „Was sagen Nährwerttabellen aus?", „Was muss ein Schüler tun, um bei sportlicher Betätigung 100 Watt zu leisten?", „Welche Energie steckt in 100 Gramm Schokolade?", „Warum schwitzen wir bei 30 Grad Celsius, obwohl unsere Körpertemperatur 37 Grad beträgt?", „Was hat Atmung mit Energieumsatz zu tun?". Aus Sicht der Unterrichtsstrukturierung wird eine Vielzahl von Unterrichtsvarianten vorgedacht, indem verschiedene Materialien und Experimente im Design zur Verfügung stehen, aus denen für den konkreten Unterricht einer Lehrperson ausgewählt werden kann.

Die Gruppe arbeitet das Design aus, indem Kleingruppen jeweils eine Station entwickeln. Hier zahlen sich Praxisexpertise und die Routine der Lehrpersonen aus, denn diese Entwicklungsarbeit gelingt schnell und ist verglichen mit den theoretischen Diskussionen im Vorfeld zielorientierter, auch wenn bei der Entwicklung teilweise fachliches Neuland beschritten wird. Schließlich werden die fünf Stationen „Bestimmung von Nährwerten mit einem Verbrennungskalorimeter" (Nahrung und Energie), „Strom erzeugen aus Muskelarbeit durch einen mit einem ‚Dynamot' betriebenen Tauchsieder" (Anstrengung und Energie), „Energieumsatz durch Atmung" (Atmen und Energie umsetzen), „Wärmeabgabe des Menschen" (Mensch als Wärmestrahler) und „Wärmeisolierung des Menschen" (Frieren, Schwitzen, Isolieren) entwickelt. Das mögliche Vorwissen und die möglichen Lernprozesse der Schülerinnen und Schüler finden Berücksichtigung beim Entwurf der Arbeitsmaterialien für die Stationen.

Einordnung: Im Modell der Didaktischen Rekonstruktion betrachtet, werden nun mit Bezug zu den wahrscheinlichen Vorstellungen der Schülerinnen und Schüler mögliche Lernwege geplant, die sich in der Strukturierung niederschlagen. Erst in dieser letzten

Phase der Planung kommen Fragen nach dem Interesse und der Lernunterstützung des Makrokontextes und der Mikrokontexte zum Tragen, obwohl diese Überlegungen eingangs zur Entscheidung für eine Kontextorientierung gesorgt haben.

3. Fazit

Das Unterrichtsdesign „Der Mensch als Energiewandler" ist durch eine Gruppe von Lehrkräften in der herausfordernden Situation entwickelt worden, sich auf die bislang unvertraute fachdidaktische Konzeption der Kontextorientierung einzulassen. Die Gruppe hat mit der Absicht in den weiten Weg der Unterrichtsstrukturierung investiert, dass ein flexibles Unterrichtskonzept im zukünftigen Unterricht Zeit sparen und Lernen unterstützen kann.

Die fachliche Klärung im Sinne des Modells der Didaktischen Rekonstruktion hat sich im vorliegenden Fall auf die Klärung von Kontexten und ihrem Verhältnis zu den fachlichen Inhalten bezogen. Empirische Untersuchungen haben sich dabei auf Prozesse der Entwicklung eines Unterrichtsentwurfs in einer Lehrendengruppe bezogen. Dabei wurde das Ziel verfolgt, diese Prozesse mit Begriffen aus der fachdidaktischen Diskussion um Kontextorientierung nachzuzeichnen. Die in Abschnitt 1.3 formulierten Fragestellungen der Studie wurden weitgehend beantwortet: Welche Sicht haben Physiklehrpersonen auf die Einbindung von Kontexten in den Physikunterricht? In den betreuten Gruppen ist deutlich geworden, dass Physiklehrpersonen ähnliche Positionen mit einbringen, wie sie in der fachdidaktischen Diskussion zu finden sind, nämlich eher polare Grundhaltungen, die sich entweder auf eine Fachsystematik konzentrieren oder die Struktur des Kontextes voranstellen. Dabei hat eingangs nahezu allen Beteiligten die Erfahrung mit überhaupt einem dieser Ansätze gefehlt.

Wie Lehrpersonen kontextorientierten Physikunterricht strukturieren und ihn reflektieren, hat die Begleitung des Entwicklungsprozesses an mehreren Fällen nachzeichnen können. Notwendig waren aufwendige Aushandlungsprozesse, bei denen die eigene Ausgangposition zunächst ausgeschärft wurde, bevor als ein Kompromiss – so wurde es wahrgenommen – jeweils kontextstrukturierte Unterrichtskonzepte entwickelt wurden, die Kontexte und fachliche Aspekte sehr eng beieinander halten. Eine Sequenzierung, die zunächst die kontextuelle Problemstellung behandelt, dazu fachliches Wissen aufbaut und einsetzt, bevor in einem nachgelagerten Prozess der Dekontextualisierung auf das fachliche fokussiert und damit von den Kontexten abstrahiert wird, wurde an keiner Stelle diskutiert oder vorgeschlagen.

Damit ergeben sich auch Leitlinien für die Lehreraus- und -fortbildung. Insbesondere eine intensive Thematisierung der Dekontextualisierung, also der Abstrahierung von den verwendeten Kontexten, sollte von Anfang an erfolgen, damit Konfrontationen und polare Ausrichtungen (Orientierung an Kontexten vs. an der Fachsystematik) nicht Ideen und Anstrengungen von Anfang an lahm legen. Hinzukommen müssen Konzepte, wie Mikro- und Makrokontexte und diese mit den fachlichen Inhalten in eine Balance gebracht werden können. Beispiele liefern Nawrath (2010), aber auch Kuhn und Müller (2005). Die Denk- und Argumentationsschritte der Lehrpersonen genauer unter die Lupe zu nehmen, ist mit der vorliegenden Studie gelungen. Diese bei der Gestaltung vielfältiger Unterrichtskonzeptionen zu berücksichtigen und diese Konzeptionen zu evaluieren, ist der nächste Schritt, ein noch weites Aufgabenfeld für die fachdidaktische Entwicklungsforschung.

Literatur

Aikenhead, G. (1994). What is STS Science Teaching? In J. Solomon & G. Aikenhead (Hrsg.), *STS Education. International Perspectives on Reform*. New York: Teachers College Press, 47-59.

Bauer, K.-O. (1998). Pädagogisches Handlungsrepertoire und professionelles Selbst von Lehrerinnen und Lehrern. *Zeitschrift für Pädagogik, 44* (45), 343-359.

Bennett, J., Lubben, F. & Hogarth, S. (2007). Bringing Science to Life: A Synthesis of the Research Evidence on the Effects of Context-Based and STS Approaches of Science Teaching. *Science Educations, 91*, 347-370.

Berger, R. (2002). Einfluss kontextorientierten Physikunterrichts auf Interesse und Leistung in der Sekundarstufe II. *Zeitschrift für Didaktik der Naturwissenschaften, 8*, 119-132.

Duit, R. (2006). Initiativen zur Verbesserung des Physikunterrichts in Deutschland. *Physik und Didaktik in Schule und Hochschule, 2* (5), 83-96.

Fischer, H. E., Klemm, K., Leutner, D., Sumfleth, E., Tiemann, R. & Wirth, J. (2003). Naturwissenschaftsdidaktische Lehr-Lernforschung: Defizite und Desiderata. *Zeitschrift für Didaktik der Naturwissenschaften, 9*, 179-209.

Fischer, H. E., Reyer, T., Wirz, C., Bos, W. & Höllrich, N. (2002). Unterrichtsgestaltung und Lernerfolg im Physikunterricht. *Zeitschrift für Pädagogik, Beiheft 45*, 124-138.

Fischler, H. (2006). *Unterricht überdenken. Unterricht entwickeln*. Seelze: Friedrich.

Gilbert, J. K. (2006). On the Nature of „Context" in Chemical Education. *International Journal of Science Education, 28* (9), 957-976.

Gräsel, C. & Parchmann, I. (2004). Implementationsforschung – oder: der steinige Weg, Unterricht zu verändern. *Unterrichtswissenschaft, 32* (3), 196-214.

Greeno, G., Smith, D.R. & Moore, J. L. (1993). Transfer of situated learning. In D. K. Dettermann & R. J. Sternberg (Hrsg.), *Transfer on Trial: Intelligence, cognition and instruction*. Norwood: Ablex, 99-167.

Häußler, P. (1992). Physikalische Bildung als Menschenbildung. In P. Häußler (Hrsg.), *Physikunterricht und Menschenbildung*. Kiel: IPN, 105-140.

Hoffmann, L. & Lehrke, M. (1986). Eine Untersuchung über Schülerinteressen an Physik und Technik. *Zeitschrift für Pädagogik, 32*, 189-204.

Kuhn, J. & Müller, A. (2005). Einmodifizierter ‚Anchored Instruction'-Ansatz im Physikunterricht. Ergebnisse einer Pilotstudie. *Empirische Pädagogik, 19* (3), 281-303.

Kuhn, J., Müller, A., Müller, W. & Vogt, P. (2010). Kontextorientierter Physikunterricht – Konzeptionen, Theorien und Forschung zu Motivation und Lernen. *Praxis der Naturwissenschaften, 59* (5), 13-24.

Labudde, P. (2001). Chancen für den Physikunterricht in der heutigen Zeit – Zehn Thesen zur physikalischen Bildung. *Plus Lucis, 2/2001*, 2-6.

Lamnek, S. (2005). *Qualitative Sozialforschung*. Weinheim: Beltz.

Lubben, F., Bennett, J., Hogarth, S. & Robinson, A. (2005). A systematic review of the effects of context-based and Science-Technology-Society (STS) approaches in the teaching of secondary science on boys and girls, and on lower-ability pupils. *Research Evidence in Education Library*. London: EPPI-Centre, University of London.

Mikelskis-Seifert, S. & Duit, R. (2007). Physik im Kontext – Innovative Unterrichtsansätze für den Schulalltag. *Der mathematisch-naturwissenschaftliche Unterricht, 60* (5), 265-274.

Millar, R. (2005). Contextualised science courses: Where next? In P. Nentwig & D. Waddington (Hrsg.), *Making it relevant. Context based learning of science.* Münster: Waxmann, 323-346.

Muckenfuß, H. (1995). *Lernen im sinnstiftenden Kontext. Entwurf einer zeitgemäßen Didaktik des Physikunterrichts.* Berlin: Cornelson.

Muckenfuß, H. (2004). Themen und Kontexte als Strukturelemente des naturwissenschaftlichen Unterrichts – Zu den Schwierigkeiten systematisches Physiklernen zu organisieren. *Phy-Did,* 2/3, 57-66.

Müller, R. (2006). Kontextorientierung und Alltagsbezug. In H. F. Mikelskis (Hrsg.), *Physik-Didaktik. Praxishandbuch für die Sekundarstufe I und II.* Berlin: Cornelsen, 102-119.

Nawrath, D. (2010). *Kontextorientierung – Rekonstruktion einer fachdidaktischen Konzeption für den Physikunterricht.* BzDR-Reihe. Oldenburg: Didaktisches Zentrum.

Nawrath, D., Komorek, M. & Scheffer, J. (2012). Der Mensch als Energiewandler. *Der mathematisch-naturwissenschaftliche Unterricht, 65* (2), 99-104.

Parchmann, I., Demuth, R., Ralle, B, Paschmann, A. & Huntemann H. (2001). Begründung und Realisiation eines Lernens in sinnstiftenden Kontexten, *Praxis der Naturwissenschaften – Chemie, 1/50,* 2-7.

Rennie, L. J. & Parker, L. H. (1996). Placing physics problems in real-life context: Students' reactions and performance. *Australian Science Teachers Journal, 42* (1), 55-59.

Richter, C. & Komorek. M. (2012). *Reise zum Planeten Magneton.* Oldenburger Vordruck. Oldenburg: Didaktisches Zentrum.

Sackmann, E. & Merkel, R. (2010). *Lehrbuch der Biophysik.* Weinheim: Wiley-VHC.

Schröder, H.-J. (2006). Was denken Schülerinnen und Schüler über den Unterricht – Einsatz eines Fragebogens zur Erfassung von Schüler-Einschätzungen. *Naturwissenschaften im Unterricht Physik, 92,* 14-18.

Taasoobshirazi, G. & Carr, M. (2008). A review and critique of context-based physics instruction and assessment. *Educational Research Review, 3,* 155-167.

Tesch, M. & Duit, R. (2004). Experimentieren im Physikunterricht – Ergebnisse einer Videostudie. *Zeitschrift für Didaktik der Naturwissenschaften, 10,* 51-69.

Tsai, C. C. (2000). The effects of STS-oriented instructions on female tenth graders' cognitive structure outcomes and the role of student scientific epistemological beliefs. *International Journal of Science Education, 22,* 1099-1115.

Weinert, F. E. (1998). Neue Unterrichtskonzepte zwischen gesellschaftlichen Notwendigkeiten, pädagogischen Visionen und psychologischen Möglichkeiten. In STMUK (Hrsg.), *Wissen und Werte für die Welt von morgen.* München: LMU München, 101-125.

Whitelegg, E. & Parry, M. (1999). Real-life contexts for learning physics: meanings, issues and practice. *Physics Education, 34* (2), 68-72.

Widodo, A. & Duit, R. (2005). Konstruktivistische Lehr-Lern-Sequenzen und die Praxis des Physikunterrichts. *Zeitschrift für Didaktik der Naturwissenschaften, 11,* 147-164.

Wierstra, R. (1984). A Study on Classroom Environment and on Cognitive and Affective Outcomes of the PLON-Curriculum. *Studies in Educational Evaluation, 10* (3), 273-282.

Wierstra, R. & Wubbels, T. (1994). Student Perception and Appraisal of the Learning Environment: Core Concepts in the Evaluation of the PLON Physics Curriculum. *Studies in Educational Evaluation, 20* (4), 437-455.

Wilkinson, J. W. (1999). Teachers' perceptions of the contextual approach to teaching VCE physics. *Australian Science Teachers' Journal, 45* (2), 58-65.

Eva-Maria Pahl & Michael Komorek

„Energie" im Sach- und im Physikunterricht

Vorstellungen von Lehrpersonen vom Konzept der Energie
und seiner Vermittlung im Unterricht

Zum Zwecke der Entwicklung von Unterrichtsdesigns rücken im Programm *ProfaS* die Sichtweisen von Lehrpersonen auf die Strukturierung fachlicher Themen und die Planung von Lehr-Lern-Sequenzen in den Fokus. Die Praxiserfahrungen von Lehrpersonen stellen für die Planung von Unterrichtsdesigns einen wesentlichen Faktor dar, denn durch sie kommen Expertisen bzgl. relevanter Schulsituationen, realer Schulklassen und möglicher Wege der Umsetzung von Designs ins Spiel. Dabei geht es nicht um eine unhinterfragte Übernahme von Sichtweisen und Routinen von Lehrpersonen. Dies könnte schlimmstenfalls zu einer Stabilisierung von suboptimalen Herangehensweisen führen. Es geht vielmehr darum, die Praxisexpertise als einen Pool von Denk- und Handlungsoptionen zu verstehen, der für die Entwicklung von Unterrichtsdesigns genutzt werden kann.

Zu diesem Pool gehören erstens die fachlichen Vorstellungen, die Lehrpersonen für ihren Unterricht nutzen. Diese können, müssen aber nicht in jedem Fall mit den fachlichen Vorstellungen resp. dem fachlichen Wissen der Wissenschaft übereinstimmen. Zweitens gehören dazu Vorstellungen, die sie von den Vorstellungen ihrer Schülerinnen und Schüler vom in Rede stehenden Inhalt haben. Hierbei ist es zunächst nicht entscheidend, ob Lehrpersonen in ihrem Unterricht explizit auf die Schülervorstellungen eingehen wollen, um daran anzuknüpfen, oder ob sie dies gerade nicht wollen, um die aus ihrer Sicht als Störfaktoren wirkenden „Fehlvorstellungen" nicht zu verstärken. Und drittens gehören zu dem Pool Vorstellungen davon, wie ein Inhalt im Unterricht zu strukturieren ist und welchen Einfluss die spezifische Struktur des Lerninhalts auf die Strukturierung von Lehr-Lern-Sequenzen hat.

Dieser Artikel befasst sich mit der Untersuchung von Vorstellungen von Lehrpersonen in den genannten drei Bereichen im Hinblick auf das Themenfeld „Energie", das als Basiskonzept im Physikunterricht heute eine noch größere Rolle spielt als bereits vor der Einführung der Kerncurricula. Diese Forschungsarbeit ist im Rahmen des Promotionsprogramms von *ProfaS* (vgl. Komorek & Kattmann 2008) entstanden und ist gleichzeitig Teil des Projekts „Bildung für nachhaltige Energieversorgung und -nutzung", kurz „Energiebildung" (vgl. Energiebildung, Komorek & Parchmann 2010). Aus diesen Erkenntnissen werden schließlich Vorschläge für die Entwicklung von Unterrichtsdesigns zum Thema Energie entwickelt.

1.   Energie als Thema im Sachunterricht der Grundschule und im Physikunterricht der Sekundarstufe I

1.1   Gesellschaftspolitischer Hintergrund und Bildungsprozesse

Energie ist heute ein zentraler Begriff wirtschaftlicher und gesellschaftspolitischer Diskussionen. Vor allem Fragen der Aufrechterhaltung der Energieversorgung werden hierbei kontrovers diskutiert. Den Kontroversen zur Energieversorgung steht gegenüber, dass der Energiesektor eine bedeutende Funktion als Ausbildungs- und Arbeitsmarkt hat (vgl. O'Sullivan et al. 2012) und die optimale Nutzung Erneuerbarer Energien auch ein naturwissenschaftlich-technisches Forschungsfeld darstellt. Die Bedeutung des Themenkomplexes für die Allgemeinbildung und die berufliche Orientierung ist somit nicht zu unterschätzen und verlangt einen multiperspektivischen Bildungszugang. Zudem ist der systematische Aufbau von Wissen und Können über die Schuljahre hinweg zu fordern (vgl. Pahl, Peters & Komorek 2010, 2011). Von diesen gesellschaftspolitischen Diskussionen sind auch die länderspezifischen Kerncurricula beeinflusst: Umweltspezifische und energiebezogene Themen spielen hier wichtige Rollen (vgl. Niedersächsisches Kultusministerium 2006). Sie sind oft eingebettet in Überlegungen zu einer „Bildung für nachhaltige Entwicklung" (kurz BNE), einem von der UNESCO unterstütztes Bildungskonzept, das auf einen ökologisch und ökonomisch verantwortbaren Umgang mit den Ressourcen unserer Erde wie Rohstoffe und Energie setzt. Dieses Konzept soll gemäß der UNESCO in allen Schulformen und Schulfächern verankert werden,

Die bildungspolitische Verankerung der Energiethematik in den curricularen Vorgaben geht allerdings nicht mit einer ausreichenden fachdidaktischen Aufbereitung der Thematik für den Primarbereich und den Anfangsunterricht im Fach Physik einher. Fehlende Konzeptualisierungen stellen die unterrichtenden Lehrpersonen der Grundschule und der weiterführenden Schulen vor die Herausforderungen, eigene Konzepte für die Vermittlung eines tragfähigen Energieverständnisses zu entwickeln, die sowohl den kognitiven Bedarfen der Lernenden als auch dem fachphysikalischen Verständnis gerecht werden.

1.2   Wissenschaftliche und alltagweltliche Energiekonzepte

Der Begriff „Energie" ist in der Alltagssprache ein Ausdruck von körperlicher und maschineller Kraft und Ausdauer, die in Form von Nahrung oder Benzin „getankt" werden. Das alltagssprachliche Verständnis steht in zahlreichen Situationen konträr zum naturwissenschaftlichen Begriffsverständnis. Denn in der Physik ist Energie ein zentraler Begriff zur Erklärung verschiedener physikalischer Abläufe und lässt sich auf abstrakte theoretische Konzepte zurückführen, die sich nur mathematisch beschreiben lassen (Lijnse 1990, S. 571). Lijnse fasst die Situation so zusammen: „We are dealing with two fundamentally different kinds of thinking about energy" (Lijnse 1990, S. 578).

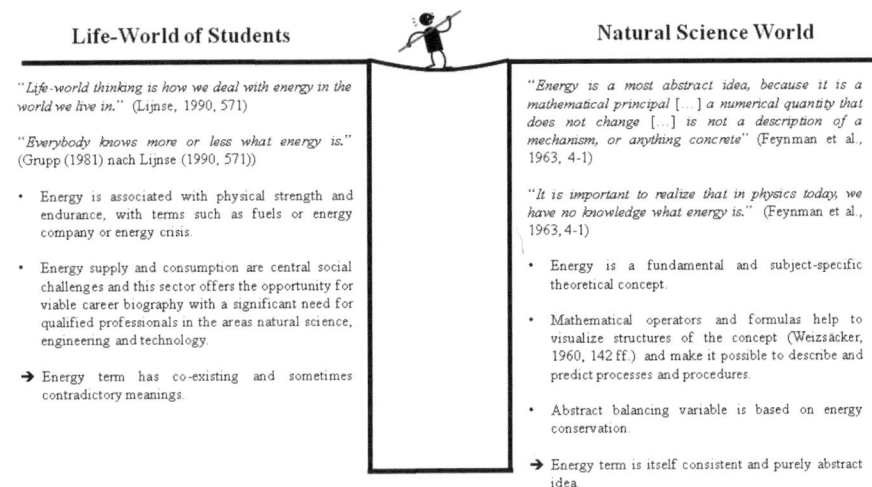

Life-World of Students

"Life-world thinking is how we deal with energy in the world we live in." (Lijnse, 1990, 571)

"Everybody knows more or less what energy is." (Grupp (1981) nach Lijnse (1990, 571))

- Energy is associated with physical strength and endurance, with terms such as fuels or energy company or energy crisis.

- Energy supply and consumption are central social challenges and this sector offers the opportunity for viable career biography with a significant need for qualified professionals in the areas natural science, engineering and technology.

→ Energy term has co-existing and sometimes contradictory meanings.

Natural Science World

"Energy is a most abstract idea, because it is a mathematical principal [...] a numerical quantity that does not change [...] is not a description of a mechanism, or anything concrete" (Feynman et al., 1963, 4-1)

"It is important to realize that in physics today, we have no knowledge what energy is." (Feynman et al., 1963, 4-1)

- Energy is a fundamental and subject-specific theoretical concept.

- Mathematical operators and formulas help to visualize structures of the concept (Weizsäcker, 1960, 142 ff.) and make it possible to describe and predict processes and procedures.

- Abstract balancing variable is based on energy conservation.

→ Energy term is itself consistent and purely abstract idea.

Abb. 1: Zwei unterschiedliche Domänen des Verständnisses des Energiebegriffs

Folglich wird bei dem Verständnis von Energie von zwei unterschiedlichen Domänen ausgegangen: „thelife-world" und „theworldofphysics" (Lijnse 1990, S. 571, Black & Solomon 1983, auch Jewett 2008) bzw. „thesymbolicdomain" (Solomon 1983, S. 52). Dieser Zusammenhang wird in Abb. 1 dargestellt. Es stellt sich die Frage, wie für Unterrichtszwecke eine fachlich tragbare Elementarisierung der wissenschaftlichen Zusammenhänge gelingen kann, die anschlussfähig zu den Alltagsvorstellungen ist.

Zum wissenschaftlichen Energiekonzept gehört die Festlegung von Energie als eine konstante Rechnungsgröße, die zur Beschreibung von Prozessen geeignet ist. Energievorstellungen lassen sich auf eine lange Tradition zurückführen (vgl. Schirra 1991, Coopersmith 2010), die bei den Überlegungen von Aristoteles (ca. 300 v. Chr.) und von Archimedes (ca. 250 v. Chr.) zum Hebel begann und über Galileis systemische Betrachtungen hinweg bis hin zu Einsteins relativistischem Energiebegriff reichen. Nach heutiger Setzung zieht sich Energie als eines der fundamentalen Konzepte der Naturwissenschaften durch alle Teilgebiete der Physik. Je nach Operationalisierung des Begriffs „Energie" findet man in unterschiedlichen Teilgebieten der Physik und in anderen Fachdisziplinen subdomänenspezifische Ausprägungen, die sich jeweils auf bestimmte theoretische Konzepte beziehen. Kern des wissenschaftlichen Energiekonzepts ist die Konzeptualisierung einer Erhaltungsgröße, also einer Bilanzgröße, die „bei allen Vorgängen eines abgeschlossenen Systems zeitlich invariant" bleibt (Duit 1986, S. 94). Die Postulierung einer solchen Größe drückt nichts weniger aus, als dass die Naturgesetze zu jedem beliebigen Zeitpunkt unverändert gelten.

Fachwissenschaftliche Energieforschung lässt sich heute an mindestens zwei Stellen finden, dort wo es um Energiegewinnung und -effizienz geht (Beispiele sind hier die Turbulenzforschung bei Windenergiesystemen (Peinke, Kittel, Barth & Overlack 2005) oder

Physik der Energiespeicherung und ihres Transports) oder im Bereich der nanoskaligen Wechselwirkungen, wo es um die Messung und Steuerung kleinster Energiemengen geht, was einerseits zum Verstehen des Mikrokosmos beiträgt, anderseits die Entwicklung neuer Materialien und neuer Technologien ermöglicht. Über moderne Physik-Lehrbücher, z. B. den Bergmann-Schäfer (Kassing 2005) oder den Halliday-Resnik (Halliday, Resnik & Walker 2009) kommen diese erweiterten Konzepte von Energie vermehrt in die Lehrerbildung und so auch ansatzweise in die Schulen. Sie verändern das wissenschaftliche Bild von der Energie, festigen aber ihren universellen Charakter.

1.3 Fachdidaktische Zugänge zur Vermittlung des Energiekonzepts

Zur Einführung des Konzepts „Energie" ist eine Vielzahl von Unterrichtskonzepten entwickelt worden (vgl. Bader 2001, S. 15ff.). Gemeinsam ist diesen Konzepten, dass sie die Idee der Erhaltung von Energie und somit ihrer Bilanzierung nutzen. Jedoch unterscheiden sie sich in der konkreten Ausgestaltung. Vorschläge bestehen u. a. darin, sich dem Energiebegriff über den Ansatz Kraft-Arbeit-Energie, über die Energie als universeller Treibstoff oder über die Energie als Systemeigenschaft zu nähern (Bader 2001, S. 15ff.). Damit einhergehen unterschiedliche Konzeptualisierungen von Energie, entweder als quasistoffliche Größe oder als abstrakte Bilanzierungsgröße.

Der Konzeptualisierung einer stofflichen Vorstellung steht eine abstrakte Bilanzierungsgröße gegenüber, wie Scheler (2004) sie vorschlägt und dabei die Analogie zu alltäglichen Tauschgeschäften nutzt. Beispiele hierfür sind das Tauschen von Sammelbildern oder später das Bezahlen mit einer Geldwährung, um Waren oder Dienstleistungen zu erwerben. Auf der Grundlage eines sogenannten Nutz- bzw. Tauschwerts könne dann der Energiebegriff entwickelt werden. Dies würde dem Prinzip „Verlust-Gewinn" folgen. Ein Beispiel hierfür wäre der Kauf einer Telefonkarte oder eines Autos. Bei der Verwendung dieser Gegenstände nehme deren Geldwert im Laufe der Zeit ab. Ein physikalisches Pendant wäre z. B. die Batterie einer Taschenlampe, deren Nutzwert durch das Leuchten sinkt.

Ein in Schule und in Schulbüchern gängiges Konzept des Zugangs zu Energie ist die so genannte ‚Energiequadriga' nach Duit (1986, 2007). Ihre Stärke liegt darin begründet, dass unterschiedlichen Konzeptualisierungen des Energiebegriffs aus verschiedenen Domänen wie Mechanik oder Thermodynamik mit einbezogen und thematisiert werden. Die Quadriga umfasst die vier grundlegenden Aspekte zur Erfassung des Energiebegriffs: *Energietransport, Energieumwandlung, Energieerhaltung* und *Energieentwertung* (Duit 1986, S. 96). Was dabei Energie an sich sei, wie sie zu konzeptualisieren ist, wird in der Quadriga offengelassen, so dass dieses fachdidaktische Konzept kompatibel ist mit Konzeptualisierungen wie beispielsweise *Energie als substantielle Entität*, als *stoffliches Fluidum* oder als *mathematische Form* (Duit 1986, S. 96). Durch den Aspekt des *Energietransports* werden die Wechselwirkungen zwischen verschiedenen Systemen beschrieben. Die Eigenschaft der *Energieumwandlung* kann auf einer phänomenologischen Ebene zum Tragen kommen, auf der die Erscheinungsformen/Energieformen wechseln. In diesem Zusammenhang sei es wichtig, zwischen Speicher- und Austauschformen zu unterscheiden (Duit 1986, S. 98). *Energieerhaltung* besagt, dass die Gesamtsumme der Energie in einem abgeschlossenen System konstant bleibt. Schließlich führt Duit die *Energieentwertung* auf Entropie zurück, die einen zentralen Aspekt der Thermodynamik darstellt. Bei real ablaufenden Vorgängen nimmt die Entropie zu und der „Verwendungswert" ab: Die Wärme einer Tasse Kaffee z. B. verteilt sich im Raum, sie ist nicht mehr nutzbar.

2.   Empirische Untersuchung von Lehrervorstellungen

2.1   Empirische Ausgangslage

Auf dem Weg zur Entwicklung von Unterrichtsdesigns im Themenfeld *Energie* interessieren drei Fragestellungen. In Abb. 3 im Basisartikel von Komorek, Fischer und Moschner (2013, in diesem Band) ist dargestellt, dass zur Aufklärung der Sicht von Lehrpersonen zunächst geklärt sein muss, welches Verständnis Lehrpersonen vom fachlichen Inhalt haben und auch davon, welche Vorstellungen ihre Schülerinnen und Schüler vom fachlichen Inhalt für ihre Denk- und Lernprozesse nutzen. Darüber hinaus ist zu klären, welche Ideen und Konzepte Lehrpersonen davon haben, wie sie den in Rede stehenden Inhalt vermitteln und welche Kompetenzen ihre Schülerinnen und Schüler daran entwickeln können. Dies geht beim umfangreichen Thema *Energie* einher mit der Frage, wie es in Sinneinheiten oder Lehr-Lern-Sequenzen zerlegt und wie es über mehrere Schuljahre hindurch strukturiert werden kann (z. B. Strukturierung des Themas spiralcurricular, indem Inhalte immer wieder aufgegriffen werden).

Beim Blick in die Forschungsliteratur wird deutlich, dass es vielfältige Vorschläge gibt, Energie zu konzeptualisieren und das Themenfeld Energie zu strukturieren (vgl. Abschnitt 1.3). Wenn Lehrpersonen an die Vorstellungen ihrer Schülerinnen und Schüler anknüpfen wollen, stellt sich die Frage, welche Vorstellungen das sind. Eine Grundlage bieten hier Studien aus den 1980er und 1990er Jahren, u. a. von Stead (1980) sowie Watts und Gilbert (1983), die Interviews anhand bestimmter Fälle bzw. Situationen führten. Es schließen sich Solomon (1983, 1985), Duit (1986), Goldring und Osborn (1994) und Crossley und Starausschek (2010, sie wiederholten die Studie von Duit) an. Auf Basis dieser Studien lassen sich die Vorstellungen und das Denken von Schülerinnen und Schülern anhand zentraler Denkkategorien abbilden: Dazu zählen das *Denken in Umwandlungsprozessen*, das *Denken in Bewegungsabläufen* oder insbesondere auch das *Denken in Zusammenhängen von Energieerzeugung und Energieverbrauch* (Pahl 2013). Wenn Lehrpersonen nicht an die Vorstellungen ihrer Schülerinnen und Schüler anknüpfen wollen, dann kann der Grund darin liegen, dass sie meinen, wissenschaftliche Vorstellungen und Schülervorstellungen seien zu unterschiedlich, um Verknüpfungen herzustellen (vgl. Woolfolk 2008).

Auf der Seite der fachlichen Vorstellungen von Lehrpersonen zum Thema *Energie* liegen bislang relativ wenige Studien vor. Osborn und Gilbert (1980) sind hier zu nennen, die Lehrpersonen zu verschiedenen grundlegenden physikalischen Konzepten befragt haben. Auch Trumper (1996) untersucht Lehrpersonen, allerdings mit einem defizitorientierten Ansatz bzgl. Energievorstellungen, während Summers, Kruger, Mant & Childs (1998) sowie Liarakou und Gavrilakis (2009) aktuelle Gebiete der Energiephysik wie Erneuerbare Energien und Energieeffizienz zum Gegenstand von Befragungen machen. Die Kategorisierung der Antworten liefert interessanterweise ein ähnliches Konzeptspektrum wie bei der Befragung von Schülerinnen und Schülern. Allerdings tauchen zusätzliche Vorstellungen auf, die im Zusammenhang mit einem *Denken in Energieformen* und *Denken im Sinne von Energieerhaltung* zu finden sind (vgl. Pahl 2013).

2.2   Forschungsfragen und Erhebungsmethode

Aus der Analyse von Vorarbeiten anderer Arbeitsgruppen und aus eigenen Überlegungen zum Forschungsdesiderat ergeben sich drei aufeinander bezogene Forschungsfragen:

– Über welche Vorstellungen von Energie verfügen die Lehrpersonen des Sachunterrichts und des Physikunterrichts?
– Welche Kenntnisse haben die Lehrpersonen von den Vorstellungen ihrer Schülerinnen und Schüler zum Thema Energie? Wie gehen die Lehrpersonen mit den Energievorstellungen ihrer Schülerinnen und Schüler im Unterricht und bei seiner Planung um?
– In welcher Klassenstufe halten die Lehrpersonen eine Einführung der Energiethematik für sinnvoll und warum? Welche Vorschläge nennen die Lehrpersonen zur fachlichen Strukturierung der Energiethematik über mehrere Klassenstufen hinweg?

Um diesen Fragen nachzugehen, ist ein leitfadengestütztes, qualitatives und halbstrukturiertes Interview entwickelt worden, das die drei Forschungsfragen nacheinander bearbeitet. Die Fragen haben zu einer teilweise narrativen und biographischen, teilweise problemzentrierten Beantwortung angeregt (vgl. Lamnek 2005, Gläser & Laudel 2006). Teilgenommen an den ca. 120 Minuten dauernden Interviews haben insgesamt 19 Lehrpersonen aus der Grundschule (5 Lehrpersonen, Sachunterricht), der Realschule (5 Lehrpersonen, Physik) und dem Gymnasium (9 Lehrpersonen, Physik, Sekundarstufe I). Die Wahl der Personen ist nach dem Konzept großer Streuung (Alter, Erfahrung, Schulform) ausgelegt gewesen, um möglichst vielfältige Sichtweisen, Erfahrungen und Argumente kennenzulernen. Während des Interviews sind Graphiken und Fotos zum Einsatz gekommen, die Situationen darstellen, die in Verbindung mit Energie gebracht werden können und eine Stimulation von Vorstellungen bewirken sollen.

Alle Interviews sind wörtlich transkribiert worden, um sie mit Hilfe des Kodierprogramms MaxQDA auswerten zu können. Hierzu ist die Methode der Qualitativen Inhaltsanalyse nach Mayring (2000) gewählt worden, und zwar mit einer Verfeinerung nach Gropengießer (2005) und Schmidt (2007), die es trotz langen Verbleibens am Originaltext erlaubt, verallgemeinernde Kategorien im Sinne von Denkfiguren bzw. Denkmustern zu generieren (für Details vgl. Pahl 2013).

2.3 Vorstellungen von Lehrpersonen vom Konzept der Energie

Ziel der Analyse des Interviewmaterials ist die Herausarbeitung von Denkkategorien bzgl. Energie. Die qualitative Inhaltsanalyse führt in einem iterativen Prozess, der bei vorläufig gebildeten, deduktiven Kategorien beginnt, zu einem Kategoriensystem, das zusätzlich induktiv aus dem Material gewonnenen Kategorien enthält. Die Iteration besteht darin, dass Kategorien immer wieder am Material verifiziert und damit stabilisiert oder verworfen werden. Die Darstellung einer Kategorie wird im Prozess der Analyse der Interviews durch eine Beschreibung der Kategorie, durch Ankerbeispiele und durch Kodierregeln vollzogen. Ein Beispiel wird für eine Kategorie, die die Konzeptualisierung von Energie beschreibt, in Tab. 1 gegeben (Pahl 2013).

Tab. 1 Kategorisierung der Konzeptualisierung von Energie

Kategoriename:	Energiebegriff stützt sich auf den Begriff ‚Arbeit'
Beschreibung der Kategorie:	Der Kategorie werden Aussagen der Interviewpartnerinnen und -partner zugeordnet, aus denen hervorgeht, dass Energie potentiell verrichtbare physikalische Arbeit darstellt.
Ankerbeispiel:	„Ein Körper hat Energie, wenn er die Fähigkeit hat, Arbeit zu verrichten." (VP11_Gym, Z. 49)
Kodierregel:	Ein Abschnitt des Textmaterials wird dann als *Energiebegriff stützt sich auf den Begriff ‚Arbeit'* kodiert, wenn die interviewte Lehrperson Energie mit dem Begriff ‚Arbeit' beschreibt, auf den Begriff ‚Arbeit' Bezug nimmt oder Sätze nennt wie ‚Energie ist ... Arbeit ...'. Hierfür werden Erklärungen wie Energie *ist gespeicherte Arbeit* und Energie *ist die Fähigkeit, Arbeit zu verrichten* gegeben.

Die *Konzeptualisierung von Energie* ist zu unterscheiden von ihren Eigenschaften und von Situationen, in denen Energie eine Rolle spielt. Unter einer Konzeptualisierung ist gemeint, was die Befragten als das „Wesen" von Energie ansehen, welchen ontologischen Status sie der Energie zuweisen. Hierzu ergeben die Interviews, dass es in den meisten Fällen eine enge Bindung des Konzepts Energie an die Konzepte *Arbeit* und *Kraft* gibt, wie schon Kruger, Palacio & Summers (1992) beschreiben. In diesen Fällen ist Energie aus Sicht der Befragten die abstrakte Fähigkeit, die es einem System erlaubt, Arbeit zu verrichten oder eine Kraft auszuüben. Energie wird damit zu etwas Potentiellem, das zunächst gar nicht in Erscheinung tritt. Dies wird aber von den Befragten unterschieden von Energie als „Bilanzgröße", die zwar auch abstrakt angelegt ist, aber als eine mathematische Rechengröße.

Neben diesen abstrakten Konzeptualisierungen von Energie werden auch quasi-stoffliche Vorstellungen von Energie von Lehrpersonen genutzt. Danach stellt Energie ontologisch gesehen eine Entität dar, die man als „Quidditas" („das, was etwas ist") bezeichnen kann. Diese mengenmäßige stoffliche Natur der Energie korrespondiert gemäß diesen Vorstellungen im hohen Maße mit Vorstellungen von Energie als universellem Treibstoff. Energie als Quidditas ist zwar nicht sichtbar oder beobachtbar, allerdings ist sie etwas, das sich umwandeln kann, gespeichert werden kann und als mengenmäßige Wesenseinheit auftritt.

Zusammenfassung:
Drei Denkfiguren bzgl. des Wesens, der Konzeptualisierung von Energie lassen sich in den Interviews erkennen:
- Energie als etwas Potentielles (dass es erlaubt, Arbeit zu verrichten, Kraft anzuwenden etc.)
- Energie als abstrakte Berechnungs- und Bilanzgröße
- Energie als quasi-stoffliche, mengenmäßige Entität

Neben diesen Kategorien, was Energie „an sich" sein kann, finden sich in den Interviews zahlreiche Vorstellungen von den Eigenschaften von Energie und von Prozessen, in denen Energie eine zentrale Rolle spielt, wie die folgende Auflistung zeigt.

Denken in Prozessen der Energieumwandlung. Eine zentrale Stellung hat bei allen Befragten die Vorstellung von der Umwandlung von Energie, die mit der Vorstellung unterschiedlicher Energieformen korrespondiert. Sie stellt eine „Schlüsselkategorie" dar, also eine Vorstellung, aus der sich zahlreiche Detailvorstellungen entfalten lassen, wenn es um konkrete Umwandlungsprozesse in unterschiedlichen Phänomenbereichen geht. Bei einer Energieumwandlung wird eine *Energieform* (chemische, elektrische, mechanische, thermische Energie sowie Windenergie oder auch Licht) in eine andere transformiert. Dies kann in einer technischen Absicht geschehen (bohren, heben etc.) oder um Energie von einem Ort zu einem anderen zu transportieren. Nach Sicht der Befragten sind Energieumwandlungen meist mit der Absicht der Energienutzung in technischen Prozessen verbunden. In zahlreichen Fällen weisen die Befragten bestimmten Objekten oder Geräten wie Bohrmaschinen oder Fahrzeugen als Energiewandlern eine besondere Bedeutung zu. So kann ein Automotor oder der Mensch als biologischer Organismus ein solcher Energiewandler sein (vgl. Nawrath & Komorek 2010). Auch können Ketten von Umwandlungen stattfinden, wenn mehrere Energiewandler hintereinander geschaltet sind. Energiewandler stellen somit die Schnittstellen zwischen zwei Energieformen dar.

Die Befragten weisen den Energiewandlern (z. B. Solarzelle, Wasserrad, Windrad) als aktive Komponente im Prozess der Umwandlung eine sehr hohe Bedeutung zu. Duit (1986) spricht den Energiewandler zwar an, billigt ihm aber nur eine untergeordnete Rolle zu. Die Befragten machen einen Unterschied bzgl. der Umwandlungen, je nachdem, ob lediglich eine isolierte Umwandlung stattfindet (dies kann in der Natur der Fall sein) oder ob in einem technischen Prozess Ketten mit vielfältigen Umwandlungen zu finden sind.

Denken in Zusammenhängen der Energieerhaltung. Zusammen mit dem Konzept der Energieumwandlung ist bei den meisten der befragten Lehrpersonen die Eigenschaft der Energieerhaltung von Bedeutung. Dies wird mit Sätzen deutlich wie „Energieerhaltung ist natürlich ein wichtiger Aspekt, dass eine Energieform in die andere umgewandelt wird, aber dass eben keine Energie erzeugt werden kann aus dem Nichts und Energie nicht verloren gehen kann" (VP5_Gym, Z. 728ff.) und „Energie endet nicht, sondern sie wird quasi nur umgewandelt. Also ist eigentlich eine permanente Energieerhaltung da" (VP18_GS,

Z. 159f.). Zwar werden die Hauptsätze der Thermodynamik nicht als Begründung hierfür herangeführt, aber es wird auf ihrer Basis diskutiert. Bezeichnend ist hier, dass Vorstellungen von Umwandlung und Erhaltung von Energie in allen Fällen in einen engen Zusammenhang gestellt wird, obwohl aus der Umwandelbarkeit von Energie die Erhaltung keinesfalls folgt, wie umgekehrt ebenso wenig. In nahezu allen Äußerungen der Befragten werden Umwandelbarkeit und Erhalt als zwei Seiten einer Medaille angesehen, obwohl diese Konzepte fachlich zunächst getrennt sind.

Denken in Zusammenhängen des Energietransport. Die Vorstellung vom Transport von Energie korrespondiert mit den Vorstellungen von Energie als einer quasi-stofflichen Entität, die an dem einen oder dem anderen Ort lokalisiert sein kann. Nur dann kann ein Transport stattfinden und von ihm gesprochen werden. Für den Transport benötigt man eine Energieumwandlung. In den allermeisten Fällen wird hier von den Befragten die Umwandlung in die Energieform ‚Elektrische Energie' thematisiert, eine Form von Energie, die mit universeller Nutzbarkeit einhergeht.

Die Daten zeigen, dass große Bedeutung von Energieumwandlung, Energieformen und Energietransport in ihren lokalen Argumentationen liegt, bei denen Energie lokalisiert werden kann, einem Ort oder Gegenstand zugesprochen wird und damit nicht als systemische Größe verstanden wird. Beim Beispiel eines hüpfenden Balls etwa wird die Energie im Ball lokalisiert, der mehr oder weniger Bewegungsenergie oder Höhenenergie haben kann, je nach Position beim Hüpfen. Systemische Vorstellungen, die davon ausgehen, dass die Energie im „System Erde-Ball" zu finden ist und nicht Ort oder Objekt zugeordnet werden kann, werden von den Befragten praktisch nicht herangezogen.

Denken in Zusammenhängen der Entwertung von Energie. Dieses Konzept ist die zentrale Errungenschaft der Duitschen Energiequadriga (Duit 1986) und geht auf ältere Elementarisierungen von Backhaus (1982) und Backhaus und Schlichting (1984) zurück. Zwar ist die Entwertung eine Übersetzung des zentralen zweiten Hauptsatzes der Thermodynamik, aber sie steht bei den meisten Befragten nicht im Vordergrund und ist dem Konzept der Umwandlung nachrangig, obwohl mit dem Konzept der Energieentwertung vielfältige Phänomene in natur und Technik beschrieben werden können. Energieentwertung wird mit Energieverlust gleichgesetzt, wobei den Befragten bewusst ist, dass es sich dabei um einen Verlust der Nutzbarkeit der betrachteten Energiemenge handelt.

Die Energieentwertung wird auch mit dem Konzept des Wirkungsgrades zusammengebracht. Ein Gymnasiallehrer erklärt, dass „Energieentwertung [...] zunächst nichts mit dem Wirkungsgrad zu tun [habe]. Der Wirkungsgrad beschreibt nicht die Energieentwertung." (VP10_Gym, Z. 324ff.) Er würde zunächst den Energiebegriff in Exergie (Anteil der Energie, der Arbeit leisten kann) und Anergie (Anteil der Energie, der nicht genutzt werden kann) aufteilen. Zur Berechnung des tatsächlichen Wirkungsgrades eines Energiewandlers würde er dann den Exergiewert und nicht die gesamte investierte Energie heranziehen (VP10_Gym, Z. 324ff.). Diese Unterscheidung zeugt von der Kompetenz, verschiedene Energiebegriffe, wie sie insbesondere die Chemie und die Thermodynamik kennen, nutzen zu können. Denkt man systemisch, so müsste man die in ein System hineingehende Energie und die hinausgehende Energie ins Verhältnis setzen, um einen Wirkungsgrad zu bestimmen.

Denken in Bewegungsprozessen. Dies ist eine zentrale Denkkategorie aller befragten Lehrpersonen, wonach Energie als eine Voraussetzung für die Änderung von Bewegungszuständen angesehen wird. Dies belegen Aussagen wie „Energie ist etwas, was man braucht, um Gegenstände in Bewegung zu setzen." (VP5_Gym, Z. 46ff.) oder „Der Körper hat Energie aufgebaut und die Energie kann ich dann nutzen, um zu laufen oder um Fahrrad zu fahren" (VP5_Gym, Z. 243f.). Hier findet sich die Vorstellung der Energie als Wirkursache (*causa efficientis*) im aristotelischen Sinne wieder. Energie ist der Anstoß, die Ursache, die Voraussetzung von Bewegungen oder ggf. auch generell von Veränderungen. Auch bei diesen Vorstellungen findet man lokale Argumentationen, so dass eine Nähe zum physikalischen Kraftkonzept besteht. Bedeutsam ist hierbei, dass ruhenden Objekten von den Befragten keine nutzbare Energie zugeordnet wird. Nur bewegten Objekten wie fließendem Wasser wird Energie als Eigenschaft zugeschrieben. Dennoch ist einigen Interviewpartnern bewusst, dass die Physik auch ruhenden Körpern Energie zuschreibt, nämlich innere Energie oder auch potentielle Energie (Pahl 2013).

Denken in Zusammenhängen von Energiespeicher, -träger und -lieferant. Diesen Vorstellungen liegt die quasi-stoffliche Vorstellung von Energie (s. o.) zugrunde, und zwar im doppelten Sinne. Denn zum einen wird Energie als etwas verstanden, das mengenartig ist und in Portionen gespeichert, transportiert und geliefert werden kann. Zum anderen ist diese Energie an Stoffe und Materialien gebunden. Objekte oder Stoffe können demnach Energie speichern und diese Energie auch wieder abgeben, ohne dass sie sich dabei verändern (z. B. die Energieform der Lageenergie). Oder aber sie verändern sich sowohl bei der Aufnahme als auch bei der Abgabe von Energie. Dies kann insbesondere bei Nahrungsmitteln der Fall sein, wobei vor allem Vitamine und Fette genannt werden, aber auch bei Treibstoffen wie Benzin und Öl. Die Energie ist an diese Stoffe gebunden, aber die Befragten können nicht sagen, wie. Sie betonen aber, dass der Stoff ein Träger der Energie sei und beim Abgeben der Energie verändert werde (verdaut, verbrannt, chemisch umgewandelt etc.). Getrennt davon sehen die Befragten mechanische, elektromagnetische oder auch chemische Energieträger wie Batterien oder Schwungräder, die energetisch aufgeladen werden können, sich bei Abgabe von Energie aber nicht in ihrer Art und Weise verändern.

Denken im Kontext der Versorgung und Nutzung von Energie. Hierbei handelt es sich um die Vorstellung von Energie als Ware und als Rohstoff, der nach Veredelungen über ein technisches Verteilungssystem zum „Verbraucher" geliefert wird. Energie als Ware bringe aber den Umstand mit sich, dass sie im Moment der Nutzung umgewandelt werden müsse, z. B. von Kohle zur elektrischen Energie. Die Umwandlung im wirtschaftlichen Sinne einer Veredelung. Denn erst durch diesen Umwandlungsprozess würden Energien, die beispielsweise in fossilen Rohstoffen gespeichert seien, in eine für den Menschen wertvollere Energieform wie elektrische Energie oder Wärme umgewandelt und somit nutzbar gemacht werden (vgl. VP8_Gym, Z. 293ff.). Die Umwandlung sei andererseits eine Entwertung, denn es entstehe dabei Wärme, die das Maß an Nutzbarkeit verringere. Auch werde bspw. bei der Verwendung von Geräten im Haushalt Energie genutzt und entwertet. So entwerte der Fernseher elektrische Energie in Strahlungsenergie und der Wasserkocher entwerte elektrische Energie in Wärmeenergie. Diese Energieformen seien für den Menschen in der Regel nicht weiternutzbar und gingen verloren (vgl. VP5_Gym, Z. 820ff.). Als weiterer Aspekt im Zusammenhang mit der Energieentwertung werden der Wirkungsgrad und damit die Effizienz einer Umwandlung genannt. Dabei sei der Anteil der nutzbaren elektrischen Energie (meist elektrischer Strom) ein Maß für die Effizienz.

Zusammenfassung:
Aus den Interviewdaten lassen sich mit Hilfe deduktiver und induktiver Kategorisierung Denkschemata von Lehrpersonen bzgl. „Energie" herauspräparieren:
- Denken in Zusammenhängen von Energieumwandlung, Energieerhaltung und Energietransport als lokale und prozessorientierte Denkkategorien (korrespondiert mit den quasistofflichen Vorstellungen vom Wesen der Energie)
- Denken in Zusammenhängen von Energieerhalt und Energieentwertung als systemische Denkkategorien (korrespondiert mit abstrakten Bilanzvorstellungen von Energie)
- Denken in Bewegungsprozessen
- Denken in Zusammenhängen von Energiespeicherung, -lieferung und Energieträger
- Denken in Zusammenhängen von Energie als Ware der Energieversorgung

Somit zeigt sich, dass sich die Vorstellungen der Lehrpersonen vom Konzept der Energie mit einem System deduktiver und induktiv gewonnener Kategorien beschreiben lässt, wie sie teilweise aus empirischen Beschreibungen von Lernendenvorstellungen bekannt sind. Dabei spielen Vorstellungen eine wichtige Rolle, die vergleichbar sind mit den Aspekten von Energie gemäß der „Energie-Quadriga" von Duit (1986). Es bestehen teilweise begriffliche Unschärfen in der Abgrenzung zu den Konzepten Kraft und Arbeit. Und obwohl das Konzept der Energieerhaltung weitgehend bekannt ist, fehlt ein systemisches Energiekonzept, in dem Energie zur Bilanzierung einer nichtstofflichen Vergleichsgröße dient.

Lehrpersonen und Schülerinnen und Schüler nutzen bzgl. Energie ähnliche Denkkategorien, auch wenn die der Lehrpersonen weiter ausdifferenziert sind. Insgesamt herrschen lokale Betrachtungen vor, wonach Energie an bestimmte Orte und Objekte gebunden ist und man ihren Weg durch ein Szenario verfolgen kann. Für die Entwicklung von Unterrichtsdesigns bedeutet dies, dass diese Designs auch für Lehrpersonen neue Aspekte einer systemischen Betrachtungsweise von Energie enthalten sollten. Die Designs hätten dann auch Funktionen einer Fortbildung, jedenfalls dann, wenn sie in adäquater Weise auf Energiebilanzen und die Abstraktheit von Energie eingehen. Diese alternativen Zugänge zum Konzept der Energie können im Unterricht z. B. zur Differenzierung für leistungsstärkere Schülerinnen und Schüler genutzt werden – oder gerade auch für Schülerinnen und Schüler, die an konkreten Modellen interessiert sind: ginge es dann um den Tauschwert von Energie, ähnlich dem Tausch von Geld gegen Ware.

2.4 Die Vorstellungen von Lehrpersonen von den Energievorstellungen ihrer Schülerinnen und Schüler

Ein weiteres wichtiges Bestimmungsstück für die Entwicklung von Unterrichtsdesigns ist das Wissen bzw. sind die Vorstellungen, über die Lehrpersonen von den Vorstellungen ihrer Schülerinnen und Schüler vom in Rede stehenden Inhalt verfügen. Deswegen ist im zweiten Teil des Interviews danach gefragt worden. Die Graphiken und Fotos von Situationen, die im Zusammenhang mit Energie stehen können, werden den Lehrpersonen ein zweites Mal gezeigt und sie werden gefragt, welche Vorstellungen dazu die Schülerinnen und Schüler wohl entwickeln würden. Es zeigt sich, dass sich die Vorstellungen der Lehrpersonen von den Energie-Vorstellungen ihrer Schülerinnen und Schüler mit dem nahezu gleichen Kategoriensystem beschrieben werden können, das zur Beschreibung der Lehrervorstellungen genutzt worden ist. Allerdings kommt eine wesentliche Kategorie hinzu: Die Lehrpersonen gehen davon aus, dass Ihre Schülerinnen und Schüler Vorstellungen und Erklärungen nutzen, die sich stark auf den Menschen, seinen Körper und seine Aktivitäten beziehen, und dass die Kategorie des Verbrauchens von Energie eine besondere Rolle spielt (Pahl 2013).

Die Befragten erwarten, dass ihre Schülerinnen und Schüler ähnlich wie sie selbst bestimmte Denkkategorien nutzen, um Phänomene zu beschreiben und einzuordnen, die potentiell mit Energie zu tun haben. Sie erwarten in erster Linie, dass dies lebensweltliche und auf den eigenen Körper bezogene Denkkategorien sind. Beispielsweise erwarten sie, dass ihre Schülerinnen und Schüler den Bewegungszustand von Personen oder Gegenständen heranziehen oder die Muskelkraft ansprechen, wenn sie Energie charakterisieren wollen. Dabei sei Energie aus Sicht der Schülerinnen und Schüler eine Voraussetzung für die Fähigkeit, sich zu bewegen, Dinge zu erledigen sowie zu arbeiten. Die Lehrpersonen erwarten zudem, dass Zusammenhänge zwischen Fitness, Erfolg einer Person und dem Maß an Energie, das zur Verfügung steht, herangezogen werden. Daneben wird erwartet, dass die Aspekte Energieumwandlung und Energietransport herangezogen werden, um Energie zu beschreiben. Auch wird erwartet, dass zusammen mit den Energieumwandlungen die Energieformen bei Schülerinnen und Schülern eine zentrale Rolle spielen.

Die Bedeutung der Vorstellungen der Schülerinnen und Schüler von der Entwertung von Energie bzw. von ihrem „Verbrauch" werden von den Lehrpersonen als besonders wichtig angesehen. Verbrauchs-, Abwertungs-, Entwertungsvorstellungen gehören nämlich nach Ansicht der Befragten zu denjenigen Vorstellungen, die recht weit von den wissenschaftlichen entfernt liegen. Und außerdem seien sie wichtig, weil das Wechselspiel von Entwertung und Erhaltung von Energie besondere Einsichten in das Energiekonzept liefert. Fragen des Erhalts und der Entwertung machten deutlich, was Energie von anderen physikalischen Größen unterscheidet. Und drittens bestehe durch die Diskussion über Energienutzung und -versorgung in Schule, im Elternhaus und in den Medien ein Bedarf aufzuklären, was es mit einer Entwertung bei gleichzeitigem Erhalt auf sich hat. Die meisten Befragten würden es aufgrund der Komplexität des Energiethemas zulassen oder zunächst hinnehmen, wenn ihre Schülerinnen und Schüler von Energie*verbrauch* sprechen, dies dann aber umgehend problematisieren.

Die Lehrpersonen erwarten ferner, dass ihre Schülerinnen und Schüler zwar durch Medien und vorangegangenen Unterricht für Themen der Versorgung mit Energie als Rohstoff und der (sparsamen bzw. effizienten) Nutzung von Energie sensibilisiert sind. Sie befürchten jedoch, dass ihre Schülerinnen und Schüler im Detail über sehr wenig Zusammenhangswissen verfügen. Obwohl in der Grundschule bereits vielfach energiebezogene Aspekte thematisiert werden, erwarten Sekundarstufe I-Lehrpersonen, dass sie mit der Thematik oftmals neu beginnen müssen. Der Nutzwert von mitgebrachten Lernendenvorstellungen wird als gering eingestuft.

Zusammenfassung:
Deduktive und induktive Kategorisierung führt auf Denkschemata der Lehrpersonen bzgl. vermeintlicher Vorstellungen ihrer Schülerinnen und Schüler:
- Denken in Bewegungsprozessen (u. a. in Bezug auf den Menschen) und anthropozentrischen Mustern (Körperkraft, Verdauung, Ausdauer, mentale Stärke)
- Denken in Zusammenhängen von Energiespeicherung, -lieferung und Energieträger
- Denken in Zusammenhängen von Energieverbrauch (dagegen: Energieerhalt und Energieentwertung als systemische Denkkategorien werden nicht erwartet; Bilanzvorstellungen werden nicht erwartet)
- Denken in Zusammenhängen von Energie als Ware der Energieversorgung
- Denken in Zusammenhängen von Energieumwandlung, Energieerhaltung und Energietransport als lokale und prozessorientierte Denkkategorien (korrespondiert mit den quasistofflichen Vorstellungen vom Wesen der Energie)

Diese Ergebnisse bedeuten für die Entwicklung von Unterrichtsdesigns, dass diese insbesondere zur fachlichen Klärung beitragen müssen und die Schülerinnen und Schüler darin unterstützen, die bereits bekannten Termini zu ordnen und die dahinter stehenden Begriffe systematisch aufzubauen. Da nicht erwartet wird, dass Bilanzvorstellungen von Energie bei Schülerinnen und Schülern vorliegen, muss ein Design, das hierauf abhebt, Bilanzgrößen als eine *neue Sichtweise* thematisieren. Diese neue Sichtweise hätte den Vorteil, erwartbare Schwierigkeiten in der begrifflichen Trennung von Entwertung und Erhalt von Energie zu begegnen.

2.5 Ideen von Lehrpersonen, wie „Energie" vermittelt werden kann

Die Anforderung an Lehrpersonen, dem Unterrichtsablauf eine inhaltliche und zeitliche Struktur zu geben, können nur erfüllt werden, wenn es Lehrpersonen gelingt, in den Unterrichtsprozess fachliche Aspekte *und* die Vorstellungen und das Vorwissen der Schülerinnen und Schüler in eine Balance zu bringen und eine geeignete „Rhythmik" (vgl. Bromme 1992, S. 81) zu erzeugen. Ein Unterrichtsdesign kann hier vorstrukturieren, es kann grundlegende Entscheidungen vorwegnehmen und Schwerpunkte setzen sowie empirische Erkenntnisse zu Vorstellungen der Schülerinnen und Schüler berücksichtigen. Die Adaption an eine konkrete Lerngruppe ist aber die Aufgabe der Lehrperson. Im dritten

Interviewteil werden daher Ideen und Konzepte erhoben, wie und aus welchen Gründen die Lehrpersonen einen Unterricht über Energie in einer Klassenstufe bzw. über mehrere Klassenstufen hinweg strukturieren würden, inwiefern sie bei der Planung und Umsetzung von Unterricht auf die Energievorstellungen von Schülerinnen und Schüler eingehen und ab welcher Klassenstufe sie die Einführung der Energiethematik für sinnvoll halten.

Die Antworten lassen erkennen, dass die Lehrkräfte weniger auf ein durchgängiges Strukturierungskonzept setzen, dieses auch aufgrund der Unterschiedlichkeit der Anforderungen der verschiedenen Schularten und Klassenstufen nicht für umsetzbar halten und dafür ein Repertoire von lokalen Handlungsoptionen nutzen. Zu diesen gehören (Pahl 2013):

- die Veranschaulichung anhand von Modellen oder Gedankenexperimenten (z. B. zum Thema der Entwertung könne man sich zwei korrespondierende Stauseen vorstellen, die Wasser austauschen, bis sie einen einheitlichen Füllstand haben),
- der experimentelle Ansatz (um die Richtung von Energieflüssen darzustellen),
- der sokratische Dialog im fragend-entwickelnden Unterricht, um physikalisch inkorrekte Vorstellungen zu hinterfragen bzw. hinterfragen zu lassen,
- die Berechnung und der Vergleich von Energiewerten; hier ist zu bemerken, dass Bilanzvorstellungen von Energie mit Analogvorstellungen aus dem Bereich der Energiekosten veranschaulicht werden können,
- die Ausschärfung des Energiekonzepts mithilfe von Beispielen: hier gibt es die Vorstellung von Lehrkräften, je mehr Beispiele man liefere, desto stabiler bilde sich ein physikalisch tragfähiger Energiebegriff aus
- das Stehenlassen von Vorstellungen ohne im Moment des Auftretens auf sie zu reagieren.

Wann genau das Energiethema an Schülerinnen und Schüler herangetragen werden soll, wird recht individuell beantwortet, wobei sich zwei Typen von Lehrpersonen herauskristallisieren, die *Vermeider* und die *Anknüpfer*.

Vermeider. Die Vermeider halten wenig davon, bereits in der Grundschule oder der unteren Sekundarstufe I im Physikunterricht oder anderen Fachunterrichten das Energiekonzept zu thematisieren. Als Grund führen sie an, dass die kognitive Entwicklung der Schülerinnen und Schüler noch nicht so weit fortgeschritten ist, dass sie das im Kern doch sehr abstrakte Energiekonzept nachvollziehen könnten. Äußerungen wie „Ich hätte schon Probleme, so früh [5./6. Klasse] mit Energie anzufangen; ich hätte auch Probleme Energie in der Grundschule zu unterrichten." (VP10_Gym, 559ff.) oder „Energie gehört für mich nicht in die unteren Klassen." (VP16_HR, 265f.) oder „Komplexe Dinge zu durchschauen, erfordert ein gewisses Alter." (VP9_Gym, 1164f.) sind typische Anmerkungen hierzu. Es zeigt sich die Sorge, dass die Schülerinnen und Schüler überfordert werden, und vor allem die Befürchtung von Gymnasiallehrpersonen, dass die Begrifflichkeiten nicht korrekt genutzt werden, wie folgende Äußerung belegt: „Wir haben jetzt die Energie schon in der fünften/sechsten Klasse. Dadurch, dass wir die curricularen Vorgaben verändert haben, ist es für die Kinder verdammt schwer, die unterschiedlichen Begrifflichkeiten einzuhalten."

(VP16_HR, 75ff.) Grundschullehrpersonen plagt eher die Sorge, der Thematik begrifflich selbst nicht gewachsen zu sein, wie folgende Aussage belegt:

> „Wenn ich überlege, wie kann ich mit einem kleinen Generator oder mit Hilfe von Sonnenenergie Strom erzeugen, dann hat es natürlich mit Physik zu tun, aber die Begrifflichkeiten, die kenne ich gar nicht so unbedingt. Das unterscheidet mich natürlich von einem Physiklehrer, der nur Physik studiert hat" (VP15_GS, 660ff.).

Anknüpfer. Die Anknüpfer argumentieren, dass Schülerinnen und Schüler heute sehr früh mit dem Thema Energie in Kontakt kommen. Dies geschieht meist über die Medien und die Aspekte der Vorsorgung und der effizienten Nutzung von Energie. Sie werfen dann Fragen auf und zeigen Interesse, worauf die Schule antworten müsse. Die Anknüpfer sind der Ansicht, dass dann eine ökonomische und ökologische Rahmung auf entsprechen-dem Niveau vorzunehmen sei und die Vorerfahrungen der Schülerinnen und Schüler mit Energieversorgung, mit Möglichkeiten, Energie zu nutzen, sie umzuwandeln und zu sparen anzuknüpfen. Das Anknüpfen und Ausdifferenzieren dieser Vorstellungen sollte im Vordergrund stehen, bevor ab der siebten Klasse das theoretische Konzept der Energie thematisiert wird. In diesem Zusammenhang geht es auch um das Verhältnis von Fachsprache zu Alltagssprache und um die Besorgnis, dass ein alltagsweltlicher Energiebegriff irgendwann seine Bedeutung verliert und eine drastische Umdeutung im Sinne der Physik erfahren muss, was mit Motivationseinbußen einhergehen könnte.

Energie als Roter Faden? Die Kerncurricula im Fach Physik (vgl. Niedersächsisches Kultusministerium 2007) und die Bildungsstandards unterstützen, dass das Energiekonzept als Basiskonzept strukturgebende Funktion übernehmen soll.

– *Physiklehrpersonen.* Bei der Untersuchung von Ideen zur Strukturierung des Unterrichts mit Hilfe des Energiethemas orientieren sich die befragten Lehrpersonen der Sekundarstufe I vornehmlich an den traditionell gewachsenen Teilgebieten der Physik, wie sie Studium und Schulbücher nahe legen; Energie als Roter Faden und durchgängiges, ggf. spiralcurricular formuliertes Rückgrad, wird von den Befragten nicht favorisiert. Erst in Klassenstufe 9/10 würden sie die unterschiedlichen Kenntnisse über Energie aus Alltag, Technik, anderen Wissenschaften zusammenführen, um sie ins Thema Energieversorgung münden zu lassen. Hier ist bei den Physiklehrpersonen die Befürchtung vorhanden, dass man komplexe Zusammenhänge im Umfeld von Energie erst dann verstehen kann, wenn man die fachlichen Begriffe (in den unteren Jahrgängen) entwickelt hat.

– *Grundschullehrpersonen* verfolgen die Argumentation nicht, sondern schlagen vielfach eine Strukturierung anhand von Energieformen vor. Hierbei stehen meist die Erneuerbaren Energien Wind, Wasser, Sonne im Vordergrund, weil sie in der gesellschaftlichen Diskussion große Bedeutung erlangt haben und weil sich durch diese Themen aus Sicht der befragten Sachunterrichtslehrpersonen Bildungsziele des Sachunterrichts in Fragen umweltbewussten Handelns und Bewertens umsetzen lassen. Generell wird die Festlegung von Oberthemen oder übergeordneten Kontexten wie Ökologie oder Ernährung als ein möglicher Weg der Strukturierung vorgeschlagen.

Die Wahl von Oberthemen ermöglicht es der Lehrperson, eigene Schwerpunkte zu setzen und Themen zu bestimmen, in denen sie sich sicher fühlt (Pahl 2013). Dies gilt im Übrigen sowohl für Lehrpersonen des Sachunterrichts, die sich auf den Perspektivrahmen Sachunterricht beziehen (GDSU 2002), als auch für Physiklehrpersonen der Sekundarstufe I.

Energie als zentrales Strukturierungselement für weite Teile des Sachunterrichts bzw. des Physikunterrichts zu wählen, wird von den Interviewpartnerinnen und -partnern kritisch gesehen. Es besteht die Befürchtung, dass die Energiethematik überbewertet wird, während diese doch eher als integraler Bestandteil anderer inhaltlicher bzw. physikalischer Themen gesehen wird. Diese Sicht orientiert sich eng an den curricularen und institutionellen Rahmenbedingungen der Bundesländer und ihrer Curricula. Dass Energie in Zeiten von Klimawandel und Ressourcenknappheit eine Sonderstellung einzunehmen hätte, wird von nur sehr wenigen der Befragten vertreten.

Zusammenfassung:
- Durchgängige oder spiralcurriculare Strukturierungen von Unterricht über mehrere Jahrgänge mit Hilfe des Themas Energie wird von den Befragten nicht unterstützt
- *Vermeider*: Frühes Thematisierung von Energie aufgrund mangelnder kognitiver Fähigkeiten der Schülerinnen und Schüler vermeiden; Energiebegriff der Physik muss zunächst begrifflich entwickelt werden
- *Anknüpfer*: Aufgrund der alltagsweltlichen Bedeutung von Energie und der damit aufkommenden Fragen der Schülerinnen und Schüler muss an vorhandene Vorstellungen angeknüpft werden; Alltags- und Fachsprache müssen thematisiert werden
- *Physiklehrpersonen* strukturieren Unterricht anhand der Themengebiete der Physik, Energie hat keine Sonderstellung
- *Sachunterrichtslehrpersonen* nutzen alltagsweltliches Energiekonzept, um Umwelt- und Bewertungskompetenz zu fördern; Energie wird instrumentalisiert für generellere Bildungsziele

2.6   Fazit für die Entwicklung von Unterrichtsdesigns zum Thema Energie

Die Ergebnisse der vorliegenden Interviewstudie liefern Antworten auf die gestellten Forschungsfragen. Lehrpersonen der Grundschule und der Sekundarstufe I verfügen über vielfältige Vorstellungen von Energie, die aber nur teilweise mit den physikalischen übereinstimmen. Immer dort, wo komplexe Kontexte der Alltagswelt, der Technik oder der Biologie angesprochen werden, nutzen sie Denkkategorien, die teilweise als vorwissenschaftlich bezeichnet werden können (auch wenn Fachtermini genutzt werden) und die oft mit den Vorstellungen und Denkkategorien ihrer Schülerinnen und Schüler übereinstimmen. Bzgl. der Frage, inwieweit sie die Energie-Vorstellungen ihrer Schülerinnen und Schüler kennen, ist zu sagen, dass sie ihnen sowohl vorwissenschaftliche als auch wissenschaftliche Denkkategorien unterstellen, einen Schwerpunkt allerdings bei alltagsweltlichen Kategorien des Verbrauchs oder des Bezugs zum Menschen und seiner Lebensprozesse legen. Hier lässt sich eine weitgehende Deckung mit empirischen Ergebnissen der Vorstellungsforschung von Schülerinnen und Schülern erkennen, ggf. weil die befragten Lehrkräfte bereits im Studium solche Ergebnisse kennengelernt haben. Und drittens haben die Interviews Einblicke in die Ideen erlaubt, energiebezogenen Unterricht zu strukturieren. Eine klare Trennung in Vermeider und Anknüpfer bezogen auf eine Einführung des Themas, ohne zuvor die grundlegende fachliche Begriffsentwicklung unterstützt zu haben, ist klar zu erkennen, woraus Unterrichtsdesigns reagieren müssen. Gute Gründe für ihre Haltung haben beide Gruppen. Die Idee, dass erst der wissenschaftliche Begriff der Energie aufgebaut werden muss bevor komplexere Problemsituation diskutiert werden, folgt ebenso einer inneren Logik, wie das Konzept, aufgrund der Alltagsweltbedeutung früh über Energie zu reden.

Für die Entwicklung von Unterrichtsdesigns kann die vorliegende Studie mehrere Konsequenzen haben. Zum einen muss durch sie ermöglicht werden, dass z. B. mittels Begleithefte Lehrpersonen selbst fachliches Wissen aufbauen und festigen können, denn dieses ist recht unterschiedlich ausgeprägt. Insbesondere Vorstellungen von Energie als Bilanzgröße, die einen abstrakten mathematischen Charakter hat, sollten hierbei angesprochen und prototypisch eingeführt werden. Vorstellungen von Energie als quasistoffliche Größe und als universeller Treibstoff werden von den Lehrkräften meist schon genutzt. Hierdurch ergeben sich für Differenzierungen im Unterricht vielfältige Möglichkeiten.

Da Lernende mit Vorerfahrungen und Vorwissen zum Thema Energie in den Unterricht kommen, muss ein Unterrichtsdesign darauf reagieren, indem es eine ordnende Funktion bzgl. Alltagstermini und Wissenschaftstermini und den dahinter stehenden Begriffen übernimmt. Auch den Lernenden sollte das Unterrichtsdesign den Aspekt der Bilanzgröße als alternatives bzw. ergänzendes Konzept anbieten. Da die Befragung zeigt, dass Lehrpersonen spiralcurriculare Ideen von der Vermittlung des Energiekonzepts nicht verfolgen, sondern eher auf Kontexte als „Oberthemen" rekurrieren, könnten Unterrichtsdesigns solche Oberthemen bereitstellen. Definierte Anknüpfungspunkte sollten dabei ausgewiesen sein, an denen man in höheren Klassenstufen ansetzen kann, um dem grundlegenden Charakter des Energiekonzepts gerecht zu werden. Die Interviewstudie hat vielfältige Hinweise und konkrete Vorschläge hervorgebracht, wie Unterrichtsdesigns zum Thema Energie gestaltet werden können, in denen die Sichtweise insbesondere der Lehrpersonen berücksichtigt und ihren Praxiserfahrungen Rechnung getragen wird.

Literatur

Backhaus, U. (1982). *Die Entropie als Größe zur Beschreibung der Unumkehrbarkeit von Vorgängen.* Osnabrück: Universität Osnabrück.

Backhaus, U & Schlichting, H.-J. (1984) Entropie und Exergie. Zwei Größen zur Beschreibung von Irreversibilität und Energieentwertung. *Der Physikunterricht, 18* (3), 41-57.

Bader, M. (2001). *Vergleichende Untersuchung eines neuen Lehrganges „Einführung in die mechanische Energie und Wärmelehre".* Dissertation. München: LMU.

Black, P. & Solomon, J. (1983). Life world and science world: Pupil's ideas about energy. In: G. Marx (Hrsg.), *Entropy in the school: Proceedings of the 6th Danube seminar on physics education.* Budapest: Roland Eotvos Physical Society, 43-55.

Bromme, R. (1992). *Der Lehrer als Experte: Zur Psychologie des professionellen Wissens.* Bern: Huber.

Coopersmith, J. (2010). *Energy, the Subtle Concept: The discovery of Feynman's blocks from Leibniz to Einstein.* New York: Oxford University Press.

Crossley, A. & Starauschek, E. (2010). Schülervorstellungen zur Energie im Vergleich: 1985 und 2008. Ergebnisse einer Replikationsstudie. In D. Höttecke (Hrsg.), *Entwicklung naturwissen-schaftlichen Denkens zwischen Phänomen und Systematik*. Berlin: LIT, 113-115.

Duit, R. (1986). *Der Energiebegriff im Physikunterricht*. Kiel: IPN.

Duit, R. (2007). Energie: Ein zentraler Begriff der Naturwissenschaften und des naturwissen-schaftlichen Unterrichts. *Naturwissenschaften im Unterricht – Physik, 101*, 4-7.

Energiebildung. www.energiebildung.uni-oldenburg.de [letzter Zugriff 10.03.2013].

Gesellschaft für Didaktik des Sachunterrichts (GDSU) (2002). *Perspektivrahmen Sachunterricht*. Bad Heilbrunn: Klinkhardt.

Gläser, J. & Laudel, G. (2006). *Experteninterviews und qualitative Inhaltsanalyse als Instrumente rekonstruierender Untersuchungen*. Wiesbaden: Verlag für Sozialwissenschaften.

Goldring, H. & Osborne, J. (1994). Students' difficulties with energy and related concepts. *Physics Education, 29* (1), 26-31.

Gropengießer, H. (2005). Qualitative Inhaltsanalyse in der fachdidaktischen Lehr-Lernforschung. In P. Mayring & M. Glaeser-Zikuda (Hrsg.), *Die Praxis der Qualitativen Inhaltsanalyse*. Weinheim: Beltz, 172-189.

Halliday, D., Resnik, R. & Walker, J. (2009). *Halliday Physik*. Weinheim: Wiley.

Jewett, J. W. (2008). Energy and the confused student II: Systems. *The Physics Teacher, 46*, 81-86.

Kassing (Hrsg.) (2005). *Bergmann-Schäfer – Experimentalphysik, Band 6: Festkörperphysik*. Berlin: De Gruyter.

Komorek, M., Fischer, A. & Moschner, B. (2013, in diesem Band). Fachdidaktische Strukturie-rung als Grundlage für Unterrichtsdesigns. In M. Komorek & S. Prediger (Hrsg.) *Der lange Weg zum Unterrichtsdesign. Zur Begründung und Umsetzung fachdidaktischer Forschungs-und Entwicklungsprogramme*. Münster u.a.: Waxmann, 39-58.

Komorek, M. & Kattmann, U. (2008). The model of educational reconstruction. In S. Mikelskis-Seifert, U. Ringelband & M. Brückmann (Hrsg.), *Four Decades of Research in Science Edu-cation*. Münster: Waxmann.

Komorek, M. & Parchmann, I. (2010). Das Projekt energie.bildung. In D. Höttecke (Hrsg.), *Ent-wicklung naturwissenschaftlichen Denkens zwischen Phänomen und Systematik*. Berlin: LIT, 194-196.

Kruger, C., Palacio, D. & Summers, M. (1992). Surveys of English primary teachers' conceptions of force, energy and materials. *Science Educations, 76*, 339-351.

Lamnek, S. (2005). *Qualitative Sozialforschung*. Weinheim: Beltz.

Liarakou, G. & Gavrilakis, C. (2009). Secondary school teachers' knowledge and attitudes to-wards renewable energy sources. *Journal of Science Education and Technology, 18* (2), 120-129.

Lijnse, P. (1990). Energy between the life-world of pupils and the world of physics. *Science Edu-cation, 74* (5), 571-583.

Mayring, P. (2000). *Qualitative Inhaltsanalyse: Grundlagen und Techniken*. Weinheim: dsv.

Nawrath, D. & Komorek, M. (2010). *Der Mensch als Energiewandler*. Oldenburger Vordruck. Oldenburg: Didaktisches Zentrum.

Niedersächsisches Kultusministerium (2006). *Kerncurriculum für die Grundschule Schuljahrgän-ge 1-4: Sachunterricht*. Hannover: Unidruck.

Niedersächsisches Kultusministerium (2007). *Kerncurriculum für das Gymnasium Schuljahrgänge 5-10: Naturwissenschaften*. Hannover: Unidruck.

Osborn, R. J. & Gilbert, J. K. (1980). A method for the investigation of concept understanding in science. *European Journal of Science Education, 2* (3), 311-321.

O'Sullivan, M., Edler, D., Nieder, T., Rüther, T., Lehr, U. & Peter, F. (2012). *Bruttobeschäftigung durch erneuerbare Energien in Deutschland im Jahr 2011*. Berlin: BMU.

Pahl, E.-M. (2013, im Druck). *Vorstellungen von Lehrpersonen aus dem Sach- und Physik-unterricht zum Thema Energie und dessen Vermittlung*. Dissertation. Berlin: Logos Verlag.

Pahl, E.-M., Peters, S. & Komorek, M. (2010). *energie.bildung – Physik im Kontext von „Energiebildung"*. PhyDid B, Didaktik der Physik, Beiträge zur DPG-Tagung 2010. www.phydid.de/index.php/phydid-b/article/view/166/174 [letzter Zugriff 10.03.2013].

Pahl, E.-M., Peters, S. & Komorek, M. (2011). Energie im Sach- und Fachunterricht – Übergänge gestalten. *Naturwissenschaften im Unterricht – Chemie, 121*, 10-15.

Peinke, J., Kittel, A., Barth, S. & Overlack, M. (2005). *Progress in Turbulence.* Berlin: Springer.

Scheler, K. (2004). Energie als Tauschwert ein neuer Ansatz zur Erschließung des Energiebegriffs in der Sekundarstufe I. *Chimica didactica, 93/94* (1/2), 67-87.

Schirra, N. (1991). *Die Entwicklung des Energiebegriffs und seines Erhaltungskonzepts: Eine historische, wissenschaftstheoretische, didaktische Analyse.* Frankfurt/M.: Harri Deutsch.

Schmidt, C. (2007). Analyse von Leitfadeninterviews. In U. Flick, E. von Kardorff & I. Steinke (Hrsg.), *QualitativeForschung: Ein Handbuch.* Reinbek: Rowohlt, 447-456.

Solomon, J. (1983). Learning about energy: How pupils think in two domains. *European Journal of Science Education, 5* (1), 49-59.

Solomon, J. (1985). Teaching the conservation of energy. *Physics Education, 20*, 165-170.

Stead, B. (1980). *Energy. A working paper of the learning in science project.* Working paper No. 17. Hamilton: University of Waikato.

Summers, M., Kruger, C., Mant, J. & Childs, A. (1998). Developing primary teachers' understanding of energy efficiency. *Educational Research, 40* (3), 311-328.

Trumper, R. (1996). A survey of Israeli physics students' conceptions of energy in pre-service training for high school teachers. *Research in Science & Techn. Ed., 14* (2),179-192.

Watts, D. M. & Gilbert, J. K. (1983). Enigmas in school science: students' conceptions for scientifically associated words. *Research in Science and Technological Education, 1* (2), 161–171.

Woolfolk, A. (2008). *Pädagogische Psychologie.* München: Pearson.

Frederike Schmidt

Den Schüler im Blick
Zur Entwicklung und Erprobung eines Diagnosetools für den Bereich Lesekompetenz

Diagnose ist zu einem der Hochwertbegriffe in der aktuellen psychologischen und fachdidaktischen Diskussion geworden (vgl. u. a. Artelt & Gräsel 2009, Schrader 2011, Bräuer & Winkler 2012, S. 78 f.). In der entsprechenden Literatur wird betont, dass eine prozessorientierte Diagnose die Voraussetzung für eine angemessene Förderung bilde. Diese Sichtweise wird vor dem Hintergrund gering ausgeprägter Urteilsgenauigkeit von Lehrkräften in empirischen (Teil-)Studien (für den Bereich Lesekompetenz vgl. u. a. Artelt 2009, Karing, Matthäi & Artelt 2011, Rjosk et al. 2011) sowie durch die Aufnahme des Bereiches Diagnose in die KMK-Standards für Lehrerbildung explizit hervorgehoben (KMK 2004, S. 11, KMK 2010, S. 3, für das Fach Deutsch ebd., S. 22).

Obwohl eine prozessorientierte Diagnose offenkundig hohe Praxisrelevanz besitzt, wird dem Thema in der Deutschdidaktik wenig Aufmerksamkeit gewidmet. Bisher gibt es nur theoretische Annahmen darüber, *wie* Deutschlehrkräfte ihre Urteile über die Lesekompetenz ihrer Schülerinnen und Schüler bilden. Vor diesem Hintergrund plädieren Bräuer & Winkler (2012) dafür, ein deutschdidaktisches „Forschungsinstrument zu entwickeln, mit dessen Hilfe sich *unterrichtsnahe* Diagnosekriterien, Diagnoseprozesse und Diagnoseleistungen von Lehrkräften beobachten lassen" (Bräuer & Winkler 2012, S. 79, Herv. ebd.). Der Anspruch der Praxisnähe ist eng verzahnt mit den Ansprüchen der Praktiker, also der Lehrkräfte, die letztlich mit solchen Instrumenten arbeiten sollen. Die Vorstellungen[1] der Deutschlehrkräfte gilt es deshalb in Anschlag zu bringen, wenn man ein solches Forschungsinstrument entwickelt.

In diesem Beitrag geht es um die Entwicklung eines *praxisnahen* Diagnoseinstruments durch die iterative Verknüpfung von Forschung und Entwicklung. Mit „JuDiT-L" (**Ju**gend**Di**agnose**T**ool-Lesekompetenz) wird ein webbasiertes Verfahren präsentiert, das eine differenzierte und insbesondere prozessorientierte Diagnose der Leseleistungen von Schülerinnen und Schülern in der Sekundarstufe I ermöglichen soll und zugleich Diagnoseprozesse für die Forschung nachvollziehbar macht.

---

1 Zum Vorstellungsbegriff s. u.

1. Diagnose als Grundlage einer gezielten Leseförderung

1.1 Diagnostizieren als Teil professionellen Handelns von Deutschlehrkräften

Diagnosefähigkeiten werden in verschiedenen Modellen als Teil professionellen Handelns von Lehrkräften angesehen (vgl. u. a. Baumert & Kunter 2006, S. 489) und vielfach auch als Schlüsselelement des beruflichen Wissens und Könnens von Lehrkräften bezeichnet (vgl. Schrader 2011, S. 683). Das Diagnoseverständnis basiert in aller Regel auf den Grundlagen der Pädagogischen Diagnostik. Hier stehen Informationsbeschaffung und -verarbeitung im Sinne einer tieferen Analyse über das Wissen und Können der Schülerinnen und Schüler im Vordergrund (vgl. Schrader & Helmke 2001, S. 45). Diese auf Beobachtungen und deren Interpretation basierenden Urteile beziehen sich sowohl auf das Individuum als auch auf die Lerngruppe. Allerdings ist nicht jede Beobachtung im Unterrichtsalltag mit einer Diagnose gleichzusetzen: „Das charakteristische Merkmal einer Diagnose liegt darin, dass *anhand vorgegebener Kategorien, Begriffe oder Konzepte* geurteilt wird" (Helmke 2010, S. 122, Herv. ebd.). Die implizite Annahme ist, dass diese diagnostischen Aussagen in die Unterrichtsplanung, -durchführung sowie -reflexion einfließen bzw. hierfür die Grundlage bilden. Gute Diagnose gilt somit als Qualitätsmerkmal, das einen an den Lernstand angepassten Unterricht ermöglicht (Schrader & Helmke 2001, S. 52 ff., Bertschi-Kaufmann 2007, S. 102, Beck et al. 2008).[2]

Diagnosegeleitete Situationen können einerseits gezielt hergestellt werden. Andererseits können sie sich auch spontan situativ ereignen, wenn Urteile „eher beiläufig und unsystematisch im Rahmen des alltäglichen erzieherischen Handelns gewonnen werden" (Helmke 2010, S. 122, vgl. ausführlicher Schrader & Helmke 2001). Zudem ist zwischen *formellen* und *informellen* Diagnoseverfahren zu unterscheiden. Formelle Diagnoseinstrumente wie Vergleichsarbeiten oder Diagnosetests (wie das Salzburger Lesescreening, vgl. Auer et al. 2005) erfüllen die klassischen Gütekriterien (Reliabilität, Validität und Objektivität) zur Standardisierung von Testergebnissen. Informelle Verfahren sind nicht zwingend an diese Gütekriterien gebunden. Hierzu zählen etwa Aufgaben, die zur Diagnose genutzt werden oder Beobachtungsraster, mit denen sich einzelne Teilfähigkeiten von Lesekompetenz beobachten lassen (vgl. für die Lesepraxis Baurmann & Müller 2005).

Konzeptionell wird das Diagnostizieren mittlerweile eher domänenspezifisch eingeordnet (vgl. Schrader 2011, S. 242, Praetorius, Lipowsky & Karst 2012, S. 142). Gegenstand dieser Untersuchung ist die Lesekompetenz, auf die im Weiteren näher eingegangen werden soll.

---

2 Zwar ist es plausibel, dass dieser Zusammenhang von Diagnose und Förderung besteht. Jedoch liegt bisher bis auf die Untersuchung von Helmke & Schrader (1987) keine empirische Evidenz für diese Annahme vor (vgl. dazu auch Schrader 2009, S. 243).

1.2   Zur Relevanz des Lesekonzepts für eine kriterienorientierte Diagnose

Zu den zentralen Zielen des Deutschunterrichts gehört die Vermittlung von Lesekompetenz als Schlüsselqualifikation unserer modernen Informationsgesellschaft. Um die Lesefähigkeiten der Lernenden beobachten und einschätzen zu können, muss geklärt werden, von welchem Lesekonstrukt auszugehen ist. Mit Blick auf die gegenwärtige lesedidaktische Forschung besteht bisher allerdings kein allgemeingültiges und empirisch abgesichertes Modell zur Lesekompetenz. Zwei Richtungen sind in Bezug auf den Lesekompetenzbegriff vorherrschend: zum einen kognitionstheoretisch orientierte Modelle (wie in der PISA-Studie), die auf dem angelsächsischen *literacy*-Konzept basieren und von einem funktionalen Verständnis von Lesekompetenz ausgehen, und zum anderen Modelle der Lesesozialisationsforschung, in denen das gesellschaftlich handlungsfähige Subjekt (vgl. u. a. Hurrelmann 2002) im Vordergrund steht. Als praxistauglich wird das Modell von Rosebrock & Nix (2011) angesehen, das die beschriebenen wissenschaftlichen Positionen zum Lesekompetenzbegriff zusammenführt und Lesen als *Mehrebenen-Konstrukt* auffasst. Die Autoren modellieren drei Dimensionen des Lesens, die miteinander interagieren: die *Prozessebene*, die die kognitiven Teilfähigkeiten während des Lesens umfasst, die *Subjektebene,* mit der betont wird, dass Lesen als ganzheitlicher Prozess in den Blick zu nehmen ist, und die *soziale Ebene*, in der die verschiedenen Sozialisationsinstanzen wie die Familie oder die Freunde fokussiert werden, die das Individuum in seinen Lesepraktiken mit beeinflussen. Das didaktisch orientierte Modell von Rosebrock & Nix soll dazu beitragen, Leseschwächen zu diagnostizieren und Leselernprozesse zu gestalten (vgl. Rosebrock & Nix 2011, S. 4). In dem Mehrebenen-Modell wird ebenfalls deutlich, dass jeweils ausgewählte Bereiche von Lesekompetenz zur Diagnose und Förderung in den Blick zu nehmen sind, „um auf die jeweils spezifischen Leseprobleme der Lerner differenziert reagieren zu können" (Rosebrock 2008, S. 177). Das Modell von Rosebrock & Nix bildete die theoretische Grundlage für die Konzeption des Diagnosetools.

Im Bereich Lesen gibt es bisher kaum Erkenntnisse über konkrete Erwerbsperspektiven. Aus den großen Schulleistungsstudien wie PISA oder IGLU wissen wir allerdings, dass viele Schülerinnen und Schüler noch in der Sekundarstufe – auch am Gymnasium – Probleme haben, Texte zu verstehen (zuletzt PISA 2009, vgl. Klieme et al. 2010). Sie sind so damit beschäftigt, Wörter zu erlesen, dass ihnen für das Textverständnis keine Gelegenheit bleibt. Neben diesen prozessbezogenen Tätigkeiten ist durch verschiedene Untersuchungen der Leseforschung die Bedeutung des Selbstbildes als Leser für die Leseleistungen herausgestellt worden (vgl. u. a. Pieper et al. 2004). Die Erfahrungen, das Wissen, die Emotionen und die Reflexionsfähigkeit des Lesers bzw. der Leserin fließen in Leseprozesse ein und beeinflussen maßgeblich die Lesefähigkeit. Die Frage, welche persönliche Beziehung der einzelne Lernende zum Lesen hat, ist beim Diagnostizieren (und Fördern) von Lesefähigkeiten deshalb ebenfalls in den Blick zu nehmen.

1.3 Forschungsstand

Die Diagnosefähigkeiten von (Deutsch-)Lehrkräften sind in den letzten Jahren zwar zunehmend Forschungsgegenstand geworden, dennoch besteht nach wie vor ein vermehrter Forschungsbedarf (vgl. Artelt 2009, S. 127, Artelt & Gräsel 2009, S. 159, Schrader 2009, S. 237 f.). Die bisher vorliegenden Untersuchungen stammen vorrangig aus dem Bereich der Psychologie (z. B. Karing 2009, Karing, Matthäi & Artelt 2011, Karst 2012). Allerdings *begrenzen* diese Studien die Diagnoseleistungen von Lehrkräften auf den Aspekt der Urteilsgenauigkeit (Akkuratheit)[3] oder auf Einflussmerkmale eben dieser Akkuratheit der Urteile (hierzu auch differenziert Praetorius, Lipowsky & Karst 2012, S. 116). Eine didaktische Perspektive – wie beispielsweise die nicht unerhebliche Frage, auf welche erfahrungsbasierten (Wissens-)Grundlagen Lehrkräfte ihre diagnostischen Urteile im Unterrichtsalltag stützen – findet hier weniger Berücksichtigung. Häufig zeigt sich in diesen Studien, dass die Urteilsgenauigkeit der Lehrkräfte eher gering ausgeprägt ist (vgl. Einleitung). Dabei bestehen durchaus interindividuelle Unterschiede hinsichtlich der Genauigkeit der diagnostischen Urteile von Lehrkräften (vgl. Schrader 2009, S. 238 f., Artelt & Gräsel 2009, S. 157). Dieser für die Didaktik interessante Aspekt ist bisher aber ebenso ungeklärt wie die nicht minder relevante Frage, wie die diagnostischen Fähigkeiten von Lehrkräften verbessert werden können (vgl. Schrader 2011, S. 693, Praetorius, Lipowsky & Karst 2012, S. 138-142).

Ein Blick auf den literaturdidaktischen Diskussionsrahmen zur Diagnoseforschung ist eher ernüchternd. Die Fachdidaktik kann nur punktuelle und zudem auf den Grundschulbereich beschränkte Studien zu Fragen des diagnostischen Handelns vorweisen (Inckemann 2008, Steck 2010). Demzufolge verwundert es nicht, dass in einem aktuellen Forschungsüberblick das diagnostische Handeln von Lehrkräften als „dringendes Forschungsdesiderat" (Bräuer & Winkler 2012, S. 78, ähnlich bereits Artelt 2009, S. 134) der deutschdidaktischen Lehrerforschung herausgestellt wird. Dies zeigt weiterhin, dass die Entwicklung eines Instruments, das Aussagen zu diesem Komplex liefert, eine für die Forschung bedeutsame Frage darstellt.

Wie bereits einleitend angeführt, wird die Entwicklung eines unterrichtsnahen Diagnoseinstruments fokussiert, um die Lehrerperspektive zu erheben. Ziel der Gestaltung sollte sein, die Vorstellungen der Lehrkräfte mit einzubinden, da diese letztlich mit dem Diagnoseinstrument arbeiten sollen. Entsprechend sind vorab Überlegungen zum Transfer wissenschaftlicher Erkenntnisse in die Praxis notwendig.

---

3 Diagnostische Kompetenz wird in diesen Studien mit Akkuratheit gleichgesetzt. Diese wird definiert als die Fähigkeit von Lehrkräften, die „Merkmale ihrer Schülerinnen und Schüler angemessen zu beurteilen und Lern- und Aufgabenanforderungen adäquat einzuschätzen" (Artelt & Gräsel 2009, S. 157).

2. Zur Bedeutung der Lehrkraft beim Transfer wissenschaftlicher Erkenntnisse in die Praxis

In der Unterrichtsforschung besteht breiter Konsens darüber, dass Lehrkräfte einen zentralen Einflussfaktor in Lehr- und Lernprozessen darstellen (vgl. u. a. Lipowsky 2006, Helmke 2010). Die Erfahrungen und Einstellungen, die Lehrerinnen und Lehrer entwickeln (*wisdom of practice*), sind bedeutend und deshalb für die Forschung ernst zu nehmen (vgl. Shulman 1986, van Driel, Beijaard & Verloop 2001). Beim Transfer wissenschaftlicher Erkenntnisse in die Praxis ist aber zumeist ein „Mangel der Überlegungen zur Implementation" (Gräsel & Parchmann 2004b, S. 177) vorherrschend, sodass es für didaktische Konzepte und Empfehlungen charakteristisch ist, diese „weitgehend ohne Einbeziehung der Praxis zu entwickeln und sie den Schulen nach Abschluss der Arbeiten zur Verfügung zu stellen" (ebd.). Durch ein derartiges Überstülpen von Konzepten und Maßnahmen wird eine Akzeptanz (und Nutzung) erschwert. Langfristige nachhaltige Veränderungen der schulischen Praxis können so *a priori* nicht erreicht werden.[4]

Lehrerhandeln beruht auf erfahrungsbasierten Lehrervorstellungen (vgl. Reusser, Pauli & Elmar 2011).[5] Mehrere Autoren vertreten daher die These, dass die Entwicklung und Implementation von Konzepten und Innovationen für die Unterrichtspraxis nur dann eine Erfolgschance besitzt, wenn diese Entwicklungsprozesse die *Vorstellungen der Lehrkräfte einbeziehen* (u. a. Gräsel & Parchmann 2004a und b, für die Deutschdidaktik z. B. Winkler 2011, S. 290).

Bei einer fundierten praxisnahen Entwicklungsarbeit geht es mithin auch darum, sich an den „Bedürfnissen der Praxis", also den Lehrerinnen und Lehrern als zentralen Akteuren zu orientieren und diese ernst zu nehmen (vgl. Gräsel & Parchmann 2004a, S. 204, dazu auch Einsiedler 2010). Nur auf diese Weise, so die Vertreter dieser Perspektive, werden handlungsleitende Lehrervorstellungen durch vielfältige Formen des Bewusstmachens, des Problematisierens und der Konfrontation veränderbar (vgl. Wahl 2001).

Aus den vorangestellten Überlegungen resultiert für die vorliegende Studie, dass das zu entwickelnde Diagnoseverfahren die Vorstellungen der Deutschlehrerinnen und -lehrer aufgreift, um eine stärkere Praxisnähe herzustellen. Auf der *Entwicklung*sebene soll am Ende des Projektes ein erprobtes, praxistaugliches Diagnosetool stehen.

---

4   Es sei angemerkt, dass es zugleich wenig empirisch abgesichertes Wissen darüber gibt, wie erfolgreiche, d. h. vorstellungsverändernde Fortbildungen zu konzipieren sind (vgl. Gräsel & Parchmann 2004b, S. 178, Lipowsky 2010).

5   Ein Problem – nicht nur aus literaturdidaktischer Perspektive – ist eine fehlende Explikation der Konstrukte im Bereich der Lehrerforschung. Ich stimme deshalb Pieper & Wieser (2012) zu, wenn sie betonen: „Begriffe wie [...] *pedagocical content knowledge, practical professional knowledge und epistemologische Überzeugungen* sind inzwischen auch in der Literaturdidaktik geläufig, werden aber nur bedingt reflektiert" (Pieper & Wieser 2012, S. 9, Herv. ebd.). Die Konstrukte Vorstellungen und Orientierungen werden in dieser Studie in Anlehnung an Wieser (2008) verwendet. Wieser beschreibt Vorstellungen als „Ebene des reflexiven Wissens" (ebd., S. 60) und Orientierungen als die „impliziten und sozial determinierten Deutungs- und Argumentationsmuster" (ebd., S. 16). Zur Begriffsbestimmung vgl. ausführlicher Schmidt (2013, i. V.).

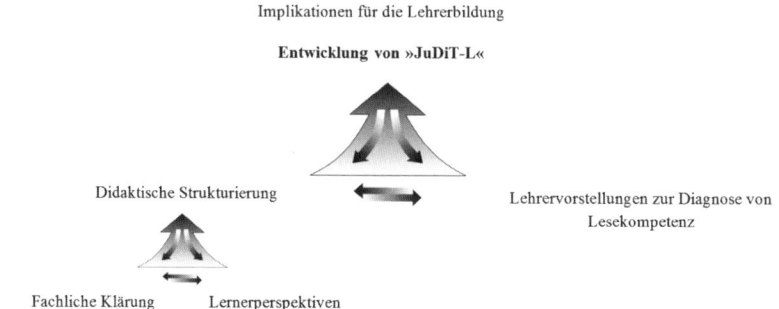

Abb. 1: Einordnung des Forschungsansatzes in das „Modell der Didaktischen Rekonstruktion für die Lehrerbildung" (van Dijk & Kattmann 2007, S. 894)

Perspektivisch soll dieses Instrument dann im Weiteren auf der *Forschung*sebene dazu genutzt werden, Diagnoseprozesse von Deutschlehrkräften zu erfassen. Für diese Zwecke bildet das Modell der Didaktischen Rekonstruktion für die Lehrerbildung einen geeigneten Forschungsrahmen (vgl. van Dijk & Kattmann 2007, vgl. Abb. 1). Im Kontext des Forschungsparadigmas beschäftigt sich die Arbeit mit der Didaktischen Rekonstruktion der Diagnose von Lesekompetenz in der Sekundarstufe. Folgende Untersuchungsfragen sind für das Projekt leitend: (1) Wie kann ein unterrichtsnahes Beobachtungsverfahren zur Lesekompetenz konstruiert werden, um eine adäquate Diagnose von Lesekompetenz zu ermöglichen? Damit verbunden ist die Frage, (2) welche Vorstellungen und Orientierungen Deutschlehrkräfte zur Diagnose von Lesekompetenz haben, um diese in die Entwicklung des Diagnosetools einzubinden. Daher wird gefragt, (3) wie Deutschlehrkräfte ein fachdidaktisch konzipiertes Beobachtungsverfahren evaluieren. Wie in dem Modell der Didaktischen Rekonstruktion angelegt, werden die in Abb. 1 dargestellten Untersuchungsschritte in einem iterativen Verfahren vollzogen. Dabei werden wissenschaftliche Erkenntnisse und die Vorstellungen und Orientierungen der Lehrkräfte als gleichwertige Quellen eingebracht, um dies für die Entwicklung eines Diagnoseinstruments zu nutzen (vgl. Komorek, Fischer & Moschner 2013). In einem nächsten Schritt soll nun das Untersuchungsdesign veranschaulicht werden.

3.   Untersuchungsdesign

3.1 Datenerhebung

Gegenstand der hier vorgestellten Forschungsarbeit ist die Entwicklung eines Diagnoseinstruments. Aufgrund der dargestellten, lückenhaften Forschungslage verfolgt die Studie einen explorativen Forschungsansatz. Für die Studie wurde daher ein qualitatives Design gewählt. In einem ersten Schritt wurde anknüpfend an den aktuellen fachdidaktischen Stand der Theoriebildung ein Diagnosetool für den Bereich Lesekompetenz konzipiert (Kap. 4). Im Sinne der *fachlichen Klärung* im Modell der Didaktischen Rekonstruktion für die Lehrerbildung wurden dabei Erkenntnisse zu Lernerperspektiven, zur Klärung der fachwissenschaftlichen Sachstruktur sowie zur Strukturierung von Lernumgebungen berücksichtigt. Kapitel 2 hat verdeutlicht, dass fachdidaktische Konzepte und Innovationen die Vorstellungen der Lehrkräfte aufgreifen sollten. Aus diesem Grund wurde in einem weiteren Iterationsschritt eine Erprobung und Reflexion des Diagnoseinstruments „im Feld" (vgl. zur Unterscheidung von Forschung „im Labor" und „im Feld" Bräuer & Winkler 2012, S. 75) vorgenommen. In die Ergebnisauswertung wurden Interviews von zehn Hauptschullehrkräften einbezogen. Die Schulformauswahl resultierte aus der Annahme, dass an Hauptschulen Lesekompetenz stärker relevant ist und damit mehrere unterschiedliche Vorstellungen zu erwarten waren (vgl. dazu die Ergebnisse von Pieper et al. 2004). Hinzu kommt, dass der Hauptschule bisher eher wenig Aufmerksamkeit in der empirischen Forschung geschenkt wurde, sodass auch hier Forschungsbedarf besteht. Alle Probanden unterrichteten im Schuljahr 2011/2012 das Fach Deutsch. Die Berufserfahrung variierte zwischen 1-29 Jahren exklusive Referendariat. Zur Ermittlung der Vorstellungen und Orientierungen der Deutschlehrkräfte wurden in der Hauptstudie zu zwei Messzeitpunkten problemzentrierte Interviews durchgeführt (Witzel 2000).[6] Das erste Interview diente dazu, die Vorstellungen der Deutschlehrkräfte zu erheben. Im zweiten Interview wurde eine Reflexion über den Nutzen und die Interpretierbarkeit des Tools angestrebt, nachdem die Probanden das Tool über ein Schulhalbjahr erproben konnten.[7]

3.2 Datenauswertung

Die Studie ist gegenwärtig im Prozess der Datenauswertung. Alle Interviews wurden digital aufgenommen und anschließend transkribiert. Die in der Untersuchung gewonnenen Daten werden mit einer modifizierten Form der Dokumentarischen Methode ausgewertet (Nohl 2009). Dies eröffnet einen Zugang „nicht nur zum reflexiven, sondern auch zum handlungsleitenden Wissen der Akteure und damit zur Handlungspraxis" (Bohnsack, Nentwig-Gesemann & Nohl 2007, S. 9). In diesem Verständnis wird die soziale Praxis, die gerade auch in Bezug auf Lehrervorstellungen prägend ist, berücksichtigt, da ein Wechsel der Analyseebene vom *Was* zum *Wie* vollzogen wird. Dies korrespondiert mit dem Ziel der vorliegenden Studie, die (erfahrungsbasierten) Vorstellungen von Deutsch-

---

6 Zur Validierung der Daten wurde in der ersten Erhebung ein Vignettentest zur Gesprächseröffnung verwendet. Vignetten sind „kurze Fallbeispiele oder Szenarien, die bestimmte kognitive Prozesse auslösen sollen. Die Studienteilnehmer werden aufgefordert, sich in die vorgegebenen Szenarien hineinzuversetzen und ihre (hypothetischen) Reaktionen zu benennen" (Atria, Strohmeier & Spiel 2006, S. 233). Sie zielen auf die handlungsleitenden Kognitionen der Lehrkräfte (vgl. Beck et al. 2008, S. 90; zu Möglichkeiten und Grenzen des Erhebungsinstruments vgl. Barter & Renold 1999).

7 Vor dem zweiten Interview erfolgte eine Schulung für die Arbeit mit dem Tool mit allen Probanden. Diese konnten das Instrument über ein Schulhalbjahr hinweg nutzen. Die einzige Vorgabe für die Probanden war, dass sie zumindest für einen Schüler das Instrument verwenden, um so nicht von vornherein durch besonders strikte Vorgaben eine Abwehrhaltung der Lehrkräfte zu erzeugen.

lehrerinnen und -lehrern in die Entwicklung des Diagnoseinstruments einzubeziehen.[8] Im Weiteren sollen das konzipierte Instrument sowie erste Erkenntnisse aus der Datenauswertung präsentiert werden.

4.   Zur Entwicklung des Diagnosetools »JuDiT-L«

4.1 Zur Konzeption des Tools

Forschungsseitig wird darauf verwiesen, dass es für Deutschlehrkräfte wenig alltagspraktikable Verfahren zur Lesediagnose gebe, mit denen sich die Diagnosepraxis unterstützen lässt (vgl. z. B. Bertschi-Kaufmann 2007, S. 101). Aufgrund der geschilderten Ausgangslage wurde mit dem „**Ju**gend**Di**agnose**T**ool – **L**esekompetenz" („JuDiT-L") ein strukturiertes Online-Beobachtungsverfahren entwickelt, welches die Deutschlehrkräfte beim Beobachten und Beurteilen im Bereich Lesekompetenz unterstützt. Darauf aufbauend sollen auf einer weiteren Ebene (vgl. Kap. 3.1) die Diagnoseprozesse von Deutschlehrkräften für die Forschung erfassbar werden.

Das Diagnosetool ist adaptiert an ein bereits bestehendes Instrument für den Elementarbereich (KiDiT®, vgl. Walter-Laager, Pfiffner & Schwarz 2011). Im Rahmen einer Forschungskooperation wurde das Tool in die bestehende Plattform integriert.[9] In die Konzeption des Tools gingen eine Auswertung der wissenschaftlichen Erkenntnisse zur Diagnose von Lesekompetenz, eine Fragebogenerhebung sowie die Interviewergebnisse einer Erhebung mit Deutschlehrkräften mit ein (vgl. Kap. 3 und 4.2), um die Validität des Forschungsinstruments zu erhöhen. Die vorläufige Endversion von „JuDiT-L" steht noch aus, da die Ergebnisse der Lehrerinterviews noch nicht vollständig ausgewertet sind.

„JuDiT-L" bietet eine Kombination aus vorstrukturierten Beobachtungspunkten zu den skizzierten Facetten von Lesekompetenz sowie offenen Notizmöglichkeiten. Die eingetragenen Urteile können anschließend ausgewertet und für die Unterrichtsplanung genutzt werden. Das Ziel von „JuDiT-L" ist eine kontinuierliche Diagnose der Lesekompetenz der einzelnen Lernenden, an die eine gezielte Förderung anschließt. Die Lehrkräfte können dabei entscheiden, ob sie das Tool für die gesamte Klasse oder für einzelne Schülerinnen und Schüler nutzen wollen.

4.2 Funktionen von „JuDiT-L"

„JuDiT-L" vereint verschiedene Funktionen, die für eine individuelle und kontinuierliche Diagnose von Lesekompetenz genutzt werden können. Die Darstellung als *Klassenübersicht* (Abb. 2) veranschaulicht den Lehrkräften, welche Lernenden schon besonders häufig

---

8 Ausführlicher zur Datenerhebung und Auswertungsverfahren vgl. Schmidt (2013, i. V.).

9 Ich danke an dieser Stelle Catherine Walter-Laager und Manfred Pfiffner ganz herzlich für ihre Kooperationsbereitschaft und hilfreiche Unterstützung, wodurch die Entwicklung des Tools schnell vorangetrieben werden konnte.

beobachtet wurden. Die grüne Balkendarstellung visualisiert den Umfang der bereits ein-getragenen Beobachtungspunkte in Prozent. Auf eine prozessbegleitende Diagnose ausge-richtet, sollen die Lehrkräfte im Rahmen des Schuljahres ihre Einschätzungen eintragen.

Gruppe 7c

Kind	Beobachtung			Absenz
	strukturiert	frei	Auswertung	
▼ ▲ 🖉 Daphne Dackel ✔ DaZ 📇	████████ 98%	📧 2 📝 Notiz erfassen	🔨 Schaubild	🔍 Absenz
▼ ▲ 🖉 otto meier ✔ DaZ 📇	███ 29%	📧 1 📝 Notiz erfassen	🔨 Schaubild	🔍 Absenz
▼ ▲ 🖉 Karlchen ✔ DaZ 📇	0%	📧 0 📝 Notiz erfassen	🔨 Schaubild	🔍 Absenz
▼ ▲ 🖉 Sina ✔ DaZ 📇	█████████ 100%	📧 0 📝 Notiz erfassen	🔨 Schaubild	🔍 Absenz

Abb. 2: Einstiegsseite »JuDiT-L« (geschützter Mitgliederbereich, fiktive Beispiele)

„JuDiT-L" enthält *kriterienorientierte Beobachtungspunkte* (Abb. 3), die für die überge-ordneten Bereiche „Leseflüssigkeit", „Lesestrategien", „Textverstehen", „leserbezogene Dimension" sowie „Leseumfeld" konzipiert wurden. Durch Anklicken einer Bewertung auf einer fünfstufigen Skala können die Deutschlehrkräfte ihre Beobachtungen eintragen. In einem Vorabfragebogen wurden acht Hauptschullehrkräfte um eine erste Rückmeldung auf die erarbeiteten Items gebeten, um frühzeitig die Vorstellungen der Lehrkräfte in die Entwicklung mit einzubeziehen. Hiermit sollte eine erste Überprüfung der Validität der einzelnen Items vollzogen werden, um anschließend einige Items zu modifizieren.

Manche Diagnoseprozesse passen vielleicht nicht in die vorstrukturierten Diagnose-punkte. Unter dem *Notizsymbol* haben die Lehrkräfte die Möglichkeit, weitere Diagnosen in einem Textfeld einzutragen und diese den einzelnen Beobachtungsbereichen zuzuord-nen. In einer Übersicht werden alle eingetragenen Notizen festgehalten und automatisch datiert und sortiert.

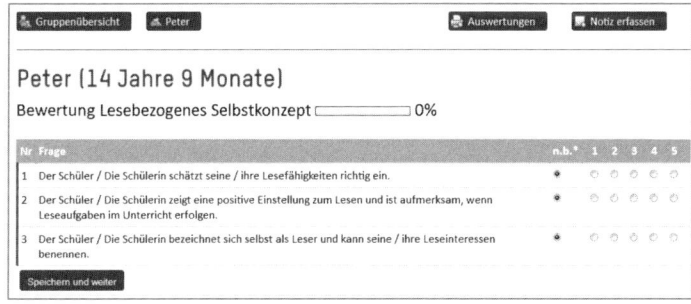

Abb. 3: Übersicht über einen Teilbereich bei „JuDiT-L" mit entsprechenden Items
(geschützter Mitgliederbereich, fiktive Beispiele)

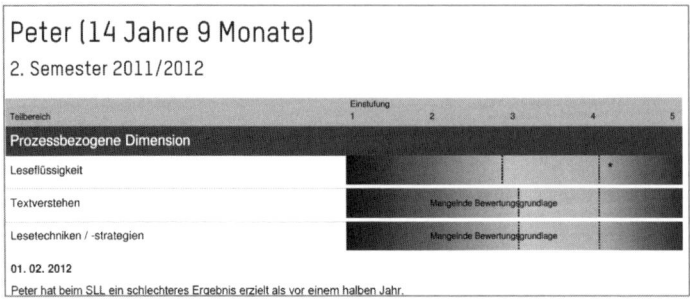

Abb. 4: Übersicht über Auswertungsgrafik in „JuDiT-L"
      (geschützter Mitgliederbereich, fiktives Beispiel)

Für die bereits ausgefüllten Bereiche in „JuDiT-L" können verschiedene *Auswertungs-grafiken* abgerufen werden (Abb. 4).[10] Die Lehrkräfte können so erkennen, in welchen Bereichen die von ihnen eingeschätzten Leseleistungen des Lernenden weiter unterstützt und beobachtet werden sollten. Zeigt der Schüler bzw. die Schülerin in einzelnen oder mehreren Bereichen schwache Leseleistungen, erscheint der Stern in der Auswertungsgrafik innerhalb eines hellgrauen oder dunkelgrauen Balkens auf der linken Seite der Grafik. Dies bietet den Lehrkräften einen Hinweis, sich mit den Fähigkeiten des Lernenden genauer auseinanderzusetzen und eine passende Förderung zu gestalten.

Zusätzlich stehen den Lehrkräften *Hintergrundtexte* zur Verfügung, um die Diagnosen und Auswertungen einordnen zu können und zudem ein vertiefendes Orientierungswissen zu bieten. In dem Tool sind die Dossiers den jeweiligen übergeordneten (Lese-)Bereichen mit dem Stichwort „Hintergrundtext" zugeordnet. Die Handreichungen bestehen aus einer 2-3-seitigen Kurzzusammenfassung zum aktuellen Forschungsstand in dem jeweiligen Bereich von Lesekompetenz sowie einer „Ideenbox", die eine mögliche Form der Anschlussförderung im jeweiligen Bereich thematisiert. Abschließend ist noch weiterführende Literatur zum jeweiligen Themengebiet angeführt, die mit kurzen erläuternden Kommentaren versehen wurde.

In einem weiteren Entwicklungsschritt soll das Diagnosetool als Forschungsinstrument dazu genutzt werden, Diagnoseprozesse von Deutschlehrkräften im Bereich Lesekompetenz zu erfassen. Allerdings sind Diagnoseprozesse methodisch schlecht abbildbare mentale Prozesse. Mit „JuDiT-L" ist es zumindest möglich, sich an diese Prozesse anzunähern, da die von den Lehrkräften vorgenommenen Einschätzungen anonymisiert ausgewertet werden können und so, wie von Bräuer & Winkler (2012, S. 79) eingefordert, Diagnosekriterien, Diagnoseprozesse und Diagnoseleistungen für die Forschung nachvollziehbar

---

10 Dafür müssen mindestens 80% der Aussagesätze für einen Bereich ausgefüllt werden. Diese Vorgabe entspricht dem Vorgehen bei KiDiT®, und im Rahmen der technischen Möglichkeiten wurde dies für die Alpha-Version von „JuDiT-L" beibehalten.

werden. Die Daten können per SPSS ausgewertet werden.[11] Dies bietet vielfältige Möglichkeiten, die in Anschlussprojekten realisiert werden sollen.

Im Rahmen der Studie sollte ein unterrichtsnahes Verfahren entwickelt werden. Die Überlegungen in Kapitel 2 haben verdeutlicht, dass die Vorstellungen und Orientierungen der Deutschlehrerinnen und -lehrer hier fundamental sind. Deshalb wurde in einem nächsten Schritt die Schulpraxis mit einbezogen.

5. Erste Erkenntnisse

5.1 Urteilsgrundlage und Wünsche der Lehrkräfte

In den Interviewausführungen waren sich die Lehrenden einig, dass die Diagnose der Leseleistungen ein wichtiges Element für den Unterricht sei. Bei allen Probanden war die prozessbezogene Dimension der Lesekompetenz (vgl. Kap. 1.2) ein Schwerpunkt für ihre Urteile. Insbesondere die Leseflüssigkeit wurde als ein relevanter Aspekt für die diagnostischen Urteile hervorgehoben. Eventuell zeigt sich hier ein schulformspezifisches Konzept, wenngleich dies anhand des Designs und der Daten der Studie nicht belegbar ist. Etwa die Hälfte der Deutschlehrer berichtete, bereits vor der Nutzung des Tools die Lesefähigkeiten der Schülerinnen und Schüler prozessorientiert notiert zu haben. Als konkrete Methoden wurden Fragen zum Text oder Vorlesesituationen genannt, um die Lernstände der Schülerinnen und Schüler zu erfassen. An einer Schule war das Salzburger Lesescreening als Diagnoseinstrument etabliert. Primär wurden Intuition und Erfahrung als die Grundlage für Lehrerurteile herausgestellt. In diesem Zusammenhang wurde von einigen Lehrkräften – unabhängig von der Berufserfahrung – zum Ausdruck gebracht, dass die Diagnose von Lesekompetenz ein durchaus schwieriges Handlungsfeld sei. So meinte ein Lehrer zu den von ihm angelegten Diagnosekriterien im Unterrichtsalltag:

> Ja, also ich würde mir zum Beispiel etwas wünschen, […] sagen wir mal so objektive Kriterien, an denen man Lesefähigkeit feststellen kann. Das heißt also das, was ich jetzt gerade die ganze Zeit erzählt habe, das ist ja eigentlich so auf meinem individuellen Mist mehr oder weniger gewachsen. Und ob das nun richtig ist oder nicht? Das kann ich schlecht einordnen, sagen wir es mal so. (L8)[12]

Da der Lehrer nicht auf „objektive Kriterien" zur Lesediagnose zurückgreifen kann, geht er von seinem erfahrungsbasierten Lesekonstrukt aus, was anscheinend zu einer eher unbefriedigenden Notlösung führt. Diese Unsicherheit unterstreicht die bereits erläuterte Aussage, dass unterrichtspraktikable Instrumente eine sinnvolle Ergänzung für das diagnostische Handeln der Lehrkräfte darstellen können.

---

11 Die Eintragungen der Beobachtungspunkte sowie die Anzahl der erstellen Notizen werden in einer gesicherten Datenbank, welche im Hintergrund von „JuDiT-L" läuft, erfasst und statistisch ausgewertet.

12 Zugunsten einer gut lesbaren Form sind die Interviewausschnitte in einer gekürzten Fassung und nicht im Transkriptformat wiedergegeben. Die Namen der Lehrkräfte sind anonymisiert.

5.2 Praktikabilität und Interpretierbarkeit des Diagnoseinstruments

Grundsätzlich lässt sich festhalten, dass die Probanden die Sinnhaftigkeit eines Diagno-seinstruments erläuterten, jedoch zum Teil differente Ansprüche bzw. Zugänge zum In-strument hatten. Wie es zu erwarten war, standen Praktikabilität und Verständlichkeit zu-nächst im Vordergrund für die Lehrpersonen. Die Alltagstauglichkeit des Instruments wurde divergent bewertet. Einigen Lehrkräften waren die Beobachtungen mit dem Tool zu umfassend für ihre alltägliche Diagnosepraxis, während andere diese Ausdifferenzierung als wichtiges Element für die Erfassung von Lesekompetenz ansahen.

Für eine sinnvolle Diagnose ist ebenfalls die Interpretierbarkeit des Instruments unab-dingbar, damit daran eine individuelle Leseförderung anschließen kann. Hinsichtlich der Verständlichkeit der einzelnen Items gab es keine Probleme, einzelne Kritikpunkte der Probanden bezogen sich lediglich auf die Formulierungsebene. Die Mehrheit der in „JuDiT-L" eingetragenen Beobachtungen wurden in der prozessbezogenen Dimension vorgenommen. In dem zweiten Interview kristallisierten sich diese Ebenen als die primär relevanten für die Diagnose von Lesekompetenz aus Sicht der Lehrkräfte heraus (die Be-reiche „Leseflüssigkeit", „Lesestrategien" und „Textverstehen" hatten die größte Zustim-mung). Der Schwerpunkt war hier die „äußerlich sichtbaren Merkmale der Leseentwick-lungen" (Bertschi-Kaufmann 2007, S. 98), wie die Leseflüssigkeit in Vorlesesituationen oder das Anwenden von Lesestrategien bei der Textarbeit. Am wenigsten wurden die Items, die die soziale Dimension betreffen, ins Blickfeld genommen. Absehbar ist weiter-hin eine Reduktion und Modifikation in einzelnen Bereichen, die noch zu treffen sind, um die Validität des Instruments aus Forscher- *und* Lehrersicht herzustellen.

Bei einigen Lehrkräften ging die Interpretierbarkeit des Tools über die reine Bestäti-gung des eigenen Lesebegriffes hinaus. So führt eine Lehrkraft nach der Nutzung von „JuDiT-L" an, dass dieses *„einen selbst mal wieder ein bisschen trainiert unter bestimm-ten Aspekten zuzuhören und noch mal den Blick zu schärfen"* (L11). In dieser Aussage deutet sich an, dass die Arbeit mit dem Instrument zu einer Reflexion des eigenen diag-nostischen Blicks geführt hat.[13]

6.   Fazit und Forschungsperspektiven

Aus theoretischer Sicht erscheint es […] relevant, sich den diagnostischen Fähigkeiten der Lehrkräfte im Unterricht selbst zuzuwenden, wenngleich die Bemühungen zur Konstruktion von geeigneten Messinstrumenten hier noch in den „Kinderschuhen" stecken (Praetorius, Lipowsky & Karst 2012, S. 142)

---

13 „Ein zentrales Element [für die Verbesserung der diagnostischen Kompetenz, F. S.] ist dabei die Anregung zur Selbstreflexion […] Ziel ist es, die vorhandene Wissensbasis zu erweitern, reflexiv zugänglich zu machen und einseitige und stereotype Erklärungsmuster zu überwinden" (Schrader 2011, S. 693). Auch wenn dies nicht direkt intendiert war, beförderte das entwickelte Tool als In-strument diese Selbstreflexion bei mehreren Lehrkräften in der Studie laut Selbstaussage.

Im vorliegenden Beitrag wurde dieses Desiderat aufgegriffen und die Entwicklung eines Diagnoseverfahrens unter Berücksichtigung lehrerseitiger Vorstellungen und Orientierungen vorgestellt. Mit dem Diagnoseinstrument »JuDiT-L« wurde ein Verfahren vorgestellt, das eine individualisierte, prozessorientierte Erfassung und Dokumentation der Leseleistung(en) von Lernenden in der Sekundarstufe ermöglicht und zugleich Auskunft über die Indikatoren der Lehrerurteile bieten kann. Die Wendung „der lange Weg" bezieht sich in diesem Fall auf den Prozess der Konstruktion dieses Forschungsinstruments, der in mehreren Etappen vollzogen wird.

Die Arbeit befindet sich noch in der Datenauswertung, sodass tiefergehende Analysen noch ausstehen und hier nur ein erster Einblick in die Ergebnisse auf einer eher deskriptiven Ebene gegeben werden konnte. Bereits jetzt ist aber festzustellen, dass sich die Einbindung von Lehrkräften mit ihren Vorstellungen und Orientierungen als zielführend erwies, um praxisnah ein Diagnoseinstrument zu entwickeln. Die ersten Eindrücke aus den Interviews deuten darauf hin, dass das Tool zudem durchaus auch als eine „dritte Sprache" zwischen Forschung und Praxis anzusehen ist, um so in einen gemeinsamen Diskurs treten zu können.

In einem Verständnis der empirischen Forschung in der Deutschdidaktik als angewandte Wissenschaft zielt diese im Kern auf die Verbesserung und Weiterentwicklung des Lehrens und Lernens im Deutschunterricht. Wir wissen (noch) wenig darüber, welche Diagnoseprozesse Deutschlehrkräfte im Schulalltag vollziehen und welche Kriterien sie dabei anlegen. Es sind vertiefende Forschungen in Anschlussstudien notwendig, um Aussagen über die Zusammenhänge von diagnostischen Urteilen im Unterrichtsalltag, deren Auswirkung auf die didaktische Strukturierung und tatsächlichen Schülerleistungen zu erhalten. Die Komplexität dieses Gegenstandsbereiches können Forschende in der Deutschdidaktik nicht in einem Einzelprojekt bewältigen. Vielmehr gilt es, diese Frage(n) in größeren Forschungskooperationen zu betrachten.

Literatur

Artelt, C. (2009). Diagnostische Urteile von Lehrkräften im Bereich Lesekompetenz. In A. Bertschi-Kaufmann & C. Rosebrock (Hrsg.), *Literalität. Bildungsaufgabe und Forschungsfeld*. Weinheim u. München: Juventa, 125-136.

Artelt, C. & Gräsel, C. (2009). Gasteditorial. Diagnostische Kompetenz von Lehrkräften. *Zeitschrift für Pädagogische Psychologie, 23* (3-4), 157-160.

Atria, M., Strohmeier, D. & Spiel, C. (2006). Der Einsatz von Vignetten in der Programmevaluation – Beispiele aus dem Anwendungsfeld „Gewalt in der Schule". In U. Flick (Hrsg.), *Qualitative Evaluationsforschung*. Reinbek: rororo sachbuch, 233-249.

Auer, M. et al. (2005). *Salzburger Lesescreening für die Klassenstufen 5-8*. Göttingen: Hogrefe.

Barter, C. & Renold, E. (1999). The Use of Vignettes in Qualitative Research. *Social Research Update 25*, 1-7. Online abrufbar unter: http://www.soc.surrey.ac.sru/SRU25.html [letzter Zugriff 21.02.2013].

Baumert, J. & Kunter, M. (2006). Stichwort: Professionelle Kompetenz von Lehrkräften. *Zeitschrift für Erziehungswissenschaft, 9* (4), 469-520.

Baurmann, J. & Müller, A. (2005). Lesen beobachten und fördern. *Praxis Deutsch, 32* (194), 6-13.

Beck, E. et al. (2008). *Adaptive Lehrkompetenz. Analyse und Struktur, Veränderbarkeit und Wirkung handlungssteuernden Lehrerwissens*. Münster u. a.: Waxmann.

Bertschi-Kaufmann, A. (2007). Leseverhalten beobachten – Lesen und Schreiben in der Verbindung. In A. Bertschi-Kaufmann (Hrsg.), *Lesekompetenz – Leseleistung – Leseförderung. Grundlagen, Modelle und Materialien*. Velber: Kallmeyer, 96-108.

Bohnsack, R., Nentwig-Gesemann, I. & Nohl, A.-M. (2007). Einleitung: Die dokumentarische Methode und ihre Forschungspraxis. In R. Bohnsack, I. Nentwig-Gesemann & A.-M. Nohl (Hrsg.), *Die dokumentarische Methode und ihre Forschungspraxis. Grundlagen qualitativer Sozialforschung*. Wiesbaden: VS Verlag, 9-27.

Bräuer, C. & Winkler, I. (2012). Aktuelle Forschung zu Deutschlehrkräften. Ein Überblick. *Didaktik Deutsch, 33*, 74-91.

Einsiedler, W. (2010). Didaktische Entwicklungsforschung als Transferförderung. *Zeitschrift für Erziehungswissenschaft, 13*, 59-81.

Gräsel, C. & Parchmann, I. (2004a). Implementationsforschung – oder: der steinige Weg, Unterricht zu verändern. *Unterrichtswissenschaft, 32* (3), 196-214.

Gräsel, C. & Parchmann, I. (2004b). Die Entwicklung und Implementation von Konzepten situierten, selbstgesteuerten Lernens. *Zeitschrift für Erziehungswissenschaft, 7* (3), 171-184.

Helmke, A. (2010). *Unterrichtsqualität und Lehrerprofessionalität. Diagnose, Evaluation und Verbesserung des Unterrichts*. Seelze: Klett-Kallmeyer.

Helmke, A. & Schrader, F.-W. (1987). Interactional effects of instructional quality and teacher judgement accuracy on achievement. *Teaching & Teacher Education, 3* (2), 91-98.

Hurrelmann, B. (2002). Leseleistung – Lesekompetenz. Folgerungen aus PISA, mit einem Plädoyer für ein didaktisches Konzept des Lesens als kultureller Praxis. *Praxis Deutsch, 29* (176), 6-18.

Inckemann, E. (2008). Förderdiagnostische Kompetenzen von Grundschullehrerinnen im schriftsprachlichen Anfangsunterricht. *Zeitschrift für Grundschulforschung, 1* (2), 99-115.

Karing, C. (2009). Diagnostische Kompetenz von Grundschul- und Gymnasiallehrkräften im Leistungsbereich und im Bereich Interessen. *Zeitschrift für Pädagogische Psychologie, 23* (3-4), 197-209.

Karing, C., Matthäi, J. & Artelt, C. (2011). Genauigkeit von Lehrerurteilen über die Lesekompetenz ihrer Schülerinnen und Schüler in der Sekundarstufe I – Eine Frage der Spezifität? *Zeitschrift für Pädagogische Psychologie, 25* (3), 159-172.

Karst, K. (2012). *Kompetenzmodellierung des diagnostischen Urteils von Grundschullehrern*. Münster u.a.: Waxmann.

Klieme, E. et al. (Hrsg.) (2010). *PISA 2009. Bilanz nach einem Jahrzehnt*. Münster u. a.: Waxmann. URL: http://pisa.dipf.de/de/de/pisa2009/ergebnisberichte/PISA_2009_Bilanz_nach_einem_Jahrzehnt.pdf [Zugriff 21.02.2013].

KMK – Sekretariat der Ständigen Konferenz der Kultusminister der Länder in der Bundesrepublik Deutschland (Hrsg.) (2004). *Standards für die Lehrerbildung. Bildungswissenschaften. Beschluss der Kultusministerkonferenz vom 16.12.2004*. URL: http://www.kmk.org/fileadmin/veroeffentlichungen_beschluesse/2004/2004_12_16-Standards-Lehrerbildung.pdf [letzter Zugriff 21.02.2013].

KMK – Sekretariat der Ständigen Konferenz der Kultusminister der Länder in der Bundesrepublik Deutschland (Hrsg.) (2010). *Ländergemeinsame inhaltliche Anforderungen für die Fachwissenschaften und Fachdidaktiken in der Lehrerbildung*. Beschluss der Kultusministerkonferenz vom 16.10.2008 i. d. F. vom 16.09.2010. URL: http://www.kmk.org/fileadmin/veroeffentlichungen_beschluesse/2008/2008_10_16-Fachprofile-Lehrerbildung.pdf [Zugriff 21.02.2013].

Komorek, M., Fischer, A. & Moschner, B. (2013, in diesem Band). Fachdidaktische Strukturierung als Grundlage für Unterrichtsdesigns. In M. Komorek & S. Prediger (Hrsg.) *Der lange Weg zum Unterrichtsdesign. Zur Begründung und Umsetzung fachdidaktischer Forschungs- und Entwicklungsprogramme*. Münster u.a.: Waxmann, 43-62.

Lipowsky, F. (2006). Auf den Lehrer kommt es an. Empirische Evidenzen für Zusammenhänge zwischen Lehrerkompetenzen, Lehrerhandeln und dem Lernen der Schüler. In C. Allemann-

Ghionda & E. Terhart (Hrsg.), *Kompetenz und Kompetenzentwicklung von Lehrerinnen und Lehrern.* (Beiheft, Zeitschrift für Pädagogik, 51). Weinheim: Beltz, 47-70.

Lipowsky, F. (2010). Lernen im Beruf – Empirische Befunde zur Wirksamkeit von Lehrerfortbildung. In F. Müller, A. Eichenberger, M. Lüders & J. Mayr (Hrsg.), *Lehrerinnen und Lehrer lernen – Konzepte und Befunde zur Lehrerfortbildung.* Münster u.a.: Waxmann, 51-72.

Nohl, A.-M. (2009). *Interview und dokumentarische Methode. Anleitungen für die Forschungspraxis.* 3. Aufl. Wiesbaden: VS Verlag.

Pieper, I. et al. (2004). *Lesesozialisation in schriftfernen Lebenswelten. Lektüre und Mediengebrauch von HauptschülerInnen.* Weinheim: Juventa.

Pieper, I. & Wieser, D. (2012). Einleitung. In I. Pieper & D. Wieser (Hrsg.), *Fachliches Wissen und literarisches Verstehen. Studien zu einer brisanten Relation.* Frankfurt a. M. u. a.: Peter Lang (Beiträge zur Literatur- und Mediendidaktik, 22), 7-14.

Praetorius, A.-K., Lipowsky, F. & Karst, K. (2012). Diagnostische Kompetenz von Lehrkräften. Aktueller Forschungsstand, unterrichtspraktische Umsetzbarkeit und Bedeutung für den Unterricht. In R. Lazarides & A. Ittel (Hrsg.), *Differenzierung im mathematisch-naturwissenschaftlichen Unterricht. Implikationen für Theorie und Praxis.* Bad Heilbrunn: Klinkhardt, 115-146.

Reusser, K., Pauli, C. & Elmer, A. (2011). Berufsbezogene Überzeugungen von Lehrerinnen und Lehrern. In E. Terhart, H. Bennewitz & M. Rothland (Hrsg.), *Handbuch der Forschung zum Lehrerberuf.* Münster u.a.: Waxmann, 478-495.

Rosebrock, C. (2008). Lesesozialisation und Leseförderung. Literarisches Leben in der Schule. In M. Kämper-van der Boogaart (Hrsg.), *Deutschdidaktik. Leitfaden für die Sekundarstufe I und II.* Berlin: Cornelsen Scriptor, 163-183.

Rosebrock, C. & Nix, D. (2011). *Grundlagen der Lesedidaktik und der systematischen schulischen Leseförderung.* 4. Aufl. Baltmannsweiler: Schneider Hohengehren.

Rjosk, C. et al. (2011). Diagnostische Fähigkeiten von Lehrkräften bei der Einschätzung der basalen Lesefähigkeiten ihrer Schülerinnen und Schüler. *Psychologie in Erziehung und Unterricht, 58,* 92-105.

Schmidt, F. (i. V. für 2013). Den diagnostischen Blick schärfen – Vorstellungen und Orientierungen von Deutschlehrkräften zur Diagnose von Lesekompetenz. In C. Bräuer & D. Wieser (Hrsg.), *Den Lehrer im Blick – empirische Lehrerforschung in der Deutschdidaktik* [Arbeitstitel]. Wiesbaden: VS Verlag.

Schrader, F.-W. (2009). Anmerkungen zum Themenschwerpunkt Diagnostische Kompetenz von Lehrkräften. *Zeitschrift für Pädagogische Psychologie, 23* (3/4), 237-245.

Schrader, F.-W. (2011). Lehrer als Diagnostiker. In E. Terhart, H. Bennewitz & M. Rothland (Hrsg.), *Handbuch der Forschung zum Lehrerberuf.* Münster u. a.: Waxmann, S. 683-698.

Schrader, F.-W. & Helmke, A. (2001). Alltägliche Leistungsbeurteilung durch Lehrer. In F. E. Weinert (Hrsg.), *Leistungsmessungen in Schulen.* Weinheim: Beltz, 45-58.

Shulman, L. (1986). Those who understand: Knowledge growth in teaching. *Educational Researcher, 15* (2), 4-14.

Steck, A. (2010). „Ich mache zu irgend einem Stück so eine Art Leseverständnistest" – Über die Notwendigkeit einer systematischen Lehrerfortbildung im Bereich Leseverstehen. In J. König & B. Hofmann (Hrsg.), *Professionalität von Lehrkräften. Was sollen Lehrkräfte im Lese- und Schreibunterricht wissen und können?* Berlin: Deutsche Gesellschaft für Lesen und Schreiben, 11, 214-226.

Van Driel, J. H., Beijaard, D. & Verloop, N. (2001). Professional development and reform in science education. The role of teachers' practical knowledge. *Journal of Research in Science Teaching, 38* (2), 137-158.

Van Dijk, E. M. & Kattmann, U. (2007). A research model for the study of science teachers' PCK and improving teacher education. *Teaching and Teacher Education, 23,* 885-897.

Wahl, D. (2001). Nachhaltige Wege vom Wissen zum Handeln. *Beiträge zur Lehrerbildung, 19* (2), 157-174.

Walter-Laager, C., Pfiffner, M. R. & Schwarz, J. (2011). *Beobachten und Dokumentieren in der Elementarpädagogik. Erste Resultate aus dem internationalen Forschungsprogramm KiDiT®.* Oldenburg: Didaktisches Zentrum.

Wieser, D. (2008). *Literaturunterricht aus Sicht der Lehrenden. Eine qualitative Interviewstudie.* Wiesbaden: VS Verlag.

Winkler, I. (2011). *Aufgabenpräferenzen für den Literaturunterricht. Eine Erhebung unter Deutschlehrkräften.* Wiesbaden: VS Verlag.

Witzel, A. (2000). Das problemzentrierte Interview. *Forum Qualitative Sozialforschung, 1* (1). URL: http://qualitative-research.net/fqs [Zugriff 05.02.2013].